复旦卓越·21世纪旅游管理系列

TWENTY-FIRST CENTURY TOURISM MANAGEMENT SERIES

上海对外经贸大学一流本科建设引领计划系列教材
上海对外经贸大学思政教育教学改革建设项目资助

新编 都市旅游学

庞 骏 主编

复旦大学出版社

内容提要

本教材是上海对外经贸大学旅游管理专业选修课"都市旅游"的同步校本教材，聚焦于都市旅游形象塑造、产品开发与产业管理，强调理论与实践相结合，采用多样化的教学手段，提高学生解决都市旅游实际问题的能力。教材主要内容如下：一是都市旅游基本概念和基础理论；二是都市旅游形象与吸引物管理，即都市旅游目的地管理；三是都市旅游市场供给与需求；四是都市旅游产品体系供给；五是都市旅游产业分类与融合等。本教材结合我国当代都市旅游发展特点，借鉴、吸收同类型教材成果，覆盖都市旅游学习的重要知识点，探索当代都市旅游发展中的普遍现象与发展趋势。

教材说明

都市已成为重要的旅游目的地,这种现象被人们称作"旅游都市化"。都市旅游于20世纪60年代在西方形成,但真正受到广泛关注并成为热点话题却是最近四十年来的事。在我国20世纪90年代,"都市旅游"的概念最先与上海的旅游实践相结合[①],都市旅游已成为我国旅游业发展的重要组成部分。

随着我国经济水平的快速发展,我国经济的产业结构正逐步转向服务型经济。2009年,《国务院关于加快发展旅游业的意见》(国发〔2009〕41号)明确指出,要"把旅游业培育成国民经济的战略性支柱产业和人民群众更加满意的现代服务业"。这一定位不仅显示了旅游业经济在国家经济发展战略中的重要地位,也对旅游接待服务行业的发展提出了更高的要求。

旅游业已成为我国国民经济战略性支柱产业,2015年旅游业对国民经济的综合贡献度达到10.8%[②]。2016年12月26日,中国国家旅游局印发的《"十三五"旅游业发展规划》宣布,中国已成为世界第一大出境旅游客源国和全球第四大入境旅游接待国,从国家层面回应了国际社会对中国旅游业的期待和认同。2017年,中国公民出境旅游突破1.3亿人次,国际旅游支出达1 152.9亿美元,保持世界第一大出境旅游客源国地位[③]。2018年,携程旅行社出境游研究专家表示,我国出境旅游进入了"消费升级"的阶段,旅游者增加支出购买更优质的旅游接待服务和产品,从观光旅游转向深度体验。2019年,中国公民出境旅游突破1.5亿人次,中国继续保持全球最大出境游客源国这一位置。

根据文化和旅游部的旅游市场基本情况分析,2018年全年国内旅游人数55.39亿

---

① 宋家增(1996)以上海为例,较早提出"都市旅游"这一概念,并将其定义为以都市风貌、风光、风情为特色的旅游。
② 国家旅游局. 中国已成为世界第一大出境旅游客源国_新闻_腾讯网[EB/OL]. (2016-12-26). https://news.qq.com/a/20161226/032730.htm. 国家旅游局发布的数据显示,2015年,中国旅游业总收入达4.13万亿元,国内旅游人数达40亿人次,国内旅游收入达3.42万亿元,出境旅游人数达1.17亿人次,入境旅游人数为1.34亿人次,旅游外汇收入为1 136.5亿美元。
③ 中国持续保持世界第一大出境旅游客源国地位[EB/OL]. (2018-04-27). http://travel.china.com.cn/txt/2018-04/27/content_50977212.htm.

人次，比上年同期增长 10.8%；中国公民出境旅游人数 1.497 亿人次，比上年同期增长 14.7%。中国出境旅游热进一步升温，稳居世界出境旅游的第一位。

按照国际上对全球休闲与旅游业发展的一般规律的认识，当一个国家人均国内生产总值（gross domestic product，GDP）达到 3 000～5 000 美元，就将进入休闲消费、旅游消费的爆发性增长期。2009 年广东省在我国率先启动"国民旅游休闲计划"。2018 年，中国人均 GDP 达到 9 700 美元，已触及了休闲消费"爆发性增长"的中线；2019 年，中国人均 GDP 达到 10 000 美元。文化强国和幸福中国目标的提出标志着我国各项事业的建设发展将着手实现从"经济惠民"向"文化惠民"的战略性转变。

都市旅游业是以都市旅游资源为凭借、以旅游设施为产业条件，向旅游者提供观光、游览、商务等服务的行业。都市旅游经济发展是我国都市发展新基础上的新要求，都市旅游经济发展也是我国实现世界旅游强国目标的战略要求。我国的都市旅游业正在成为提升国民素质、造福于民的富民产业、幸福产业。

2017 年《文化部"十三五"时期文化发展改革规划》《文化部"十三五"时期文化产业发展规划》等文件明确提出："到 2020 年，文化与旅游双向深度融合，促进休闲娱乐消费的作用更加明显，支持建设一批有历史、地域、民族特色和文化内涵的特色街区、特色小（城）镇、旅游度假区，培育一批文化旅游精品和品牌。"2018 年 3 月，文化和旅游部成立，体现了国家层面的发展战略思路和引导。文化和旅游结合，旅游业进入了既是国民经济战略性支柱产业，又是提升人民福祉的幸福事业阶段。这为都市旅游学作为一个新学科的建设创造了极佳的时代机遇。我国都市数量多，人口规模大，都市旅游的理论研究已取得了可喜的成果，但与西方发达国家的都市旅游研究相比，还存在一定差距。我们还需要开展更多更深入的理论研究，既要从旅游经济角度入手研究当前都市旅游需求与供给、成本与效益等，又要从当代人文价值趋势和生态文明建设角度对都市旅游的经济、社会、环境效益等内容开展研究。在研究方法上，既要注重都市旅游学理的综合性和系统性，又要注重都市旅游调查、定量与定性分析，增强研究的超前性、科学性和调控性。

以上海为例，上海自 1997 年以来采用都市旅游发展理念与模式，形成了较早的研究成果[①]。

[①] 较早的研究成果包括：孙振华，吴国清. 上海都市旅游［M］. 上海：上海人民出版社，2002；姚昆遗，王怡然. 解读上海都市型旅游［M］. 上海：文汇出版社，2003；姚昆遗，王怡然. 上海都市旅游的理论与实践［M］. 上海：上海辞书出版社，2007；王怡然，姚昆遗，陈建勤. 上海都市旅游规划精选［M］. 上海：上海社会科学院出版社，2008；高峻. 都市旅游国际经验与中国实践［M］. 北京：中国旅游出版社，2008；金守郡. 都市旅游文化——上海篇［M］. 上海：上海交通大学出版社，2009；楼嘉军，党宁，李丽梅. 聚焦城市旅游：管理·遗产·教育［M］. 上海：华东师范大学出版社，2011；田纪鹏. 国际大都市旅游产业结构优化研究——基于优化上海旅游产业结构的视角［M］. 上海：华东师范大学出版社，2015；王慧敏. 上海国际文化城市发展研究——民革上海市委文化委 2012—2017 年成果汇编［M］. 上海：上海交通大学出版社，2017.

《上海城市总体规划（2017—2035）》中明确提出，要将上海建设成为世界旅游城市、世界一流的旅游目的地城市，到2035年入境游客总人数要达到1 400万人次。为了承载预期目标客流量，上海都市旅游还须全面提升，响应国家对上海未来发展的战略定位。

本书主要聚焦当代都市旅游形象塑造和产业管理，强调理论与实践相结合，采用多样化的教学手段，提高学生解决都市旅游实际问题的能力。主要内容如下：一是都市旅游基本概念和基础理论；二是都市旅游形象与吸引物管理，即都市旅游目的地管理与营销；三是都市旅游市场供给与需求；四是都市旅游产品体系供给；五是都市旅游产业分类与融合。

迈入21世纪以来，我国都市旅游学教材的开发不多，以"城市旅游""都市旅游"命名的教材仅有4本，分别是范能船、朱海森主编的《城市旅游学》（百家出版社，2002年）、俞晟的《城市旅游与城市游憩学》（华东师范大学出版社，2003年）、金守郡主编的《都市旅游文化——上海篇》（上海交通大学出版社，2009年）、文彤主编的《城市旅游管理》（北京大学出版社，2018年）。本教材的内容编写主要有三个特征。

（1）突出当代性

结合当代国际和我国都市旅游发展的特征和趋势，借鉴、吸收同类型教材的内容，力求覆盖都市旅游学的重要知识和重要理论，搭建都市旅游学的框架体系，把握当代都市旅游发展新趋势。

（2）多学科结合

随着都市旅游业发展，都市旅游学研究的范围不断扩展，跨学科甚至超学科的特征更加明显，都市旅游研究需要借鉴经济学、管理学、社会学、文化学、心理学、地理学、人类学等学科的方法和理论，推进都市旅游研究方法的改进和创新，促进当代都市旅游的研究向多学科、多层次纵深发展。

（3）注重创新实践实训

以服务上海都市旅游发展为基础，强调理论与实践相结合，以都市旅游管理专业能力培养为核心，培养学生职业岗位角色意识，凸显人才培养特色，提升师生创新能力，强化社会服务，为大都市旅游接待服务业经济建设输送复合型应用人才。

目录

第一章 都市旅游学导论 / 001
    第一节 都市旅游发展历史与形势 / 002
    第二节 都市旅游学的学科内容和特征 / 025
    【课程实训与实践】 / 042
    【本章小结】 / 044
    【复习与思考】 / 044

第二章 都市旅游者与旅游需求开发 / 045
    第一节 都市旅游者 / 046
    第二节 个体的都市旅游需求 / 070
    【课程实训与实践】 / 084
    【本章小结】 / 085
    【复习与思考】 / 085

第三章 都市旅游目的地形象塑造 / 086
    第一节 当代都市旅游发展理论 / 088
    第二节 都市旅游管理 / 107
    第三节 都市旅游形象塑造 / 124
    第四节 都市旅游形象营销 / 141
    【课程实训与实践】 / 156
    【本章小结】 / 156
    【复习与思考】 / 157

第四章 都市旅游吸引物 / 158
    第一节 都市旅游吸引物 / 159

第二节　都市旅游规制与旅游规划 …………………………………… / 166
　　　【课程实训与实践】 ……………………………………………………… / 182
　　　【本章小结】 ……………………………………………………………… / 183
　　　【复习与思考】 …………………………………………………………… / 183

第五章　都市旅游企业管理 ……………………………………………………… / 184
　　　第一节　都市旅游企业管理 …………………………………………… / 185
　　　第二节　都市旅游核心企业 …………………………………………… / 201
　　　第三节　都市旅游企业服务 …………………………………………… / 233
　　　【课程实训与实践】 ……………………………………………………… / 241
　　　【本章小结】 ……………………………………………………………… / 244
　　　【复习与思考】 …………………………………………………………… / 244

第六章　都市旅游产品 …………………………………………………………… / 245
　　　第一节　都市旅游产品 ………………………………………………… / 246
　　　第二节　都市旅游产品品牌管理 ……………………………………… / 262
　　　【课程实训与实践】 ……………………………………………………… / 284
　　　【本章小结】 ……………………………………………………………… / 285
　　　【复习与思考】 …………………………………………………………… / 285

第七章　都市旅游产业融合 ……………………………………………………… / 286
　　　第一节　都市旅游产业融合 …………………………………………… / 288
　　　第二节　都市旅游业与文化产业融合 ………………………………… / 303
　　　第三节　都市旅游业与房地产业融合 ………………………………… / 329
　　　【课程实训与实践】 ……………………………………………………… / 359
　　　【本章小结】 ……………………………………………………………… / 359
　　　【复习与思考】 …………………………………………………………… / 360

参考文献 …………………………………………………………………………… / 361

后记 ………………………………………………………………………………… / 365

第一章
都市旅游学导论

学习目标

通过本章的学习，了解都市旅游学产生和发展的过程及目前国内外学科发展和研究的状况，认识都市旅游学的基本属性，掌握都市旅游学主要研究对象中相关旅游活动涉及的主要矛盾、经济关系和一般规律。熟悉都市旅游学研究的基本内容和基本方法。

核心概念

都市旅游　都市旅游吸引　国内旅游　国际旅游

导读

本教材的学习对象是当代的都市旅游学，因此，有必要对都市旅游学的基本问题先行说明。本章对都市旅游的发展历史与当代形势做简要介绍，并对都市旅游学的学科内容和特征加以阐明。

改革开放以来，中国都市旅游发展的势头迅猛，由于其市场潜力巨大，投资回报率高，很多城市在布局城市发展战略时都将都市旅游作为重要组成部分。

第一节　都市旅游发展历史与形势

一、都市的基本概念

　　城市是人类居住、生活的场所，是聚落的一种形态，有城市、城镇、大都市、大都市区等不同称谓。现代城市多选址于地理条件优越、位置适宜、经济文化发达、交通便利、风光明媚之处，这就为现代旅游业提供了良好的基础，在旅游吸引资源中占有重要地位。城市本身是一个复杂的社会现象，尽管2008年全球城市化率已经达到50%，即世界上50%以上的人口生活在城市里，中国也在2011年城市化率首次超过50%，但是人们对城市的理解依然多种多样。这一方面反映了城市科学研究的不断发展，另一方面也体现了城市生活多元复杂、不断演进的特征。从中外城市发展史看，都市是城市发展的高级形态，都市性和消费性是其两大基本属性。都市既呈现出现代与传统、全球与地方、国家与民族等概念互融共生的一面，又体现出都市社会与外来群体间具有弹性的社会文化结构。因此，在当代，很多都市成为旅游目的地与客源地的统一体，一种新的旅游形态——都市旅游日趋繁荣和成熟。

　　都市应具备如下条件：

　　① 具有雄厚的经济实力，大多是经济、贸易、金融中心，对本国、某区域甚至世界经济起控制作用；

　　② 具备完善的市场经济体系，有高度发达的第三产业，特别是繁荣的商业，具有高强度的综合服务功能，还有完善的中央商务区；

　　③ 具备一流的基础设施，特别是交通、电信和信息网络全球化，物质流、资金流、技术流、信息流都十分畅通；

　　④ 文化交流频繁，文化消费巨大，有广泛开展国际性科技文化交流的设施和文化创造能力；

　　⑤ 国际上公认的都市是指常住人口规模超过500万的城市，超级都市通常是指人口在1 000万以上的城市；

　　⑥ 具有现代化的都市社会环境，拥有高质量的工作、生活和环境条件，能够反映当前世界科技、文化、环境发展的潮流和趋势。

　　中国都市的规模划分标准主要有人口、经济效率、行政等级等。本教材中的我国都市主要指直辖市、省会城市、常住人口在500万以上的城市以及国家级旅游城市等。考虑到早期原创研究成果的使用习惯，教材中部分章节也使用"城市"概念，特此说明。

（一）都市含义的界定

目前各个学科领域都涉及对都市的定义，形成了对都市的不同认识，下面进行简要的归纳。

1. 城市的历史发生定义

城市是社会经济发展到一定阶段的产物，具体来说是人类第三次社会大分工的产物。"城市"是"城"与"市"功能的不断交叉与叠加，即政治行政中心和商业活动中心是都市产生的基本原因与都市的基本职能。

2. 城市的功能定义

城市与农村的区别不仅在于人口规模、密度、景观等方面，更重要的是在于其功能的特殊性。城市是工商业活动集聚和繁荣的场所，是从事工商业活动的人群聚居的场所，如《史记》卷一百二十九"货殖列传"所谓："天下熙熙，皆为利来；天下攘攘，皆为利往。"

3. 城市的集聚定义

城市的本质特征是集聚，高密度的人口、建筑、财富和信息等是都市的普遍特征。按照国际通行的理解，现代意义上的城市是工商业发展的产物，是资金、人才、货物、信息的交流之地。英国都市经济学家K. J. 巴顿（1976）把都市定义为"一个坐落在有限空间地区内的各种经济市场——住房、劳动力、土地、运输等等——相互交织在一起的网络系统"①。他的集聚经济理论解释了城市企业集群与创新的关系：①企业在地理上的集中必然会带来竞争，而竞争促进创新；②地理上的集中本身就有助于产品制造者、供给者与顾客之间产生一种更为自由的信息传播，相当数量的创新正是由顾客需要和解决供给问题而产生的结果；③集中地优越的通信工具加快了区域内企业采纳创新成果的速度。这样的产业集聚与创新也适用于都市旅游产业。中国科学家钱学森认为城市"就是一个以人为主体，以空间利用和自然环境利用为特点，以聚集经济效益、社会效益为目的，集约人口、经济、技术和文化的空间地域大系统。"②

4. 城市的区域定义

城市是区域的中心，通过辐射和吸引机制来影响广大的区域。城市自身发展和其周围地区之间具有一种特定的地域结构体系。都市是以人造景观为特征的巨型聚落景

---

① ［英］K. J. 巴顿. 城市经济学——理论和政策［M］. 北京：商务印书馆，1984.
② 转引自陈光庭. 城市综合管理［M］. 北京：科学技术出版社，1987.

观,包括土地利用的多样化、建筑物的多样化和空间利用的多样化。

5. 城市的系统定义

城市是一个复杂的自然-社会复合系统。美国学者L.芒福德说:"城市既是多种建筑形式的组合,又是占据这一组合的结构,并不断与之相互作用的各种社会联系、各种社团、企业、机构等等在时间上的有机结合。"① 城市是一个在有限空间地区内的多种经济市场——住房、劳动力、土地、运输等——相互交织在一起的网状系统。

6. 城市的文化定义

文化是城市的基因,是城市的灵魂,是城市形象的根本。城市能否成为人们诗意的生活环境,独特的城市文化是其最主要因素。

综上所述,城市是非农人口集中的、以从事工商业等生产活动为主的居民聚居地,是一定地域范围内人类社会、文化、经济活动的中心,是城市内外各部门、各要素有机结合的社会大系统。

现代城市的功能通常可分为两类:一类是一般功能,即一切城市都具有的生产、流通、分配、社会、行政等共同性功能;另一类是主导功能,即城市所具有的某种特殊功能,如三亚、桂林以旅游业为主导功能,连云港以港口运输为主导功能等。城市的主导功能又有两大特性:一是对城市发展的决定性,即对城市的形成和发展具有支配作用,城市因其盛而盛,因其衰而衰;二是对区域作用的外向性,即该城市的特殊功能是以满足自身以外区域的需要而发挥其主导作用的,它是城市经济成长的基础。一个城市的主导功能会随着城市行政地位的变化、自然资源的开发、经济发展和生产力布局的变化、资源的枯竭与再发现等而发生变化。例如,广州市在新中国成立前是一个消费性商业城市,城市建设方针先后做了六次重大调整,使广州的功能形象发生了相应的变化,广州已成为华南地区、东南亚地区重要的经济中心、科技教育城和以知识型产业为主的多功能中心城市。

都市与一般城市的区别主要在于其规模、容量、结构、形象辐射等方面超过一般城市。

(二) 都市的五大功能

都市功能是指都市在国家或区域经济发展中所起的作用,它是都市赖以存在的本质特征,是都市系统对环境的作用表现。都市功能表现在生活居住、经济生产和交换、公共服务、游憩休闲和文化等方面。

1. 生活居住功能

都市是人类集聚区之一,首先应该满足都市居民的各种活动需求,以确保都市的

---

① [美] L.芒福德. 城市发展史:起源、演变和前景 [M]. 宋俊岭,倪文彦,译. 北京:中国建筑工业出版社,2005.

日常运行。都市是由有生命的个体所组成的，人生存于都市，都市就要考虑到每个个体的生存和发展问题，对每个个体的生命全过程负责。作为人们日常活动开展的载体，都市最基础的功能是提供生活居住的空间，保护居于其中的民众，使其获得维持生存的最基本物质。

2. 经济生产、交换功能

一是产业生产功能。都市将一定资源转化为可直接或间接用于生产和消费产品的功能，就是都市的产业生产功能。都市中的居民需要获取经济收入，都市的产业生产功能孕育着众多的就业机会，通过提供就业岗位满足人们的自我发展需求。这也是都市能够集中众多的经济产业，从而吸引大规模人群聚集居住的根本原因。二是产品交换功能。都市通过提供一定的产品交易平台，使居民可以换取需要的产品。通过交换，劳动产品进入消费过程，满足人们的美好生活需要，并由此进一步促进产品生产和产品交换的发展，保证了都市的正常运行，为都市居民的生产和生活提供了基本保障。

3. 公共服务功能

公共服务功能是指都市服务体系在满足都市居民的日常生活、生产工作、游憩出行等活动中所发挥的作用。都市服务体系包括安全、福利和公共卫生服务、公益服务、环境服务、教育服务、文化服务、法律服务等，其内容是多方面的，如提供医疗设施、提供教育和就业机会、提高工资、追求社会公平等。总之，都市通过公共服务功能改善居民的生活环境，在帮助居民追求物质文明的同时，极大地提高居民精神文明素质。

4. 游憩休闲娱乐功能

在工业社会条件下，个体的基本生存、日常生活、事业发展等需求都得到一定满足，人们自然而然地产生享受、审美等更高层次的需求，都市休闲娱乐就是满足人们这些需求的高层次功能。人们利用自由时间从事一些积极的休闲活动，如文化学习、培养爱好、社会交往、娱乐、消遣等，这些休闲行为是人类生活不可缺少的部分。正如法国当代建筑师勒·柯布西耶所说："休闲这个词绝不仅反映一种不应提倡的惰性，而是一种付出劳动的巨大努力，一种发挥个体主动性、想象力和创造性的劳动：一种既不能出售也不能营利的忘我的劳动。休闲是走出'机器化'这座地狱的大门，它能为每个家庭带来幸福，挣脱陋室的羁绊。"①

1980 年，马尼拉世界旅游组织大会通过《马尼拉世界旅游宣言》，提出："旅游要发展，人就必须享有积极的休息和假日，必须享有在人本身所需要的闲暇及娱乐时间

---

① 转引自［瑞士］若泽·塞依杜. 旅游接待的今天与明天［M］. 北京：旅游教育出版社，1990：28.

内自由旅行的权利。"人类个体的一生中大约三分之一的时间在闲暇中度过,都市通过构建良好的休闲娱乐环境来满足人们的休闲需求,都市的休闲功能成为当代人生活中尤为关注的消费选择,并成为都市建设与可持续发展的重要组成部分。

5. 文化承载与文化交流功能

都市的文化承载功能表现在都市的文化吸引力与辐射力、都市的文化交流、都市的文化全球化、都市的文化信息化等。都市文化是都市旅游的核心吸引物,都市文化旅游业既是对历史文化资源的挖掘和整合,也是对文化符号资本的开发和运营,使其在产业运行中创造价值,已成为当今文化产业中一个重要组成部分。从文化学角度看,都市旅游可分为四个层面:以都市历史文物、史迹、古建筑等为代表的历史文化层;以都市现代文化、艺术、技术成果为代表的现代文化层;以都市居民日常生活习俗、节日庆典、祭祀、婚丧、体育活动等为代表的民俗文化层;以社会人际交流为表象的社会伦理文化层。

都市发展与完善是旅游发展的首要前提。随着都市化的发展,都市在国家及地区的核心地位越来越突出,其功能也日臻完善。都市的综合发展为现代都市旅游的日趋繁荣创造了条件:都市人口密集,这使得探亲访友的人流量也相对较大;都市往往是旅游的中转枢纽或终端;商业、金融、工业、交通、文化等服务功能都集中于都市,带来会展和商务旅游;都市提供了大量的文化、艺术和娱乐体验机会,都市的多元化将进一步带动都市旅游的发展。

拓展材料 1-1

香港米埔湿地:城市环境教育体验

香港米埔湿地是中国香港地区最重要的自然保护区,1995 年根据《拉姆萨尔公约》被列为国际重要湿地,保护区严格控制游客数量,游客进入需要提前预约。在此保护区内,飞禽走兽可自由活动,其中大部分品种都是极为罕见的。保护区于 1984 年建立,面积为 $3.8\ km^2$,其中红树林面积达 $3\ km^2$,主要保护对象为红树林资源和珍稀动植物资源。1998 年 6 月,香港特别行政区渔农自然护理署联合世界自然基金会香港分会(World Wide Fund—Hong Kong,WWF—HK)和长春社(The Conservancy Association,CA)开始执行米埔湿地的护理计划,包括:

第一,实施湿地的自然护理策略;

第二,提升公众对湿地自然护理策略的关注和教育;

第三,提升公众对湿地护理的关注和教育;

第四,加强管理及善用拉姆萨尔湿地,以达到可持续运用湿地资源的效果。

其中,长春社在社区发展湿地护理教育,教育公众人士,开展监察雀鸟等活动,提高公众对湿地护理的认识。环境教育体验已成为人们到米埔湿地的主要旅游活动内容。

资料来源:世界自然基金会(香港)官网[EB/OL]. [2020-5-25]. http://www.wwf.org.hk/whatwedo/water_wetlands/mai_po_nature_reserve/, 2017;俞肖剑. 香港米埔湿地保护区的系统化管理模式[J]. 浙江林业, 2014 (Cl): 24—29.

二、都市旅游的基本概念

(一) 都市旅游含义

都市作为一个特殊的人文地理空间,其发展旅游有独特的优势,近代世界旅游活动的开端——1845年英国的托马斯·库克组团去利物浦的包价游——即都市旅游,都市旅游与近代旅游的发展基本同步。

都市旅游出现的原因和表现主要包括五个方面。①都市人口相对密集,到都市探亲访友的人流量相对也较大,这无形中加大了都市流动人口的数量,而都市本身庞大的人口以及流动人口是发展都市旅游重要的基数消费人群。②都市往往是区域交通的枢纽,具有良好的交通区位条件。机场、车站、港口等交通设施往往依托于都市,交通路线贯穿或连接都市,都市在现代旅游中往往承担着交通枢纽的功能,为旅游者的集散和中转提供了极大的便利。③都市成为旅游者活动的集中地。都市旅游资源往往相对集中,或密集于市区内,或形成区域性旅游。都市往往是旅游者最集中、活动最密集的地区之一。④都市的功能决定了都市内聚集着大量商业、金融、工业和服务的设施。都市作为一个区域的政治、经济和文化中心,具备都市观光、休闲、娱乐、购物、商务等旅游活动的条件和优势。⑤都市具有相对较多的消费人口和较强的消费能力,往往成为大型文化、娱乐设施布局的首选之地。因此,都市往往具有非都市地区所没有的现代化的大型文化、娱乐设施,这在客观上对都市旅游的发展起到了促进作用。

在目前国内外的学术研究中,对于"都市旅游"尚未形成公认的定义。20世纪80年代较早研究都市旅游的学者,英国学者威廉姆斯(Williams)和肖(Shaw)的《旅游学主要论题:地理学观点》一书从表意、组织和感知上分析了都市旅游吸引力的三个层次[①]。克里斯·库珀（Chris Cooper）等人将旅游分为从需求和供给两个方面的定义，都市旅游的定义也可从两个方面界定：若从需求的角度定义，都市旅游是旅游者为了休闲、商务和其他目的，离开自己惯常居住的环境，进行短期的都市旅行和逗留活动；若从供给的角度定义，都市旅游即都市旅游业，是由满足都市旅游者需求和愿望的所有的企业、组织机构和设施构成的行业[②]。

因此，从经济学角度出发，都市旅游既是都市旅游者的社会行为（需求的角度），又是都市旅游业（供给的角度）。

从需求的角度，都市旅游研究要以人们是否选择和为什么选择都市作为旅游目的地为出发点，分析旅游者的行为动机，即重点关注旅游者选择都市为旅游目的地的原因、社会心理、旅游动机等。一般而言，旅游者被都市吸引是因为都市提供的专业化功能与一系列服务设施，其本身首先成为一种旅游吸引物。都市旅游吸引物包括以各种活动场所为依托的文化、体育、休闲、娱乐活动和城市自然与社会文化风貌所营造的环境，这类要素是旅游者进行都市旅游目的地选择决策最主要的因素。

从供给的角度，都市旅游又指都市旅游业的经营、管理和优化等。都市旅游业是以都市旅游吸引物或吸引事件为核心、以旅游设施为条件、以旅游服务为手段，通过满足旅游者旅游需求而提供旅游产品和服务获取经济效益的产业。旅游业主要包括观光旅游业、度假旅游业、康养旅游业、文化旅游业、会展旅游业、住宿旅游业、餐饮旅游业、旅行社与旅游电商、购物旅游业等。交通、住宿、餐饮、购物、休闲、娱乐等行业为旅游业提供辅助支持，但大部分不具有旅游吸引力，是旅游业支撑条件。

另一种具有代表性的都市旅游的定义是从地理学角度的阐释，即从旅游目的地角度看，都市是旅游活动的空间载体。都市旅游是指发生在都市的各种游憩活动及以都市为目的地、以都市为旅游吸引物的各种旅游活动的总称，是旅游者在都市中的所有物质与精神消费活动[③]。哑铃模型可以较好地解释都市旅游活动。

都市涉及的内容广泛而复杂，而且不同的都市具有不同的历史、文化、经济特色。因此，都市旅游的内涵不尽相同，加上现代旅游业的范畴不断扩大，这使得界定都市旅游的难度进一步加大。关于都市旅游有两种主要表述。

定义1：都市旅游是发生在都市的各种旅游活动的总和，包括游客和都市居民在都市所有的与旅游有关的物质和精神活动。

[①] Shaw G, Williams A M. Critical issues in tourism: A geographical perspective [M]. Oxford: Blackwell Publishers, 1994.

[②] [英]克里斯·库珀, 约翰·弗莱彻, 等. 旅游学：原理与实践 [M]. 张俐俐, 蔡利平, 主译. 北京：高等教育出版社, 2004.

[③] 彭华, 钟韵. 创建优秀旅游城市的思考：旅游开发与城市建设一体化 [J]. 旅游学刊, 1999 (2): 21—25; 丁培毅, 刘社军. 有关旅游体验设计的一些近期研究 [J]. 旅游学刊, 2013, 28 (1): 9—12.

定义2：都市旅游是以都市整体形象为吸引力，依托都市经济发展水平和综合接待能力而开展的一种旅游活动。

(二) 都市旅游特征

与乡村聚落的乡村性和农业文化性不同，都市的两个最主要特征是都市性和产业综合性，都市旅游开发需要围绕这两个主要特征来探索。除此以外，都市旅游在发展过程中还呈现出更多特征，如发展性、多元性、辐射性、参与性等。

1. 都市性

都市的独特条件使得都市旅游深深打上特有的都市性烙印。在产品载体上，都市旅游的众多产品是传统旅游所没有的，也是乡村所没有的，如会展旅游、商贸金融旅游、现代农业旅游、高新科技与现代工业旅游，还有各种建筑和场馆设施、观光旅游等。这些高层次的旅游产品是都市旅游所特有的，是都市旅游的主要吸引物和精髓所在。

2. 产业综合性

都市旅游具有综合性特征，渗透力大、融合度高、拉动力强，不仅能与第一、第二、第三产业的各个领域通过"旅游＋"的模式进行融合发展，形成新的产品和业态，对优化产业结构产生催化作用，与文化、教育、科技和其他社会事业也有着互相交叉、融合发展的基础。2016年以来，全国各地正在大力推进全域旅游发展，就是要充分发挥旅游业的综合优势和带动效应，通过市场拉动和产业带动的共同作用，推动经济稳定增长。

3. 发展性

都市是在不断发展的，这成为都市旅游发展的前提和基础，也带来了其发展的资源和保证。都市旅游通过不断深入挖掘内涵、丰富产品体系、提高设施服务等获得发展，最终在形象建设上也不断推进和创新。任何一个都市的发展都应积极开放、科学有序、动态发展，墨守成规、止步不前只能走进死胡同。

4. 多元性

都市旅游不同于传统的都市观光旅游，更注重经济、文化、社会方面多元化的内涵和底蕴。在都市旅游中占有重要地位的会展旅游、商贸旅游、现代农业旅游、高新科技与现代工业旅游等品牌，体现出了它们自身极高的社会价值和经济价值；这些品牌的旅游活动也是经济发展和社会繁荣的催化剂。因此，都市旅游的多元化内涵使其具有较强的综合吸引力。都市的旅游功能具有复杂多元性：作为人类集中活动的区域，都市的内涵极其丰富，功能越来越复杂，这也决定了都市旅游在产品和功能上呈现出多元性特征。

5. 辐射性

都市往往是区域交通的枢纽，具有良好的交通条件。都市在现代旅游中通常发挥着旅游交通枢纽的功能，为旅游者的集散和中转提供了极大便利。随着都市旅游的发展，特别是都市旅游业的空间扩张，都市旅游业由最先的在城区核心空间集聚变为空间扩散，旅游发展开始向市郊、外围延伸；旅游景区和设施形成区内、区外联动开发，多产业协同、整体促销，对区域产业和经济发展起到巨大的推动作用。如果在完善旅游业的同时发展相关民生福祉和保障产业，提升都市居民对都市旅游的支持力，进一步向大都市圈旅游发展，将有包括具有同城效应的大都市圈、区域城市网络等更高级的都市旅游形式出现。

6. 参与性

都市旅游是一种内容丰富、形式多样、涉及面极广的社会、经济现象。都市自身的开放性和包容性决定了都市旅游活动的参与性，这种参与性主要是通过为旅游者提供一种独特的旅游体验而展现出来的。都市旅游不仅包括对散布在都市中的自然、人文景观等的游览活动，还包括以都市各种旅游资源、旅游设施为依托而兴起的各种特殊旅游活动，如会展旅游、商贸金融旅游、购物旅游、休闲旅游、节庆旅游、科普教育旅游等。旅游者通过参与这些旅游活动，完成特殊的旅游经历和体验。

（三）都市旅游活动

1. 都市旅游活动发展

现代都市旅游活动实践的发展促进了旅游经济活动，在全球旅游理论和实践中，欧美国家成为旅游活动研究的先发地区。1933 年，奥格威尔的《旅游活动》运用数学统计方法科学地研究了旅游者的流动规律，并从经济的角度给旅游者下了定义；1935 年，柏林大学葛留克斯曼出版了《旅游总论》系统地论证了旅游活动的发生、基础和性质，论述了旅游对经济和社会的影响，以及促进旅游业发展的政策和手段；1942 年，瑞士的汉克泽尔和克拉普夫出版了《旅游总论概要》，从经济学和社会学两个方面对旅游活动和旅游经济现象进行了研究。总体来说，早期阶段的学科研究基本是属于探索性的，还未深入研究旅游经济活动的本质和规律。

第二次世界大战后，世界经济逐渐恢复，全球旅游快速发展。城市化与旅游结合，推动了都市旅游发展[①]。都市文明的程度越高，都市就越有吸引力，都市旅游活动也就越频繁。例如，上海是我国具有重要功能的大都市，"十三五"期间推进"五个中心""四大品牌"及卓越的全球城市和社会主义现代化大都市建设。这一规划推动了学界对

---

① ［美］威廉·瑟厄波德. 全球旅游新论. 张广瑞，等译［M］. 北京：中国旅游出版社，2001.

上海都市经济社会发展的阶段性特征、总体目标的深入研究，如上海都市在长三角及全国经济社会发展格局中的地位、作用和功能，都市的战略性优势及不足，当代都市高质量发展、高品质生活的具体内涵，以及"十四五"期间如何提升都市能级和核心竞争力等。

2. 都市旅游活动概念

都市旅游活动是指旅游者在大城市中进行的以商务会议、探亲访友、文化研学、观光购物以及游乐休闲等为目的的旅游活动。都市旅游活动对个体是一种短期的特殊生活——人的高层次需求和精神文化活动，是天赋人权。都市旅游活动对社会是一种长期的生存方式——人的空间移动引起的市场运动，是综合性的社会现象。

现代都市旅游活动是一项以都市空间的人员流动为特征，涉及经济、政治等许多方面的社会文化活动。

都市旅游活动是发生在都市的多种旅游消费活动和现象的综合体现，包括都市社会现象、都市文化现象、都市经济活动、都市政治色彩等。

拓展材料 1-2

世界上城市人口在 1 000 万以上的称为超大城市，共有 36 个，中国占 6 个。

TOP1 上海，2 268 万人

上海，简称"沪"或"申"，中华人民共和国直辖市、国家中心城市，全国的经济、金融、贸易、航运中心，首批沿海开放城市。地处长江入海口，隔东中国海与日本九州岛相望，南濒杭州湾，西与江苏、浙江两省相接。

景点：外滩、豫园、陆家嘴、南京路步行街、东方明珠。

TOP2 北京，2 039 万人

北京，简称"京"，中华人民共和国首都、直辖市、国家中心城市、超大城市，全国政治中心、文化中心、国际交往中心、科技创新中心，是中国共产党中央委员会、中华人民共和国中央人民政府和全国人民代表大会的办公所在地。

景点：天安门广场、故宫、天坛、颐和园、八达岭长城、十三陵景区。

TOP3 广州，1 876 万人

广州，简称"穗"，别称羊城、花城，古称任嚣城、楚庭、番禺，广东省省会，位于广东省中南部，东江、西江、北江交汇处，珠江三角洲北缘，濒临中国南海，是中国南部战区司令部驻地。广州是国务院确定的国际城市，国家三大综合性门户城市之一，五大国家中心城市之一，与北京、上海并称"北上广"。

景点：沙面、白云山、广州塔、中山纪念堂、五羊石像、黄埔军校旧址纪念馆。

TOP4 深圳，1 224 万人

深圳是中国改革开放建立的第一个经济特区，是中国改革开放的窗口，已发展为有一定影响力的国际化城市，创造了举世瞩目的"深圳速度"，同时享有"设计之都""钢琴之城""创客之城"等美誉。

景点：世界之窗、大小梅沙、中英街、梧桐山、东部华侨城、深圳欢乐谷。

TOP5 天津，1 126 万人

天津，简称"津"，中华人民共和国直辖市、国家中心城市、环渤海地区经济中心，全国先进制造研发基地、北方国际航运核心区、金融创新运营示范区、改革开放先行区、中国中医药研发中心、亚太区域海洋仪器检测评价中心。

景点：五大道、天津文化中心、盘山、古文化街、大悲院。

TOP6 成都，1 068 万人

成都，简称"蓉"，四川省会，1993 年被国务院确定为西南地区的科技、商贸、金融中心和交通、通信枢纽，是设立外国领事馆数量最多、开通国际航线数量最多的中西部城市。2015 年，由国务院批复并升格为国家重要的高新技术产业基地、商贸物流中心和综合交通枢纽，是西部地区重要的中心城市。

资料来源：[EB/OL]．(2018－08－22)．http://k.sina.com.cn/article_6427589486_17f1d3b6e001009sci.html.

3. 都市旅游活动要素

都市旅游活动的三大基本要素是都市旅游者（主体）、都市旅游吸引物（客体）和都市旅游业（媒介），又称旅游"三体论"。都市旅游与一般旅游最大的区别在于，都市旅游必须以都市为目的和依托，所有旅游活动的开展都围绕着都市地理环境来进行，它与乡村旅游、生态旅游、遗产旅游、艺术旅游等形态对应，是把旅游活动限定在都市环境的目的地旅游。

（四）都市旅游的本质

1. 旅游体验理论

旅游是一种复合交叉融合活动，其研究具有跨学科、多层次交叉的特点，不同学科的学者具有不同的认识。经济学者认为旅游是一种经济消费行为；地理学者认为旅游是一种时空经历；社会学者认为旅游是一种社会活动；文化学者认为旅游是一种文化行为；心理学者认为旅游是一种心理感受和体验行为；管理学者认为旅游是一种需要进行管理的群体或个体活动；环境学者认为旅游是一种环境生态活动；历史学者认为旅游是一种历史探寻和历史经历活动；自然主义者认为旅游是一种自然享受和经历；人文主义者认为旅游是一种人文文化经历；等等。从本质上讲，旅游是人们以消遣、审美等精神愉悦为主要目的，到日常生活环境之外的地方旅行和逗留的各种身心体验，它是人们的一种短期异地休闲生活方式和跨文化交流活动。

关于旅游体验方面的相关研究可以追溯到19世纪中叶，在叔本华、尼采、狄尔泰、柏格森等哲学家那里，西方美学和哲学有关体验的论述可以说就进入高峰期。在旅游学界，20世纪60年代，布斯汀（Boorstin）的《镜像：美国伪事件导览》就将旅游体验定义为一种流行的消费行为，是大众旅游行为[1]。美国麦克内尔（MacCannell，1973）认为旅游体验是人们对现代生活困窘的一种积极回应，旅游者为了克服这些困窘而追求一种对"本真"的体验。不过，这种"本真"，是一种"舞台真实"，即建构出来的真实[2]。特纳（Turner）等将旅游活动视为现代社会的宗教替代品，认为旅游体验的价值在于提供了一种"离开世俗世界的休憩"[3]。科恩（Cohen，1979）的《旅游体验的现象学》一文认为，不同的人需要不同的体验，不同的体验对不同的旅游者和不同的社会具有不同的意义。他将旅游体验定义为个体与各种"中心"之间的关系，认为体验的意义来自个体的世界观，取决于个体是否依附于某个"中心"[4]。其后，科恩对旅游体验持续关注，形成重要著述。他认为现代性的人与社会关系同时孕育了现代性中个人的双重趋势——角色理性化与个人意志强化趋势。霍尔布鲁克（Holbrook，1982，1999）汇总了四项消费体验维度——体验（experience）、娱乐（entertainment）、表现欲（exhibitionism）、传递愉快（evangelizing），简称"4Es"理论[5]。

未来学者阿尔文·托夫勒在《未来的冲击》中首次提出了体验经济（experience industry）的概念[6]，体验成为一个经济学术语。美国学者约瑟夫·派恩（Joseph Phine）和詹姆斯·H. 吉尔摩（James H. Gilmore）所著的《体验经济》（1999年原版出版，2012年中译版出版）一书，讨论了在体验经济时代如何定制产品服务等问题，提

---

[1] Boorstin D J. The image: A guide to pseudo-events in America [M]. New York: Athenaeum, 1964: 77-177.
[2] MacCannell D. Staged authenticity: Arrangement of social space in tourist settings [J]. The American Journal of Sociology, 1973 (3): 589-603.
[3] Turner V, Turner E. Image and pilgrimage in Christian culture: Perspectives [M]. Oxford: Basil Black-vvdl, 1978: 20.
[4] Cohen E. A phenomenology of tourist experiences [J]. Sociology, 1979 (2): 179-201.
[5] Holbrook M B. The experiential aspects of consumption: Consumer fantacies, feelings, and fun [J]. Journal of Consumer Research, 1982 (9): 132-140; Consumer Value [M]. London: Routledge, 1999.
[6] [美] 阿尔文·托夫勒. 未来的冲击 [M]. 蔡伸章, 译. 北京: 中信出版社, 2006.

出了关于旅游体验的另一种"4Es"理论,即娱乐(entertainment)、教育(education)、逃避(escape)和审美(estheticism)。他们指出,体验是以服务为舞台、以产品为道具,围绕消费者创造出值得消费者回忆的活动。让人感觉最丰富的体验必须同时涵盖四个方面,即处于四个方面交叉的"甜蜜地带"的体验。他们还提出了塑造旅游体验的五种方法:体验主题化、以正面线索强化主题印象、淘汰消极印象、提供纪念品和重视对游客的感官刺激等[①]。

国内学者也有很多这方面研究的成果。谢彦君在国内较早研究旅游体验问题[②]。旅游体验是以追求旅游愉悦为目标,旅游者在欣赏美的世界、享受美的人生时所产生的一种愉快的心理体验。邹统钎和吴丽云认为旅游体验的类型还应该包括移情(empathy),从而形成旅游体验的"5Es"理论[③]。

旅游体验的重要来源:旅游是一种有清晰目的和明确意义的活动,这种目的和意义是由旅游者(严格来说,是潜在的旅游者)的需要和动机所决定的,这种需要和动机就是体验的需要,而这种需要的实现,离不开作为旅游发生的外部动因的旅游吸引物系统的存在。在这个系统中,各种要素外在地服务于旅游者,旅游吸引物成为旅游者旅游体验的最重要的来源。

2. 都市旅游是旅游者个体以愉悦为首的体验活动

都市旅游者的旅游体验及意义应以促进其美好生活的拥有与获得为考量,不断拓展和提升都市旅游的社会价值是都市旅游学发展的必由之路。

正如海德格尔《诗·语言·思》一书中"人,诗意地栖居"的说法,旅游者将兴趣点集中在都市或乡村旅游目的地,通过亲身体验,在旅游目的地完成短暂的"诗意地栖居",从而实现在平淡的日常世俗生活中短暂地找回自我、回归自我、发现自我的生命体验和意义。所以,旅游的本质是人类个体短暂的诗意的生活移居。正因为旅游能让人以审美和愉悦轻松的心态诗意地寄居异地,旅游才成为改变、调节日常生活的人们生活之所必需,自由精神之所向往。

于光远说:"旅游是经济性很强的文化事业,又是文化性很强的经济事业。"[④] 冯乃康说:"旅游不是一种经济活动而是一种精神活动,这种精神生活是通过美感享受而获得的。因此,旅游又是一种审美活动,一种综合性的审美活动。"[⑤] 沈祖祥说旅游"是

---

① [美]约瑟夫·派恩,詹姆斯·H.吉尔摩. 体验经济[M]. 毕崇毅,译. 北京:机械工业出版社,2012.
② 谢彦君. 论旅游的本质与特征[J]. 旅游学刊,1998(4):41—44,63;谢彦君. 旅游交往问题初探[J]. 旅游学刊,1999(4):57—60;谢彦君,吴凯. 期望与感受:旅游体验质量的交互模型[J]. 旅游科学,2000(2):1—4;谢彦君. 旅游体验的情境模型:旅游场[J]. 财经问题研究,2005(12):64—69.
③ 邹统钎,吴丽云. 旅游体验的本质、类型与塑造原则[J]. 旅游学刊,2003(4):7—10,41.
④ 于光远. 旅游与文化[J]. 瞭望周刊,1986(14):35—36.
⑤ 冯乃康. 中国旅游文学论稿[M]. 北京:旅游教育出版社,1995:2.

一种文化现象,一个系统,是人类物质文化生活和精神文化生活的一个最基本的组成部分,是旅游者借助旅游媒介等外部条件,通过对旅游客体的能动的活动,为实现自身某种需要而作的非定居的旅行的一个动态过程复合体,旅游属于文化范畴,是文化的一个内容。"① 旅游具有精神审美文化内核,旅游本质是增长知识,脱离现实生活,放松心灵、脱离日常生活、发现自我。杨振之提出"旅游的本质是人的诗意栖居"②。

另外,从旅游的更高形态——旅行来看,享乐型旅行者的活动更追求自然随意、怡景怡人。正如林语堂所说:"一个真正的旅行家必是一个流浪者,经历着流浪者的快乐、诱惑和探险意念。旅行必须流浪式,否则便不成其为旅行。旅行的要点在于无责任、无定时、无来往信札、无喋喋好问的邻人、无来客和无目的地。一个好的旅行家决不知道他往那里去,更好的甚至不知道从何处而来。他甚至忘却了自己的姓名。"③ 人们通过各种旅游获得独特的人生体验,1817年,意大利考古探险家贝尔佐尼在埃及底比斯古城游览时,由衷地感叹:"我仿佛独自一人置身于世间极尽神圣之地,它使我全然忘却了人生的烦琐与荒唐。"2010年,一位中国游客在新西兰蒂瓦希普纳姆地区游览时,这样描述自己的感触:"驰驱于半空中的6号国道,一面是大海,一面是群山,细石扑簌车身,沙沙作响,峰回路转,一会儿是波涛堆雪的海岸,一会儿是绿意炙烈的山体,苍翠或蔚蓝溢满双目,教人耳畔响起葡萄牙诗人费尔南多·佩索阿《牧羊人》中的诗句:'悄无人迹的大自然的全部静谧/来到我身边坐下'。"这些都体现了旅游带给人们的深沉精神感受和心理升华。都市旅游作为特定的目的地旅游,其本质也如上所述。个体的都市旅游体验有两大特点。一是参与性。参与性是都市旅游体验的首要特色,没有主体积极参与的旅游,带给游客的只是感观上的东西,很难引起游客情感上的共鸣。世界旅游组织认为,21世纪的新旅游者将参加旅游产品的开发,他们希望从单纯地享受旅游服务转向亲自感受并回味和体验旅游产品的整个生产过程。二是差异性。都市旅游体验的差异性又叫主观性、个体性。体验感受取决于个体参加活动而由内心深处迸发的知识、情感、意志等,这种体验是唯一的、不可复制的,并且由于个体的家庭背景、所处的生活环境、接受的教育程度、拥有的知识水平、个人的兴趣爱好等的差异,不同的个体面对同样的景观也会产生不同的体验。即使同一个体,在不同的时间经历相同的旅行也会产生不同的体验,这是由人自身的主观特点所决定的。旅游体验的上述特点,对都市旅游吸引物塑造、旅游产品开发都具有启发意义。因此,都市旅游的本质是旅游者在都市环境开展的愉悦性的社会文化体验活动。

---

① 沈祖祥. 旅游文化学[M]. 福州:福建人民出版社,2012:10。
② 杨振之. 论旅游的本质[J]. 旅游学刊,2014(3):13—21;杨振之,谢辉基. 旅游体验研究的再思[J]. 旅游学刊,2017(9):12—23。
③ 林语堂. 生活的艺术[M]. 上海:外语教学与研究出版社,1998:2。

3. 都市旅游是育人济世的社会幸福事业

都市是人类文明的高地，都市旅游的社会价值功能是育人、济世及提升人民福祉。都市政府和旅游经营者通过优质服务提高都市旅游者的旅游体验和生存价值意义。

库珀（Cooper）对都市旅游的旅游产品构成要素用"4As"进行简化归纳①，观点如下：①旅游吸引物（attractions），即以旅游景点为主要代表的旅游资源；②进入通道（access），即该地的交通运输设施和交通运输服务；③设施（amenities）和服务，即该地的住宿、餐饮、娱乐、购物及其他方面的旅游生活设施和相关服务；④辅助服务（ancillary services），即该地旅游组织提供的相关服务，如旅游问讯中心等。以上除了旅游吸引物之外，其他三个构成要素都属于旅游接待服务的范畴。因此，从旅游供给的角度来看，旅游产品的组成部分主要包括旅游吸引物和旅游接待服务两部分。旅游产品由组成整个旅游经历的旅游吸引物、目的地设施、旅游交通（可进入性）、目的地形象与价格五个由内至外的层次构成。学者史蒂芬 L.J. 史密斯（Stephen L.J. Smith）认为，旅游产品由核心向外扩展包括五个层次：第一层是核心层，以物质实体为主，如旅游吸引物；第二层，服务；第三层，友好的态度；第四层，自由的选择；第五层，参与②。以上学术观点具有一定的代表性。

都市旅游可塑造都市景观自然呈现、空间融合的城市形态。都市旅游具有体验性，塑造传承都市文脉，彰显现代都市文明魅力的人文气质。都市文脉是塑造都市旅游形象的基础性因素之一，而都市旅游形象则是都市文脉的具体体现。旅游数据显示，品质化旅游消费诉求日益突出，人们越来越喜欢那些从都市本身生长出来的、带有当地文化基因的吸引物内容，从旅游中感受都市本身的存在方式。

4. 都市旅游研究的价值和作用

随着全球化进程，都市成为一个国家或地区对外的主要窗口，在全球都市发展竞争中构建优势地位成为每个都市发展的主要目标。都市旅游对于促进当地社会文明、开放和社会进步具有重大作用。它不仅能够成为都市经济发展新的增长点或支柱产业，还可以借此塑造一个国家或地区文明、友好、安全的形象，从而成为一个国家或地区国际竞争战略的重要组成部分。

都市是我国旅游业发展和起飞的主要地区，它既是国内外旅游者的集散地和重要消费中心，也是国内旅游的主要客源地和带动乡村旅游业发展的基地。"十三五"期间，我国都市的主要消费相关经济指标、品牌建设、促进机制、监管体制等与国际一流消费中心还有一定的差距和差异，是"十四五"时期国内都市推进国际消费城市建

---

① Cooper C, Fletcher J, Gilbert D, et al. Tourism: Principles and practice [J]. Tourism Management, 1994, 15 (3): 235—237.
② [加] Smith S L J. 旅游决策分析方法 [M]. 李天元, 徐虹, 黄晶, 译. 天津: 南开大学出版社, 2006.

设的主要着力点和实践路径。

都市旅游对都市经济、社会、环境的可持续发展产生的巨大推动作用。主要表现在如下三个方面：①以都市旅游产品的供给作为研究的出发点，认识都市旅游产品的特征、都市旅游产品的结构、都市旅游产品的供给、投资与资源开发等问题，认识都市旅游经济活动不同于其他经济活动的特殊性；②通过都市旅游经济活动的实现来研究都市旅游产品的销售，如都市旅游需求及其结构、都市旅游市场选择及变动趋势、都市旅游产品价格的制定与策略、都市旅游产品的经营战略等；③理解和掌握都市旅游经济活动运行中各个主要环节及其相互关系。

三、都市旅游接待服务

（一）都市旅游接待服务含义

旅游业具有明显的"服务"与"接待"特征，服务是旅游业提供的主要产品。接待服务是由服务主客体的活动关系构成的、包含心理体验特征的、具有一定价值量的行为过程，是可以销售或伴随其他产品销售给消费者的一种利益和满足感。约翰·厄里（John Urry，2009）探讨了游客进行愉悦的旅游体验，在他们或望见（gaze upon）或观看（view）一组迥异的不同寻常的自然风景或城镇风光的旅游活动中，存在凝视选择与服务的复杂关系。约翰·厄里根据福柯"医学凝视"理念中的主体与客体的权力关系，认为在作为旅游主体的游客与作为旅游客体的旅游地之间同样存在一种权力关系，并且很显然，游客是这种关系力量的主导者，而游客也在随着社会历史的发展而变化；旅游地也会通过构建文化来吸引游客，这样原本为客体处于被支配地位的旅游地就转变为权力关系中的支配者了。因而，旅游主体与客体的角色也是可以互换的①。

都市旅游接待服务是都市旅游从业人员借助旅游景区景点和各种设施，通过旅游主客体之间的行为接触和活动，为旅游者构造美好旅游经历和体验，使其获得生理和心理的满足感，并使旅游企业和旅游从业人员获得利益的过程。这个定义可从两个角度加以理解：一是服务客体的角度，即都市旅游的服务客体（旅游者）花费一定的时间、金钱和精力，从都市旅游接待服务中获得个体经历、体验和满足感；二是服务主体角度，即都市旅游的服务主体（旅游企业与旅游从业人员）通过提供都市旅游接待服务来满足客体（游客）的需要，从而达到某种目的或获得利益。

---

① ［英］约翰·厄里. 游客凝视［M］. 杨慧，赵玉中，等，译. 南宁：广西师范大学出版社，2009.

(二)都市旅游接待服务的内涵与外延

服务的内涵是服务主客体之间的活动关系。都市旅游接待服务的内涵是指发生在都市的、因旅游从业人员与旅游者的行为接触而产生的各种活动关系,这种关系包括主客体之间的经济利益关系、心理情感关系、社会文化关系,并贯穿于旅游活动的全过程。服务所具有的不可感知性、不可分离性、不可储存性以及产权的相对稳定性等基本特性,也存在于都市旅游接待服务中。

旅游的综合性与交叉性、复杂性与广义性决定了都市旅游接待服务具有较为宽泛的外延。从旅游需求六要素的角度看,都市旅游接待服务的外延包括与旅游活动需求六要素相关的服务内容,即饮食服务、住宿服务、旅行服务、购物服务、娱乐服务、游览服务等;从旅游"三体论"的角度看,都市旅游接待服务的外延则包括与旅游主体、旅游客体、旅游媒体相关的各种服务项目。随着旅游供给能力的增强以及旅游需求的日趋多样化,都市旅游接待服务的外延也在不断拓展和丰富,都市旅游接待服务的外延既涵盖与旅游需求六要素和旅游"三体论"相关的服务内容,也涉及旅游以外的相关服务内容,如物流服务、金融服务、电信服务、保险服务等。

(三)都市旅游接待服务的构成要素

都市旅游接待服务的构成要素可以从不同角度进行描述,通常对都市旅游接待服务构成要素的描述有以下三种方式。

1. 要素描述方式

都市旅游接待服务作为一种人与人之间的互动过程,其构成要素离不开服务主体、服务客体和服务媒体,三者共同构成完整的都市旅游接待服务体系。

① 都市旅游接待服务主体。都市旅游接待服务主体是指服务的供应者,即提供服务产品的旅游企业。对服务主体而言,重要的是产品、包装、经营策略和服务设计等事项。

② 都市旅游接待服务客体。都市旅游接待服务客体是指服务的接受者,即都市旅游接待服务的购买者。客体重视的是服务产品的价格性能比、满足程度等事项。

③ 都市旅游接待服务媒体。都市旅游接待服务媒体是协助服务主体(旅游企业)更方便、更快捷地将服务顺利传递给客体(购买者)或协助客体使其更容易、更乐意接受服务主体提供的服务的中介,包括旅游的设施设备和服务人员。都市旅游接待服务媒体在都市旅游接待服务要素中扮演桥梁的角色,具有枢纽地位,尤其是服务人员,他们表现得好与不好,直接影响到主体的付出效果以及客体的感受、接受效果。

2. 内容描述方式

内容描述方式有时也称为都市旅游接待服务分解法。按照都市旅游接待服务的基本性质，可以将都市旅游接待服务分解为五个层面的基本内容，即核心服务、支持服务、延伸服务、服务的可及性以及员工与游客的关系。因此，都市旅游接待服务的构成要素（内容）可以描述为五个方面。

（1）核心服务

核心服务是旅游企业为客人提供的最基本的服务，它能够满足客人最基本的服务需求，并能向客人提供最基本的利益。例如，酒店中清洁、安静、安全的客房和快速、美味可口的餐饮，可最大程度地满足客人的生理需求，使之有充沛的精力和健康的身体去进行所需要的旅游活动。

（2）支持服务

支持服务是旅游企业为了使客人能得到核心服务而提供的其他必需的促进性服务，如酒店的前厅预订服务，餐厅的带座、摆台、点菜服务，旅行社的组团服务，景区的交通服务等。如果没有支持服务，核心服务就不能被提供和消费。

（3）延伸服务

延伸服务也称为附加性服务，是在核心服务、支持服务的基础上提供给客人的额外超值服务，它可以增加核心服务的价值，使旅游企业的服务产品新颖独特并区别于其他企业。企业的延伸服务内容越多，其档次规格就越高，例如，酒店的娱乐健身服务、商务秘书服务、问讯留言服务、洗衣服务等，旅行社的代办服务、机场接送服务等，景区景点的购物服务、安全检查服务等。随着旅游业竞争的日益激烈，许多旅游企业在核心服务、支持服务大同小异的情况下，都在延伸服务方面做文章下功夫，使都市旅游接待服务花样不断翻新。许多旅游企业推出例外服务、超常服务、微小服务等延伸服务，使延伸服务的内容不断扩大，给客人带来更多附加享受和意外惊喜。

（4）服务的可及性

核心服务、支持服务和延伸服务构成了都市旅游接待服务的主体内容，但并不能代表服务的整体，它仅表明客人在购买都市旅游接待服务时得到了什么，并没有说明得到的过程和方式，都市旅游接待服务的整体还应包含服务的可及性以及员工与客人的互动关系两方面。服务的可及性是指客人获得主体服务的难易程度和旅游企业向客人提供主体服务的方式。它与旅游企业提供各项服务的时间、空间结构与规模、设备设施、地理位置与交通状况等因素密切相关。例如，酒店提供的主体服务十分出色但服务时间太短，旅行社的主体服务非常周到但预订系统不便利，景区景点的主体服务独具特色但所处的地理位置偏僻或交通不便利，这些都会使客人在购买都市旅游接待服务产品时遇到障碍，感到不方便、低效率，使主体服务变得可望而不可即。

（5）员工与游客间的关系

员工与客人之间的互动关系是指提供服务过程中买卖双方相互接触、相互影响、相互作用而产生的互动关系。由于客人参与旅游企业服务生产、交换、消费的全过程，因此员工的素质、客人对服务的参与程度、员工与客人之间的关系，都成为都市旅游接待服务的重要组成部分，并且渗透到服务的每个环节。旅游企业员工的服务行为与客人的行为是相互关联、相互影响、相互作用、相互转化的，一般体现为良性循环、恶性循环、良性和恶性相互转化循环这三种关系。

旅游企业应该培养一批具有现代化服务意识和游客导向意识的高素质员工，并建立起一个科学的管理运作系统向客人提供优质的服务，以获得客人的理解、合作与支持，形成良性循环的员工与客人之间的互动关系，避免出现恶性循环的互动关系，这是优质都市旅游接待服务的关键。

3. 服务包描述方式

都市旅游接待服务包是指在都市环境下旅游企业提供的一系列产品和服务的组合，都市旅游接待服务包的组合要素体现了都市旅游接待服务的构成要素。

（1）支持性设施设备

支持性设施设备是指在都市旅游接待服务之前必须到位的物质性要素，是都市旅游接待服务过程中都市旅游接待服务人员和购买者互动所必备的辅助性服务要素，即我们常说的硬件设施设备。它们对都市旅游接待服务的提供和服务质量有重要的影响，如都市酒店中的水暖设施设备、厨房设施设备、安全监控系统，电梯系统等，航空公司的飞机与机场，娱乐场所的音响系统，保龄球场地、滑雪场、高尔夫球场地等旅游景点的缆车、旅游交通车辆等。

（2）辅助性物品

辅助性物品是指都市旅游者在旅游过程中购买和消费的物质产品。辅助性物品看似不引人注目，但却是都市旅游接待服务过程中不可缺少的要素。研究表明，辅助性物品能消除旅游者的不满，提升购买者对服务消费的满意度。辅助性物品包括景区景点的旅游纪念品、土特产，航班上的书籍、报纸、闭路电视，酒店客房中的办公用具，餐厅中的饮料、小食品等。

（3）显性服务

显性服务是指构成都市旅游接待服务基本或本质特性的，可以让旅游者用感官直接觉察到或感知到的服务内容和要素，也是旅游者可以马上做出服务质量判断的要素。旅游者在旅游过程中最直接体验和感知到的服务就是显性服务，若显性服务不能让旅游者满意，就会影响他们对其他服务质量的评价。例如：旅游景区的可进入性、独特性和可观赏性，旅游活动项目的趣味性和体验性等；旅游交通车辆的舒适程度和安全性；酒店客房的舒适、便捷、卫生程度，餐厅的档次以及豪华和舒适程度等。

（4）隐性服务

隐性服务是指旅游者在都市旅游接待服务消费中通过显性服务的获得而感知到的服务内容和要素，旅游者们不能直接而只能间接感知到隐性服务带来的利益或精神上的满足。例如，通过酒店客房提供的管理与服务可以间接感知到房间的保密性和安全性，通过餐厅的主题和格调可以间接感知到菜肴的档次和精神上的满足，通过导游的服务可以间接感知到游程的快乐度和满意度等。隐性服务是显性服务的附带和延伸，是锦上添花，是服务的附加价值。它作用于旅游者的生理和精神需求与满足。旅游者的个体生理和精神需求差异性大，因此旅游者对隐性服务所带来的利益的评价带有较大的主观性。

四、我国都市旅游业发展的战略框架

当前，我国都市旅游发展具有一定基础和水平，主要表现为五大优势：市场基础较好、产业规模较大、区位条件较好、旅游发展环境较好、政府重视等。无论是都市旅游业本身的经济规模，还是其关联产业的社会效益，都在国民经济总量中占据越来越高的比例，在产业结构调整、解决社会就业、统筹城乡发展、社会文明和谐等方面也发挥着愈来愈重要的作用。都市旅游发展战略应注意前瞻性、坚韧性和可操作性。

都市旅游业发展有三种主要模式：一是基于都市的区位优势，打造具有较强吸引力的都市旅游目的地和旅游枢纽；二是利用都市先天的和历史积淀形成的资源禀赋优势，进行都市旅游资源开发与文化附加值转型，重点发展都市文化产业；三是迎合大众旅游消费需求开发新的都市旅游吸引物，用全新的都市旅游产品和服务质量拉动市场。

下面介绍都市旅游的宏观架构、中观协调和微观操作[①]。

（一）宏观架构：都市旅游与区域发展的协调

1. 基本点：明确都市旅游与都市自身整体发展的关系

都市文化、都市产业、都市秩序和都市空间是中国都市发展的四个基本要素。如何处理好旅游与都市发展之间的关系，这主要通过都市旅游发展战略规划得以体现。都市规划要以前瞻性协调好区域空间布局，明确都市的旅游功能和阶段性目标，在都市产业发展和相关规划中都反映都市旅游发展的需求，为都市旅游发展创造条件。都市规划中应考虑与旅游相关的内容，如都市文化、都市形象、旅游用地、都市景观的旅游适应性以及都市基础设施的旅游适应性等。

---

① 本部分主要参考：高峻，马剑瑜，胡建伟，等. 上海都市旅游发展战略研究［J］. 旅游科学，2007（3）：14—18.

2. 发展点：都市旅游与区域发展的协调

任何一个都市的旅游发展都可能会达到或接近旅游承载力，此时传统的旅游规划一般试图操纵市场以开发更高品质的旅游活动，或者开发具有更大的社会承载力和环境承载力的旅游产品，但空间的限制使其发展具有一定的难度。都市旅游的发展不仅要通过旅游产品的提升来保持其旅游经济效益，而且要在都市范围之外扩大影响，争取在区域旅游营销方面协同发展。我国三大都市圈的形成体现了都市与区域的协作。

3. 深入点：都市旅游发展的影响因素

区域范围中对都市旅游发展的影响因素主要表现在旅游政策的制定与分析上。都市旅游开发重点考虑土地利用、景点开发、食宿设施、旅游开发的密度，考虑如何表现文化旅游、历史旅游和自然旅游的特征，还要论证道路和下水道系统等基础设施的提供。21世纪以来，随着国家对文化和生态文明的重视，旅游开发的研究扩展到关注旅游对环境、社会文化的影响，以及旅游在地方、地区及全国的经济发展中的作用等领域。都市旅游的发展不仅涉及旅游业本身，还需要考虑经济、社会政治及环境因素的综合影响。

（二）中观协调：都市旅游与都市其他行业的融合互动

1. 基本点：都市旅游业与其他行业协调发展

在都市发展中，旅游业与其他行业，尤其是相关服务业，都是不可或缺的重要组成部分，为了自身的发展，彼此间不可避免地会发生冲突，出现政策、资源、空间等方面的争夺。特别是都市旅游业发展至今，给各个区域或多或少地带来了拥挤、文化遗产和都市个性的丧失、都市中心地区功能的退化、旅游业与都市居民和国际机构的利益冲突等一系列问题。这些造成了负面影响，也制约了其他行业的发展。正如1980年的《马尼拉世界旅游宣言》指出的，旅游的根本目的是"提高生活质量并为所有的人创造更好的生活条件"，实现旅游目的地居民生活质量的提升才是旅游目的地发展旅游业的根本目标[1]。目前，旅游业与其他各行业应关注并解决好这一问题，在此基础上，致力于更好地服务于都市总体发展。

2. 发展点：都市旅游业与其他相关产业的融合

都市旅游业与其他行业协调发展，不互相制约，只是保证都市旅游业发展的基本点。在此基础上，都市应加快旅游业与其他行业相关产业的融合。其形式是将相关行业潜在的旅游资源优势转化为现实旅游经济发展优势，开发新型的旅游产品，拉长旅

---

[1] ［美］克里斯·库珀，大卫·吉尔伯特，丽贝卡·谢波德，等. 旅游学：原理与实践 [M]. 张俐俐，蔡利平，译. 北京：高等教育出版社，2004.

游产业链，做大旅游产业群。其他相关产业存在着丰富的旅游资源，而且对比传统旅游资源而言，更新、更奇、更特，对游客更具有吸引力，这为都市旅游业与其他相关产业的融合提供了资源保证。当代都市旅游的竞争力更多地转移到了这些相关产业结合的新型旅游产品上，可以与金融、农业、教育、汽车等行业结合，切实地培育和发展都市工业旅游、休闲农业旅游、研学旅游等多种新型产品。

3. 深入点：都市旅游业与其他行业的互动共赢

新型旅游产品的开发应该进一步朝着培育工业旅游、休闲农业旅游、研学旅游等新型业态的方向发展。都市旅游业与其他行业寻求最佳结合点，积极互动，追求共赢。

首先，其他相关产业积极有效地开发都市旅游资源，丰富都市旅游产品，增强都市旅游竞争力，形成都市旅游产业新的经济增长点。在具体操作上，应以企业为依托，以企业实体和品牌为载体，对旅游资源进行深层次开发，尽力打造高品位的旅游产品品牌；另外，这些新型旅游应通过旅游线路尽快融入产业中，在旅游产品结构中准确定位，建立良性发展机制。

其次，新型业态的培育和发展促进相关行业和各企业形象的完善和产品知名度的提高。应与相关行业和各企业的营销工作相结合，以旅游促营销，推动相关行业和各企业的发展。

最后，对都市文化、休闲、体育产业发展现状和影响力进行评估，分析文化、体育、旅游（合称"文体旅"）融合发展的成效和瓶颈短板，提出促进产业互动发展的对策措施。打造国际级的文化大都市，提升都市文体旅融合的综合竞争力、激发都市深层活力，提出对策措施，建设"都市文化"品牌，促进文体旅产业融合发展，等等。

（三）微观操作：都市旅游产业支撑体系的有效运行与发展

1. 基本点：进一步完善传统支撑体系各层面建设

都市旅游支撑体系主要包括旅游饭店业、旅行社业、客运交通业、旅游景区（点）业、旅游娱乐业、旅游餐饮业等主要业态。旅游支撑体系中的软件建设要通过教育和培训，尽快与硬件的建设规模相协调，尽快跟上硬件的发展水平。

2. 发展点：拓展都市旅游支撑体系的涵盖面，促进良性运行与发展

都市旅游硬件开发包括以建筑为主的都市景观、商业购物场所、会议展览、文艺展演场馆、休闲娱乐设施、节庆体育赛事场地等环节。在软件建设方面，政策法规、都市形象、管理模式和水平、服务理念及质量也越来越成为支撑都市旅游发展的重要部分。因此，要在研究中拓展都市旅游支撑体系的涵盖面，并且随都市旅游的发展在不同阶段做适时的调整。把握都市文化消费升级规律，研究游客和市民美好生活需要在消费领域的具体表现，分析预测都市消费潜力和结构变化。

3. 深入点：深入进行都市产品（包括服务）品牌建设和影响力塑造工程

分析主要国际大都市服务业发展的经验和趋势特征，梳理制约都市服务经济发展的主要障碍和问题，研究分析国际环境和国家宏观政策变化对于都市服务业发展的新机遇和新要求；紧扣扩大服务供给、提高服务质量、创建服务品牌、优化服务环境等环节，提出进一步扩大服务业开放、创新制度供给的具体方向、推进步骤和举措；打造"都市服务"品牌，促进都市服务业发展。

以上海为例，都市旅游发展从1997年开始提出并实施，至今面临的一个亟待解决的问题是都市形象建设和影响力的塑造。与英国、美国等国家都市国际影响力强、形象已深入人心的情形相比，上海虽有"海派文化"宣传，但至今没有树立一个稳定的、能代表上海特色的旅游形象。因此，有必要提出都市形象建设和影响力塑造工程，并且深入持久地发展下去。

拓展材料 1-3

猫途鹰发布 2018 年全球最佳目的地榜单 亚洲旅游业上升势头强

全球领先的旅游规划和预订平台猫途鹰（TripAdvisor）公布了今年的"旅行者之选"全球最佳目的地榜单。已经连续做这个榜单10年的猫途鹰试图客观反映客户们的选择。根据过去12个月内旅行者们在猫途鹰各国平台上对目的地酒店、餐厅、景点的评分、点评数量和内容、预订意向等指标进行综合计算，一共有402个目的地入选该榜单。

"今年的'旅行者之选'榜单中，我们发现一个规律，全球旅行者们更倾向于探索蕴含历史和丰富文化的都市"，猫途鹰中国区首席运营官潘浩栋先生表示。就中国而言，我国上榜的前三名分别是香港、北京、上海，多年来这三个都市一直排在前列，这与国际知名度有关，北京作为文化名城符合潘先生的观察，再往后能看到成都、西安、丽江、杭州、苏州也在中国前10最佳目的地榜单中，这些都市以悠久的历史和引人入胜的景色被国际旅客关注，也能向世界表现中国的多元文化。全球榜单前25名中，欧洲都市占据大半，排在前三名的分别是巴黎、伦敦和罗马；此外，亚洲地区的都市成绩也十分亮眼，七个新上榜的目的地中，四个位于亚洲，包括河内、东京、香港和新德里。

资料来源：猫途鹰发布2018年全球最佳目的地榜单 亚洲旅游业上升势头强[EB/OL]. (2018-03-23). 旅游刊, https://www.sohu.com/a/226228284_374686.

第二节 都市旅游学的学科内容和特征

一、都市旅游学的性质

现代旅游学的学科体系框架是研究在"非惯常环境"下人们的消费心理和行为、空间行为,以及与目的地居民的惯常环境叠加后产生的经济、文化和社会现象与关系的总和。都市旅游学是在现代城市化和旅游业大规模发展的背景下,伴随着旅游学和都市学发展起来的一门新兴学科,是通过旅游学科与都市学及社会科学的交叉建构、理论研究与实践探索的紧密结合而形成的一门前沿学科。

都市旅游学以人类都市旅游活动为研究对象,属于社会科学范畴;都市旅游业是典型的现代服务业,服务是旅游业提供的最主要的产品;因此,都市旅游学的产生是现代都市旅游业发展到一定阶段的必然产物,是旅游学的一个分支学科。

都市旅游学是一门新兴学科。它涉及的学科领域有旅游经济学、旅游管理学、旅游地理学、旅游社会学、旅游文化学、旅游人类学、旅游心理学、旅游美学、旅游生态学等。都市旅游学既是管理科学的一个分支,又是旅游科学的组成部分。都市旅游学以都市旅游发展的实践为基础,从整理和把握都市旅游活动现象中分析并总结都市旅游发展的逻辑性和合理性,从而发现其活动规律,它所阐明的基本范畴、基本原理和观点为都市旅游的学习奠定了良好的理论基础和实践指导。因此,都市旅游学是一门具有综合性、交叉性的新兴学科。

都市旅游学是一门应用性极强的学科。它既具有自身的学科基础、理论体系和研究方法,也非常重视应用性知识和实际运作技术与操作方法;既强调旅游学的主体、客体和媒体三要素论的相互关系,重视旅游需求六要素的服务与管理,也注重都市旅游活动的现象和特征、都市旅游经济产业实践等。因此,都市旅游学是一门操作性极强的应用性学科。

二、都市旅游学的研究对象

(一)本教材研究范围说明

1. 基于微观尺度的都市旅游活动的三要素研究

都市旅游学是研究都市旅游活动现象、本质及其产业运作管理的一门科学。在都市旅游学的短暂发展过程中，人们首先注意到的是都市旅游领域中的经济现象，在都市旅游经济领域较早完成了极有价值的学术研究。随后出现了旅游社会学、旅游文化学、旅游地理学、旅游环境学、旅游心理学等分支学科，对都市旅游的研究由单纯的经济研究发展为宏观的社会、文化、地理、生态等以及微观的心理、时尚、审美等多重维度的研究。

都市旅游学主要通过对都市旅游活动的运行及其运行过程中所产生的经济现象、经济关系的研究，揭示支配都市旅游活动运行的规律，以期有效地指导都市旅游实践，促进都市旅游业协调、稳定、持续发展，使都市旅游企业获得更大的经济效益与社会效益。

都市旅游学的研究对象和内容根据一般旅游学的划分，主要包括三个要素。

① 都市旅游主体：以都市旅游者为主，包括所有旅游者、都市内所有居民和旅游从业者的旅游活动。

② 都市旅游客体：又称都市旅游吸引物，包括都市旅游资源、都市人造旅游吸引物等，指一切能引发旅游者旅游兴趣并构成旅游业的生产要素、满足旅游需求的客观事物、因素与现象①。

广义的旅游吸引物除了有形的旅游资源外，还包括无形的旅游资源，如旅游接待服务、社会制度、文化习俗、生活方式等；狭义的旅游吸引物一般仅指旅游资源。

③ 都市旅游媒介：都市旅游媒介是指都市旅游业，即都市旅游产品的供给者。

以上划分也是微观尺度下都市旅游活动的三要素，又称旅游"三体论"。都市旅游系统可分为需求和供给两个基本功能部分：需求方为旅游者，体现客源市场需求状况；供给方由旅游目的地（旅游吸引物、提供服务和娱乐的设施、旅游营销）、不同的交通运输方式、旅游组织等要素构成。

2. 都市旅游吸引体系的构成

（1）都市形象吸引

都市形象是人们对都市的一种感知，是都市本性的某种表现。在我国 20 世纪 90 年代，都市形象研究对于城市形象概念的界定和理论体系的构建有两种较有代表性的观点。

第一种观点认为，城市形象一般而言是指城市给人的印象和心理感受。这一概念强调城市形象的"感受性"，认为一切可以构成使人长久记忆的城市印象的因素：建筑

---

① 旅游吸引物在较大尺度上可指都市、乡村等，即都市、乡村本身可以是一种特殊的巨型旅游吸引物，在小尺度上可指具体的旅游吸引物，如景点景区、历史建筑、历史古迹、博物馆等。另外，单纯从地理意义上来讲，旅游吸引物也可采取三分法，即自然旅游吸引物、人文旅游吸引物、人造旅游吸引物；但从经济性质上来讲，前两者均属于旅游资源类生产要素，后者则是资本、知识和劳动类生产要素。

物、道路、交通、店面、旅游景点、生活设施等都是构成城市形象的基本要素；市民行为、公职人员作风、文化氛围、风土人情等都是形成富于特色的城市形象的关键内容。基于这种理解，将城市形象的理论定位和系统构架建立在个体心理感受的基础上，形成一个由精神、行为、视觉、消费、风情及经济等六种感受系统共同组成的理论框架。

第二种观点认为，城市形象是指城市内部诸要素经过长期综合发展使人形成的一种潜在的和直观的反映和评价。城市形象体现城市自然地理形态、历史文化、产业结构、城市功能和整体视觉的特征，代表着城市的身份和个性。城市形象是城市空间、城市实体、城市建筑风貌、城市环境、城市功能、城市景观特征的整体缩影，但从某一突出侧面上也能反映出一座城市的某种特色形象。因此，城市整体形象由城市空间形象、城市环境形象、城市功能形象、城市景观形象及城市产品特色形象五方面的侧面形象共同组成。

以上这两种城市形象概念和体系框架的不同之处如下：第一种观点注重城市对于城市外部公众的影响，因此整个形象系统建立在外部公众对某一城市的印象和感受上，城市作为一个可供选择的旅游地，给人的印象会影响个体的行为选择，从而出现有利于或不利于该城市的活动并带来相应的经济和社会效益；第二种观点则侧重城市内涵，强调城市内部各要素的发展，从而实现城市综合实力和素质的提高。前者是城市的感受形象，后者是城市的实体形象，对于一个城市的形象塑造来说，二者都是非常重要的。

因此，都市形象是多元的，是可以塑造、构建和传播的。都市形象主要来源于都市自身独特的一种或几种强势文化，都市形象是都市旅游吸引力的第一要素。

（2）都市事件吸引

都市中的经济、社会、文化等事件、活动既可以是旅游产生的基础，也可以是旅游活动构成内容的必要补充，如中国都市竞争力研究会与中国城市发展研究院的"中国十大品牌城市"评选。据不完全统计，上海在2018年全年举办特展约300个，可以分为三大类：文化艺术类（依托于已有文化艺术遗存或作品，展品价值高、办展门槛高），IP衍生类（拥有固定粉丝群体的形象或故事，将其转换成特展形式，包括动漫卡通、游戏、影视、品牌衍生等），原创类（不依托于已有固定形象，无授权，因而题材广泛，自由度高）。其中，文化艺术类占63%，IP衍生类占14%，原创类占23%。

（3）都市旅游设施吸引

都市旅游基础设施是旅游活动的物质基础，也是便利组织旅游活动的条件，如商务设施、文化设施、体育设施、娱乐设施、购物设施等。

(4) 都市服务吸引

都市服务吸引对于整个旅游业的发展具有共性，是旅游质量的保证，如旅游信息、旅游组织、旅游交通、旅游接待等服务设施。

(5) 都市氛围吸引

都市非物化的氛围也可以成为都市旅游吸引。都市氛围是指都市社会环境的构建，可分为都市的大环境、景区的大环境和主题公园的大环境等，将都市的硬件、软件要素配合起来，向游客提供逼真浓郁、身临其境的强烈感受，给游客舒适、自然又与众不同的完美体验。旅游的本质是人们在新的环境中追求内心的愉悦、达到最终的体验，仅仅有自然、人文客体是不能很好地满足旅游者的体验需求的。例如，旅游者到巴黎不仅是为了参观卢浮宫、埃菲尔铁塔，更多的是为了体验这一欧洲著名都市的历史文化氛围和精神气质。

3. 都市旅游吸引体系的营造原则

都市旅游吸引体系的营造是一个系统工程，须把握四个原则。

(1) 旅游供给引导需求

通过旅游供给引导旅游需求、刺激需求、创新需求。都市旅游组织者、经营者起到主要作用。

(2) 都市形象主体塑造

都市旅游吸引的营造需要结合都市经济、社会、环境、文化等全面与综合考虑。都市旅游活动、旅游设施等具体的吸引内容之间，要有整体性和协作性。

(3) 形成都市主题与特色

主题是突出都市个性、强化吸引力与加深游客记忆的基本要求。

都市特色注重都市文化特性，突出都市核心文化，包括标志性建筑及代表性区域、特色性项目、旅游购物、都市生活氛围等。

(4) 注重都市文化真实展示

20 世纪 60 年代，真实性理论开始被国外学者用于当代旅游人类学的研究，研究经历了客观主义真实、建构主义真实和存在主义真实三个阶段。客观主义真实强调旅游客体的真实性，判断真实性的标准是"它们（产品）是否在本地居民根据习俗与传统制造或表演"[1]。美国人类学家麦克内尔（MacCannell）1973 年把"舞台真实性理论"引入旅游研究中，他认为东道主为吸引游客对目的地文化（包括他们自己）的包装在某种程度上已经改变了文化的客观真实性，游客所追求的真实是目的地社区提供的一

---

[1] Ning Wang. Rethinking authenticity in tourism experience [J]. Annals of Tourism Research, 1999 (2): 349 - 370.

种"舞台真实"[1]。存在主义真实关注主体体验的真实性。1999年，王宁提出"存在的本真"[2]，解释为何在迪士尼乐园游玩的成年游客会感到快乐，犹如回到童年的纯真，这种快乐感受是本真的。对存在主义旅游者而言，旅游是一个表现自我、塑造自我、寻求自我本真的机会。当代都市文化真实性是一个非常复杂的理论问题。正如杨振之和胡海霞指出的那样，由于学者们借助众多不同的学科视角，在尚未将信念层面、哲学层面和文化层面的真实性问题进行区分的前提下，对真实性问题进行探讨，所以至今难以形成定论[3]。对文化真实性研究，体现了现代人（旅游者）的文化怀旧情感和对精神家园追寻的乡愁情结。

三、都市旅游经济

（一）都市旅游经济活动

都市旅游经济研究重点为探讨都市旅游经济活动的状况、彼此间的互动关系，以及都市与其他地区的经济关系等。都市旅游经济活动不同于一般旅游活动，它所有的活动都是围绕都市旅游产品的提供与消费来开展和进行的，是都市社会、文化繁荣的产物。

从旅游经济运转的角度来看，围绕旅游"客源地—目的地"的空间移动理论研究基本框架，都市旅游经济研究的基本内容涉及三个不同的尺度与层次。

1. 都市旅游经济中的微观活动

微观层次的都市旅游经济研究主要是针对单个经济主体而言的，是对都市旅游者、旅游经营者等微观经济主体在旅游活动中的经济现象、经济关系和经济规律的研究。对都市旅游经济中微观活动的研究主要包括三个方面。

（1）对都市旅游者主体的经济活动研究

旅游是由人所发动的行为，旅游者是一切旅游活动的主体承担者，因此，在研究都市旅游各种经济现象的过程中，都市旅游者是作为都市旅游活动的消费者而受到关注的经济主体。在都市旅游市场中，都市旅游者作为旅游活动的需求方，其地位应受到高度重视。都市旅游者的旅游目的，或者说他的旅游消费需求是通过购买都市旅游

---

[1] [美] Dean MacCannell. Staged authenticity：Arrangement of social space in tourist settings [J]. The American Journal of Sociology，1973 (3)：589-603；Dean MacCannell. 旅游者：休闲阶层的新理论 [M]. 张晓萍，等译. 南宁：广西师范大学出版社，2008：61—85.
[2] 王宁. 旅游、现代性与"好恶交织"：旅游社会学理论探索 [J]. 社会学研究，1999 (6)：93—102.
[3] 杨振之，胡海霞. 关于旅游真实性问题的批判 [J]. 旅游学刊，2011 (12)：78—83.

产品而获得身心上的最大享受和满足。

此类研究主要包括都市旅游需求和旅游消费研究。都市旅游经济活动是以都市旅游产品的需求和供给为出发点的。对旅游需求的研究包括旅游需求概念、特征、旅游需求层次关系、旅游需求规律及其弹性等。旅游消费则主要在研究旅游者消费的基本概念、类型、作用及特征的基础上，对旅游消费行为及其结构进行分析，探讨影响旅游消费行为的基本因素，提出旅游者消费结构合理化的模型及实现旅游消费结构合理化的途径。

(2) 对都市旅游经营主体的经济研究

从旅游经济活动的展开来看，都市旅游经营者主要是指为旅游需求方提供产品和服务的旅游企业，是以都市旅游资源为依托，以有形的产品和无形的服务为主要手段，在旅游消费服务领域中进行独立经营核算的经济单位。都市旅游经营者主要是指旅游企业，如旅行社、饭店、餐馆、旅游商店、交通公司、旅游景点、娱乐场所等。但从广义的角度来说，旅游经营者还包括从事旅游经营活动获取经济收益的个体或相关组织机构，包括从事旅游经营活动的个体、居民，以及一些与旅游产业相关的辅助旅游企业，如管理公司、服务公司、影视公司、出版单位、通信设施及食品卫生等生活服务部门和行业。

此类研究包括对旅游供给的研究和对旅游微观经营活动的研究。对旅游供给的研究包括旅游供给的基本概念与类型、供给特征、影响因素及旅游供给的规律及其弹性。在此基础上，还要进一步研究旅游供需之间的矛盾与特征、供需平衡规律以及实现平衡的途径。对旅游微观经营活动的研究主要针对旅游企业的经营活动。旅游企业是旅游经营活动开展和经济效益产生的基础。研究旅游企业的性质和经营管理模式，以及旅游企业的成本、收益、利润和实现效益最大化的途径是旅游经济学的任务。

此外，对旅游企业当前经营的两种突出表现形式（即一体化经营和跨国经营）的成因进行剖析，探讨我国旅游企业跨国经营的现状和路径，探讨旅游企业一体化经营的模式和优缺点，探讨跨国经营的障碍和方式，也是旅游经济学研究的热点。

(3) 对都市旅游市场的研究

市场是微观经济主体开展经济活动的基本场所，也是影响和形成微观经济主体经济运行行为、决策的核心要素。都市旅游市场的概念、类型、特征、功能，以及旅游市场中的价格、竞争等，是微观经济领域密切关注的问题。

2. 都市旅游经济中的中观活动

在中观旅游经济层面，都市经济活动的主体是都市内的部门、行业。因此，研究涉及都市中的旅游产业、旅游产业的市场结构与行为、都市圈区域旅游关系等。

（1）都市旅游产业研究

旅游业是推动区域经济发展的重要产业之一，应深入研究旅游产业的地位、结构以及旅游产业的集聚与创新，以充分发挥旅游产业的优势。

（2）都市旅游产业的市场结构与市场行为

此类研究主要涉及旅游产业组织，以及旅游产业的市场结构、行为与绩效。旅游产业组织理论是西方产业组织理论在旅游产业领域的具体应用，通过对现代市场经济发展过程中旅游产业内部各企业之间关系结构的具体考察分析，探讨这种结构及其变动对产业内资源配置效率的影响，最终目的是为经济运行过程中旅游产业组织合理化提供可以借鉴的基本方向和具体途径。

（3）都市圈区域旅游合作

旅游经济活动是在都市旅游者的空间移动过程中进行的，而旅游资源的分配也是跨区域的，而且在发展旅游经济的过程中还涉及都市圈区域经济的平衡与当地资源的保护，会出现一个地区经济效益的获得以相邻地区失去发展旅游业机会为代价的情况。因此，在发展旅游业时，建立都市圈区域旅游合作机制，进行区域旅游合作显得尤为重要。

3. 都市旅游经济中的宏观活动

运用宏观经济分析方法和经济增长理论，分析都市旅游经济发展对国民经济发展的作用，相应的旅游经济发展政策及其制定。

（1）都市旅游对国家经济的影响

旅游经济发展会对相关旅游目的地产生影响，按照旅游经济活动的评价方法，测量旅游经济活动的微观影响和宏观影响，建立旅游经济影响的评价指标和方法，提出提高旅游经济效益、减少旅游经济负面影响的措施，同时研究衡量旅游经济影响的重要工具——旅游乘数和旅游卫星账户。

（2）都市旅游经济发展中政府的作用

都市旅游行政管理者——政府是一个国家的行政管理机构，是为维护和实现特定的公共利益，按照区域划分原则组织起来的政治统治和社会管理组织。

经济合作组织（Organization for Economic Cooperation and Development，OECD）旅游委员会认为，政府参与旅游业发展一般可以划分为三个阶段：一是启动阶段，各国政府为启动旅游业发展几乎参与了旅游活动的各个领域；二是发展阶段，随着旅游业的增长，其他利益主体也开始投资旅游经营领域，政府通过制定法律措施、规范市场竞争秩序推动旅游业的良性发展；三是成熟阶段，旅游业成为国民经济的支柱产业，政府在旅游业发展中扮演协调者的角色，主要进行调控和协调工作，提高旅游业的综合效益。

由于市场在资源配置时会出现失灵现象，需要都市政府对旅游经济活动施加某种程度的干预和引导，才能使得旅游经济活动更有效率。因此，都市政府往往以管理者的角色，通过一系列相关的政府规制措施，对都市旅游经济进行某种程度的干预，以使都市旅游经济运作和发展符合政府预定的目标。在我国现阶段，尤其需要都市政府引导旅游市场。

政府公共服务可以介入的领域如：城市基础建设、城市观光营销、城市教育与培训、提供旅游公共服务等。提供旅游公共服务既是政府促进与保障本国旅游业健康、可持续发展的体现，也是政府顺应旅游业"以人为本""育人济世""人文幸福"等发展趋势的主要措施。

作为旅游目的地的都市政府往往也是旅游目的地的营销组织，尤其是国际组织会议及大型体育竞赛、会议、会展的重要组织者。如世界贸易组织、亚太经济合作组织的会议，奥运会、亚运会、世界杯、世博会、进博会等，都需要举办地政府积极组织、管理、协调、营销等。大型节事活动的本质是一种都市影响力宣传工具和市场整合营销平台，都市政府作为都市治理者承担极其重要的责任[①]。在我国现行行政管理制度下，政府发挥的都市治理作用更大。

4. 都市旅游经济活动特征

都市旅游经济活动具有四大经济特征。

（1）都市旅游经济活动具有产品化特征

产品化是指对生产资料和消费资料的供给和需求都是采用产品交换的方式完成的，供给方和需求方之间是平等的产品交换关系。旅游经济是建立在商品经济基础之上的，是以旅游产品的生产和交换为主要特征的经济活动。

（2）都市旅游经济活动是一种综合性的服务活动

从旅游者角度看，旅游产品就是旅游者花费了一定的时间、费用和精力所换取的一次旅游经历；而从旅游经营者角度看，旅游产品就是有效地满足旅游者在旅游过程中所产生的各种需求，实现一次完美的旅游经历与体验。

（3）都市旅游经济活动具有波动性

都市旅游需求存在指向性和不稳定性，而都市旅游供给具有相对稳定性，二者的共同作用，形成了旅游经济活动的波动性。

---

① 例如，2010年上海世博会上发布的《上海宣言》倡议设立"世界城市日"，2014年联合国教科文组织将每年的10月31日定为"世界城市日"，这是中国政府在联合国推动设立的首个国际日。2019年"世界城市日"的主题是"城市转型，创新发展"，全球主场活动在俄罗斯的叶卡捷琳堡举行，中国主场活动则在唐山市举行，由我国住房和城乡建设部、河北省人民政府和联合国人居署共同主办，唐山市人民政府承办，中国市长协会、中国城市规划学会、上海世界城市日事务协调中心共同协办。

① 都市旅游需求的指向性。一是时间指向性，二是地域指向性，三是类别（等级）指向性。

② 都市旅游需求的不稳定性。旅游需求成立需要具备多个条件：主观方面条件起主导作用的是游客的旅游动机；客观方面条件是个体的可自由支配收入增加、闲暇时间增多、交通运输现代化等。因此，旅游需求可分为现实旅游需求和潜在旅游需求①，这就造成了旅游需求的不稳定性。造成旅游需求不稳定性的另一个原因是旅游者接受的旅游市场信息纷繁复杂，旅游者可选择的机会极大丰富，这导致了旅游者需求的变化和不断攀升。此外，由于旅游产品具有易折性，产品的使用价值和价值的实现受到多种因素的制约和影响。

与都市旅游需求存在指向性或不稳定性不同，都市旅游供给则具有相对稳定性。

(4) 都市旅游经济活动具有系统性特征

都市旅游经济活动的运行依托整个都市旅游系统。都市旅游系统是由都市旅游者、旅游吸引物、旅游媒介（即旅游业三个功能要素）所组成的开放系统；与都市旅游活动相互影响的文化、社会、政治和技术等因素则构成都市旅游系统的外部环境。

(二) 都市旅游经济发展模式

1. 概念

都市旅游经济发展模式是都市在某一特定时期旅游产业发展的总体方式。它是对不同经济发展类型的整体把握，是对多因素影响的运行机制的系统把握，是理论加工后的方法论。不同的都市经济发展背景、历程不同，形成了不同的都市旅游经济发展模式。

2. 类型

从不同角度对都市旅游经济发展模式进行划分，形成不同的类型。从都市旅游业发展的调节机制出发，都市旅游经济发展模式可以分为市场型发展模式和政府主导型发展模式。两种模式的主要差异在于是由政府主导还是由市场机制调节，即一种是政府主导，另一种是市场机制调节。美国学者查尔斯·R. 戈尔德耐（2003）将这两种运行模式赋予一般意义上的两个定义，即"价值驱动型"和"市场驱动型"，前者是以政府为主导的发展模式，后者是以市场自发调节为主的发展模式②。

都市旅游经济发展主要有三种类型。

---

① 根据不同的划分标准，旅游需求还可以分为长期旅游需求和短期旅游需求、直接旅游需求和间接旅游需求、主观旅游需求和客观旅游需求，以及物性需求、人性需求和神性需求等。

② 查尔斯·R. 戈尔德耐, J.R. 布伦特·里奇, 罗伯特·W. 麦金托什. 旅游业教程：旅游业原理、方法和实践[M]. 8版. 贾秀海, 译. 大连：大连理工大学出版社, 2003.

① 经济增长驱动型。经济增长驱动型是指从经济的角度出发，国家和企业将都市旅游发展的经济功能置于首位的发展观念。

② 双重动力型。双重动力型是指从社会和经济相结合的角度出发，既考虑都市旅游业发展的社会功能，又考虑其经济功能。

③ 可持续发展型。可持续发展型是指都市旅游业发展从经济、社会、文化和环境等方面利益相协调的角度出发，确保都市旅游业发展利用的资源能可持续发展。

当代都市经济发展尤为强调可持续发展，在此观念下的都市旅游业发展具有如下特征：在政府主导、总体规划下循序渐进发展；都市旅游资源得以可持续利用；都市经济效益、社会效益和环境效益相统一发展。

（三）都市旅游经济发展战略

1. 概念

都市旅游经济发展战略是指以分析都市旅游经济发展的各种因素与条件为基础，从全局各方面出发制定的，较长时期内都市旅游经济发展所要达到的目标、重点及措施的总称。

2. 主要内容

战略目标：都市旅游增长速度、规模、地位、效益目标等。

战略重点：都市旅游形象与竞争力提升、都市环境与安全、都市交通，特别是区域旅游的航空港、高铁建设、空间布局等。

战略布局：都市旅游生产要素空间分布等。生产要素包括劳动力、土地、资本、企业家才能等，随着新兴科技的发展和知识产权制度的建立，技术、信息也作为相对独立的要素投入生产。这些生产要素进行市场交换，形成各种各样的生产要素价格及其体系。

战略措施：都市旅游规制，中心内容是都市旅游产业政策制定。

四、都市旅游学的研究内容与方法

都市旅游学是研究都市旅游产生、发展、活动一般规律的旅游分支学科，它主要对都市旅游经济运行、都市旅游产业和产品等进行专门研究。都市旅游学是将都市旅游作为一种综合的社会现象，以其涉及的各项要素的有机整体为依托，以都市旅游者活动和旅游产业活动在旅游运作过程中的内在矛盾为核心对象，全面研究都市旅游的基本属性、运行关系、内外条件、社会影响和发展规律的新兴学科。

都市旅游学是研究都市旅游主体、客体、媒介关系的学科，是一门研究都市旅游活动的产生、发展、需求与供给、规划管理、资源市场、产品营销、管理保障以及都市旅游活动给都市经济、文化、社会进步带来的影响的学科。因此，从系统角度和学科构建的角度出发，都市旅游学研究包括两个层面：学科理论基础层面和行业发展实践层面。学科理论基础层面又包括学科基础、研究体系与方法、理论体系等。

（一）学科理论基础研究

学科理论基础研究体系包括学科基础、研究体系与方法、理论体系三个方面。

1. 学科基础

学科基础包括都市旅游的概念与性质、都市旅游的起源与发展、都市旅游的基础性质与要素等方面内容。这是都市旅游学研究首先需要解决的问题，是都市旅游学成为独立研究领域的标志之一。基础概念体系的确立为都市旅游学研究定下了"基调"，解决了都市旅游学研究的基本问题，包括：①都市旅游基本概念；②核心概念。核心概念是与学科主体内容相关，体现研究核心的概念群。例如，经济学的核心概念是资源配置，地理学的核心概念是区域差异，旅游学的核心概念是活动经历，即"旅游者通过对旅游目的地的事物或事件的直接观察或参与而形成的感受或体验"。都市旅游学的核心概念是都市活动，即都市旅游活动中相关主体的经历、体验与互动的过程。

2. 研究体系与研究方法

由于都市旅游是一种错综复杂的社会经济、文化现象，都市旅游学的研究体系框架的主要内容涉及都市旅游活动现象的定义，都市旅游学研究的对象和任务，都市旅游学研究的方法论，都市旅游学研究的方法、技术和途径，都市旅游学学科体系等。研究方法为分别运用经济学、管理学、社会学、文化学等相关学科的研究方法来研究问题。一般来说，人们可以通过各种方法接触和研究都市旅游，但是就其科学性和适用性而言，都市旅游研究的基本方法有五种。

A. 重视马克思主义社会科学方法论在都市旅游管理学中的运用

马克思主义社会科学方法论是人类丰富知识成果的历史结晶，它已深深影响了人类文明的发展。它以辩证唯物主义和历史唯物主义为根本方法，是对各门具体社会科学研究方法的概括和总结，因而对于我们进行旅游管理学的研究具有深刻普遍的指导意义。认真学习和领会马克思主义社会科学方法论的真谛，对于提高理论思维能力、提升旅游管理学研究的科学水平具有重要的意义。应通过对以实践为基础的研究方法、社会矛盾研究方法和社会系统研究方法的探讨，研究其在旅游管理学中的运用。

B. 辩证唯物主义和历史唯物主义相结合的方法

辩证唯物主义和历史唯物主义是科学的世界观和方法论的统一，是自然科学与社会科学研究的指南。都市旅游经济学是一个多学科交叉的综合性分支学科。要全面揭示都市旅游经济活动发生、发展及变化的规律性，就必须坚持以辩证唯物主义和历史唯物主义思想做指导，结合旅游经济活动运行的实践进行深入的探索，客观、公正分析和发现旅游经济运行的规律，为旅游经济实践提供科学的参考和指导。

C. 理论与实践相结合的方法

理论与实践相结合，是社会科学研究中的一个重要方法。理论带有普遍性，对实践具有指导意义，然而实践又是复杂多变的，在不同时间、地点和条件下，会呈现出许多新情况、新问题，需要进行一定的变通和科学的总结，从而修正和丰富原有理论。因此，需要理论和实践相结合的方法论做指导。

D. 多学科分析方法

(1) 经济学分析方法

旅游经济学是经济学的一个分支学科。需要运用经济学的思维和借鉴经济学的理论对旅游经济活动进行分析研究，如运用供求曲线来分析旅游市场的供求状况，运用无差异取消和预算线来分析旅游者效用均衡问题，运用生产和成本理论来分析旅游经济效益，运用投资理论和方法来分析旅游投资及效果，运用宏观经济理论来分析旅游增长与发展问题等。特别是旅游经济分析研究中的许多问题，如旅游供求关系、旅游收支平衡、旅游消费、旅游经济运行、旅游投资和汇兑、旅游就业、旅游增长与发展等都属于经济问题，因此在旅游经济学分析和研究中，充分运用经济学方法和技术不仅必要，也是十分重要的。

(2) 管理学分析方法

管理，是指管理主体有效组织并利用其各个要素（人、财、物、信息和时空），借助管理手段，完成该组织目标的过程。旅游管理学是一门研究旅游业经营管理的新兴学科。随着世界经济的一体化、中国加入世界贸易组织（World Trade Organization，WTO），中国旅游经济和旅游产业已成为中国国民经济和世界经济产业体系中最具活力的部分。旅游管理学的研究范围侧重于旅游吸引物开发、旅游市场营销、旅游企业管理、会展服务与管理等业务领域，从定性分析描述问题到定量分析描述问题均有。

主要研究方向包括两个方面。①旅游企业管理，即从旅游接待服务企业的特征出发研究旅游企业管理理论、方法及其应用，主要内容包括旅游企业管理的基本理论，旅游需求的特征与旅游接待服务的组合问题，旅游企业经营管理特征，饭店、旅行社企业集团化经营问题，旅游企业的跨文化管理，旅游接待服务文化与伦理，中外旅游企业管理比较，旅游行业管理的组织体制与产业政策，我国旅游行业管理现状及体制改革，全球化与旅游企业经营管理等。②旅游市场开发与旅游市场营销，包括对旅游企业营销和旅游目的地营销两个领域进行的专门研究。旅游企业营销主要研究旅游市场规律和旅游产品特色,以及旅游企业营销的理论、方法、战略与策略;旅游目的地营销从现代旅游空间系统角度剖析目的地市场运动规律,结合对目的地管理的总体分析,研究和制定有针对性的区域旅游营销战略、营销计划以及营销控制方案。

最常用的方法有态势分析(即 SWOT 分析)模型、利益相关者分析方法、微观管理方法等。

(3) 地理学方法

地理学是一门古老且运用非常广泛的学科,地理学家理应对旅游及其空间方面产生兴趣。他们专门研究位置、环境、气候、自然风光以及经济。通过研究旅游,他们可以阐明旅游区的最佳位置,解释什么样的旅游目的地能够吸引人们旅行,指出随着旅游设施、旅游开发的扩散,以及经济、社会和文化问题等旅游因素给自然风景所带来的变化。由于旅游在许多方面触及地理,地理学家对这个领域的研究比其他学科的学者更彻底。他们的研究包罗万象,包括土地使用、经济问题、人口问题和文化问题等。娱乐地理学是地理学家研究这个领域时普遍使用的名称。由于旅游、休闲和娱乐之间有密切的关系,有必要搜集含有这类名字的作品,发现它对不同领域的贡献。

(4) 社会学分析方法

现代旅游活动是一种以人为主体的社会文化活动,各种旅游活动和旅游接待服务都是围绕旅游者的需求和消费来进行的,从而形成了旅游消费群体和旅游接待服务群体,而这些不同的社会群体必然有不同的行为倾向、生活习惯和个体差异,因此必须运用社会学的方法和技术,研究个体与群体旅游者的行为,研究不同社会阶层旅游者的消费特征,研究主客双方的文化差异和风俗习惯,研究旅游活动中的人际交流和沟通,研究旅游活动对社区的影响,研究社区居民对开展旅游活动的态度倾向等。随着旅游对社会产生巨大影响,人们越来越倾向于从社会的角度研究它。

(5) 心理学分析方法

在旅游活动中,旅游者是旅游活动中的主体,因此对旅游者行为的分析和研究,不仅是成功有效地为旅游者服务的基础,也是旅游经济分析和研究的重要内容。旅游者行为是旅游者心理的外部表现,通过对旅游者行为的分析和研究,能够有效地了解和掌握旅游者的心理需求和变化,以便针对旅游者的心理需求特征提供相应的服务,更好地激发旅游者的旅游动机,满足旅游者的各种旅游需求。

E. 具体研究方法

都市旅游学也是一门应用性的、交叉性的边缘学科,常用的具体研究方法包括七种。

(1) 文献查询法

文献查询法是自然科学与社会科学都普遍采用的一种研究方法。

通过互联网和文献资料数据库，查询都市旅游运作与管理的成功案例和失败教训，分析都市旅游标准的合理性与服务程序的科学性，研究都市旅游的管理方法和质量控制与保证措施。

① 查询范围。查询范围和内容以所要研究的旅游目的地或旅游企业为主，内容上尽可能参阅国内外相关资料与文献，为本研究提供基础资料和崭新的视角与理论观点，也为后续研究奠定基础。

② 查询地点。以所要研究的都市旅游目的地的有关部门资料室、图书馆等为主要的查询地点。

③ 查询内容。查询内容以所要研究的旅游目的地或旅游企业的都市旅游消费、服务项目提供、服务质量等与服务相关的各种有用资料及国内外相关研究资料等为主。查询内容的载体主要为报纸、中英文期刊及相关书籍。

④ 网络内容查询。通过互联网查找关于都市旅游管理与都市旅游研究的国内外最新动态。

(2) 社会调查法

社会调查法是都市社会学常用的研究方法，主要包括访谈法、问卷调查法、数量分析法等。

① 访谈法。

a. 样本选取：以目标消费群体为访谈对象。

b. 访谈内容：设计"访谈提纲"，访谈提纲内容根据调查目的而定，可以是服务人员的态度、素质，也可以是服务项目的设置、价格，或者服务质量的高低、服务程序的合理性以及服务环境的好坏等。访谈时以所设计之提纲为纲，采用开放式访谈。

② 问卷调查法。

a. 问卷设计：问卷包括消费者调查和旅游部门（企业）调查两种。

- 旅游消费者调查问卷：包括旅游消费者社会人口学特征、类型、旅游消费偏好、消费认知、消费经历，对某服务项目的价格、质量的评价等内容。

- 旅游部门（企业）调查问卷：主要从管理角度出发，包括旅游部门类型、服务管理部门、服务人员培训、服务运作标准、服务设施设备、服务环境等内容。

b. 调查范围：包括旅游消费者调查和旅游部门调查两种。

- 旅游消费者调查：旅游消费者调查的范围应涵盖调查样本区域的各主要目标消费者或与调查样本问题相关的消费者。

- 旅游部门调查：旅游部门调查的范围在地域上应覆盖研究区域各主要旅游目的地的旅游企业，在旅游部门（企业）范围上应覆盖所有类型的旅游部门及部门内部的相关班组，此外还应包括与旅游企业有一定关系的、具有较强代表性的其他部门或企业。

c. 调查形式：旅游消费者调查和旅游部门、都市组织者调查采取的形式不同。

• 旅游消费者调查：可采取户外现场填写问卷、室内现场填写问卷、家庭访问、邮寄四种问卷调查形式。第一种形式主要在旅游景区、度假区的户外进行，利用旅游者旅游中的间歇进行调查。这种形式是消费者调查的最佳方式。虽然调查的工作量和难度较大，但其调查的可信度和有效性也较高。第二种形式是在旅游企业内由消费者填写问卷，这种调查方式简单、易行且回收率较高。第三种形式是由调查人员直接或通过亲友等人际网络对被试者进行调查，由被试者在家里（或其选择的合适地方）填写完后通过调查员回收。第四种形式是通过邮寄方法进行调查。

• 旅游部门、都市组织者调查：主要采取访谈、问卷与邮寄的形式。

d. 抽样方式：消费者调查和旅游部门调查的抽样方式不同。

• 消费者调查：采取随机抽样方式进行调查。

• 旅游部门调查：进行不重复抽样，按旅游部门（企业）名录选择代表性样本。

e. 误差控制：不论采取何种抽样方法和统计技术，市场调查都必然存在误差。调查误差可以通过前期的范围确定、问卷草拟、形式采用等加以控制，并通过后期有效问卷的逻辑性判断、遴选、统计方法、统计指标等加以控制。

f. 信息处理：根据计算机处理需要，首先对回收的问卷进行编码，然后将基本数据输入计算机。可以采用微软 Excel 电子表格统计软件并结合目前国际上较为流行的统计产品与服务解决方案（Statistical Product and Service Solutions，SPSS）软件进行统计；也可以对问卷采用层次分级评分法，按问题的重要程度给予不同的分数。

(3) 数量分析方法

数量分析法是管理学、经济学科最常用的研究方法。

① 对都市旅游质量问题进行数量统计与分析，为服务质量的评价提供依据与数据。

② 对都市旅游质量问题的引致因子进行数量解析，运用模型来描述其相互作用力与影响力，为旅游企业进行质量控制与管理提供依据。

③ 对都市旅游的运作程序进行数量解析，建立相应的运作模型，保证服务运作的规范与标准。

④ 对都市旅游活动的基本运行进行数量解析，并以此作为都市旅游活动各种保障体系的数量评价基础。

(4) 主成分分析法

通过对都市旅游活动行为的主变量分析，研究都市旅游质量控制与管理的主要影响因素和调控因素，研究和分析都市旅游质量控制、管理与保证体系之间的相互作用与关系。

（5）系统分析法

以系统的思想分析都市旅游活动过程，并以系统的视角来分析和研究都市旅游活动相关主体间以及都市旅游运作保障体系内各系统之间的协作关系。

（6）典型案例分析法

借鉴社会学上常用的实证研究方法，进行都市旅游案例分析方法。例如，以某一典型的都市旅游企业产品开发问题作为案例，分析同一个都市旅游企业产品质量问题在不同区域、不同消费时间的共性与个性特征。或者，可以将某一典型的都市旅游形象作为案例，分析该都市的旅游接待服务管理水平和主要特征。

（7）比较法

通过考察国内外都市旅游管理的成功案例，借鉴西方发达国家相对成熟的都市旅游学研究成果和都市旅游管理经验，比较研究都市旅游体系的结构、功能、作用。

3. 理论体系

都市旅游学的理论体系包括都市旅游经济活动理论、都市旅游需求开发、都市旅游形象、都市旅游经营管理理论、都市旅游文化及都市旅游组织理论。

（二）都市旅游行业发展实践研究

都市旅游学的旅游行业实践基础研究体系包括都市旅游形象建设、旅游吸引物开发、旅游企业管理、旅游接待服务质量控制与管理等。对其介绍分布于本教材各章。

① 都市旅游者与旅游需求开发（见本教材第二章）。
② 都市旅游目的地形象塑造（见本教材第三章）。
③ 都市旅游吸引物（见本教材第四章）。
④ 都市旅游企业管理（见本教材第五章）。
⑤ 都市旅游产品（见本教材第六章）。
⑥ 都市旅游产业融合（见本教材第七章）。

（三）其他领域研究

除了上述围绕都市旅游经济活动进行的研究外，从都市旅游学的发展来说还应涉及下述内容。

1. 都市旅游经济的形成及其发展趋势

现代都市旅游经济是社会生产力发展到一定历史阶段的产物，是国民经济的有机组成部分。因此，研究都市旅游经济学应首先了解都市旅游经济发展的历史、现状，进而把握都市旅游经济发展趋势;并需要从都市社会经济发展的角度把握旅游经济在国民经济中的地位、作用和变化趋势,以及旅游经济对都市社会、文化和生态环境的作用和影响。尤其要研究如何消除都市旅游的负面影响,例如,俞晟分析了目前都市生态旅游开发存在的误区及由都市旅游产品开发不当、不文明的旅游行为等给都市生态带来的负面影响①。

2. 都市旅游经济学理论和方法研究

都市旅游学是一门综合性很强的学科,旅游经济经典案例分析尤为必要。都市旅游经济活动、旅游消费需求、旅游企业产品与服务等理论不断发展,推动都市旅游经济学理论和方法不断更新。中国都市旅游经济学理论和方法体系的构建目前尚处于引进国际理论与本土化开发并重的阶段。

3. 都市旅游经济发展的前沿和趋势研究

根据旅游经济理论和实践的最新发展,利用新的经济分析方法,以新的视角对旅游经济学进行研究,包括:旅游业与环境变化、客运交通业、能源消耗、休闲产业、信息产业之间千丝万缕的联系;国外兴起的一些新的经济调研方法,如数据包络分析、结构方程模型、模糊建模等。

拓展材料 1-4

世界最安全城市排名 日本东京居首

英国经济学人智库于 2019 年 8 月 29 日公布了世界主要城市安全排名,日本东京排在首位。调查针对基础设施、医疗健康、网络安全等领域的指标对世界 60 个城市进行了评比。该指数对各城市应对从气候灾难到网络攻击等各项事务的能力进行了排名。

新加坡仅次于东京,位居第二,另一个日本大都市大阪排名第三。2015 年和 2017 年的安全城市指数排行榜前三名也是这三个城市。

研究人员表示,今年 60 个城市的安全指数排名旨在体现"城市适应力"这一概念,即城市承受冲击并恢复的能力。

在过去十年里,由于决策者担心热浪和洪水等气候变化的影响,"城市适应力"在指导城市安全规划方面起着越来越大的作用。

该指数评估了四类安全:数字安全、基础设施安全、医疗保健和个体安全。

---

① 俞晟. 城市旅游与城市游憩学 [M]. 上海:华东师范大学出版社,2003.

与前几年一样，亚太地区的城市在前十名中占多数，有六座城市上榜，除上文提及的三个城市外，还包括澳大利亚的悉尼（第五）、韩国的首尔（第九）和澳大利亚的墨尔本（第十）。

欧洲和北美洲各有两座城市进入前十名。荷兰首都阿姆斯特丹位居第四、丹麦的哥本哈根位居第八、加拿大的多伦多位居第六、美国的华盛顿位居第七。

研究人员说，最安全的城市在获得高质量的医疗卫生服务、专门的网络安全团队、社区警察巡逻和良好的灾害应对规划方面得分很高。

资料来源：世界最安全城市排名 日本东京居首中新网［EB/OL］．(2019-09-02)．中国日报网，http://language.chinadaily.com.cn/a/201909/02/WS5d6ca340a310cf3e35569312.html．

分析讨论：

① 当代城市竞争中，城市安全因素越来越受到重视，成为旅游环境的一部分。如何强化城市管理？

② 简述东京城市竞争力对我国城市竞争力提升的借鉴意义。

课程实训与实践

任务：调查某一都市旅游公共服务

1. 实训目的

通过实训与实践的形式了解某一都市旅游公共服务管理特征。

2. 主题

实地调查上海市（或某一熟悉的都市）旅游集散中心的功能、特征及运作方式。

背景资料：上海旅游集散中心是为实施市政府实事工程，于1998年5月成立的为散客服务的旅游线路管理机构。

其主要职责包括：

① 负责市政府"在本市旅游景区间开通十条交通专线"实施项目的组织、筹划、协调、管理等工作；

② 规划、开辟旅游线路，协助、会同有关部门开辟旅游交通专线，组织有关企业经营；

③ 以旅游专线为载体，开发新的旅游产品；

④ 以专线起讫点为中心，发挥集散优势，为广大市民、外地旅游散客提供旅

游配套服务；

⑤负责有关国内旅游信息、动态的收集、分析工作，并向有关单位提供咨询服务；

⑥负责组织、协调本市旅游企事业单位在集散中心范围内开展各项旅游延伸服务；

⑦负责筹划集散中心集散站的建立工作；

3. 实训内容

①分析上海市（或某一熟悉的都市）旅游集散中心的数量及不同层次旅游集散中心的构成比例。

②分析上海市（或某一熟悉的都市）旅游集散中心的分布特征。

③分析上海市（或某一熟悉的都市）旅游集散中心的行政管理企业化运作优势。

④分析上海市（或某一熟悉的都市）旅游集散中心的发展现状及改进措施。

4. 实训方法

文献检索法，旅游集散中心相关管理部门调研与访谈，课堂讨论。

5. 实训要求与考核方式见附表1

附表1 《新编都市旅游学》实践报告评分参考

学生姓名		学号		专业年级			
考察报告项目名称				学时			
评价项目	权重	评价内容	评价结果				得分
			A	B	C	D	
实践态度	20%	实践态度端正，严格按照实践要求进行操作	20	16	12	8	
实践过程	30%	实践项目符合教学内容，实践方法科学；步骤操作合理，逻辑条理清晰，符合指导要求	30	24	18	12	
实践结论与课堂讨论	30%	实践结论正确，分析有新意，课堂讨论、内容展示深度	30	24	18	12	
实践报告描述	20%	语言精练、流畅、准确、灵活，逻辑性强；结构严谨规范，条理清晰，布局合理，系统严密	20	16	12	8	
实训考察报告总分							
教师签名							

本章小结

1. 都市旅游学研究体系主要包括都市旅游者、都市旅游吸引物、都市旅游企业经营等三方面。都市旅游是一种特殊的目的地旅游形态，现代都市凭借多元的文化内涵、强大的经济功能和巨大的文化包容性和吸引力，体现出都市旅游的多重功能；随着现代大众旅游需求的变化和旅游产业的迅速发展，都市旅游成为都市发展的最重要产业之一。

2. 都市旅游吸引物是都市旅游经济研究的核心之一，都市旅游吸引物的主要特征是复合性、人文性、营造性等。都市本身具有较好的观光游览和休闲怡情价值，因此，从都市形象营造战略出发，应把都市作为整体旅游吸引物进行规划和运作，形成都市旅游目的地系统，从而把都市的旅游吸引力提升到较高的水准。

3. 都市旅游的本质：旅游者在都市环境开展的愉悦性的社会文化体验活动。

复习与思考

1. 如何理解旅游经济学在都市发展战略中的历史意义？
2. 都市旅游概念包含哪些基本内容？
3. 都市旅游目的地可选择的营销策略有哪几种？
4. 掌握当代世界不同的都市旅游要素评价指标方法。
5. 简述我国的超大都市旅游发展条件和未来的市场发展机遇。

第二章
都市旅游者与旅游需求开发

 学习目标

通过本章的学习，掌握都市旅游者的基本概念、类型、特征，熟悉和了解都市旅游者的需求特征、都市旅游市场开发的意义。掌握决定个体都市旅游消费需求的客观因素和主观因素及其意义；学习都市旅游者消费行为和消费结构，了解都市旅游者的消费倾向、消费利益及都市旅游产品供给与需求；了解都市旅游市场开发的内容和原则，掌握都市旅游市场需求预测的实践方法。

核心概念

都市旅游者　都市旅游需求　都市旅游体验　都市旅游市场细分

 导读

本章从旅游"三体论"角度首先介绍都市旅游者，旅游者是都市旅游活动的需求主体，没有旅游者主体参与，都市旅游就无从开展，都市旅游学也就没有了基本研究任务和话题。

20世纪80年代，西方营销学者首次提出顾客价值的概念，经过近40年的发展，顾客价值成为营销学科的一个热点话题。决定顾客价值的最终标准应是对顾客特定需求满足的切合程度。因此，在消费者行为研究视角中，顾客价值常被理解为顾客感知价值的同义词。对于都市旅游这一高文化性动态体验活动来说，顾客价值是旅游者在旅游前后对都市文化多维价值的综合认知。当代旅游者价值的发现和备受关注反映了都市旅游学热点问题的更新和转移。

> 都市旅游者与旅游需求是都市旅游学研究的基本内容之一。旅游者价值一般由六个维度构成，各维度相关性从大到小依次为享乐价值、社会价值、服务质量价值、效率价值、成本价值及情感价值。都市旅游经营者应有针对性地提高都市旅游者感知价值，从而最大化地改善旅游服务水平，创造良好的都市旅游环境和氛围。
>
> 随着我国国民收入不断提高和消费市场日渐成熟，我国正在进入消费升级的新阶段，人们对消费的需求从单一的功能导向逐渐转为重视都市产品和综合服务带来的感官体验和精神、心理体验的多元的功能导向。都市旅游中人们对都市旅游消费也逐渐由观光需求转为观光、休闲、娱乐等多元需求，由传统的景区景点体验转为都市全域旅游体验。

第一节 都市旅游者

一、都市旅游者价值

都市旅游者是指在都市中以进行商务会议、探亲访友、文化修学、观光购物以及游乐休闲为目的的旅游活动者。

（一）旅游者价值理论

旅游者价值理论可以参照顾客价值理论理解。西方"现代管理学之父"彼得·德鲁克（Peter Drucker）在《管理的实践》中指出，企业主要职能有两个，一是营销，创造、培养顾客，二是创新。顾客实际想要消费的是产品价值，而非单纯的产品。企业为了增加自身产品的竞争力，获得声誉和顾客满意及忠诚度，逐渐形成顾客价值理论[①]。旅游者价值理论借鉴了顾客价值理论，适用于旅游学对旅游者价值的理论研究。

1. 旅游者感知价值

在迈克尔·波特竞争优势理论下，单纯通过企业端的内部把控，所提供的产品和服务已经不能完全迎合顾客需求[②]。感知价值理论能帮助解决这个问题，识别、创造顾

---

① [美]彼得·德鲁克. 管理的实践 [M]. 齐若兰, 译. 北京：机械工业出版社，2009.
② [美]迈克尔·波特. 竞争论 [M]. 1版. 高登第, 等译. 北京：中信出版社，2003：152—154.

客感知价值成为企业生存和获得长足发展的重要条件之一。对感知价值的概念理解主要有两种方向。一种是从顾客对产品、服务等偏好的角度进行研究。例如，有观点（Woodruff，1996，2002）认为，感知价值是顾客对产品（服务）的属性、性能以及在一定情况下可起到促进（或阻碍）顾客意图的结果的感知偏好及评价[1]。另一种从顾客的心理层面出发进行研究，主要关注顾客对感知到的收益和支出之间的衡量。有研究（Zeithaml，1988）认为，感知价值就是消费者在权衡感知利益与付出成本后对产品或服务得出主观认知的效用评价[2]。具体来讲，旅游感知价值就是游客结合过往旅游经历中形成的经验、知识和喜好，对旅游经历是否符合目标预期及符合程度的总体评价。

2. 旅游者感知价值的维度

希斯（Sheth）等人通过消费者感知价值模型的建立，从体验视角将消费价值划分成为五个维度：社会价值、情感价值、功能价值、认知价值和情境价值。他们认为这五个维度通过单独或组合影响的方式，既能够影响消费者决策，又是消费者体验的目的[3]。有研究（Sweeney，2001）根据Sheth模型研究发现，功能价值下的耐用性和可靠性这两项子维度也是产品质量的衡量标准，而且相同的产品质量和价格可以对消费者感知价值有着截然不同的影响[4]。所以，应对Sheth模型中的功能价值维度进行进一步划分，分为功能价值质量和功能价值价格两个要素。其他研究（Voss，2003）则从体验的角度出发，认为感知价值的维度有功能和认知属性的实用维度以及体验和情感属性的享乐维度[5]。

在国内的感知价值维度研究中，范秀成和罗海成综合国外不同感知价值研究流派，认为从总体价值角度出发，服务企业可将顾客感知价值划分为功能价值、情感价值和社会价值三个维度，并可从这三个方面的改善来提高顾客满意度[6]。王朝辉等人在研究

---

[1] Woodruff R B, Gardial S F. Know your customer: New approaches to customer value and satisfaction [M]. Cambridge: Blackwell, 1996: 54-59; Flint D J, Woodruff R B, Gardial S F. Exploring the phenomenon of customers' desired value change in a business-to-business context [J]. Journal of Marketing, 2002, 66 (10): 102-117.

[2] Zeithaml V A. Consumer perceptions of price, quality, and value: A means-end model and synthesis of evidence. Journal of Marketing, 1988, (52): 2-22.

[3] Sheth J N, Newman B I, Gross B L, et al. Why we buy what we buy: A theory of consumption values [J]. Journal of Business Research, 1991, 22 (4): 159-170; Sheth J N, Newman B I, Gross B L. Consumption Values and Market Choice [M]. Nashville: South Western Publishing, 1991.

[4] Sweeney J C, Soutar G N. Consumer perceived value: The development of a multiple item scale [J]. Journal of Retailing, 2001, 77 (2): 203-220.

[5] Voss K E, Spangenberg E R, Grohmann B, et al. Measuring the Hedonic and Utilitarian Dimensions of Consumer Attitude [J]. Journal of Marketing Research, 2003, 40 (3): 310-320.

[6] 范秀成，罗海成. 基于顾客感知价值的服务企业竞争力探析 [J]. 南开管理评论，2003 (6): 41—45.

中将国内旅游者对重大事件的感知价值划分为六个维度,通过实证发现效用、愉悦和服务价值对旅游者行为意向具有显著的正向影响,而感知价值和美感价值对行为意向和重游意愿的影响均不显著①。例如,新加坡因拥有众多购物广场成了著名的购物天堂,而除了购物,游客还可感受新加坡美丽的建筑、文化以及绝美的公共艺术。走到新加坡的每一个角落,你都能感受到她的文化、美食、美景。深圳不仅有着居于世界前列的都市文化气息和艺术设计,更有充满乐趣的主题公园以及海滨景色,它正在快速成为国际旅游都市。

结合都市旅游的特殊资源特征及其提供的复合价值,感知价值包括功能价值、情感价值、社会价值、认知价值和情境价值五个维度。

3. 旅游者满意度

旅游者满意度是在顾客满意度概念上的拓展。近 40 年来,西方营销学与社会学、心理学结合,认为顾客满意度是指顾客在消费相应的产品或服务之后产生的满足状态等次。满意度是顾客满足情况的反馈,是顾客对产品或服务做出的评价。"以顾客为本""谁拥有顾客,谁就拥有市场"等市场营销销理念深刻地影响着企业经营理念。

顾客满意度是一个变动的目标,不同顾客对同一产品或服务的满意度不同,同一顾客对相同产品或服务在不同情况下的满意度也不同。因此,顾客满意度既是一种个体感知心理状态,也是一种个体认知体验。

游客满意度作为一个综合性指标用来衡量旅游目的地或景区的被认可程度。游客满意度主要是游客心理的反映,由于多种原因,游客对旅游目的地或景点形成预期,到目的地或景点实际活动后形成新的实际印象,预期与实际印象比较的结果就是满意度,满意度即个体对旅游产品的期望和实际感知相比较后的心理感觉。

游客价值理论和期望不一致理论是当前游客满意度的基础理论。派拉索拉曼(Parasuraman)等人提出十维度测算法,即可靠性、反应性、能力、礼貌、沟通、接近性、安全、有形性、了解顾客和信用,称之为"SERVQUAL 服务质量模型"②。另有研究(Carman,1990)提出五维度测算法,即有形性、可靠性、响应性、保证性、怡情性,构成"完美服务",即"SERVPERF 服务绩效模型"③。还有研究(Fornell,1992)分析、借鉴了顾客期望的差异理论以及对产品绩效的作用,构建了旅游地游客满意度指数测评的因果模型(Tourism Destination Customer Satisfaction Index,

---

① 王朝辉,陆林,夏巧云,刘筱. 重大事件游客感知价值维度模型及实证研究——以 2010 上海世博会国内游客为例 [J]. 旅游学刊,2011 (5):90—96.
② Parasuraman A, Zeithaml V A, Berry L L. SERVQUAL: A multiple-item scale for measuring consumer perceptions of service quality [J]. Journal of Retailing,1988,64 (1):12-40.
③ Carman J M. Consumer perceptions of service quality: An assessment of the SERVQUAL dimensions [J]. Journal of Retailing,1990,66 (1):33-56.

TDCSI) 和旅游地顾客满意度测评指标体系，奠定了顾客满意度这一领域的基础①。总体来说，美国顾客满意度指数模型（American Customer Satisfaction Index，ACSI）较为成熟，多被采用。

国内旅游学者借鉴顾客满意度理论和模型，致力于构建国内的游客满意度模型，开展了实证研究，并从20世纪90年代开始对此进行深入研究。刘新燕等人对瑞典顾客满意度指数（Sweden Customer Satisfaction Barometer，SCSB）、ACSI、欧洲顾客满意度指数（European Customer Satisfaction Index，ECSI）三种模型进行了介绍和比较，尤其对ACSI和ECSI进行了细致的分析②。李华敏（2007）从旅游产品角度指出，旅游者价值存在于旅游者体验之中，寻求新奇和体验都是客观存在的游客个体心理需要。尤其寻求新奇是旅游者一种重要的需求动机，对旅游者来说，旅游者价值指的是旅游者对"利得"与"利失"的比较。旅游者认为旅游所提供的效益愈高，其购买意愿也愈强。可见，旅游者价值对旅游地选择意向有重要的影响作用，表现出来的是在物质、时间、体力和精力方面的耗费③。总体来说，中国对游客满意度的研究起步较晚，研究对象多局限在部分著名的旅游景区（点）和上海、北京、西安、桂林等几个城市，对于滨海类型旅游城市和景区的研究很少。

游客观光、度假所体验的目的地社会文化受到目的地与客源地社会与文化特征差异的影响。一般地，都市旅游目的地与客源地的文化差异越大，对旅游者而言其都市文化的体验效果就越大。

（二）旅游者消费行为类型

当代旅游者价值的重新发现，无论是从旅游者角度出发对旅游动机、旅游体验、情感等进行的研究，还是从东道主角度出发对主客关系、文化和价值观进行的研究，都蕴含着人类社会赋予个体的全新价值判断④。个体的价值包括自由、自我实现、人格尊重等，体现了社会的文明观和价值观的进步。

旅游者消费行为，包括旅游前的决策行为、旅游景点的体验、体验评价等内容。旅游者消费行为的决策因素有心理因素和社会（环境）因素。世界旅游组织根据旅游或访问行为动机和方式，将一般旅游者分为三大类：消遣型旅游者、商务差旅型旅游者

---

① Fornell C. A national customer satisfaction barometer：The Swedish experience [J]. Journal of Marketing, 1992, 56 (1)：6-21.
② 刘新燕，刘燕妮，杨智，等. 构建新型顾客满意度指数模型——基于SCSB、ACSI及ECSI的分析 [J]. 当代财经，2003 (6)：52-56.
③ 李华敏. 乡村旅游行为意向形成机制研究 [D]. 浙江大学，2007.
④ [美] 瓦伦·L. 史密斯. 东道主与游客——旅游人类学研究 [M]. 张晓萍，等译. 昆明：云南大学出版社，2002.

和个体和家庭事务型旅游者。都市旅游者类型在此基础上也可分为四大类：都市消遣型旅游者、都市商务差旅者、个人和家庭事务型，以及其他旅游者。

1. 都市消遣型

都市消遣型旅游者以观光休闲为主，在所有旅游者中所占的比例最大，外出旅游的季节性强，对目的地、旅行方式等拥有较大程度的选择自由。在目的地的停留时间一般较长，对消费支出价格比较敏感。

A. 都市消遣型旅游者的分类

（1）都市观光旅游

都市观光旅游者是都市旅游者中最常见，也是最基本的一类旅游者。都市观光是旅游一项最基本的活动内容。都市观光客会去自己向往的都市进行短暂停留，观赏当地的风景名胜、人文古迹、都市美景，感受当地的风土人情等。都市观光客通过观光游览可达到开阔眼界、增长见识、陶冶性情、怡悦心情，鉴赏大自然造化之美，享受现代化都市生活的情趣等多方面的目的。当前，尽管单纯的观光已经无法满足游客的需求，但观光仍然是都市旅游的重要活动。都市观光客的行为相对简单，对都市旅游设施和服务的要求往往比较低，也比较单一。游客在都市的主要景区、景点或标志性建筑和历史街区停留、参观。对于都市而言，吸引都市观光客的投入成本最低，都市只需要完善观光道路系统、建设标志系统和解说系统，就可以满足都市观光客的需求。

（2）都市休闲娱乐

都市休闲旅游是指旅游者以休闲活动为目的，借助一定的自然或人文环境，通过较轻松的旅游活动方式，使身体心理愉快、精神放松的旅游。休闲旅游产品的主要特点是闲情逸致和慢生活，而不是传统意义上走马观花式的旅游。

都市休闲娱乐者往往不参观游览都市的核心景区、景观或者历史街区，甚至很少使用都市的旅游设施和服务。他们到访都市的主要目的是使用都市的休闲、娱乐设施和项目。这些设施和项目不一定完全面向旅游者，也可能面向本地居民。例如，湖南长沙被誉为中国的"脚都"，这是因为长沙的洗脚业、按摩业特别发达，不仅价格实惠，而且服务的标准化程度很高，在国内享有很高的声誉。许多人从其他都市慕名而来，即使到长沙出差的旅游者也会光顾这些休闲娱乐场所。又如，澳门是中国的博彩之都，博彩娱乐是游客的重要旅游体验。到访澳门的旅游者中，除了旅游观光客，最多的就是参与博彩的休闲娱乐者。

（3）都市居民度假

现代都市度假者要么在自然环境比较好的都市，要么在历史文化积淀和遗存比较多的古城镇。都市度假者通常会在目的地停留较长的时间，深入体验当地的民俗风情，过着与其在客源地不一样的生活，广泛使用都市中面向本地居民的各种设施和服务。

他们在目的地就如当地人一样生活。例如，云南的大理、丽江等古城有很多开店创业经营者来自都市，他们往往被称为生活方式型旅游者。

B. 都市消遣型旅游者的主要特征

① 这类旅游者在全部都市旅游者人数中所占比例最大；消遣型旅游者在全部外出旅游人数中所占的比例最大。

② 消遣型旅游者外出旅游的季节性很强。一方面，这类旅游者大多数属于在职人员，他们的旅游度假几乎都是借助带薪假期实现的。带薪假期的集中造成了旅游时期的集中，也就形成了旅游的季节性。另一方面，目的地的气候和景观也是使得消遣型旅游者来访有季节性的重要因素。

③ 消遣型旅游者在对旅游目的地和旅行方式的选择以及对出发时间的选择等方面，拥有较大程度的自由。

④ 消遣型旅游者在旅游目的地的停留时间一般比较长。例如，国际旅游者来华旅游时很少只参观一个城市或景点，而是要到中国各地领略不同的人文、自然风光。

⑤ 由于多是散客自助游，消遣型旅游者对价格较为敏感。所以在旅游产品和出行方式上，消遣型旅游者更关心的是货真价实、物有所值。

2. 都市商务差旅型

主要特征：人数相对较少，出行次数频繁，如公差、出席国际会议等。出行活动没有季节性，对目的地的选择自由度较小，甚至根本没有选择余地。消费水平较高，对消费价格不太敏感。

（1）都市商务旅游者

都市商务旅游是指以商务为目的，将商务活动与旅行游览相结合的一种旅游活动。都市商务旅行服务与管理是对企业单位的商务旅行（出差）活动进行有效的管理以及满足顾客在旅行中各种需要的综合服务。随着中国经济的发展，经济业务的交流逐渐变得重要，商务旅游市场也逐渐成为旅游市场中占有较大份额的市场之一，它是旅游客源市场里面最为特殊的一个细分市场。商务旅游者在异地从事商业活动，所以商务旅游者不是严格意义上的旅游者。对于大都市而言，商务旅游市场是一个刚性的市场，不具备需求弹性。商务旅游市场的旅游不具有可选择性，即商务旅游者不具有自由选择旅游目的地的权利，其旅游完全是出于工作的需要，因此很难针对商务旅游者进行促销增加份额。商务旅游市场对于目的地的发展与经济的带动作用是巨大的。商务旅游者一般具有高消费的特征，并且其对目的地都市景点、景区的游览是多频次的。在中国，北京、上海、广州和深圳等都是重要的商务旅游都市，在这些都市的旅游者中，商务旅游者的比重很高。由于商务旅游者的高消费，这些都市也享受着商务旅游发展带来的红利。相较于传统的旅游都市，这些拥有庞大商务旅游者的都市，其旅游经济更为繁荣，收入更为稳定。

(2) 都市公务差旅者

都市差旅型旅游者的特征如下：

① 旅游人数虽然较少，但是出行次数较为频繁，这是差旅型旅游者受到旅游企业重视的主要原因之一。

② 旅游出行是出于工作或业务的需要，因而不受季节的影响，也不受假期的限制，利用工作时间即可。

③ 对旅游目的地的选择自由度较小，甚至根本没有选择余地，在旅游接待服务的要求方面，较强调舒适和方便，消费水平较高。

④ 旅游者对旅游产品价格不太敏感。

3. 个体和家庭事务型

个体和家庭事务型旅游者是指那些探亲访友和研学旅游者。此类旅游者兼有前两类旅游者的某些特征，如观光游览、观赏，娱乐、消遣、探险旅游，文化知识旅游、医疗保健旅游等。

(1) 个体探亲访友者

都市探亲访友者是都市旅游者的重要组成部分。这一需求市场常常被忽略，因为探亲访友市场在很大程度上是无弹性的，它对需求的变化并不敏感，也不具有很强的季节性。相对于旅游目的地的其他市场，探亲访友市场成为许多旅游目的地的稳定因素。都市探亲访友者的旅游动机是缘于个体情感和社会交往的需要，并且探亲访友市场的重游率远比一般的市场要高得多。在中国，都市是主要的探亲访友者密集地，因为这些都市有庞大的人口基础和社会网络，人们总能在这样的都市找到亲朋好友。

探亲访友类旅游者的需求特征比较复杂。他们在需要方面不同于前两种类型的旅游者，又兼有这二者的某些特征。例如：出行时间大多选择在传统节假日，日期限制较紧；外出季节性较差；对价格较为敏感；对旅游目的地的选择缺乏自由度。

(2) 研学旅游者

研学旅游者是开展研学旅游的特殊人群。

研学旅游是指由学校根据区域特色、学生年龄特征和各学科教学内容需要，组织学生通过集体旅行、集中食宿的方式走出校园，在与平常不同的生活中拓宽视野、丰富知识，加深与自然和文化的亲近感，增加对集体生活方式和社会公共道德的体验。

研学旅游继承和发展了我国传统游学、"读万卷书，行万里路"的教育理念和人文精神，成为素质教育的新内容和新方式，提升中小学生的自理能力、创新精神和实践能力。

2013 年 2 月 2 日，国务院办公厅向全国印发了《国民旅游休闲纲要（2013—2020

年）》，提出了"逐步推行中小学生研学旅行"的设想。2014年4月19日，教育部基础教育一司司长王定华在第十二届全国基础教育学习论坛上发表了题为《我国基础教育新形势与蒲公英行动计划》的主题演讲。在会上，他首先提出了研学旅行的定义：研究性学习和旅行体验相结合，学生集体参加的有组织、有计划、有目的的校外参观体验实践活动。研学要以年级为单位、以班为单位进行集体活动，同学们在教师或者辅导员的带领下，确定主题，以课程为目标，以动手做、做中学的形式，共同体验，分组活动，相互研讨，书写研学日志，形成研学总结报告。

此外，当代还出现了许多新的都市旅游者类型，如都市"沙发客"、都市"候鸟"等。"沙发客"顾名思义就是"睡别人的沙发"。每个个体家里的沙发都可以用于接待旅游者，让总是住在酒店的游客直接住在当地人家里，这便成为一种最贴近生活的旅游方式。通过与主人一起用餐、去当地的酒吧、参与当地的娱乐活动或者彼此分享一些想法与故事，旅游者可以更深入地了解目的地，在主客互动的过程中也能相互影响。"沙发客"旅游逐渐风靡全球，国内也出现了本土化的沙发旅行平台，如"沙发客"（www.cnsfk.com）、"沙发客俱乐部"（www.shafake.com）等，可以在其网站上发布或搜索查阅相关信息。都市"候鸟"族是一群在不同都市间迁徙的人。他们到访一个都市不一定是出于旅游的目的，也可能是选择在目的地都市从事一些兼职，但往往不会停留太久。当获得足够的当地体验之后，他们就会选择去另一个都市。都市"候鸟"族主要是两类人：一类是年轻人，单身或者情侣，希望能趁着年轻多走走、多看看，到不同的都市体验不同的生活，寻找一个理想的安家之所；另一类是银发族，他们可能有较好的收入、较高的学历和丰富的旅游经验，希望在有生之年感受不同文化的魅力，体验不同都市的生活方式。

其他都市旅游者是指除了上述旅游目的和内容比较明显的旅游者以外的旅游者，范围比较宽泛，旅游目的比较特殊、小众。

（三）旅游动机

1. 旅游动机的含义

旅游动机是指推动人们去旅游的心理状态和内驱动力。动机产生的两个必备条件是旅游需要（内部条件）和旅游刺激（外在条件）。旅游动机的种类有心理类推力、目标类拉力两种。旅游动机主要来源于人的个性结构中的本我部分和儿童自我形态部分[①]。旅

[①] 奥地利心理学家弗洛伊德的个性结构论认为：本我表现为受快乐原则支配指引；超我表现为受道德原则支配指引；自我表现为受理智原则支配指引。美国心理学家托马斯的自我形态论认为：儿童自我形态表现为任性或服从父母；父母自我形态表现为慈爱或威严；成人自我形态表现为理智与客观。

游动机行为解释研究有美国心理学家莫里（Murray）的动机分类图①和亚伯拉罕·马斯洛（Abraham Maslow）在 1954 年提出的需求层次理论②，以及后来提出的旅游动机推-拉因素。莫里的分类图解详细地阐释了 20 种需求动机，马斯洛的五个层次的需求理论是旅游动机研究的基础，旅游动机是人们满足了最低的生理需求后提出的较高层次社会文化需求。国内陈建昌、保继刚运用假设检验法研究了旅游者的决策行为和空间行为，研究认为旅游者做出的决策主要由感知行为和最大效益原则所决定，同时也论述了大、中、小三个尺度不同的空间行为特征③。

2. 旅游动机的产生原因

个体的旅游动机产生的原因是多样的，如社会的、经济的、生理的和心理的。从主观心理角度看，主要有四个因素。

（1）文化动机

求新奇是人心理属性的基本特征。只有新奇和陌生感才会调动人的好奇心，使人兴奋，去求知探索。旅游资源的异地性使旅游资源永恒保持了新奇的魅力。只要是独有的而旅游者又未知的旅游资源，都会吸引游人观赏。人们通过旅游来到相对陌生的地方，遇见新奇的事物，消除了往日的乏味和心理疲劳，使人焕发了朝气，产生了劳作的冲动。那种千篇一律、毫无个性、缺乏新奇感的旅游地和旅游设施，决不会吸引旅游者，只会被人遗忘。

文化的差异以及文化的异地传播，使人们产生了接触异域文化的动机，他们希望通过旅游去了解异域的名山大川、风土人情和文化艺术。也正是因为如此，每个旅游地具有代表性的特色都会成为游客聚焦的地方，如扬州的早茶、西安的羊肉泡馍以及苗族的服饰等。这类动机在普通的旅游活动中占有的比例最大，持这类动机外出旅游的游客一般不会重复选择同一个旅游目的地。

（2）交往动机

个体对日常熟悉的东西会产生厌倦和反感，这是出于一种逃避现实和免除压力的欲望。交往动机包括在异地结识新的朋友，探亲访友、寻根问祖，借以摆脱日常工作、生活及家庭事务等。交往动机也包括提高个体地位与社会声望，表现为在旅游活动中结交新友，满足旅游者的自尊，让自我保持健康、时尚、艺术、有趣等社会形象。

旅游是一种高雅的行为，无论是旅游者还是接待者在旅游中都会得到尊重和自我实现。旅游者通过各种旅游活动，或领略山川名胜，或拜访名人遗迹、或培训专业技

---

① Murray H A. Explorations in personality [M]. New York: Oxford University Press, 1938.
② ［美］亚伯拉罕·马斯洛. 人的潜能与价值 [M]. 林方，编译，北京：华夏出版社，1987；动机与人格 [M]. 3 版. 许金声，等译. 北京：中国人民大学出版社，2013.
③ 陈建昌，保继刚. 旅游者行为研究及其实践意义 [J]. 地理研究，1988（3）：44—51.

能，都可以提升自我，获得他人的尊重和自我实现。

（3）业务动机

由业务动机而进行的旅游活动包括各种学术交流、政府考察和各种商务活动。据有关部门的统计，在国际旅游活动中，各种专业交流考察团占较高的比例。我国也有很多都市发展会展旅游经济，形成了很多会议型的旅游城市，如冬天的广州、海口，夏天的贵阳、西宁、哈尔滨等，各种专业会议爆满。

（4）求知求乐动机

人们通过旅游不仅能开阔视野、增长知识，而且可以陶冶情操，在精神上得到进一步的满足。现代人生活在理性世界之中，只有掌握更多的知识才能真正懂得人生、把握世界。求乐是人的天性，求乐会让人体验到轻松愉快，感到幸福和满足，使人对生活充满热爱。工业化社会强调人们行为的标准化，造成个人生活和工作长年累月地千篇一律，单调乏味、缺乏乐趣。快节奏、高竞争的工作环境，使人身心紧张，无法放松。此外，人群拥挤、交通喧闹和空气污染更使人心情烦躁。这一切都导致人们向往休养胜地，放松身心、寻找快乐。

旅游动机对于预测个体的旅游行为、开发都市目的地旅游资源、提供旅游设施及服务等都具有指导意义。

二、旅游者的个性与心理

（一）旅游者的个性概述

个性，也称人格，它是心理学研究的重要对象之一。人格的词源来自拉丁文"面具"（persona）。面具是演员在戏台上扮演角色时戴上的特殊脸谱，它表现剧中人物的身份。有这样一个小故事：一位老师昔日培养的三个得意门生都事业有成，一个在官场上春风得意，一个在商场上捷报频传，一个埋头做学问成了学术明星。于是有人问老师："你以为三人中哪个会更有出息？"老师说："现在还看不出来。人生的较量有三个层次，最低层次是技巧的较量，其次是智慧的较量，他们现在正处于这一层次，而最高层次的较量则是人格的较量。"

但人格是什么，人们至今没有统一的定义，其说法有几十种。现代西方心理学的人格理论，以精神分析心理学、行为主义心理学和人本主义心理学为代表[①]。例如，精

---

① ［美］罗伯特·D. 奈. 三种心理学——弗洛伊德、斯金纳和罗杰斯的心理学理论［M］. 石林，袁神，译. 北京：中国轻工业出版社，2000：55.

神分析心理学的创始人和主要代表是奥地利心理学家西格蒙德·弗洛伊德（Sigmund Freud）。他的人格理论的特点是在突出理性、意识性的传统人格概念中加入了非理性的、无意识的成分。他认为，人格由本我（id）、自我（ego）和超我（superego）三部分构成。自我面对本我、超我和外部世界，内外调适，可谓夹缝求生。自我无法对三者进行有效的协调时，就会出现各种各样的精神病。行为主义心理学的人格理论把人格完全理解为在长期的对环境刺激做出反应的过程中形成的一种行为方式。行为主义心理学的创始人、美国心理学家约翰·B.华生（John B. Watsen，1998）在《行为主义》一书中说：「人格是我们所有的各种习惯系统的最后产物。我们研究人格的过程是制作和标绘活动流的一个横截面。」①

人本主义心理学家亚伯拉罕·马斯洛（Abraham Maslow）20世纪70年代的需求理论②、"存在主义心理学之父"罗洛·梅（Rollo May）的存在心理学专著《存在之发现》（1983）中提到人的潜能和潜在性，"这种潜在性使橡籽长成橡树，使每一个人成为他应该成为的样子。"③ 卡尔·罗杰斯（Carl Rogers）等人都强调人的需求与自我完善能力，激励个体人格自我实行。他说："好的人生，是一种过程，而不是一种状态；它是一个方向，而不是终点。做一个自我完善的人就要面对生活的不断考验。"④ 雷蒙德·卡特尔（Raymond Cattell）说："人格是一种心理倾向，可以预测一个人在给定情境中的所作所为反应的特质，它是个体的外显和内隐行为，是联系在一起的。"他编制出"16种人格因素测验"问卷量表（16PF），被誉为20世纪最有影响的行为主义心理学家之一⑤。沃尔特·米歇尔（Walter mischel）认为："人格是个体心理特征的统一，这些特征决定人的外显行为和内隐行为，并使它们与别人的行为有稳定的差别。"⑥ 我国心理学家陈仲庚认为："人格是个体内在的在行为上的倾向性，它表现一个人在不断变化中的全体和综合，是具有动力一致性和连续性的持久的自我，是人在社会化过程中形成的给予人特色的身心组织。"⑦ 上述研究，呈现出当代人格心理学蔚为大观。

心理学上的个性是指个体与他人相区别的、比较稳定的心理特征的总和。个性是以个体遗传素质为基础，以社会环境为条件，通过社会实践活动逐渐形成和发展起来的。

---

① [美] 约翰·布鲁德斯·华生. 行为主义 [M]. 杭州：浙江教育出版社，1998.
② [美] 亚伯拉罕·马斯洛. 人的潜能与价值 [M]. 林方，编译. 北京：华夏出版社，1987：274.
③ [美] 罗洛·梅. 存在之发现 [M]. 北京：中国人民大学出版社，2008.
④ [美] 卡尔·罗杰斯. 个人形成论：我的心理治疗观 [M]. 杨广学，尤娜，潘福勤，译. 北京：中国人民大学出版社，2004.
⑤ Cattell R B, Tatro D F. The personality factors, objectively measured, which distinguish psychotics from normal [J]. Behaviour Research and Therapy, 1966, 4 (1)：39-51.
⑥ Mischel M. Personality and assessment [M]. New York：Wiley, 1968：300.
⑦ 陈仲庚，张雨新. 人格心理学 [M]. 沈阳：辽宁人民出版社，1986：282.

1. 个性的特征

（1）差异性

每个个体所具备的先天素质、所处的社会条件以及社会交往都是不同的，因此造成了个体独特的风格、独特的心理活动和独特的行为活动。

（2）稳定性

个性不是一时表现的心理现象，而是指人在较长时期的社会实践中，由于适应或改变客观世界而经常表现出来的个性心理。

（3）可塑性

个性在形成过程中受到社会历史条件等的影响，因此，随着环境的变化、年龄的增长和实践活动的改变，旅游者的个性会发生不同程度的变化。

2. 旅游者的个性与旅游行为

A. 旅游者的个性类型与旅游行为

（1）以气质为分类依据的个性类型

气质是个性组成部分之一，它指的是个体稳定的心理活动的动力特征。心理活动的动力特征主要是指心理过程的强度、速度和稳定性以及心理活动的指向性等方面的特征。

气质类型一般可分为胆汁质、多血质、黏液质、抑郁质四种。古代把性格与生理特征联系起来的最有名的理论是气质体液说。这种学说认为：黏液过多的人冷静镇定；黄胆过多的人性急易躁；多黑胆的人沉湎于忧郁；血旺的人乐观自信。公元前五世纪，古希腊医生希波克拉底创立了以多血质、黏液质、胆汁质和抑郁质分类的气质体液说。

（2）以性格为分类依据的个性类型

瑞士心理学家卡尔·荣格（Carl Jung）把人的性格分为外倾和内倾两种类型八种模式。他认为，生命力流动的方向决定着人的个性类型，生命力内流占优势的外倾型人格的人心情开朗、活泼、善于交际。内倾型人格的人反应迟缓、沉静、孤僻、适应困难。不过，极端外倾型和内倾型的人只是少数，多数人处于内外倾之间[1]。

（3）斯坦利·普罗格的个性类型理论

美国心理学家斯坦利·普罗格（Stanley Plog）在对个性类型与旅游行为之间关系的研究上做出了较大的贡献。他把个性分为心理中心型与他人中心型两类。心理中心型的人是内心体验深刻、考虑自己比较多、性情压抑、不爱冒险的人。他人中心型的人是自信、探索欲强、外向、喜欢冒险、乐于接受新事物的人[2]。普罗格的个性心理模型如图2-1所示。

---

[1]［瑞士］荣格. 心理类型学［M］. 吴康，丁传林，赵善华，等译. 西安：华岳文艺出版社，1989.
[2] Plog S C, Ahmed P I. Principles and techniques of mental health consultation［M］. New York：Plenum，1977.

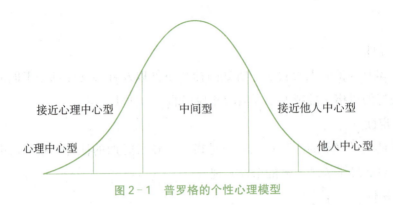

图 2-1　普罗格的个性心理模型

（4）人格特质研究

英国心理学家 H.J.艾森克（H.J. Eysenck）认为人格就是一个人的性格、气质、智力和体格稳定的持久的组织。这个组织决定一个人对环境的独特的顺应方式，性格是稳定的动力系统，气质是稳定的情感系统，智力是稳定的认知系统，体格是稳定的身体形态和神经内分泌系统。艾森克运用标准分析法进行人格特质的差异研究，用统计方法对假设进行验证，得出人格特质的两个基本维度：一是情绪稳定性—神经过敏性；二是内倾—外倾。艾森克以内外倾为纬、以情绪为经，组织起基本的 32 种人格特质，同时也把四种气质类型相应地表现出来，这种人格结构的二维模型为许多心理学家所接受。

G.W.阿尔波特（G.W. Allport）是最早对人格特质进行科学研究的心理学家。他认为，人格特质是一种神经-心理组织，它是影响人的行为的最终实在。它除了能对刺激产生行为外，还能主动地引导行为。它能使许多刺激在功能上等值起来，使得不同的刺激能导致类似的反应。例如，具有谦虚特质的人，在不同的情境中会做出类似的反应。当他和领导一起工作时，会表现出小心、谨慎、顺从的姿态；当他访友时，会表现出文雅、克制；当他遇见陌生人时，会显得害羞、尴尬。又如，具有强烈攻击性特质的人，在不同的情境中也会做出类似的反应。当他与别人一起工作时，通常表现得盛气凌人或专横跋扈；在体育竞赛中，他则会表现出争强好胜、竞争性强的特征。反之，具有不同人格特质的人，即使对同一刺激物，反应也会不同。一个具有友善特质的人与一个具有怀疑特质的人对陌生人的反应可能是不同的。

阿尔波特把人格特质上的差异分为共同特质和个体特质两类。共同特质指的是同一文化形态下的群体具有的特质，它是在共同的生活方式下形成的，并普遍地存在于每一个体身上。人格的共同特质又可分为表现性特质和态度性特质。阿尔波特认为，个体特质为个体所独有，代表个体的行为倾向，只有个体特质才是真实的特质，共同特质只是为了测定复杂的人格特质而抽取出来的概念。因而，他主张人格心理学家应集中精力研究个体特质，而不是研究群体的共同特质。他认为用个体的史实记录（如日记、信件、自传等）来研究人格的个体特质是最有效的方法。

B. 旅游者个性结构与旅游行为方式

个性是指个体在其生活、实践活动中经常表现出来的、比较稳定的、带有一定倾向性的个体心理特征的总和，是个体区别于其他人的独特的精神面貌和心理特征。个性对于个体的活动、生活具有直接的影响，对于个体的命运、前途有直接的作用。

（1）弗洛伊德的个性学说

弗洛伊德认为，人是一个动态的能量系统，而支配这个能量系统的基础是相互依存并能相互转化和交换的结构成分，即本我、自我和超我。弗洛伊德的个性学说认为：本我指的是人生理上的本能冲动，具有非理性、无意识的特征；自我是介于本我和现实需要之间的一种协调机制；超我是社会的产物，是自我的进一步超越。

弗洛伊德的观点有助于更好地理解旅游者的消费行为，其强调了支持购买行为的无意识动机的潜在重要性。

（2）自我状态与旅游决策

托马斯认为，人的个性中有三种自我状态：感情用事的"儿童自我"、自以为是的"家长自我"，和面对现实的"成人自我"。这三种自我状态相互独立、相互制约、共同参与决策。这三个"自我"分别用感情、权威、理智来支配个体的行为，它们是个体内心世界中三个不同的"行为决策者"。旅游经营者了解个性结构中的三个"自我"是十分必要的。从旅游促销的角度讲，旅游促销广告宣传表面上针对的是旅游者或潜在旅游者个体，但实际上是针对个体的三种自我状态同时在做诱导。要想让人们去旅游，就要使旅游者或潜在旅游者身上的"儿童自我"心理开始动心，"家长自我"心理变得放心，"成人自我"心理感到省心。

C. 旅游者个体生活方式与旅游行为方式

生活方式是指社会生活的形式，它作为一种综合性的个体特征，与人日常生活中的各种行为关系密切。

按照不同旅游者的个性特征及其在旅游中的表现，可将旅游者划分为不同的生活方式人群：舒适安宁型、活跃开放型、探险猎奇型、历史考究型等。不同的生活方式人群，其消费心理、对旅游的类型选择不同，其旅游行为方式也不同。旅游者消费心理与行为发展趋势表现如下：从单一向综合性旅游吸引物的需求发展，从大众旅游向小众、特色旅游的需求发展；从炫耀性、社会表现旅游向回归自我的本色旅游的需求发展；等等①。

---

① Hoxter A L, Lester D. Tourist Behavior and Personality [J]. Personality and Individual Differences, 1988, 9 (1): 177-178.

三、都市旅游者的感知与认知

旅游感知和旅游认知是旅游者行为研究的主要内容。旅游感知和旅游认知的研究对象包括旅游者和旅游目的地居民,本教材仅研究旅游者感知和认知。

(一) 旅游者感知的含义

感知即感觉和知觉的合称,感知是旅游者研究中经常使用的概念。心理学研究中将感知分为两个不同的心理活动阶段,并对其分别进行了定义。《中国大百科全书·心理学·普通心理学》将感觉(sensation)定义为:客观刺激作用于感受器官,经过脑的信息加工活动所产生的对客观事物的基本属性的反映。感觉研究的创始者英国经验主义者J.洛克指出,感觉是一切知识的来源。感觉作为认识过程的初级阶段,它为知觉及其他复杂认识过程提供了最基本的原始材料。通过感觉,人们从外界获得信息。这些信息在感觉系统的不同水平上经过加工,并与已经存储的信息进行对照,得到补充,从而产生了对外界事物基本的反映。因此,感觉是心理行为变化的最基本变量,感觉担负着对复杂事物的简单要素进行分析的任务。

知觉是人对客观环境和主体状态的感觉和解释过程。这个过程不仅仅与一种感觉相联系,而往往是视觉、听觉、皮肤觉、运动觉等协同化的结果。在知觉过程中,人脑将感官刺激转化为整体经验。因此,知觉是人对客观事物和身体状态整体形象的整体反映。

旅游者感觉是指旅游者的身体感受器官在旅游活动全过程中所产生的表示身体内外经验的神经冲动过程,它是一种生理反应。一般地,根据感觉的来源可以将其划分为外部感觉和内部感觉。外部感觉接受外部刺激,反映外界事物的属性。内部感觉接受体内刺激,反映身体的位置、运动和内脏器官的不同状态。旅游中的视觉感知最重要,也最普遍。一个都市的各种自然、人文旅游资源都通过视觉投射到旅游者的大脑。都市旅游中的听觉感受也逐渐被人们重视。都市会定期举办音乐会、歌舞剧、电子音乐会等大型演出,也会开发一些具有地方特色的音乐题材的非物质文化遗产融入旅游产品,赋予观众听觉享受。味觉也是都市旅游体验的重要载体,中国的八大菜系本身就被打上了都市的烙印,许多都市都主打美食牌,推出各种地方美食,打造地方风味,吸引八方来客。

旅游者知觉就是旅游者在旅游体验全过程中对直接作用于感觉器官的事物的整体反映。旅游者的大脑通过选择、组织和解释刺激,使原本杂乱的感觉变成大脑中连贯、有意义的整体印象。感觉和知觉属于认知过程的感性阶段,是对事物的直接反映。

但二者不同的是，感觉反映的是事物的个别属性，而知觉反映的是事物的整体属性。知觉是旅游者对旅游全过程的综合反映。因此，感觉是由身体感受器官的生理因素决定的，而知觉则很大程度上受到个体的期望、旅游经验和旅游动机等多方面因素的影响。

基于此，旅游感知是人们通过感觉器官获得旅游对象、旅游环境条件等信息的心理过程。阿兰·迪克洛普（Alain Decrop）将旅游者感知定义为将外部世界的旅游信息转换为每一个人都会经历的内部思维世界的过程[1]。20世纪90年代以来，西方顾客感知服务理论被运用到旅游业，游客关于都市旅游各方面的体验所产生的总体印象和评价被称为游客感知，其本质是游客对都市旅游目的地旅游产品、服务及环境的感知与自己心理预期进行比较后的理性认知，在此基础上，提炼出旅游目的地的形象属性[2]。有学者（Michael & Stephen，2002；Richard，2003）以不同都市旅游者为研究对象，把旅游者对都市安全、环境的看法定义为旅游者感知[3]。很多市场营销案例表明，在影响购买决策方面，旅游者的知觉具有十分重要的作用。但是在大多数情况下，人们的知觉并非基于完全的客观真实，而是人们对真实的一种自我感知。不论消费者的感知是否准确，他们的购买决策所依据的都是自我感知。这对开展旅游者感知研究显得尤为必要。

1. 旅游者感知特征

（1）选择性

在都市旅游中，旅游者不会对所有景观和事物都产生知觉。同一时间作用于旅游者的客观事物太多，纷繁复杂，但是旅游者的知觉能力是有限的，范围也是有限的，不可能在瞬间全部清楚地知觉到。旅游者会根据自己的期望、兴趣、爱好等因素，有意识地选择性知觉。他们在都市旅游的过程中，只会关注他们希望关注的，而其他他们兴趣寥寥的事物，就被模糊化了。知觉的选择性受到知觉对象客观特征的影响，特征鲜明突出、形象完整、相对稳定的事物往往最能引起旅游者的知觉。比如在广州旅游时，广州塔的显著位置、独特的形态和高耸入云的高度，最容易被旅游者知觉。因此，广州塔就自然而然地成为广州新时期的标志性景观，而在此之前，广州的标志性景观是位于越秀公园的五羊雕塑。

---

[1] Decrop A. Tourists' decision-making and behavior processes [M] // Pizam A, Mansfeld Y, Consumer behavior in travel and tourism, Binghamton, NY: The Haworth Hospitality Press, 1999: 103-133.

[2] Jeng J, Fesenmaier D R. Conceptualizing the travel decision-making hierarchy: A review of recent developments [J]. Tourism Analysis, 2002, 7 (1): 15-32.

[3] Barker M, Page S J. Visitor safety in urban tourism environments: The case of Auckland, New Zealand [J]. Cities, 2002, 19 (4): 273-282; George R. Tourist's perceptions of safety and security while visiting Cape Town [J]. Tourism Management, 2003, 24 (5): 575-585.

（2）整体性

都市旅游者知觉是旅游者对当前事物的各种属性和各个部分的整体反映。当旅游者在过去的经验中对某一事物很熟悉，就能根据经验和当前事物的某部分属性去完整地知觉它，这也是一个知觉加工的过程。但是，当知觉对象是一个初次接触的事物时，知觉就会以当前知觉对象的特征为目标，将它转化成具有一定结构的整体，这是一个自下而上的知觉加工过程，又称知觉的组织化。知觉在组织整合的过程中，一般遵循四项原则。

① 邻近原则。旅游者容易将时空上相互邻近的事物知觉为一组，视为一个知觉整体。许多都市充分利用了这种知觉上的邻近原则，进行有效的视觉营销。都市旅游者往往习惯于把空间上邻近的景点当作一个完整的景区，视为一个整体。在都市旅游线路设计中，人们也往往把同一条线路上邻近的景区串联起来，形成一个统一的线路。例如，北京的十三陵景区和八达岭长城往往被打包成一条旅游线路；又如，西安的"东线一日游"往往包括相邻的两个景区——秦始皇陵兵马俑和华清池，"西线一日游"往往把法门寺、乾陵串联起来。在都市旅游者的知觉中，它们被视为一个整体。

② 相似原则。在面对各种刺激物的时候，旅游者更容易将在形状、颜色、性能、大小等方面属性相似的刺激物组合在一起，作为知觉的对象。在都市旅游的过程中，旅游者同样也会出现知觉相似的习惯。例如，一说到滨海旅游，人们就想到厦门、珠海、青岛、大连等城市，它们在旅游的功能上具有相似之处，但实际上，它们的旅游吸引力差别很大。这就是客观存在的知觉偏差。在都市旅游者的决策过程中，一旦他们选择了同类旅游都市中的一个，他们就不会再选择同类中的其他都市。因此，从某种意义上说，地理位置不邻近的旅游都市可能因为旅游者的知觉偏差而成为竞争对手。

③ 封闭原则。当有多个刺激共同包围一个空间，但又存在不完整的部分时，感知者倾向于填补缺失的元素，并形成一个统一的知觉形态。在封闭原则的作用下，旅游者的知觉会要求有一个完整的体验过程。人们往往不能接受遗漏一条完整旅游线路中的任何部分，即使他们可能并不一定喜欢。

④ 连续原则。知觉的连续性原则是指旅游者在知觉某刺激物时，更容易将该刺激物与前导刺激物组合在一起作为知觉对象。因此，相互串联的都市景观设计经常被应用到都市旅游中，重复运用单个元素，为都市旅游者营造特殊的景观效果。

（3）稳定性

人们日常感觉到的事物是不断变化的，但对于熟悉的环境和事物，人们往往能够根据以往的经验，知觉到一个相对稳定的、不变的世界，这就是所谓的知觉恒常性。具体而言，当外界事物由于运动、角度、距离、色彩等问题，输入刺激物信息发生变化时，人们仍然能够按照事物的实际面目反映事物。知觉的稳定性包括对刺激物大小、形状、亮度、方向等方面的知觉稳定性。旅游者感知的形成是旅游活动环境的变化和旅游者自身心理调节共同作用下长期演化的结果，这是一个相对稳定的过程。

因此，都市旅游的营销者更有必要围绕旅游者的感知去确定都市竞争力战略。

2. 旅游者对都市的感知

都市旅游者对都市的整体感知、对核心要素的感知，以及对旅游条件的感知会影响旅游者的旅游决策。

（1）都市形象感知

都市形象是指人们对一个都市的信任、意见、印象和期望的总和。旅游者对旅游都市的整体感知就是旅游者对旅游都市体系的感知。旅游形象是旅游都市形成旅游吸引力的关键因素之一，是都市的"引力"或"拉力"来源，直接影响旅游者的旅游决策及其最终的消费行为。旅游者对旅游都市形象的感知过程可以划分为产生旅游需求前阶段、制定旅游决策阶段和实施旅游行为阶段。

旅游者在产生旅游需求前，对旅游都市的形象感知主要是通过个体旅游经验、亲朋好友介绍、旅游网络信息、广告等对某一地点所形成的累积于内心的原始形象。这个阶段的旅游者对旅游都市形象的感知结果通常具有两个明显的特征。第一，固化。这是旅游者在长年生活中潜移默化地形成的，是旅游者在脑海中关于某个旅游目的地最直接、最简单的主观判断，往往带有大众媒体视角下的一些共同看法。例如，中小学生在教科书中接触了很多关于北京、西安的信息，在电视、网络中也经常听到、看到相关内容，他们自然而然地形成了对北京、西安的初始感知形象。第二，符号化。旅游者对旅游都市形象的感知，不是一段文字描述，也不是一首歌，而是一系列符号象征。这些符号可以是一个建筑、一座雕塑或一部电影，这些符号浓缩了旅游都市的感知形象。例如，武汉致力于"大江大湖大武汉"的形象宣传，观长江、洞庭湖的历史文化名楼黄鹤楼就是它的鲜明形象符号。尽管此黄鹤楼是1981年在距旧址1 000 m远的蛇山峰岭上重建的新黄鹤楼，它仍代表着人们历史文化情感的寄托、文化的承载，是一种民族情怀和文化记忆的再现。如今游客前往新黄鹤楼很大程度上并不在于楼体本身，而在于瞻仰前贤、感受人文情怀等文化价值感知。

旅游者进入都市旅游后，也会对都市形成一个不断修正的感知形象。由于都市旅游资源具有不可转移性，旅游产品和服务具有生产和消费的同时性，通过现场感知，旅游者将形成最终的感知形象。在实际都市旅游的过程中，旅游者会将实际感知到的形象与先前的感知形象做对比，当这种对比产生积极的效果时，旅游者的满意度就会提升。

（2）都市要素感知

旅游者对旅游都市形象的感知实际上是在都市各种旅游要素感知的基础上建立的。

从系统论的角度认识旅游要素体系，包含需求（旅游动机等）、供给（满足旅游需求的基本要素）、发展支撑要素、文化因素等。

旅游吸引物是都市形象感知中最重要的要素：为旅游者提供从一个都市到另一个都市的动机和吸引力。旅游离开了吸引物就无法存在。旅游吸引物具有两项功能：第一，激发旅游者到旅游都市的兴趣；第二，提供满足旅游者体验的服务。旅游吸引物可分为自然的、历史人文的和人造的吸引物。旅游者对旅游吸引物的感知主要体现在旅游吸引物的类型、性质、价格、品质和服务上。对旅游吸引物的品质感知，以自然景观资源为例，主要体现在对其独特性、观赏性、复杂性、完整性、生动性的感知。同一观光资源的特性在同类资源中的排名越高，越容易让旅游者形成正面的感知，这被称为旅游都市要素感知的首位效应。换句话说，人们往往容易记住排名第一的某种类型景观，而忽视其他排名的景观。值得注意的是，旅游者对旅游吸引物的感知重点也是在不断变化的，从早期注重价格感知，到后期注重品质感知，再到现在注重体验感知。这些都表明，旅游都市要素感知也是不断变化的。都市的进入通道是连接旅游客源都市和旅游目的地都市的桥梁，包括内部交通系统和外部交通系统。安全性、舒适性、快捷性和经济性是旅游者对旅游都市旅游通道的感知重点，其中安全性为首要。一起交通事故会严重影响旅游者对旅游都市旅游通道的感知效果。例如，近十年来东南亚航空旅行空难时有发生，如马来西亚航空公司的MH370客机于2014年3月8日失踪，至今无调查结果。这使得旅游者对乘坐飞机前往远程旅游目的地心有余悸，游客旅游感知效果很差，这严重影响了东南亚旅游业的发展。

旅游都市的基本要素包括接待设施及各种服务，不同类型的旅游者能够接受的旅游设施及服务的层次、功能和价格是不一样的，因而他们感知这些设施和服务的标准也是不一样的。旅游都市按照何种标准建设旅游设施和提供服务，应综合考虑它们目前吸引哪些类型的旅游者，以及未来吸引哪些类型的旅游者。一些辅助性服务是指旅游都市各种旅游相关行政机构和行业组织提供的服务，旅游签证、都市旅游解说系统、公共交通系统、标识系统、咨询系统也会影响旅游者的感知效果。

文化因素是指旅游都市的社会文化环境，包括旅游都市的文化氛围、居民的好客程度、与游客的主客交往方式、居民的素质和当地的民俗等。一个有着较高文化艺术水准、带有浓郁地方特色的都市很容易被旅游者感知。

（二）旅游者对都市的认知

1. 认知

认知是个体主动寻找信息、接收信息，并在一定的结构中进行信息加工的心理过程。认知的过程包括注意（从心理上关注一些刺激）、知觉（解释感觉信息以形成有意义的资讯)、模式识别(将一种刺激划归于某一已知过程)和记忆(认知的信息存储和提取过程)等。认知就是个体借助一定的接收器,通过感知主动获得一定量的信息,并对这些信息进行逐层加工的过程。

2. 旅游认知

旅游认知是旅游者对旅游目的地综合环境的评价。旅游者社会认知水平会影响旅游者满意度的形成,认知评估影响认知情感状态;旅游者认知经验受旅游者教育水平、信息接收水平和兴趣的影响,不同国家旅游者兴趣差别会影响旅游者的认知水平。《旅游者多重价值模型》一文系统讨论了旅游者认知和旅游者个人价值之间的关系。它指出,旅游者个人价值判断是二维空间价值构架而成:内部控制和外部控制,以及情感支配和认知支配。其中,认知支配的内部控制是旅游者因为兴趣而进行的学习,外部控制是度假地的安全、可告知亲友的知名旅游地和对本国情况的学习[1]。游旭群在《旅游心理学》中虽没有给出旅游认知的确切定义,但其借助相关旅游研究的成果提出了旅游认知是旅游者在旅游这个特殊活动中的认知,其特殊性表现在旅游过程中旅游者对物的认知与人的认知的交融性[2]。一些实证研究主要涉及旅游者认知程度,涂鸦图和旅游者认知的关系,认知方式中消极情绪对旅游决策过程的影响,旅游者对城市、景点、整体旅游印象和服务、价格的评价,旅游者形象认知规律,以及出游前对旅游目的地城市印象的认知等。

3. 旅游感知和认知概念的区别

旅游感知是旅游者在旅游者常住地或旅游目的地将外部旅游信息被动接收后和自身已有的旅游经验进行对比所形成的和旅游目的地事物密切相关的认识和评价。旅游认知是旅游者在已有感知印象的基础上,根据原有旅游经验或实地旅游体验经历对旅游目的地相关信息主动进行选择、反馈、加工和处理的心理过程。该过程可以发生在旅游者常住地,也可以发生在旅游目的地,以形成对旅游目的地相关事物的总体认识和评价为最终目标。

心理学中感知的初级阶段(感觉)强调个体被动接收外界信息,认知则强调个体对信息搜寻和加工的主动性。认知的范围涵盖了感知,认知是在感知被动接收信息刺激并加工的基础上激发个体的注意,并进行主动的信息搜索的记忆和思维过程。因此,旅游者感知和认知与普遍意义上感知和认知的区别在于考察方式的差异,旅游者感知和认知更强调旅游者对相关事物的认识和评价结果。

---

[1] Crickfurman D, Prentice R. Modeling tourists' multiple values [J]. Annals of Tourism Research, 2000, 27 (1): 69-92.
[2] 游旭群,杨杏. 旅游心理学 [M]. 上海:华东师范大学出版社,2003:45—47.

4. 旅游者感知和认知研究的意义

旅游者感知和认知研究可加深对旅游者经验和旅游者体验质量的研究。旅游者在一次旅游活动中多批次、递进式的消费特点导致其行为模式处于不停的变化当中。旅游者在未开始旅游目的地的活动前，其行为要素涉及旅游动机、旅游偏好、旅游决策、旅游选择、旅游时空行为等考察变量，这些行为和旅游者接触的旅游目的地信息密切相关。在此期间，旅游者在动机的驱使下，将外部信息和旅游者原有的旅游经验在个体大脑中不停地进行交换和加工，旅游者此时对旅游目的地相关信息的交换和加工介于主动和被动之间，属于心理学所强调的感知和认知的交替状态。也就是说，在旅游活动前，旅游者感知和认知行为伴随着旅游动机的产生而产生，随着外界信息交换的增加而发展。当旅游者在旅游目的地的旅游活动开始后，因为环境的变化，旅游者以实际体验的方式重新开始主动和被动地接收旅游目的地的各种信息，在此期间，旅游者行为受动机、偏好、选择、评价、时空行为、客主交互等行为变量的驱使，感知和认知行为存在于旅游者行为的各个变量中，促进了旅游者各种行为的形成。旅游者这种和旅游目的地之间的感知和认知行为最终在旅游者回到常住地后结束，其标志是旅游者根据亲身体验给出的关于旅游目的地的主观总体评价。这也说明，旅游者感知和认知印象的形成不是其大脑先天就已经拥有的，而是在旅游环境变化的过程中循环加工和自我调整而逐渐固化和沉积的，这个过程和旅游者个体心智密切相关，其最终的平衡是内心自我调节的结果。其形成和演化过程正好印证了发生学关于人类的认识并不是先天形成，而是在循环往复的通路中发生作用，并会在内在倾向的自我调节下趋于平衡的观点。

四、个体的都市旅游活动与体验

（一）个体都市旅游活动

个体都市旅游体验是一种可以带给都市旅游者回忆的精神之旅，这种回忆可以是完成某些特殊的事情、学到一些东西，或者只是获得乐趣。都市旅游体验是指旅游者前往一个特定的旅游都市花费时间来参观、游览、探亲、娱乐、学习的过程以及形成的体会。

对都市旅游体验的研究从20世纪70年代开始，已有大量关于都市旅游体验的研究成果发表。这些研究可以划分为两大类：第一类，关于都市旅游者体验的类型、结果及其影响，主要侧重经济学、心理学、管理学的视角；第二类，关于都市旅游者体验本质的探讨，主要侧重哲学、美学的视角。

(二) 个体都市旅游体验类型

个体都市旅游体验的类型很多,有多种划分标准。派恩(Phine)和吉尔摩(Gilmore)在总结前人研究的基础上,提出了关于体验的"4Es"理论,即娱乐、教育、逃避和审美[①],国内有学者认为还应该包括移情(empathy),从而形成旅游体验的"5Es"理论[②]。个体都市旅游体验也包括这五种类型。

1. 娱乐

娱乐是人们最早使用的愉悦身心的方法之一,也是最主要的旅游体验之一。游客通过在都市里参观各种演出、参与各种娱乐活动使自己的身心得到放松,愉悦心情,从而获取良好的旅游体验。娱乐体验贯穿于旅游者体验的全过程,无论是都市某个经典标志物,还是代表性的都市节庆活动,抑或是美丽的都市景观,都能够给游客带来娱乐的享受。都市娱乐体验最为集中的表现就是主题公园、都市娱乐综合体等都市空间。主题公园提供的机械娱乐设备不仅能够给游客带来娱乐体验,还能够带来刺激感受。都市娱乐综合体是一种新型的都市娱乐空间,它能够一站式地满足游客的全部都市娱乐体验需求。

2. 教育

旅游也是学习的一种方式,尤其是对于那些拥有丰富人文资源的都市而言,都市旅游的教育体验是其吸引游客的主要吸引物。都市中的历史遗迹、建筑、历史街区等,其深厚的文化底蕴、悠久的历史传统、高超的建筑技术都会令旅游者有耳目一新之感,学习因而融入旅游者旅游的全过程。都市研学旅游的根本是都市教育体验。在中国,北京等高校密集的都市是重要的教育体验地。每年暑假,到访北京名校参观、考察和交流的中学生规模庞大,研学旅游产品也成为这些都市重要的卖点。与此同时,一些历史文化名城有着丰富的文化资源和历史遗迹,如北京、西安、南京等,这些历史文化的教育资源融合在旅游体验中,对旅游者形成强大的吸引力。而且,都市旅游的教育体验有了新的形式和内涵,许多都市教育社团成立;其中,环境教育成为都市教育的重要方面。将教育体验融入都市的环境,形成能够激发学习兴趣、丰富课外知识、提高学习能力的旅游产品。

3. 审美

对美的体验贯穿于旅游者的所有活动。旅游者首先通过感觉和知觉捕捉美好景物的声、色、形,获得感观的愉悦;继而通过理性思维和丰富的想象力深入领会景物的

---

① [美] 约瑟夫·派恩,詹姆斯·H. 吉尔摩. 体验经济[M]. 毕崇毅,译,北京:机械工业出版社,2012.
② 邹统钎,吴丽云. 旅游体验的本质、类型与塑造原则[J]. 旅游学刊,2003,18(4):7—10,41.

精粹，身心沉浸其中，从而获得由外及内的舒适感。自然景观中的繁花、绿地、溪水、瀑布、林木、鸟鸣等，人文景观中的雕塑、建筑、岩绘、石刻等，都是旅游者获得审美体验的源泉。此外，景区布局合理，营造出天人合一的整体环境氛围，旅游从业人员和景区居民友好、和善、热情等，也是游客获得审美体验的途径。例如，坐落于广州的国家5A级旅游景区长隆旅游度假区融动物、植物、建筑于一体，游客在景区中可以享受与动植物零距离接触的乐趣，景区的住宿设施与自然环境相得益彰，游客也可以体味高品质的生态度假环境，保证其旅游体验的审美需求。

4. 移情

移情体验是指游客因为自己过去的经历、感兴趣的事情或者记忆中的美好事物而到访都市，寻求感情的投射，寻找情感体验。例如，人们会因为民国风和老上海的情怀而游览上海的老城区，去上海的影视城寻求体验。人们也会因为特别喜欢某部影视剧，对剧里的某些场景有浓厚的兴趣，而到该场景的拍摄地去参观，形成特殊的影视景区移情体验。例如，电影《泰囧》中出现的泰国曼谷风光给中国观众留下了深刻印象，电影上映后掀起了"泰国游"热潮。又如，在电影《非诚勿扰》上映后，杭州西溪湿地成为都市的重要影视旅游景区之一。

5. 逃避

日常生活的烦琐、工作的压力、人际交往的复杂使得现代人在生活中很少有时间摘下戴在脸上的层层面具来审视自己内心的真正需求。因此，他们更渴望通过旅游活动，暂时摆脱自己在生活中扮演的各种角色，在优美、轻松、异于日常生活的旅游环境中获得一份宁静、温馨的体验，寻找生活中另一个摆脱束缚和压力后的真实自我。通过绿道系统从都市延伸到郊区和周边乡村，形成的都市环城游憩带和都市近郊型乡村旅游目的地成为各个都市发展的重点，各种农家乐、渔家乐、田园综合体、乡村民宿等不断推出。在一个乡野的接近自然的环境中，都市里的人们可以暂时逃离那些喧嚣的、被工业污染的都市环境，在相对淳朴的人际关系中放松自我，在恬淡、与平常生活相隔绝的田园世界中让自己从日常的紧张状态中解脱出来。探险旅游、极限运动则使旅游者在极度的刺激与不断的超越中冲破心理障碍、跨越心理极限，在获得巨大的成就感和畅快感的同时，忘却生活中的种种琐碎、压力和不快，进而实现自身的精神解脱。

（三）个体都市旅游体验的新趋势

随着个体生活水平的提高、自驾车流动性的增强，以及移动技术、智慧旅游等新技术的应用，都市旅游者的体验出现了新的趋势，主要包括四个方面。

1. 追求主题与文化的深度体验

随着人们旅游经历的丰富，都市旅游者也在消费活动中逐渐成熟起来，加上消费理念的日新月异，走马观花式旅游已经难以满足消费者的体验需求。越来越多的旅游者和旅游经营者已经注意到了旅游的主题和文化深度，即使观光旅游也是如此。一个具有鲜明主题的都市更能够吸引游客的眼球，都市旅游无论是在广告营销还是线路设计上都开始侧重于突出都市主题。一些都市已经明确要求都市旅游线路的设计必须具有主题，重点支持文化体验线路的设计和实施。一方面，给予游客更多的停留时间和更大的活动自由；另一方面，给予游客更多的选择、更开放的文化空间和更便利的文化体验信息，改变都市旅游方式，增加游客的参与和深度体验。

2. 注重新奇与个性

人们常常把旅游活动目的简称为"求新、求异、求知、求美"等活动。早期，人们到一个都市旅游，主要光顾各种景区、景点，游览各个特色街区，品尝异乡风味。随着人们生活水平的提高，尤其是旅游经历的丰富，一般的都市旅游景区已经无法满足那些多次旅游的游客的体验需求。例如，早期到访广州的游客都会去参观五羊雕塑、陈家祠和白云山等，如今，这些传统的都市标志性景区、景点已经不能满足人们的都市旅游需求了，人们更愿意走街串巷，寻找最本真的广州味道。

3. 趋向绿色、健康和生态旅游

随着人们生活水平的提高，健康观念深入人心。都市旅游体验趋向于追求绿色、原生态和健康主题。一部分平时工作负担较重的职工，常常偏好闲适和轻松的休息，人们对都市周边农家乐的选择大多属于这种需求；而另一部分对自己身体更为关心的职工，却乐意选择健身活动，在外出旅游时选择去温泉或度假村。健康的都市体验方式备受青睐。在都市旅游体验中，人们会特别注重休闲旅游的节奏、时节和方式，注重长效机制，强调旅游体验的可持续性。过去都市旅游中过于拥挤、嘈杂、喧闹、肮脏和疲惫的体验形式逐渐被抛弃，人们倾向于清净、轻松、清洁和有节制的体验活动。

4. 自助体验成主流

在追求个性化的浪潮下，都市旅游者不再青睐旅行社包价旅游方式。散客旅游和家庭旅游在都市旅游者人数中所占比例将逐渐增加。在上海、深圳等大都市，有的旅行社的团队旅游也已经开始出现由旅游者自己组团、自定时间、自定线路、自定日程、自定标准的"五自旅游"业务。自主、自助不仅是游客旅游体验选择的方式，其本身也成为旅游体验的一部分。一些游客就是享受这种在浩瀚旅游信息中自我选择、自我决策的过程，这个过程是他们旅游体验的一部分。这就好像游客享受着自己制作的美食一样，制作美食本身已经成为一种重要的体验。值得注意的是，大多数都市旅游的自主、自助体验仍处于初级的"DIY"阶段，尚未真正发挥游客的主观能动性和创造力。未来，基于大数据和智慧旅游模式的共享经济模式，自主、自助将有新的模式。

第二节　个体的都市旅游需求

一、个体的都市旅游需求概念

旅游需求是旅游市场形成的根本基础，没有旅游需求，旅游市场就无从谈起，旅游产品的价值也就无法实现。因此，对旅游产品的需求量是都市旅游目的地旅游管理部门、旅游企业（景区、旅行社等）和旅游从业人员都十分关切的重要问题。随着旅游者自身旅游经历的不断丰富和旅游市场的不断成熟，都市散客和自助游市场将会逐渐占据更大的比例。

旅游需求的重要性说明，任何一个国家或地区在发展旅游业时，都必须以人们对该国或该地区旅游产品的需求为依据，在此基础上有针对性地开发旅游产品，合理地规划和控制旅游业的开发规模和发展速度，以实现发展区域旅游业的最佳效益。对旅游者需求的研究（特别是对其消费行为的研究）非常重要，中国的旅游业发展需要这方面的研究来指导实践。消费者的需求和消费行为也随着社会发展不断变化，需要业界不断地追踪研究、与时俱进。

随着我国旅游业的不断发展，旅游活动对社会的影响不断增强，关于旅游需求的研究开始向更深的层次展开，很多不同领域的学者开始加入旅游需求的研究。从都市旅游目的地的角度研究旅游需求可以指导目的地旅游产品的开发与规划、旅游企业经营策略，为旅游资源开发与规划等提供科学的依据。

（一）需求的概念

1. 需求的含义

需求是指人在生理、心理或者说物质和精神两方面的意向和愿望。需求具有社会性、差异性、周期性、发展性等特征。根据行为经济学消费行为理论，需求是指在一定时期和条件下愿意而且能够购买的产品的数量。需求有个体需求、总体需求、有效需求、效用等内容。市场是由需求与供给共同作用形成的，需求方产生需求市场，供给方产生供给市场。行为经济学常将马歇尔路径和消费者行为的心理和社会影响融合在一起。

2. 需求理论

（1）需求层次论

需求层次论以亚伯拉罕·马斯洛的需求五层次理论为代表，他将人的各种需求归纳为五大类，并按照其重要性和发生的先后次序排列，人的需求是由低层次到高层次的逐步满足过程。

① 生理需求（physiological needs）：人类生存所必需的一种基本需求，包括食物、衣服、住所等。

② 安全需求（safcty needs）：保护自己免受身体和情感伤害的需求。

③ 社会需求（social needs）：友情、爱情、归属及接纳方面的需求。

④ 尊重需求（esteem needs）：内部尊重因素包括自尊、自主和成就感；外部尊重因素包括地位、认可和关注等。

⑤ 自我实现需求（self-actualization needs）：成长与发展、发挥自身潜能、实现理想的需求。

需求层次论认为，需求由低到高依次为生存、享受和发展，高级需求通过内部心理得到满足。

（2）需求的类别

需求的类别分为单一性和复杂性两种。单一性需求：复杂性生活产生单一性需求。复杂性需求：单一性生活产生复杂性需求。旅游需求是个体的单一性生活和复杂性生活需求取得平衡的最佳手段。

（二）旅游需求的概念

1. 旅游需求的含义

旅游需求是指在一个特定时期内（有旅游欲望和闲暇时间的）消费者在各种可能的（旅游）价格下愿意并能够购买（旅游产品）的产品数量。

旅游需求的函数表达式如下：

$$D_a = f(P_a; P_1, P_2 \cdots P_n; I; T)$$

其中：D_a 为旅游需求；P_a 为旅游价格；$P_1, P_2 \cdots P_n$ 为其他产品或服务的价格；I 为可自由支配收入；T 为闲暇时间；f 表示函数关系。

2. 旅游需求产生的因素和分类

从旅游经济学角度看，旅游需求产生的因素有主客观两个方面。主观方面是旅游动机。旅游动机是驱使个体产生旅游行动的内在驱动力，自主、能动的主观愿望是形成旅游需求的首要条件。旅游动机由低到高排序可以区分为五个层次：第一层次放松动机、第二层次刺激动机、第三层次关系动机、第四层次发展动机、第五层次实现动机。旅游需求产生的客观方面主要是指游客的可自由支配收入增加、闲暇时间增多、交通运输变革等。

影响旅游需求的主观、客观因素的相互关系：旅游的主观因素是根本，没有旅游动机，客观因素就会失去发挥作用的前提；客观因素是旅游活动的保障条件，没有客观因素，旅游动机就无法实现。客观条件在一定时间内是相对稳定的，旅游业无法施加影响。主观动机容易变化，旅游业重在激发和影响旅游动机。

3. 旅游需求的特征

旅游需求是一种主动性强的、复杂的需求。都市旅游具有高层次旅游需求特征，如感受都市文化、科技带来的文明和进步，满足游客的新奇心，感受都市的时尚、情感及艺术审美。

旅游需求是一种指向性需求。旅游需求的指向性包括时间指向性（与价格调节相关）、地域指向性（与从众行为相关）。旅游需求的时间指向性是指旅游需求在时间上具有较强的季节性。旅游需求的地域指向性是指旅游需求在空间上具有较强的冷热性。

旅游需求是一种整体性需求。旅游需求的整体性是指人们对旅游活动的需求具有多面性或系列性，即包括行、游、住、食、购、娱等多个方面的需要。

旅游需求是一种多样性需求。旅游需求的多样性是指人们在旅游地选择、旅游方式、旅游等级、旅游时间和旅游类型等方面存在差异性。

旅游需求是一种敏感性需求。旅游需求的敏感性是指人们对出游环境发生变化所做出的敏感反应，这种环境变化既包政治社会环境也包括自然经济环境。

4. 旅游需求的影响因素

影响都市旅游需求的主要有六个因素。

（1）人口因素

主要包括客源地的人口数量、素质、城乡分布状况、年龄和职业构成等，决定着客源地旅游需求的总体规模和结构。

（2）经济因素

主要包括客源地经济发展水平、人们的收入水平、收入分配结构、旅游产品价格、汇率等，都会直接或间接地影响客源地旅游需求的规模及结构。

（3）社会文化因素

主要包括客源地旅游消费者的消费习惯和需求心理特征等。客源地与旅游目的地之间的社会文化差异深刻影响着对目的地旅游产品的需求。

（4）政治法律因素

主要包括旅游目的地的稳定性、目的地有关的法律法规，客源地和目的地之间的关系等。

（5）旅游资源因素

旅游资源与旅游需求二者是相辅相成的，良好的旅游资源有助于刺激旅游需求的产生，而只有足量的旅游需求做支撑，旅游资源的开发才有经济意义。

（6）目的地对客源地市场促销的程度

促销结果会左右旅游需求的规模和走向。

反映旅游市场需求水平的统计指标主要包括：①旅游接待量指标，主要有旅游人数和旅游人次数；②旅游者停留时间指标，主要有旅游者出行天数和旅游者人均停留天数；③旅游者消费指标，主要有旅游消费总额、旅游者人均消费额、旅游消费率；④出游水平指标，主要有旅游出游率和旅游重游率。

5. 影响旅游需求的各种经济变量

表 2-1　影响旅游需求的经济变量

客源地经济变量	目的地经济变量	关联变量
个体可支配收入	一般价格水平	客源地与目的地相对价格
个体收入分配	旅游供给的竞争	目的地在客源地的促销水平
带薪假期	旅游产品质量	汇率
货币购买力	对旅游者的经济管制	旅游的时间/货币成本
税收政策及对旅游消费的控制		

（三）旅游需求的规律

1. 旅游需求价格规律

① 旅游需求价格：旅游者对一定量的旅游接待服务愿意支付的价格。

② 价格需求表：将每一个旅游者在不同价格条件下，所购买的旅游接待服务数量关系用表格表示出来。

③ 价格需求曲线：将每一个旅游者在不同价格条件下，所购买的旅游接待服务数量关系用曲线表示出来。

④ 旅游需求与价格关系的一般规律：一般来说，旅游需求量与旅游产品价格呈现反向变化。原因包括边际效用递减作用与需求市场面价格作用，以及替代效应与收入效应。

⑤ 旅游需求与价格关系的特殊规律：旅游价格与旅游需求量之间呈正方向变化。在如下情况下会出现特殊规律：对豪华旅游产品的需求量，在价格变动的预期内，经营者把价格与质量联系起来，价格成为质量标准。

2. 旅游需求与可自由支配收入规律

旅游需求量与可自由支配收入的关系呈现正向变化。旅游需求与收入关系的规律，即旅游需求量与个体可自由支配收入之间的依存关系。个体可自由支配收入提高，旅游需求量增加；个体可自由支配收入减少，旅游需求量下降。

3. 旅游需求时间规律

旅游需求时间规律即旅游需求与游客闲暇时间的依存关系。游客的闲暇时间延长，旅游需求量升高；游客的闲暇时间减少，旅游需求量降低。游客的闲暇时间与旅游需求量呈正方向变化的关系。游客的闲暇时间对旅游需求的影响主要表现如下：①影响旅游地域范围、产业关联效应发挥；②影响旅游方式、旅游需要实现程度；③影响旅游效用函数、产品结构升级；④影响旅游需求集中程度，进而影响旅游经济质量。

4. 旅游需求规律的总结

① 旅游需求变化一般分为旅游需求量的变化和旅游需求曲线的变化两种类型。前者受价格因素影响，后者则由非价格因素引起。

② 旅游价格与旅游需求量在一般规律中呈反方向变化；在特殊规律中呈正方向变化。

③ 闲暇时间与旅游需求量呈正方向变化。

④ 可自由支配的收入与旅游需求量呈正方向变化。

⑤ 在旅游价格不变的条件下，其他因素影响与需求量的关系如下：旅游促进因素出现，旅游需求量增加；旅游限制因素出现，旅游需求量减少。

（四）旅游需求的弹性分析

1. 旅游需求弹性的概念

旅游需求弹性是指在影响旅游需求变化的诸多因素中，由任何一个因素的变化而引起的旅游需求量的变化反应程度（敏感程度），即旅游需求量随其影响因素的变化而相应变化的状况。

2. 旅游需求弹性分类

由于旅游产品的价格和人们的可支配收入是影响旅游需求最基本的因素，所以旅游需求弹性可具体划分为旅游需求价格弹性和旅游需求收入弹性。

旅游需求弹性系数的概念：用于测量各种因素变化所引起旅游需求量变化的敏感程度的尺度叫作旅游需求弹性系数。

A. 旅游需求价格弹性

（1）旅游需求价格弹性系数

$$旅游需求价格弹性系数 = \frac{旅游需求量变动百分比}{旅游价格变动百分比} \times 100\%$$

点弹性用于衡量旅游价格变化幅度很小时所引起的旅游需求量变化的程度。计算公式如下：

$$E_P = (\Delta Q/Q) \div (\Delta P/P)$$
$$= (\Delta Q/\Delta P) \times (P/Q)$$

旅游需求曲线上两点之间的弹性系数，又称为弧弹性，用于衡量旅游价格变化较大时所引起的旅游需求量变化的程度。弧弹性计算公式如下：

$$E_P = \{(Q_1 - Q_0) \div [(Q_1 + Q_0) \div 2]\} \div \{(P_1 - P_0) \div [(P_1 + P_0) \div 2]\}$$

其中：Q_1 代表本期需求量，Q_0 代表前期需求量，P_1 代表本期价格，P_0 代表前期价格。

在测定旅游产品价格的需求弹性时，一般可能出现三种情况。第一种情况，当需求量的变化百分率大于价格变化的百分率时，旅游需求价格弹性系数的绝对值大于1，即 $E_P > 1$。它表明旅游需求有弹性或弹性大。这种情况下，旅游需求曲线倾斜度很大，斜率也大，说明旅游产品价格很小的变化都会导致旅游需求量大幅度的变化。第二种情况，当旅游需求量变化百分率小于价格变化百分率时，旅游需求价格弹性系数的绝对值小于1，即 $E_P < 1$。它表示旅游需求缺乏弹性或弹性小。这种情况下，旅游需求曲线倾斜度很小，斜率也小，说明旅游产品价格每增减1%只能引起旅游需求量产生小于1%的相反变化。第三种情况，如果旅游需求量变化百分率与旅游产品价格变化百分率完全相同，则旅游需求价格弹性系数的绝对值等于1，即 $E_P = 1$。它表示旅游产品价格的变化将导致旅游需求量相同比率的反方向变化。

（2）旅游需求的价格弹性

旅游消费者具有不同的需求价格弹性，即同一价格对不同旅游消费者需求数量的影响是不同的。

$$E_y = \frac{旅游产品需求量变化的百分比}{旅游产品价格变化的百分比}$$

旅游需求价格弹性系数绝对值 $E_P > 1$：表示旅游需求量对价格变化比较敏感或富有弹性，弹性大。

旅游需求价格弹性系数的绝对值 $E_P < 1$：表示旅游需求量对旅游价格的变化不敏感，对价格变化缺乏弹性或弹性小。

旅游需求价格弹性系数的绝对值 $E_P = 1$：表示旅游需求量和旅游价格同比例朝相反的方向变化。

旅游产品的价格弹性分析如下。

① 一般情况下，住宿、交通、游览、会议、商务、奖励、探亲等的需求价格弹性

小；餐饮、娱乐、观光、度假、购物的需求价格弹性大。

② 高档次、豪华产品的需求价格弹性大，需求不稳定；中低档、经济档次的旅游产品弹性小，需求较稳定。

③ 高阶层、收入高的旅游者对需求价格弹性反应小；中低阶层、收入中低的旅游者对需求价格弹性反应大。

④ 可替代性旅游产品弹性大，即一般旅游接待服务项目；垄断性旅游产品弹性小，也即特色服务项目。

⑤ 淡季旅游需求价格弹性通常较大，旺季旅游需求价格弹性通常较小。

⑥ "冷点"旅游目的地的旅游需求价格弹性通常较大，"热点"旅游目的地的旅游需求价格弹性通常较小。

(3) 旅游需求的交叉价格弹性

$$E_{cp} = \frac{产品A需求量变化的百分比}{产品B需求量变化的百分比}$$

如果 A 和 B 具有很强的替代关系，则 E_{cp} 为正，并大于1，如在主要的旅游目的地对于汽车旅馆和酒店的选择，对于本地一日游旅游经营商的选择，对于购买旅游纪念品和免税品的选择，对于经营同一条线路的客运公司和航空公司的选择等。

B. 旅游需求收入弹性

旅游需求收入弹性：

$$E_y = \frac{旅游需求变化的百分比}{可支配收入变化的百分比}$$

一般情况下，大多数旅游产品和服务的需求收入弹性为正。

基本产品和服务需求缺乏收入弹性（$E_y<1$）。

自由选择或奢侈项目比较富有收入弹性（$E_y>1$）。

对旅游需求收入弹性的进一步分析：以旅游消费来衡量旅游需求的大小，则旅游需求的收入弹性就较大。以游客停留天数或游客人数来衡量旅游需求的大小，则旅游需求的收入弹性很小。一般旅游目的地要比客源单一的旅游目的地需求收入弹性大得多。不同形式的旅游，其需求收入弹性存在较大的差别。各类旅游需求的收入弹性递减顺序如下：商务、会展、探亲、度假等。

3. 旅游需求弹性的应用

研究旅游需求弹性可以通过合理制定旅游产品的价格，达到最大的经济收益。它将有助于旅游企业采取最优的定价分析与决策，有助于旅游市场结构分析与决策，有助于旅游业发展趋势分析，等等。

（五）都市旅游市场需求预测

1. 指标

按照联合国世界旅游组织倡导的《2008年国际旅游统计建议》的观点，科学的研究分析需要包括概念（concepts）、定义（definitions）、分类（classifications）、指标（indicators）等[①]关键术语的界定，并给出明确的含义。2014年2月，中国国家旅游局发布《关于改革完善国内旅游接待统计体系试点工作情况的通报》（以下简称《通报》），并于当年开始执行。《通报》规定的新的国内旅游接待统计指标评价办法中，以住宿过夜人天数为核心基础指标，以住宿单位基本情况为核心校核指标，共包括"接待国内过夜游客人数""住宿单位接待国内过夜游客人数""住宿单位接待人数占国内游客人数比重""住宿单位接待国内过夜游客平均停留时间""常住居民人均接待住宿单位国内过夜游客数"以及"旅行社接待人数占国内游客人数比重"6项主要指标，形成了重点突出、层次分明的指标体系。《通报》规定，我国新的统计指标体系以住宿过夜人天数为核心指标，是符合旅游的科学内涵和国际通行的旅游统计标准的。例如，世界旅游组织发布的《世界旅游统计概览》，对各国"国内旅游"的统计框架如下："一、酒店和类似住宿设施接待人天数（万人天）；二、酒店和类似住宿设施接待人数（万人数）；三、所有旅游住宿设施接待人天数（万人天）；四、非常住旅游者在所有旅游住宿设施的平均停留时间（天）"。欧洲、大洋洲的大多数国家都是按照该标准统计国内旅游的。尽管国内外对"旅游"的内涵有多种解释，但是有一点是共同的，即常住居民离开自己的惯常环境在国内或去外国的某一旅游目的地休闲或从事其他非营利性活动；旅游的重要特征是空间迁移和异地体验。旅游实践经验表明，游客外出过夜与不过夜的整体感受是不同的。只有在异地过夜才算"离开自己的惯常环境"，而过夜必然会在异地住宿。而且，不管一个人在一天之内游览多少地区或景点，过夜住宿都是必需的且只能一次，因此以住宿过夜人天数为核心基础指标，是最客观和合理的。因此，以下都市旅游指标以此为准。旅游需求指标是衡量旅游需求发展情况的尺度。都市旅游市场需求的主要测量指标如下。

（1）都市旅游者人数指标

① 旅游者人数：旅游目的地都市在一定时期内所接待的国内外旅游者总人数，主要用来衡量旅游者对旅游产品的需求总量状况。

② 旅游者人次：一定时期内到某一旅游目的地都市的旅游者人数与平均旅游次数

[①] United Nations World Tourism Organization (UNWTO). United Nations Department of Economic and Social Affairs. International Recommendations for Tourism Statistics 2008 [R]. Series M No.83/Rev.1. Madrid, New York, 2008.

的乘积,也叫客流量。各国对这一指标的统计方法不尽相同,一般采用世界旅游组织的统计数据。

(2) 都市旅游者停留天数或旅游者过夜数

① 旅游者停留总天数:一定时期内旅游者人次与人均天数的乘积。这一指标从时间的角度反映了旅游者对旅游目的地都市的产品需求状况,同时也体现了该目的地都市旅游产品吸引力的大小。

② 旅游者人均停留天数:旅游者人均停留天数是指一定时期内都市旅游者停留天数与旅游者人次的商数。

③ 旅游者过夜数:一定时期内都市旅游者人次与人均过夜数之积。单凭旅游人次指标难以说明都市旅游需求发展的实际情况,如果同时把都市旅游者停留时间考虑进去,就能更全面地反映某一时期的都市旅游需求状况。

④ 旅游者人均过夜数:一定时期内都市旅游者过夜数与都市旅游者人次的商数。该指标从平均数的角度反映了都市旅游需求的现状,便于揭示旅游需求的变化趋势,都市旅游经营者可根据这一指标的变化情况去探寻产生这种变化的原因,并据此确定相应的改变和应对策略。

(3) 都市旅游者消费指标

① 旅游者消费总额:旅游者消费总额是指一定时期内都市旅游者在旅游目的地都市的全部货币支出,如旅游者在旅游过程中支出的餐饮费、住宿费、交通费等。

② 旅游者人均消费额:旅游者人均消费额是指一定时期内都市旅游者消费总额与旅游者人次之比。它从平均数的角度以价值形态反映了某一时期的旅游需求状况。对于了解都市旅游者的消费水平、确定相应的旅游目标市场和旅游营销策略,具有重要的参考作用。

$$旅游者人均消费额 = \frac{旅游消费总额}{都市旅游者人次} \times 100\%$$

③ 旅游消费率:旅游消费率是指一定时期内一个都市的外出旅游消费总额与该都市地区的居民消费总额或国民收入的比值。它从价值的角度反映了一定时期内某一都市地区的居民对外出旅游的需求强度。

(4) 都市旅游出游率(旅游密度)

都市旅游出游率是指在一定时期内都市外出旅游的人次与其总人口的比率。

$$总出游率 = \frac{外出旅游人次}{该市总人口} \times 100\%$$

$$净出游率 = \frac{外出旅游人数}{该市总人口} \times 100\%$$

以上两个指标反映了一定时期内都市居民对出国旅游的需求状况。

旅游重游率是指在一定时期内都市的外出旅游人次与该地的外出旅游人数之比。用公式表示如下：

$$重游率 = \frac{外出旅游人次}{外出旅游人数} \times 100\%$$

该指标反映的是一定时期内都市居民外出旅游的频率。

（5）都市旅游开支率或旅游消费率

该指标是指一定时期内一个都市地区居民用于外出旅游的消费总额在该都市地区个体消费总额（或国民生产总值或国民收入）中所占的比重。

$$旅游消费率 = \frac{外出旅游消费总额}{个体消费总额} \times 100\%$$

2. 方法

都市旅游需求的预测方法有多种，主要了解三种。

① 经济计量预测模型：经济计量学方法用相关解释变量来估计旅游需求方程，并用方程中变量的未来可能值预测需求。计量经济学模型预测的精确程度取决于解释旅游需求的基础模型，对模型的改进有助于获得更精确的预测。

② 单变量、多变量时序预测：旅游需求移动平均数的计算及预测、指数平滑法、趋势曲线分析，以最优拟合趋势进行分析。

③ 定性预测：德尔菲法、情景描述法等。

当代都市旅游需求预测方法的更新揭示了旅游者的消费新倾向，为都市旅游产品供给提供借鉴。

二、个体的都市旅游需求影响因素

都市旅游者的旅游需求是指在一定时期内，旅游者对都市旅游产品的需求量。不同历史时期的都市旅游需求明显不同，概括起来其增长背景主要包括三个方面。

（一）个体可支配收入的提高

可支配收入（disposable income）是指居民家庭获得并且可以用来自由支配的收入，包括家庭成员所从事主要职业的工资以及从事第二职业、其他兼职和偶尔劳动得到的劳动收入。个体的经济收入或其家庭经济收入、富裕程度决定了他能否实现旅游动机。一般而言，经济越发达、人均可自由支配收入越高的都市，居民的旅游动机越强烈，旅游的频率越高，旅游的范围越广。随着全球经济的发展，人们的收入水平虽然仍然存在地区差异，但总体上都市居民的可支配收入在不断增加，可支配收入总量的不断上升为都市旅游需求的产生奠定了坚实的经济基础。在基本生活需求已经得到满足的基础上，都市居民可以拿出相当比例的收入用于旅游，都市旅游已经成为一些国家或地区居民的日常生活习惯。

（二）个体闲暇时间的增加

旅游者的闲暇时间不仅决定了他们是否能够产生旅游动机，还决定了他们能够在旅游都市停留多长时间。所谓闲暇时间，是指在日常工作、学习、生活以及其他必需的时间之外可以自由支配、从事娱乐消遣或自己乐于从事的任何其他事情的时间。个体没有闲暇时间和属于自己的带薪假期，就不可能参与旅游活动、实现旅游行为。由于现代社会生产方式和生产效率的不断发展与提高，人们的闲暇时间不断增加，这使得都市旅游需求总量迅速增加，旅游者在旅游都市的停留时间大大延长，人们在都市范围内的旅游体验进一步深入。

（三）个体旅游意愿的增强和经验的增加

随着人们受教育水平的不断提高，其旅游意愿不断增强，加上旅游经验的增加，不但都市旅游需求规模扩大、旅游类型增加，而且人们的需求呈现出日益强烈的个性化特征，其需求层次也不断提升，这客观上促进了都市旅游需求的上升。不仅如此，旅游意愿的增强和旅游经验的增加还进一步提高了都市旅游需求的综合性，人们对需求满足程度的评价也不断增加。总体而言，都市旅游需求已经从原来的奢侈需求转变为大众日常需求，旅游需求的类型不断丰富，旅游需求的深度不断增加，旅游需求的综合性不断提高，这些也对都市旅游供给提出了新的要求。

三、都市旅游市场细分

（一）都市旅游市场细分概念

当代都市旅游者寻求多样化的综合性满足，对特色旅游的兴趣越来越强，对都市文化中的"自然"和"本真"特色和品质尤其偏爱，参与体验意识增强，消费档次趋于多样化。

都市旅游市场又称都市旅游消费市场、旅游客源市场，从市场学角度看，都市旅游市场是都市旅游或某一特定旅游产品的现实购买者与潜在购买者。

都市旅游产品开发必须提高单一功能观光旅游产品的层次，向旅游产品开发的深度进军；必须调整旅游产品结构，开发多功能复合型的旅游产品，向旅游产品开发的广度进军。

都市旅游市场细分就是将全部旅游市场依据旅游者的某种需求或某些特征划分为不同的消费者群的过程。旅游需求市场细分的客观基础是旅游者需求的多样性和差异性，旅游需求市场细分是根据旅游者对产品的需求欲望、购买行为与购买习惯的差异，把整个旅游市场划分为若干个消费者群体的过程。每一个需求特征大体相同的消费者群可称为一个细分市场。

都市旅游市场细分的重要性在于，任何一个都市旅游目的地都难以有足够的实力吸引和满足所有各类旅游消费者的需要，因而有必要在众多的旅游消费者中，选择某些适合自己经营能力的市场部分作为目标市场。市场细分工作是旅游目的地选择目标市场的基础。通过市场细分，将全部旅游市场划分为不同的细分市场，在此基础上，旅游目的地营销组织才有可能通过对细分市场的评估，从中选定最终要进入的目标市场。

首先需要在市场调研的基础上对旅游市场进行细分，然后根据自己的供给能力和竞争实力从中选定有利于自己经营的目标市场。由此可知，市场细分的目的是选择和确定目标市场。

（二）都市旅游市场细分的标准

可用于对都市旅游市场进行细分的标准很多，可以归纳为三大类：地理因素、旅游者对产品和服务的需求、购买行为特征及旅游者心理特征。不同的旅游目的地，特别是不同的旅游企业，应根据自己的情况和需要，选用对自己的经营工作具有实际意义的细分标准。我国旅游业经营实践中最为常见的旅游市场细分标准有三种。

1. 以地理因素划分

人们常常以旅游客源产生的地理或行政区域这类地理因素为标准，对旅游市场进行划分。就国际旅游市场的划分而言，这类地理因素可以是洲别、世界大区、国别或地区。对于国内旅游市场的划分而言，这类标准通常是地区、省（州）、市等行政辖界。

世界旅游组织根据自己研究工作的需要，并根据世界各国旅游发展的情况和世界旅游客源的集中程度，将全球国际旅游市场分为六大市场，即欧洲市场、美洲市场、东亚市场、太平洋市场、中东市场和南非市场。

各国际旅游接待国则往往根据其国际游客来源的数量主次，按游客来源的国别或地区，将其划分和排列为不同的客源市场。

这种划分有助于了解世界旅游客源的分布情况，从而促使人们进一步研究和发现某些国家或地区产生旅游者多寡的原因。

国内旅游市场方面，我国中西部都市的客源市场存在着消费水平较低，游客出游次数少、半径小、时间短以及喜欢休闲度假的特征。不同地区的旅游市场特征对旅游客源地供方的旅游产品定位、市场定位以及西部地区的旅游资源开发具有重要影响。重庆在充分了解市场需求的基础上，将特色旅游纪念品开发与旅游地红色旅游主题形象及其要素、旅游精品开发密切结合。

2. 以旅游消费者的某些特征为标准进行划分

人口统计因素、游客来访的目的、游客来访的旅行方式、游客的来访形式等，以这类标准对旅游市场进行细分一般是在已经确定已有或潜在的市场区域的情况下，对该客源市场进一步细分。这主要是因为某一地理区域内的人口不太可能都成为某一旅游产品的购买者，故而需要使用更为详细或具体的标准进行深入细分。

3. 旅游者心理特征

旅游产品应使旅游者能用"听、味、视、嗅、触"五大感官立体地、全方位地感受都市魅力、触摸都市文化脉动。例如，当代生活节奏的加快使得"深度旅游""都市漫游"成为都市旅游者较为推崇的一种旅游方式。体验是深度旅游市场需求的核心，成功的旅游产品的开发与设计必须以个体的体验为基础。运用感官体验理论构建以市场需求为核心的旅游产品开发模型。

一般而言，从旅游目的地的宏观角度去考虑旅游市场细分问题时，多使用地理因素标准；对于具体的旅游企业而言，更适合在此基础上以旅游者的某些心理认知特征为标准进一步细分。

（三）都市旅游市场细分的意义

1. 有助于旅游企业选定目标市场

旅游目的地和旅游企业在对市场进行细分的基础上，更容易分析各细分市场的需要特征和购买潜力，从而根据自己的旅游供给或经营实力有效地选定适合自己经营的目标市场。

2. 有利于旅游企业有针对性地开发产品

旅游目的地和旅游企业在选定目标市场的基础上，便可以针对这些目标消费者的需要，开发适销对路的产品。这样，不仅可以避免盲目开发产品造成的失误和浪费，而且为顾客满意度提供了基本保证。

3. 有利于旅游企业有针对性地开展市场促销

对于旅游目的地和旅游企业来说，开展促销工作毫无疑问是非常重要的，因为再好的旅游产品如果不为旅游消费者所知，也无异于该产品不存在。但是，无论是一个旅游目的地还是一个旅游企业，其营销经费都是有限的。因此，如何利用有限的促销预算获取最大的促销成效也就成了旅游营销工作中重要而现实的问题。针对目标市场开展促销可以避免因盲目促销而造成的浪费，有助于提高促销的效果。

（四）都市旅游市场开发的内容

都市旅游者的需求和消费行为是旅游研究的前沿问题。当代旅游市场竞争日趋激烈，旅游业发展既要以旅游市场需求为导向，又要积极引导旅游者，用旅游品牌和旅游产品吸引游客。因此，旅游需求市场开发尤为必要。

1. 提供个性化产品

随着消费个性化时代的到来，旅游者追求的更多的是拥有独特的旅游体验，旅游网站应该积极迎合，制定出符合旅游者个体兴趣的旅游方案，如设计户外旅游线路和驴友社区，并提供食、住、行、游、购、娱的一站式旅游接待服务。

2. 完善移动客户端平台技术、VR技术等

都市游客市场正在经历着深刻的变化，散客市场正在逐渐增长，个性化服务的需求也正在不断增加。旅游电子商务加速发展，例如，我国第一大旅游电子商务企业携程旅行网的营利模式中所需要达到的庞大的目的地和酒店数据库、个性化的自由产品组合、周到的客户解决方案、互动的社区和快捷的沟通将会成为其核心竞争能力。移动互联的智能手机客户端营销成为旅游业的重要营销方式。旅游网站应将互动技术作为营销核心，在信息发布、在线查询、在线预订、安全在线支付、在线成交等环节为游客提供安全技术支撑，并注意整合信息、监管市场、预测未来。可以采用虚拟现实（virtual reality，VR）技术，激发游客购买意愿，等等。

3. 重视旅游接待服务

主动运用多种手段提高旅游接待服务水平。例如，在线旅游接待服务受服务态度、回复与反馈速度、工作效率等诸多因素影响。售后服务与产品销售同样重要，一定要处理好旅游投诉，做到顾客满意，否则游客的不满意评价将迅速传遍网络，会大大影响网站营销的口碑，造成恶性循环。

4. 加强旅游企业间的合作关系

建立旅游企业集团，覆盖虚拟景点；与银行合作，确保交易安全性和强大的网络后台服务；与旅游教育学校合作，为在线旅游企业提供专业信息技术人才，提高旅游接待服务质量；与旅游景点合作，在线旅游企业可以为旅游景点提供旅游市场调研和消费者需求调研以及培育资金，抓住目标市场，扩大市场份额。

拓展材料 2-1

大都市旅游结构性增长的驱动力

广州和西安都是中国的旅游都市，两个都市的旅游发展起步较早，而且都是各自省域的政治和文化中心，但近年来其旅游目的地的地位却发生了明显变化。从入境旅游来看，西安和广州的增长差异最大。从改革开放初期至 2002 年，广州接待入境旅游人数长年位居全国第一，而西安名次均在前八，两市差距稳定。从 2003 年开始，两市在入境旅游方面的差距迅速扩大。从接待入境旅游人数来看，广州虽被深圳超越但一直保持全国第二，而西安却从 2002 年的第 8 位下降至 2012 年的第 18 位，甚至低于桂林（第 10 位）、黄山（第 12 位）等非省会旅游都市。从旅游外汇收入来看，两市的差距也在不断扩大，2012 年广州旅游外汇收入为 51.45 亿美元，而西安仅有 7.49 亿美元。

两个旅游都市为何在 2002 年后入境旅游发展差距迅速扩大呢？事实上，西安无论自然风光（如华山、秦岭）还是人文古迹（如秦始皇陵兵马俑、大雁塔、碑林）在品质和数量上都远胜于广州。近年来，西安也不乏大手笔增加对旅游核心吸引物的投资。从 2003 年开始，大雁塔南、北广场，"大唐不夜城"，以及大唐芙蓉园等旅游核心吸引物相继建成，建设了"大雁塔·大唐芙蓉园"国家 5A 级景区，构建了中国旅游的新地标。然而，同一时期的广州，除了长隆旅游度假区的开发，很难找到与西安大规模投资相比拟的项目。那么，都市旅游者到底有哪些类型？广州为什么能比西安吸引更多的都市旅游者呢？

资料来源：梁增贤，保继刚. 大都市旅游结构性增长的驱动力——基于广州和西安的比较研究 [J]. 人文地理，2014，29（5）：127—133.

课程实训与实践

任务：调查某一都市研学旅游需求市场前景。

要求：

① 调查分析我国某一都市现有的主要研学旅游产品。

② 评估某一都市主要研学旅游产品的市场发展前景。

本章小结

1. 都市旅游者的旅游需求是指在一定时期内，旅游者对都市旅游产品的需求量。不同历史时期的都市旅游需求明显不同，概括起来其增长背景主要包括三个方面：个体可支配收入的提高，个体闲暇时间的增加，个体旅游意愿的增强和经验的增加。都市旅游需求已经从原来的奢侈需求转变为大众日常需求，旅游需求的类型不断丰富，旅游需求的深度不断增加，旅游需求的综合性不断提高，这些也对都市旅游供给提出了新的要求。影响都市旅游需求的因素有人口因素、经济因素、社会文化因素、政治法律因素、旅游资源因素等。

2. 都市旅游体验是指旅游者前往一个特定的旅游都市花费时间来参观、游览、探亲、娱乐、学习的过程以及形成的体会。旅游体验的"5Es"理论：娱乐、教育、逃避、审美、移情。

3. 都市旅游市场细分就是将全部旅游市场依据旅游者的某种需求或某些特征划分为不同的消费者群的过程。都市旅游市场开发的内容包括提供个性化产品，完善移动客户端平台技术、VR技术，重视旅游接待服务，提高旅游接待服务水平，加强旅游企业间的合作关系等。

复习与思考

1. 简述都市旅游者的基本特征。
2. 决定个体都市旅游消费需求的客观因素和主观因素及其意义有哪些？
3. 如何建立都市标志性景观以吸引旅游者并使其形成旅游感知？
4. 了解都市旅游者的消费倾向、都市旅游者消费利益及都市旅游产品供给与需求。
5. 举例说明如何进行都市旅游市场细分与开发。

第三章
都市旅游目的地形象塑造

学习目标

通过本章的学习，了解都市旅游吸引物概念的内涵、特征、构成，理解和掌握都市旅游吸引的机制，了解都市旅游形象塑造和整体营销方式在都市旅游中的应用。

核心概念

都市旅游形象　都市旅游吸引物　都市圈　世界城市　都市旅游形象营销

导读

本章运用都市旅游目的地概念和相关理论，介绍都市旅游目的地品牌形象塑造。当代都市旅游品牌化、时尚化和艺术化消费的新趋势，使得打造都市旅游形象成为某一都市脱颖而出的重要途径。

旅游目的地是供旅游者前往开展旅游活动的吸引物和相关旅游设施服务集中地。简单地说，旅游目的地是为了满足旅游者的需求而设计的一系列设施和服务的集合体。

当前，全世界重要的旅游目的地、旅游景区景点与旅游企业都在努力从事自己的品牌建设。从理论与实践两个方面分析，都市旅游品牌的建设主要有三个方面。

第一，旅游供给与旅游需求，二者之间的基本关系。旅游产品像其他产业的产品一样，将从短缺走向过剩，从卖方时代走向买方时代，最终进入消费者选择时代。这种情况在旅游淡季表现得特别明显。因此，打造旅游者首选的品牌形象就变得十分重要。

第二，由于旅游供给大于旅游需求，出现了旅游企业与旅游目的地的广告轰炸与游客注意力稀缺的矛盾，这导致每一个旅游企业与旅游目的地都需要采用打造品牌形象的方式来有效地争夺游客的注意力。如何通过整合营销打造一个游客记得住、感觉好的品牌来吸引他们的注意力，具有战略意义。

第三，依据美国服务管理专家詹姆斯·A.菲茨西蒙斯（James A. Fitzsimmons，2007）的分析，人类社会的发展可以分成三个阶段或三种类型的社会形态。第一个阶段是前工业化社会，人类生活的特征主要是维持生存；第二个阶段是工业化社会，人们生活的特征主要是追求更多数量的物质产品；第三个阶段是后工业化社会，人们生活的特征主要是追求高品质的生活，包括健康、教育和娱乐三大方面[①]。旅游是人们追求精神健康与娱乐生活的高品质生活的一部分。旅游者不但需要旅游产品提供功能性利益，如交通设施、酒店住宿、餐饮美食等，而且需要旅游产品提供情感性利益，即要使旅游者享受"令人难以忘怀的体验经历"，如华特·迪士尼创造的世界上"最快乐的地方"，海南三亚亚龙湾的碧海蓝天打造的夏日海滨度假浪漫之旅，博鳌索菲特五星酒店的舒适与华丽等。因此，旅游品牌建设对旅游产品十分重要。

须注意，旅游品牌形象分层次，从都市、乡村到单一旅游景区景点，以及旅游企业如酒店、旅行社等的产品都可以形成旅游品牌。都市旅游形象是旅游品牌的一个重要组成部分。

---

① ［美］詹姆斯·A.菲茨西蒙斯. 服务管理：运作、战略与信息技术［M］. 5版. 北京：机械工业出版社，2007.

第一节 当代都市旅游发展理论

当代都市发展理论纷呈,与都市旅游相关的比较具有影响力的都市理论主要有两个,一是大都市圈理论,二是世界城市等级理论。

一、城市发展与都市圈理论

(一)城市发展与都市圈理论

1. 都市圈

都市圈(megalopolis)是城市发展到成熟阶段的一种空间组织形式,是以中心城市为核心、向周围辐射构成的城市集合。从经济发展层面上讲,都市圈是一个集社会、经济、技术为一体的网络化经济空间,它是产业集聚与扩散共同作用的产物。都市圈已经成为现代经济发展最重要的方式之一,对国家经济持续稳定发展具有重大意义。

大都市圈理论又叫城市群理论,是现代区域发展的基础理论之一。自法国经济学家戈特曼在《城市群——城市化的美国东北海岸》(1957)文中提出这一概念以来,已在全世界被广泛运用,并被作为衡量一个国家或地区经济和社会发展水平的重要标志。大都市圈理论就是在一定地理或行政区域内,由一个或多个大城市或特大城市为核心,辐射并带动周边一定范围内的一批中小城市,使其成为在世界范围内有一定影响力和竞争力的区域城市群或城市带。这种城市群或城市带有具有集聚效应的制造业产业链和集约化的永久性城市社区居民群体。

2. 世界六大都市圈概况

2018年,全球已经形成六大都市圈:纽约大都市圈,占美国GDP的30%;五大湖都市圈,占美国GDP的20%;巴黎大都市圈,占欧洲GDP的30%;伦敦大都市圈,占英国GDP的50%;东京大都市圈,占日本GDP的60%;长江三角洲都市圈,占中国GDP的20%。其共同特征为:各种要素集聚度高,国际交往能力强,汇聚了大量财富和先进生产力。

(1)六大都市圈简介

① 纽约大都市圈。该都市圈从波士顿到华盛顿,包括波士顿、纽约、费城、巴尔

的摩、华盛顿等大城市共40个。该都市圈面积13.8万 km²，约占美国面积的1.4%；人口6 500万，约占美国人口的20%[①]。

② 北美五大湖大都市圈。该都市圈分布于五大湖沿岸，从芝加哥向东到底特律、克利夫兰、匹兹堡，并一直延伸到加拿大的多伦多和蒙特利尔。它与纽约都市圈共同构成了北美的制造业带。该都市圈湖区流域面积76.6万 km²，约占美国面积的7.9%；人口5 914万，约占美国人口的18%。

③ 东京大都市圈。一般指从千叶向西，经过东京、横滨、静冈、名古屋，到京都、大阪、神户的范围。该都市圈总面积3.5万 km²，约占日本面积的6%；人口将近7 000万，约占日本人口的55%。

④ 巴黎大都市圈。主要城市有巴黎[②]、阿姆斯特丹、鹿特丹、海牙、安特卫普、布鲁塞尔、科隆等。该都市圈总面积14.5万 km²，约占欧洲面积的1.4%，人口4 600万，约占欧洲人口的6.3%。

⑤ 伦敦大都市圈。该都市圈以伦敦—利物浦为轴线，包括大伦敦地区、伯明翰、谢菲尔德、利物浦、曼彻斯特等大城市，以及众多小城镇。该都市圈总面积为4.5万 km²，人口3 650万，约占英国人口的20%。

⑥ 长江三角洲都市圈。这个都市圈由苏州、无锡、常州、扬州、南京、南通、镇江、杭州、嘉兴、宁波、绍兴、舟山、湖州等24个城市以上海为龙头一起组成。该都市圈总面积近10万 km²，人口超过7 240万，约占中国人口的20%。

(2) 世界六大都市圈共同的发展条件

① 气候条件优越、交通便利，通常都是以一个靠近海洋或河流的大港口为中心城市，这既符合人类发展规律，也符合经济学规律。

② 都市圈内存在一个具有强大辐射带动能力的区域性中心城市。在城市群的形成与发展过程中，各种要素在中心城市的集聚与扩散是最基本的前提。在城市群形成的初期，区域范围内的人流、物流、资金流和信息流等迅速向中心城市集聚，中心城市的极化效应明显；随着城市群的进一步发展与产业结构的调整，中心城市原有产业向外扩散，与生产、生活配套的现代服务业则逐步向中心城市集聚，中心城市的总部经济效益增强。

③ 都市圈内部城市间形成合理的产业协作体系。从纽约、伦敦、巴黎、东京等都市的规划过程可以看出，准确的产业定位并按照市场经济规律要求，不断进行产业结构优化配置和建立有效产业链是其形成的必要条件。

[①] 按照2018年统计数据，本章以下同。
[②] 指整个法兰西岛，法国的一个行政区域，面积12 012 km²，人口1 100万，位于巴黎盆地中部。由于该区域以巴黎为中心，俗称为大巴黎地区。它包括巴黎市及其周围的上塞纳省、塞纳-圣但尼省、塞纳-马恩省、瓦勒德马恩省、伊夫林省、瓦勒德瓦兹省、埃松省共七个省。小巴黎市面积仅105 km²，人口有224万。

④ 发达的基础设施与快捷的交通条件为城市群内城市高效、有序的分工协作体系提供了保障。从纽约、伦敦、巴黎、东京等都市圈的形成与发展过程来看，发达的基础设施与快捷的交通运输成为其完善的纽带，这几个城市都建成了发达的城际轨道交通和四通八达的海、陆、空交通网络，特别是巴黎作为欧洲的交通枢纽，其城内交通之便利堪称世界之最。

3. 世界城市理论

(1) 世界城市概念

世界城市（world city）理论由英国城市和区域规划的理论先驱之一帕特里克·格迪斯（Patrick Geddes）最先提出，他认为世界城市是具有全球控制力和影响力的城市，世界城市是"世界最重要的商务活动绝大部分都须在其中进行的那些城市，任何一个国家的任何一个城市，都是全球大家族的一员"①。在全球一体化背景下，国与国之间、地区与地区之间的竞争将在经济、贸易、科技、教育等方面全面展开，各国赖以进行竞争的主要基地无疑是各国各地区的大小城市。从这个意义上讲，所有城市都是参与世界竞争的城市。

世界城市理论认为，随着经济全球化和信息化时代的到来，一个世界统一的城市等级体系正在形成，国家的城市等级体系只是它的一个子系统，城市增长最基本的动力由国家转向了全球，每一个国家城市体系顶端的城市是这种增长刺激第一线的接受者，它们将增长分配给其各自国家的城市体系。世界城市的本质特征是拥有全球经济控制能力，这种能力源于跨国公司总部与跨国银行总部。因此，世界城市是国际资本流动的决策中心。技术革命是世界城市产生的根本动因，特别是信息技术的发展，使它们能在全球更有效地进行管理和控制，为它们的空间扩张提供了更有利的条件。经济全球化将城市增长的最基本动力由单个国家转向全球，刺激每一个国家的核心城市高速增长，并将增长分配给各自国家的城市体系。因此，世界城市理论延伸了城市等级理论，使城市化进程进一步与世界经济力量紧密联系起来。世界城市也称"全球城市"（global city）、"国际大都市"（international metropolis）、"国际城市"（international city）等，这些称谓异名同质。例如，"全球城市"概念于 20 世纪 90 年代初期由美国社会学家丝奇雅·沙森（Saskia Sassen）提出，她指出全球城市主要有四个方面的特征：第一，世界经济组织中高度集中化的控制中心；第二，金融和专业服务的中心；第三，创新的生产地，即创新中心；第四，产品与创新的市场地，即消费中心。沙森强调高级生产性服务业的集中，如金融业聚集对世界城市获取全球控制力的

---

① [英] 帕特里克·格迪斯. 进化中的城市：城市规划与城市研究导论 [M]. 李浩, 吴俊莲, 叶冬青, 等译. 北京：中国建筑工业出版社，2012.

作用①。

(2) 彼得·霍尔的世界城市理论

英国城市与区域规划大师彼得·霍尔（Peter Hall）于1966年首次明确定义"世界城市"概念，其书中对伦敦、巴黎、兰斯塔德、莱茵-鲁尔、莫斯科、纽约、东京等进行了细致的分析，认为"世界城市"专指那些已对全世界或大多数国家发生全球性经济、政治、文化影响的国际第一流大城市，一般具备政治权力中心、商业中心、各类人才聚集中心、信息汇集和传播中心、文化娱乐中心的地位。这些世界城市的主要特征包括：第一，世界城市通常是政治中心；第二，世界城市是商业中心；第三，世界城市是集合各种专门人才的中心；第四，世界城市是巨大的人口中心；第五，世界城市是文化娱乐中心。后来他又对伦敦、纽约、东京、巴黎四个城市进行了调查分析，认为商业与金融、政府的政策、休闲和文化产业以及旅游业是解决城市病的有效措施，是推动城市进一步发展的四个动力②。

拓展材料 3-1

彼得·霍尔：20年后上海影响力赶超香港、东京

"长三角地区的发展已经引起了世界上许多专家学者的关注，它将是21世纪未来城市发展的典范。"

伦敦大学学院巴特列特建筑与规划学院规划学教授、英国社会科学院院士彼得·霍尔，是当代国际最具影响力的城市与区域规划大师之一，被誉为"世界级城市规划大师"。在昨天召开的"和谐城市与宜居生活"主题论坛中，彼得·霍尔指出，或许在未来的20年，上海的国际影响力就将赶超同在亚洲的东京、香港等大城市。

中国将成为学习对象

在彼得·霍尔过去发表的著作中，曾将世界的各大城市分为三个等级，最高级包括了伦敦、巴黎、纽约、东京、香港，上海则排名在北京之后，同列第三等级。不过，彼得·霍尔在昨天的采访中透露，上海极有可能在未来20年内超过香港、东京。"香港作为世界金融中心的地位并不会在短时间内动摇，但以上海的发展速度，它将与香港共同成为华人地区最重要的城市之一。或许不出10年，中国

---

① [美] 丝奇雅. 沙森. 全球城市：纽约、伦敦、东京 [M]. 周振华, 译. 上海：上海社会科学院出版社, 2005.
② 2005年10月21日上午，73岁高龄的世界城市与区域规划大师彼得·霍尔应中国东南大学建筑学院和南京大学城市与资源学系的联合邀请，举办了主题为"21世纪中、欧城市间的相互学习"的报告，给中国学界带来了该领域最前沿的经验和见解。

就能因其迅速的发展成为世界许许多多地区学习的对象。"

对于上海世博会，彼得·霍尔给出了很高的评价，他认为上海世博会分享了世界各国的发展事例，为中国及世界各国所借鉴。

长三角是城市发展典范

与郑时龄的观点相似，彼得·霍尔对未来城市的发展提出了"去中心化"的概念，也就是建立多个中心的新型超级大城市。在彼得·霍尔看来，长三角地区就是一个"去中心化"超级大城市发展的极好的范例。

"上海、杭州、南京……从表面上看，它们都是独立的大型城市，可便捷的交通和高度的信息化却将它们联系在了一起，共同发展，形成了一种多个中心超级大城市的格局。"彼得·霍尔称，长三角地区的发展已经引起了世界上许多专家学者的关注，它将是21世纪未来城市发展的典范。

对上海的未来，彼得·霍尔表示，伦敦在发展过程中，也曾出现过人们逐渐从城市中心向郊区扩散，并在郊区形成多个新的城市中心的事例，他认为上海也将会出现同样的发展经历，向"去中心化"的趋势发展。

资料来源：陶宁宁．彼得·霍尔：20年后上海影响力赶超香港东京［EB/OL］．(2010-10-07) 新浪网，http：//sh.sina.com.cn/news/2010-10-07/0238157999.html．

(3) J. 弗里德曼的"世界城市假说"

美国城市学家、经济学家J. 弗里德曼在1986年系统地提出了"世界城市假说"，主要包括七大论断。主要内容如下：

① 城市与世界经济的融合形式和程度以及它在新国际劳动分工中所担当的职能，决定该城市的结构转型；

② 世界范围内的主要城市均是全球资本用来组织和协调其生产和市场的基点，由此导致的各种联系使世界城市成为一个复杂的空间等级体系；

③ 世界城市的全球控制功能直接反映在其生产、就业结构和活力上；

④ 世界城市是国际资本的主要汇集地；

⑤ 世界城市是国际和国内移民的目的地；

⑥ 世界城市集中体现产业资本主义空间与阶级两极分化的主要矛盾；

⑦ 在建设世界城市的过程中所产生的社会成本可能超越政府财政负担能力。

J. 弗里德曼认为世界城市是新的国际劳动分工和全球经济一体化背景下的产物，世界城市的形成过程是"全球控制能力"的生产过程，而这种控制能力的产生主要表现为少数关键部门的快速增长，包括企业总部、国际金融、全球交通和通信、高级商务服务等。

1995年，J. 弗里德曼按照城市所连接的经济区域的大小，即世界城市区域影响力的大小划分出四个层级的世界城市：

① 第一层级，全球金融连接，世界城市的最高层级，包括伦敦、纽约和东京；

② 第二层级，跨国连接，包括迈阿密、洛杉矶、法兰克福、阿姆斯特丹、新加坡等城市；

③ 第三层级，主要的国内连接，包括巴黎、苏黎世、墨西哥城、首尔、悉尼等；

④ 第四层级，次要的国内和区域连接，包括米兰、巴塞罗那、旧金山、西雅图、芝加哥、温哥华等。

世界城市是当代城市发展的高级阶段，也是当前全球城市网络的最高形态，是对全球政治、经济、文化等方面拥有最高影响力和控制力的城市。目前，纽约、伦敦、巴黎、东京等四个城市已被公认为世界城市，它们的第三产业占全市国内生产总值GDP的比重均在60%以上，纽约和伦敦这一比重更是超过了80%。

（二）国际上的城市发展主要指标

关于城市发展的指标体系很多，代表性的有：英国城市研究机构的全球化与世界级城市研究小组与网络组织（Globalization and World Cities Study Group and Network，GaWC），发布《世界级城市名册》，简称英国指标版；美国全球管理咨询公司科尔尼管理咨询公司（A. T. Kearney，简称"科尔尼公司"）的城市综合竞争力研究，发布《全球城市指数报告》（包括"全球城市综合排名"和"全球城市潜力排名"两部分），简称美国指标版；日本民间机构城市开发商森大厦株式会社创立的研究机构森纪念财团城市战略研究所（The Mori Memorial Foundation，MMF），发布《全球城市实力指数报告》（Global Power City Index，GPCI），简称日本指标版；中国社会科学院、《第一财经周刊》等，发布《中国城市竞争力报告》，简称中国指标版。

1. GaWC 城市评级指标（英国指标版）

英国的全球化与世界级城市研究小组与网络组织以英国拉夫堡大学为基地，尝试对世界级城市定义和分类。从1999年开始，每2~4年发布《世界级城市名册》研究报告，是当代全球关于世界一、二、三、四、五线城市最权威的排名指标之一。

其主要方法为企业分析法。研究中心的主要成员丝奇雅·沙森从企业的区位选择决策来探讨世界城市的演化过程，并指出高级生产性服务业的重要性，这也是 GaWC 城市排名所用的企业分析法；P. J. 泰勒认为世界城市是以连锁网络的形式构成的，并借鉴丝奇雅·沙森研究世界城市时提出生产性服务业在世界城市集聚的特征，以生产性服务业企业的总部、区域中心、办事处等在全球城市体系中的分布情况，构建商务企业的连接关系，将企业汇总起来得出全球城市的网络构成关系，此即为连锁网络模型，此模型也用于计算GaWC世界城市排名。

每份研究报告都基于经济、政治、文化、科技、国际化水平等13项综合指标，而不是单纯的经济竞争力排行榜，也不是创新创业实力榜单。共有13项评价标准，包括"国际性、为人熟知""重要的国际机场，作为国际航线的中心""蜚声国际的文化机构，如博物馆和大学"等。

根据该组织官方网站的发布内容，从1999年开始，GaWC一共发布了八份研究报告，分别反映了1998—2018年世界城市体系的变化。GaWC将世界城市分为四个大的等级——Alpha（一线城市）、Beta（二线城市）、Gamma（三线城市）、Sufficiency（自给自足城市，也可以理解为四线城市），而每个大的等级中又区分出多个次等级。分别为：Alpha＋＋（特等）、Alpha＋（一线强）、Alpha（一线中）、Alpha－（一线弱）、Beta＋（二线强）、Beta（二线中）、Beta－（二线弱）、Gamma＋（三线强）、Gamma（三线中）、Gamma－（三线弱）、High Sufficiency（高度自足城市）、Sufficiency（自足城市）。

下面介绍2018年世界城市排名情况，借此了解中国的都市发展情况。

首先，此次发布的《世界级城市名册》显示，全球一共有55个城市进入Alpha级别，即世界一线城市。其中Alpha＋级别的有八个城市，伦敦和纽约的领先地位保持不变，中国入围的城市有香港、北京、上海，分别排在第三、四、六位。新加坡则从第三位下滑至第五位。中国台北、广州为一线中等城市，深圳为一线弱等城市；深圳从二线城市升至一线弱等城市，首次进入世界一线城市行列。

其次，成都、杭州、天津、南京、武汉、重庆、苏州、大连、厦门、长沙、沈阳、青岛、济南都位列世界二线城市；其中，成都和杭州被列为二线强等城市，天津、南京、武汉被列为世界二线中等城市。此外，重庆、苏州、大连、厦门、长沙、沈阳、青岛、济南八座城市被列为二线弱等城市。

最后，西安和郑州被列为世界三线强等城市，昆明和合肥则被列为三线中等城市，福州被列为三线弱等城市。

相比国内的一、二、三线城市划分标准，成为世界一、二、三线城市的要求显然更高。单凭目前中国上榜城市多局限于国内某一特定区域内较强互联互通性的实际情况，很难认为其已经完成"国际化"，成为有高影响力的世界级城市。

2. 美国科尔尼公司《全球城市指数》（美国指标版）

美国科尔尼公司、芝加哥全球事务委员会以及《外交政策》杂志，从2008年开始每年发布《全球城市指数报告》。考察对象为全世界各大城市，2008年考察了65个大城市，2019年考察了130多个城市。衡量标准包括城市影响力、全球市场、文化以及革新等综合实力，等等。它的具体衡量标准包括五个维度 27 个指标，即：商务活动（占 30%）、人力资本（占 30%）、信息交流（占 15%）、文化体验（占 15%）、政治参与（占 10%）等。

"全球城市综合排名"榜单中的中国城市数量从 2008 年的 7 个增加到 2018 年的 27 个，2019 年降为 26 个。其中，香港排名第 5 位，北京排名第 9 位，上海排名第 19 位；跻身"全球城市潜力排名"的中国城市数量也从 2015 年的 21 个增加到 2018 年的 27 个。

科尔尼全球执行总裁兼董事会主席刘苘华说："中国城市排名的提升是中国政府从中央到地方有意识地提高国家竞争力的结果。中国围绕发展经济、保障和改善民生等方面采取了一系列行之有效的措施，不断提高居民生活水平，改善营商环境，从而吸引了全球企业的更多投资与关注。"

3. GPCI 日本全球实力城市指数（日本指标版）

根据城市的吸引力，即吸引世界各地有创造力的人士和企业的综合实力，城市的评分以六个功能 70 项指标为基础，即经济、研究与发展、文化互动、宜居性、环境和交通可达性。

日本森纪念财团城市战略研究所通过六类指标对世界城市的综合实力进行评估，通过国内生产总值（GDP）、研究人员数量、国际会议的召开次数等合计 70 项指标计算得出。从 2008 年开始实施，2017 年以 44 个城市为对象进行了调查。2012—2017 年的全球城市实力指数排名中，伦敦排名一直居首位，纽约位居第二。主要理由是：伦敦在旅游与文化互动一项排名第一（免费开放博物馆是伦敦提供的优质公共服务），在交通便利和经济方面，伦敦排名第二。伦敦的强项被认为是机场进出航班以及国际学生的人数，伦敦的视听以及相关服务的贸易价值和外国居民的人数。伦敦靠着强大的国际影响力取得国际地位，这也是伦敦的 GDP 不如巴黎但其国际地位高于巴黎的原因。巴黎在国际影响力方面比较欠缺，所以其城市综合实力输给伦敦。伦敦的弱项是平均租屋价格和出租车价格昂贵。

2017 年 GPCI 报告显示：伦敦、纽约、东京、巴黎、新加坡、首尔、阿姆斯特丹、柏林、香港、悉尼排前十名。其中，东京、新加坡、首尔、香港和悉尼等亚太地区五大城市跻身全球十大城市。

在亚洲城市中，新加坡继续保持第五名，与排名第四的巴黎缩小了差距。新加坡的总悬浮颗粒物（suspended particulate materials，SPM）浓度较低，在环境方面继续保持高分，经济和研究开发等领域也处于高水平。韩国首尔排名第 6 位，中国香港排名第 9 位，中国上海、北京、台北分列第 17 位、第 18 位和第 32 位。主要依据是：北京和上海两座中国大城市的"经济"指标排名继续表现抢眼，凭借其人口规模、GDP 及世界 500 强企业运营落户数量分列经济领域第 3 位和第 5 位。上海在"方便度"指标上的排名同样位列第三，大量国内和国际航班从上海出发或抵达。

2018年GPCI报告显示：伦敦、纽约、东京、巴黎和新加坡等五大城市的排名与前一年相比保持不变。由于经济和环境的强劲表现，北美城市的得分更高，而许多欧洲城市也表现良好。然而，中国城市香港（排名第9位）、北京（排名第23位）和上海（排名第26位）的排名显著下降，因为它们以前拥有的一些优势变得不明显，南美洲和非洲的几个城市也出现了排名下降的情况。

2018年，伦敦仍排在第一位，这是其连续第七年被评为全球最有影响力的城市。伦敦在文化互动等16个指标中的13个保持前五名的位置，进一步巩固了其实力指数。而且，由于其房租和物价水平上升指标较低，在宜居方面从第17位上升至第11位。

2018年，纽约排名第二位，这主要得益于其环境和工作场所的强劲表现。由于公司税率的提高，纽约市在经济职能方面的排名很高，在其他方面也获得了较高评价，科技研发领域排名第一，文化互动方面排名第二。

2018年，东京依然保持排名第三。在宜居性方面，东京进入了前十位；由于其GDP增长率等指标得分较高，东京在经济方面名列第三。但是，其在气候行动承诺方面得分较低，因此在环境方面从第12位降至第29位。2019年，前三位城市排名仍是伦敦、纽约、东京，香港排名也仍是第9位，北京排名第24位，上海排名第30位，比2018年的排名有所下降。

以上列为调研对象的世界城市大都是旅游业发达城市。旅游业的发展水平已经成为一个城市文明程度和综合实力的重要标志。由于旅游业的产业归属第三产业，特别是旅游活动的无边界性使得新型旅游业不断从传统产业中生发出来，发展出都市休闲农业、工业旅游、世界遗产旅游等产业形态，成为拉动都市产业转型的动力源，不断推动传统产业向柔性化的方向发展。这也给我国的大都市发展带来一定的启示。

4. 中国社会科学院城市发展排名（中国指标版）

中国社会科学院城市发展排名研究三大指数，即城市综合经济竞争力指数、宜居竞争力指数、可持续竞争力指数。《中国城市竞争力报告》由中国社科院主办，自2003年开始，每年发布一次，对全国294个地级以上城市的综合竞争力进行比较后排出座次。报告从全球的视角来分析中国城市的整体位置，包括优势、劣势、机遇和挑战，同时提出中国城市的全球竞争战略；从城市规模、行政等级和发展阶段等不同视角，分析中国城市竞争力格局；为相关省区和具体城市分析自身竞争力、制定提升竞争力的战略提供启示和参考。其具体排名是根据较为完善的指标体系和成熟的计量方法得出的研究结果，通过对中国294个城市的竞争力指数进行具体比较和格局分析来进行城市排名。

中国学界预测：中国在2050年将成为全球最大经济体，GDP值约占全球比重的

20%。届时中国可产生5个以上的世界城市：北京、上海、深圳有望在2030年建成世界城市，武汉、重庆有望在2050年建成世界城市。

拓展材料 3-2

《中国城市竞争力报告》发布，
2018年综合经济竞争力排名深圳位列第一

本报告的年度主题是"住房，关系国与家"，报告对房地产与促增长、调结构、防风险和惠民生进行了统计分析、理论研究、实证检验和情景模拟，发现具有重要决策参考价值的非线性关系。

本年度总体报告聚焦从城市看中国，发现：中国正处在迈向现代化的关键期，未来15年，从城市社会发展看，中国进入城市风险的多发期；从城市经济发展看，中国处在迈向高收入国家的跨坎期；从区域关系看，中国进入城市区域荣衰的博弈期；从城乡关系看，中国进入城乡一体的转折期；从城市结构看，中国处在城市形态演变的定型期。

2019年6月24日，中国社科院（财经院）与经济日报社在北京共同发布"中国社会科学院（财经院）创新工程重大成果《中国城市竞争力报告No.17：住房，关系国与家》"（以下简称报告）。该报告由中国社会科学院财经战略研究院院长助理倪鹏飞作为首席研究员，各地城市竞争力专家共同携手，历时大半年时间联合完成。

通过课题组的长期研究，按照指标最小化原则，报告构建了城市综合经济竞争力指数、宜居竞争力指数、可持续竞争力指数、宜商竞争力指数，对2018年中国293个城市的综合经济竞争力和288个城市的宜居竞争力、可持续竞争力、宜商竞争力进行了研究。

2018年宜居竞争力指数十强依次是香港、无锡、杭州、南通、广州、南京、澳门、深圳、宁波和镇江。长三角地区有6市入选，分别是杭州、无锡、南通、南京、宁波和镇江；珠三角地区有两个城市入围，分别是深圳和广州，但与长三角相比，宜居竞争力略弱；港澳台地区中的香港和澳门分列第1位和第7位，城市之间宜居竞争力得分差距较小，城市的阶梯效应削弱。此外，香港、无锡和深圳三市在2015—2018年均在前10名之列，具有较强的稳定性。总体来看，城市宜居竞争力平均水平近几年总体呈波动下降趋势，至2017年达到最低点后，2018年有所回升，城市间的宜居竞争力差异2018年较2017年有所减小，宜居竞争力整体水平和差异走出谷底，空间分化态势有所收敛，中北部都市圈中心城市的宜居竞争力有所上升。从排名变化来看，二线城市如石家庄、唐山、太原、重庆、济南的宜居竞争力上升幅度最大，分别上升 45 位、30 位、28 位、17 位和 11 位，而中山、西安和长春的宜居竞争力大幅下降，分别降低了 21 位、27 位和 39 位。

资料来源：《中国城市竞争力报告》发布，2018 年综合经济竞争力排名深圳位列第一［EB/OL］．（2019-06-24）．格隆汇，https://www.gelonghui.com/p/281532.

拓展材料 3-3

基于卓越全球城市的上海都市旅游

在新一轮《上海市城市总体规划》中，上海第一次提出了迈向"卓越的全球城市"的目标。继"四个中心"和"科创中心"的定位后，上海开始向更高的战略目标迈进。就本质而言，全球城市就是高级生产要素的全球集聚中心。因此，全球城市必然是全球生产要素的配置中心、跨国机构的管理决策中心、高等级服务和高附加值产品的生产中心。高级生产要素的集聚也意味着全球城市是高收入人群和知识密集型人群最集中的地区。这种空间上的高密度带来了文化的多样性、丰富性和互动性。一言以蔽之，经济上的中心枢纽、文化上的包容多样是全球城市的题中应有之义。作为高级生产要素的集聚中心，纽约、伦敦、东京等全球城市无一不是世界著名的旅游城市。它们既是全球旅游枢纽，也是基于国际消费城市的著名旅游目的地。

全球城市是全球旅游集散网络和旅游供应链网络的枢纽。这类城市本身就是全球性或区域性的政治、经济、文化中心，旅游业的发展依托于其作为全球城市的枢纽性职能。它们往往是大型旅游企业的总部所在地，是旅游集散枢纽和旅游供应链中心，是最重要的"盛会城市"（event city）。上海已经是我国跨国酒店集团区域性总部和本土大型旅游集团总部最集中的城市，也是大型节事活动最密集的城市，但作为国际旅游集散枢纽的地位还尚待加强。本轮总体规划明确提出了"建设更开放的国际枢纽门户"的目标，"旅游中转率、国际客流比例提高至 20%～25% 和 40% 以上"。这意味着，2040 年的上海在具有"轴辐结构"特征的全球航线网络中，作为国际航空中转枢纽的地位将大幅度提高。上海将不仅仅成为"国内—国际"中转枢纽，更将成为国际航线的中转枢纽。与之相伴随的是，上海将有可能成为东亚太地区国际旅游集散和旅游供应链的中心。

全球城市是典型的"消费城市"。城市作为一种生活场所，在吸引高素质人力资源方面的能力将决定这个城市在全球经济中的地位。多样化的消费活动、高频次的社会互动机会、高效率的公共服务和宜居的环境吸引高知识和高收入人群进入，使得全球城市成为先进生活方式的引领者。对于生活方式的体验是都市旅游最核心的产品，而文化的多样性与包容性决定了全球城市必然也是"全球文化消费枢纽"。文化消费是城市旅游与度假活动的核心，具体形式包括博物馆旅游、事件旅游、购物旅游、主题公园旅游等。就上海而言，基于消费城市的国际旅游目的地的塑造需要在旅游资源和产品开发方面树立全新的观念。上海旅游资源的真正核心在于大都市所独有的多样性与互动性。是否具有足够的多样性、互动性的机会与平台才是判断上海都市旅游发展最根本的依据。都市旅游深入发展所依靠的不是景区、文化遗产，而是每一个故事、每一家商店、每一场活动、每一寸空间、每一个社区、每一次人与人的交流。这些由多样性、互动性所带来的吸引力正是大都市区别于乡村、中小城市的关键。新一轮城市规划所提出的"中央活动区""富有人性关怀的城市公共活动空间""有归属感的社会交往空间""文化交流走廊"等空间概念，都将成为上海都市旅游的空间载体。可见，随着上海建设全球城市的深入推进，上海的旅游也将彻底从"景点旅游"向"全域旅游"转型。

资料来源：翁瑾. 基于卓越全球城市的上海都市旅游[J]. 城乡规划，2017 (6)：113—114.

（三）世界创意城市网络

1. 概念

全球创意城市网络（Creative Cities Network），是联合国教科文组织（United Nations Educational，Scientific and Cultural Organization，UNESCO）于 2004 年推出的一个文化项目，旨在通过对加盟的成员城市促进当地文化发展的经验进行认可和交流，从而达到在全球化环境下倡导和维护文化多样性的目标。创意城市网络是富有创造性的城市组成网络，通过合作实现促进文化多样性和城市可持续发展的共同使命①。

全球创意城市网络的成员城市有如下特点："创意中心"通过发展创意产业促进发达国家和发展中国家的社会经济发展以及文化发展。"社会文化集群"通过连接不同的社会文化社区以打造健康的城市环境。加入创意城市网络之后，成员城市可以利用这

---

① 资料来源：联合国教科文组织官网，http://www.unesco.org/new/zh/culture/themes/creativity/creative-cities-network/about-creative-cities/.

个国际平台与其他城市分享经验、创造机遇，尤其是开展与创意经济和创意旅游相关的活动。城市系统则包括当地政府和公共/私人部门、专业机构、民间团体、文化机构等众多伙伴社区。

全球创意城市网络评选领域共分七大创意主题，分别是"文学之都""电影之都""音乐之都""手工业和民间艺术之都""设计之都""媒体艺术之都""美食之都"，对应当代的七个创意产业门类。截至2019年10月，联合国教科文组织批准了位于32个国家的246个城市加入全球创意城市网络，这些城市承诺将创意和文化产业置于发展战略的核心。例如，"文学之都"入选的城市包括中国南京、法国昂古莱姆、黎巴嫩贝鲁特等；"美食之都"入选的城市包括中国的成都、顺德、澳门、长沙、扬州，澳大利亚的本迪戈，巴西的贝洛奥里藏特等；"设计之都"入选的城市包括中国的北京、深圳、上海，泰国的曼谷，菲律宾的宿务，墨西哥的克雷塔罗等；"电影之都"入选的城市包括中国青岛、意大利罗马、韩国釜山等；"音乐之都"入选的城市包括奥地利维也纳、意大利博洛尼亚、中国哈尔滨等；"手工业和民间艺术之都"入选的城市包括中国的杭州、景德镇、苏州，埃及的阿斯旺，日本的金泽等；"媒体艺术之都"入选的城市包括中国长沙、法国里昂、以色列特拉维夫、日本札幌等[①]。

2. 加入标准

联合国教科文组织从两个方面提出了创意城市网络的指导性意见和申请步骤[②]。

(1) 创意城市网络申请材料的撰写要求

① 突出申请城市的文化资产在创意城市网络平台上的位置。

② 提出申请城市在地区经济和社会发展方面的核心创意因素。

③ 向世界各地的文化产业界人士提供共享的城市创意智慧。

④ 介绍申请城市在培训当地文化工作者的专业能力和地方性能力方面的情况。

⑤ 推荐申请城市通过知识、经验和技术方面的交流来培养创意人才的经验。

⑥ 列举申请城市在国内和国际市场上促进文化产品多样化的事例。

(2) 创意城市网络的基本申请程序

① 向联合国教科文组织递交由申请城市的市长签名同意的正式信函，申请材料原则上应由一个申办管理委员会提出，该委员最好由公共部门、私人部门以及市民社会的专家组成，同时，申请城市的市长需要委任官方人员担任联合国教科文组织的指定联络人员。

---

① 资料来源：联合国教科文组织官网，http://www.unesco.org/new/zh/culture/themes/creativity/creative-cities-network/who-are-the-members/。

② UNESCO. Creative cities brochure [R]. UNESCO website, http://www.unesco.org/new/fileadmin/MULTIMEDIA/HQ/CLT/pdf/Creative_cities_brochure_en.pdf.

② 联合国教科文组织将提出申请的城市通报给该城市所在国家的联合国教科文组织全国委员会。如果该全国委员会不准予申办，那么该候选城市的申请就会被拒绝。

③ 由专门从事该申请城市领域的非政府组织组成一个外部专家小组，审查候选城市的申请。

④ 在与专家小组商议之后，联合国教科文组织总干事将决定是否接受该城市为创意城市网络的成员。

3. 城市创意产业

加入创意城市网络的成员城市开展的包含出版、音乐、电影、工艺品与设计在内的创意文化产业在未来将持续稳定增长，并将在文化领域发挥决定性作用。它们的国际组织性将使它们在未来表达自由、文化多元的文化发展领域及经济发展领域发挥决定性作用。创意城市网络致力于通过新型伙伴关系、专业技术、控制盗版及各方面的国际合作加强地方能力与全球市场的联系，以缩小地区差距。联合国教科文组织积极推动了《关于教育、科学和文化物品的进口的协定》（Agreement on the Importation of Educational, Scientific and Cultural Materials, with Annexes A to E and Protocol annexed 1950）（即《佛罗伦萨协定》，1950 年 6 月 17 日），其《内罗毕议定书》（1976 年 11 月 26 日）以及《关于文化财产在国际上自由流通的准则性文件和使用指南》①的签订和出台。

拓展材料 3-4

2019 世界城市日中国主场活动在唐山举行

2019 年 10 月 31 日，由住房和城乡建设部、河北省人民政府和联合国人居署共同主办，唐山市人民政府承办，中国市长协会、中国城市规划学会、上海世界城市日事务协调中心共同协办的第六届世界城市日中国主场活动在河北省唐山市举办。

2019 年世界城市日的主题是"城市转型，创新发展"。今年世界城市日中国主场活动包括主题演讲、市长对话、专家交流、城市适应气候变化国际研讨会、《城市转型创新发展唐山倡议》、《上海手册·2019 年度报告》首发仪式、中国城市发展案例展及相关配套活动等。来自中国、德国、荷兰、丹麦、菲律宾等近 20

---

① 参见联合国教科文组织官网：http://portal.unesco.org/en/ev.php-URL_ID=12074&URL_DO=DO_TOPIC&URL_SECTION=201.html；http://www.unesco.org/culture/Committee/provage_ch.pdf.

个国家、地区和国际组织的官员、市长、专家学者出席活动，并围绕年度主题进行交流讨论，分享在促进城市可持续发展和改善人居环境方面的经验做法。

住房城乡建设部副部长倪虹指出，世界城市日是中国政府在联合国发起设立的首个国际日。自设立以来，世界城市日活动在世界上的影响力不断扩大，成为促进各国城市互相交流合作的平台，为推进城市可持续发展、推动落实《2030年可持续发展议程》和《新城市议程》发挥了重要作用。

当前中国正加快转变城市发展方式，提高城市承载力、包容度和宜居性，推动城市高质量发展。将着力推动城市绿色发展，改善城市人居环境，保护传承城市历史文脉，提升城市管理服务水平。要贯彻落实新发展理念，把创新作为推动城市发展的根本动力，深化体制机制改革，加快城市建设管理制度创新和技术创新，不断推进城市治理体系和治理能力现代化，走出一条中国特色城市发展道路。中国愿同世界各国继续探讨交流推动城市转型发展的实践经验和创新举措。希望各国携手努力，共同应对城市化进程中的各种挑战，共同创造城市更加美好的未来。

联合国助理秘书长、联合国人居署副执行主任维克托·基索布在致辞中感谢中国政府为推动设立世界城市日及开展世界城市日相关活动所做的大量工作，希望在"一带一路""南南合作"等合作框架下继续与中国开展更加广泛而深入的合作，号召各国通过采取创新政策和举措，建设环境友好、绿色生态、包容宜居的城市，为子孙后代创造更美好的生活。

资料来源：2019世界城市日中国主场活动在唐山举行［EB/OL］.（2019-11-15）. 中国市长协会，http：//www.citieschina.org/news/c_2496/gNALBI_1.html.

二、世界旅游城市概念

（一）旅游城市含义

旅游城市是以城市为旅游目的地的旅游形态，旅游功能是这些城市的主要功能，旅游业在城市经济结构中占据重要份额。按照国际上对旅游城市的定义，旅游城市是指具备独特的自然风光或者人文资源等独特资源，能够吸引旅游者前往，具备一定旅游接待能力，以景区景点为核心、以旅游产业为主体、旅游业产值超过该城市GDP的7%的一类城市。

（二）旅游城市的类型

判断一个城市是否旅游城市主要取决于旅游功能在其发展中的重要程度。一般来说，可以分为两种情况。第一，旅游功能在城市发展中占主导地位的城市，其城市旅游形象等同于城市形象。这主要是指一些单纯依靠旅游功能发展起来的中小城市。这类城市在当代新的政治、技术、信息环境下，其交通可达性全面提高，城市因为旅游发展而备受瞩目，如丽江、桂林、黄山、平遥等，旅游成为其金字招牌，但城市规模较小。第二，旅游功能在城市发展中不占主导地位的城市，其城市旅游形象是城市形象的组成部分。这主要是指一些旅游功能比较突出的综合性旅游城市。这类城市多为"枢纽型"，是国家或区域层面的旅游中心城市，如北京、上海、南京、成都、西安等。这些城市旅游资源比较丰富，旅游功能比较突出，但在整个城市经济发展中并不处于主导地位，旅游业往往被称为城市经济"新的增长点"。旅游城市的分类，根据城市的主要旅游吸引物、内涵和性质大致可分为六类：

第一类，国际大都市，如北京、上海、香港等；

第二类，古城古镇，如丽江、平遥、阆中等；

第三类，边境口岸城市，如丹东、河口、喀什、满洲里等；

第四类，滨海滨湖度假城市，如厦门、珠海、青岛、三亚、秦皇岛等；

第五类，特色风貌城市，如桂林、黄山、乌鲁木齐等；

第六类，特殊娱乐型城市，如夏威夷火奴鲁鲁、澳门等。

城市旅游本质上是以城市为旅游目的地的人文旅游，是旅游者在城市中的所有物质与精神消费活动。

（三）世界"最佳旅游城市"

为了使各国城市旅游不断向国际化水平发展，联合国推出最佳旅游城市评选活动，根据城市环境、友善程度、文化、食宿、购物等方面评比。例如，美国《旅游与休闲》杂志每年评选世界最佳旅游城市，2007年评出的全球及亚洲最佳旅游城市分别是意大利的佛罗伦萨和泰国的首都曼谷。英国全球数据公司2018年11月6日发布的一份分析报告显示，曼谷、新加坡、东京是最受世界游客欢迎的三大亚洲旅游目的地城市，曼谷成为2018年最受欢迎亚洲旅游目的地城市[①]。

国际旅游城市是指在经济、政治、文化等方面具有国际影响力、吸引力、辐射力，

---

① 外媒：曼谷成2018年最受欢迎亚洲旅游目的地城市［EB/OL］．（2019 - 11 - 10）．https://baijiahao.baidu.com/s? id=16497771054287751117&wfr=spider&for=pc.

国际游客达到一定的比例,服务实行国际标准化,国际化标准与地方性文化相统一的城市,如夏威夷、澳门、香港、罗马、威尼斯、巴黎、伦敦、日内瓦等。

世界主要旅游城市的分布如下。

第一,从地理环境的优劣来看,地球的中纬度地带是自然条件最好的区域,冷暖适中、雨量充足、植被良好,自然资源得天独厚,旅游吸引力相对较大,如欧亚及北美绝大多数国家的主要城市,大洋洲的堪培拉、悉尼、惠灵顿等。

第二,从历史文化的影响来看,世界主要旅游城市往往是那些具备浓厚人文吸引力的历史文化名城、宗教名城。历史文化名城是指有悠久的历史或有特殊的历史事件,有丰富的历史文化遗存和文化传统内容,并且长期以来一直在使用和发展的城市,如法国的巴黎、英国的伦敦、俄罗斯的莫斯科和圣彼得堡、印度的德里、希腊的雅典、土耳其的伊斯坦布尔、日本的京都、意大利的罗马和佛罗伦萨、埃及的开罗等。宗教文化名城如耶路撒冷、麦加、仰光、曼谷、梵蒂冈等。

第三,从政治经济的发展状况来看,政局稳定、经济发达的国家和地区更有条件采取措施发展旅游。例如,威尼斯、罗马、佛罗伦萨、开普敦、坎昆、伊斯坦布尔、清迈、贝鲁特等城市是国际一流旅游城市,然而,由于没有发展出能支撑其成为世界城市的关键产业部门,这些城市尚未拥有全球性的控制力或影响力。中国的北京、上海、广州、深圳、杭州、三亚、桂林等城市已经或正在成为国际旅游城市。

三、中国优秀旅游城市与中国最佳旅游城市

(一) 中国优秀旅游城市

1995年,国家旅游局发出《关于开展创建和评选中国优秀旅游城市的通知》,我国开始在全国范围内开展创建"中国优秀旅游城市"的活动,带来了城市旅游的迅速发展和持续繁荣。1998年初,经国家旅游局审核,北京、上海、杭州、大连等54个城市被命名为第一批"中国优秀旅游城市"。根据国家旅游局2010年5月公布的《中国优秀旅游城市名录》,全国有339个城市被命名为中国"优秀旅游城市",其数量占到我国六百多个城市的51%。我国城市建设实践表明,城市旅游推动了中国国民经济的发展和社会的进步,奠定了中国旅游业的发展基础,已成为中国现代旅游业发展新的增长点,在整个旅游产业中地位突出。

都市的旅游功能是我国新时期都市发展的重要特征。进入21世纪,都市旅游与人们生活的关系日益密切,中国都市旅游发展的势头十分迅猛,都市旅游成为热点。我国优秀旅游城市的发展呈现出两种情况:一种是比较知名的传统旅游目的地和经济比较

发达的新兴旅游目的地城市，已成为中国重要的旅游目的地城市，如兰州、桂林、三亚、黄山市等；另一种是非传统旅游目的地且处于经济相对落后区域的城市，其旅游在区域内某些知名景区景点的带动下发展起来，但未成为旅游热点城市。

除了中国优秀旅游都市外，还有中国历史文化名城、中国宜居都市、国家卫生城市、中国最具幸福感城市、国家园林城市等荣誉称号名城，与都市建设和发展密切相关，反映了国家和社会对都市发展的高度关注。2020年为我国"十三五"收官之年，"十四五"期间国内外环境变化的特征和都市面临的各种机遇、挑战及影响将是学界关注的重大问题。中美关系、国际金融、贸易投资、产业分工、资源流动等领域的变化深刻影响着都市的发展；根据"十四五"时期国家宏观经济走势和政策取向，都市在经济发展、改革开放、区域战略、创新驱动等方面将迎来重大机遇和挑战。

实践表明，都市旅游推动了中国国民经济的发展和社会的整体文明和进步，奠定了中国旅游业的发展基础，已成为中国现代旅游业发展的重要增长点之一。

（二）中国最佳旅游城市

1. 最佳旅游城市评选简介

2001年，国家旅游局把创建中国优秀旅游城市作为一项重要的经常性工作，并提出了"上选最佳，中促优秀，下推旅游县"的新思路，推动从优秀旅游城市中评选最佳旅游城市。

2002年，国家旅游局委托世界旅游组织和北京大学等单位共同研究编制了《中国最佳旅游城市标准》。在此基础上，国家旅游局于2003年2月公布了《中国最佳旅游城市创建指南》，从旅游者评价、当地居民评价、旅游吸引物质量、市容规划、旅游环境保护态势、交通与其他基础设施、旅游设施和服务质量、城市旅游管理开发水准、城市旅游发展协同机制、城市旅游产品主题特色等10个方面提出了严格的创建标准。在这两个指导性文件的基础上，全国城市投入创建中国"最佳旅游城市"的活动。

国家旅游局在《中国最佳旅游城市创建指南》中明确指出，评选"中国最佳旅游城市"的首要目的是进一步发展和提升中国旅游业，满足不同游客的需求，提高城市的旅游软、硬件设施。开展"中国最佳旅游城市"活动，提升中国旅游目的地发展水平，打造国际旅游品牌，增强城市旅游竞争力，努力把旅游业培育成为国民经济重要产业。

按照规定，中国最佳旅游城市要从中国优秀旅游城市中产生，它的评审每3年举行一次。经过严格操作、评比，2007年首批"中国最佳旅游城市"选出杭州、大连和成都3个试点城市。

2. 中国最佳旅游城市的评价标准

评价思路：创建中国最佳旅游城市共设 10 个称号，其中包括中国最佳观光城市、中国最佳历史文化城市、中国最佳娱乐城市、中国最佳商务会展城市、中国最佳餐饮城市、中国最佳购物城市、中国最佳度假城市、中国最佳民俗风情城市、中国最佳绿色城市等 9 个单项称号，以及中国最佳旅游城市这一综合称号。

创建"最佳旅游城市"的评选标准分为 10 个大项，共 1 000 分：旅游者评价 120 分、当地居民评价 80 分、旅游吸引物质量 120 分、市容规划 40 分、旅游环境保护态势 80 分、交通与其他基础设施 40 分、旅游设施和服务质量 160 分、城市旅游管理开发水准 80 分、城市旅游发展协同机制 80 分、城市旅游产品主题特色 200 分①。第 10 项考核主题特色鲜明，要求十分严格，具有创新性和协同性的导向。对每一个参创城市都要根据 10 项标准来进行全面评估，其中前 9 项是基础标准，第 10 项为专项标准；每一个城市的 9 项基础标准得分都必须高于"入围线"，才有资格竞争专项称号，达不到各项所要求的最低分数，单项再突出也会被淘汰。这就要求各参创城市全面发展，不能偏废。

除了严格细分的基础标准，专项标准值得关注，《中国最佳旅游城市标准》体系的专项标准按九大"主题"项目分别制定并有相应的称号。

① 中国最佳观光旅游城市，要能为旅游者提供欣赏大自然之美的山水景观，如名山大川、峡谷湖泊、喷泉瀑布、森林草原、海滨海岛等。

② 中国最佳历史文化旅游城市，要具有深厚的文化底蕴，能为旅游者展现古代建筑、古代生活用具、古代歌舞文化、古代墓地等社会场景。

③ 中国最佳娱乐旅游城市，多是经济较发达的都市，可以开发出丰富的休闲娱乐项目。

④ 中国最佳商务会展旅游城市，要有发达的经济、便捷的交通、先进的国际会展中心、高素质的人力资源、健全及高效的金融、运输、保险及房地产等配套产业活动。

⑤ 中国最佳餐饮旅游城市，其食品和菜肴要具有鲜明的风味和地方特色，有良好的饮食环境和卫生条件，并提供精致的餐饮服务。

⑥ 中国最佳购物旅游城市，应当经济基础雄厚，工商业发达。

⑦ 中国最佳度假旅游城市，要具有优美的自然生态环境，如海滨、温泉，还要有完善的服务配套设施，以及各种休闲娱乐康健项目。

⑧ 中国最佳民俗风情旅游城市，要拥有独具特色与魅力的民俗风情，以独特的民间生活方式和文化来吸引游客。

---

① 资料来源：国家旅游局. 中国旅游年鉴（2002）[M]. 北京：中国旅游出版社，2003：46—47.

⑨ 中国最佳绿色旅游城市，在自然生态环境和绿化方面要求较高，同时要考虑到城市以外的自然保护区。

专项标准在整体评审标准中的比重占到了 20%。这就对各个创建城市提出了主题明确、特色鲜明的要求。获得某一专项称号的城市必须在这方面评估中获得最高分，具有明显的竞争优势。

以上也是典型的"政府主导型"都市旅游政策供给的体现。

一个发展良好的都市旅游主要有三个方面的表现：一是都市旅游形象、主题鲜明，表现手法较好；二是具有多元化的旅游发展模式；三是都市旅游产品突出体验性和参与性，符合都市旅游消费市场需求。例如，重庆政府推出"重庆，非去不可！"的旅游口号和旅游媒体宣传，推动重庆市的旅游行业取得突出的成绩：在 2014 年亚马逊发布的中国浪漫城市排行榜中，重庆居首位；在 2014 年《福布斯》杂志发布的中国大陆最发达旅游城市排名中，重庆名列第三，仅居北京、上海之后；在 2015 年标准排名（中国）研究院公布的《中国旅游城市吸引力排行榜》中，重庆强势压过北京、上海、杭州等都市，被评为"最具吸引力旅游城市"。

第二节 都市旅游管理

旅游目的地建设经历了从无意识到自觉主动的过程，从单纯的资源导向型的产品开发阶段发展到了区域导向型的系统规划阶段。在很长的一段时期内，由于旅游吸引力、旅游配套产业、旅游管理体制、旅游发展程度等因素的制约，大部分地区尚未真正树立旅游目的地建设的思想，实施目的地发展战略。

一、都市旅游目的地概念

（一）都市旅游目的地概念

1. 都市旅游目的地概念

旅游目的地是为游客提供一种完整旅游体验的多种旅游产品的混合体，是一个独立的特定地理区域，有统一的旅游业管理和规划的政策法规框架，由统一的目的地管理机构进行管理。从旅游产业发展阶段来看，旅游目的地是一个旅游者的游憩活动和旅游企业的旅游接待活动的复合产品，是旅游产业发展的一种重要的战略和发展方向。

旅游目的地好比一个集市,是能够让旅游者满足旅游需求、创造各种旅游体验的场所。按照旅游目的地核心吸引力可将其划分为四个类型:都市、景区、区域和产业聚集区。不同类型的旅游目的地具有不同的结构和发展模式。都市旅游目的地是旅游目的地的一种。都市旅游目的地以都市作为主要旅游吸引力,并在都市里实现旅游产业要素聚集,同时与其他产业形成联动、互补关系。

在都市旅游目的地构建中,应该充分挖掘都市旅游吸引物,打造都市本身吸引力;同时,发挥都市在交通、住宿、会议、科研等多方面的优势,打造旅游与其他产业的融合产品,如商务旅游、会展旅游、科教旅游、研学旅游等,丰富产品类型和结构,形成都市旅游目的地的独有内涵。旅游目的地是一个独立完整的地理单元,有统一的目的地管理系统。

2. 打造都市旅游目的地的意义

创建都市旅游目的地对于挖掘各类旅游资源、发展配套产业、形成完善的旅游产业链、提高旅游整体效益具有极大的推动作用。

创建都市旅游目的地,对于旅游与其他产业的整合、互动,促进区域产业结构调整和可持续发展,具有重要的引擎作用。

创建都市旅游目的地,对于塑造国家、区域形象,提升国家、区域品质,打造区域名片,具有不可估量的意义。

我国要达到建设世界旅游强国、培育国家新兴支柱产业的目标,就必须加强对旅游目的地发展的研究,全面培育旅游目的地的竞争力,提升中国在国际上的总体形象。因此,打造都市旅游目的地成为我国旅游业亟须解决的一个重大课题。

3. 都市旅游目的地的空间演变特点

就某一区域旅游发展而言,都市目的地起着增长极的作用。美国学者冈恩(Gun)提出"旅游目的地带"(tourism destination zoning,TDZ)理论,认为一个旅游目的地是由服务社区和吸引物体系两种功能组团和连接二者的交通构成的聚合体(community and attraction clustering,CAC),旅游目的地系统与环境的联系是通过作为集散中心和服务基地的服务社区来实现的。

我国经济地理学家陆大道在 20 世纪 80 年代提出区域发展的点轴空间增长理论,认为区域发展从中心城市或聚落等开始,经历一个时间过程后,将从初期的较孤立的多个点状中心地逐步发展成为具有一定空间网络结构的发展轴线[①]。由于旅游活动总是表现为由客源地到目的地点对点的流动规律,沿着方便快捷的交通轴线就很容易形成

---

① 陆大道,等. 中国区域发展的理论与实践 [M]. 北京:科学出版社,2003:309.

旅游景观轴线。长江三角洲、环渤海旅游圈、粤港澳大旅游区等区域旅游目的地的发展可以清晰地印证这一点，并且呈现典型的"点—轴—网"空间演变规律。这对我国都市圈、城市群旅游的开发具有重要指导意义。

（二）都市旅游目的地构建

1. 提高都市旅游竞争力

（1）都市旅游竞争力概念

① 旅游竞争力。学界关于"竞争力"还没有一个普遍接受的定义，"竞争力"概念表达两层核心内涵。第一，竞争力突出和强调主体的一种"经济能力"，这种能力包括提升资源收益率、提供高标准化的生活、增加人民的实际收入、创造更多财富以及更强的获利能力等。第二，竞争力是不同尺度的主体或对象在能力和效率上进行动态比较的阶段性产物，它的落脚点在于不同竞争主体之间的强弱比较，并通过市场占有率、盈利率等终极表现形式来反映。

旅游竞争力一般是指旅游产品、旅游企业、旅游产业、旅游目的地等四个层次的竞争力，具体研究对象多为旅游目的地，包括景区与度假区、都市、区域和国家等。本教材中，都市旅游竞争力是都市旅游目的地竞争力的简称。

20世纪90年代以来，学界对旅游目的地竞争力的理论基础、评价模型、模型应用和细化、优势与限制以及未来研究方向进行广泛研究，但至今并没有形成一个系统的认识。

从卖方供给市场（即旅游目的地）的角度定义：克劳奇（Crouch）系列研究指出，旅游目的地竞争力就是一种能够为当地的居民提供高标准生活的能力。这种定义结合了可持续旅游的因素，强调开发旅游目的地的最终目标是发展本地经济。旅游目的地的旅游开发必须是可持续的，不仅仅在经济上，而且在政治上、生态上、社会文化上都应该是可持续的。长期的经济繁荣是目的地具有竞争力的标尺，最具有竞争力的目的地是那些最有效地为当地居民提供可持续生活福利的目的地。这一定义与当代城市治理、建设民生福祉社会的目标相一致。杰弗里·克劳奇（Geoffrey Crouch）和布伦特·瑞奇（Brent Ritchie）认为，辅助性资源和设施、核心资源和吸引物、目的地管理、目的地政策规划和开发、限制性和放大性因素等五大因素构成了旅游目的地竞争力的主要影响因素[①]。在此研究的基础上，他们以波特的钻石模型理论为依据，提出了"旅游目的地竞争力的概念性模型"，即 Crouch & Ritchie 模型。该模型认为旅游目的

---

① Crouch G I，Ritchie J R B. Tourism competitiveness and societal prosperity [J]. Journal of Business Research，1999，44（3）：137-152.

地竞争力的塑造是在比较优势（资源禀赋）基础上发掘竞争优势（资源配置）的过程①。例如，上海举办了2010年的世博会，其主题就是当今人类共同关注的话题："城市，让生活更美好"。

从买方需求市场（即旅游者需求）的角度定义：有的学者认为旅游目的地的长期优势，在于其整体吸引力及其为游客提供的整体旅游经历等于或超过其他目的地为其潜在游客所能提供的。也有研究（Duncan Tyler et al.，2004）认为都市目的地的竞争力表现在一个目的地相较于其他目的地，在游客认为非常重要的那些方面具有能更好地提供商品和服务的能力②。

国内对旅游目的地竞争力的界定多是从城市（含都市）或者国家角度进行界定。李树民等人认为城市旅游竞争力是指在现代市场经济条件下，一个城市的旅游业在与其他城市竞争中所体现出来的差别优势和城市综合素质③。苏伟忠等人认为城市旅游竞争力是指在旅游业本身素质和城市旅游环境的综合作用下，通过旅游企业在旅游市场上销售其产品而反映出来的持续发展壮大的能力，具体表现在表层的旅游产品的竞争力、操作层的旅游企业的竞争力和内因层的旅游生产要素的竞争力三个层面上④。潘建民等人（2004）认为都市旅游竞争力是绝对概念，都市借助自身旅游资源，提供符合旅游发展的经济、文化和制度环境，吸收、配置旅游资源的能力，最终表现为对旅游者的吸引力和城市旅游经济的可持续发展能力⑤。也有学者则认为都市旅游竞争力是相对的，只有通过比较才能反映竞争力水平。都市旅游目的地既是一个地理空间也是一个系统，是包含许多子系统和分系统的复杂系统。旅游目的地的各项要素按照一定的规则形成分系统，由分系统的运动形成吸引、接待、补偿等作用，这几种作用的综合形成旅游目的地竞争力。

万绪才、张广海、黎洁和赵西萍、戴斌、曹宁等一批学者从各自的角度对旅游竞争力和城市旅游竞争力进行了研究。

② 都市旅游竞争力。国内外研究都市旅游竞争力的内容侧重与方法运用也不尽相同，学术性表述仍较为模糊，但学者对于都市旅游存在竞争力差异化具有很高的共识。

---

① Ritchie J R, Crouch G I. The Competitive destination: a sustainable tourism perspective [M]. Manila: CAB International, 2003; Crouch G I. Destination competitiveness: an analysis of determinant attributes [J]. *Journal of Travel Research*, 2011, 50（1）: 27-45.
② [英] Tyler D, Guerrier Y, Robertson M. 城市旅游管理 [M]. 陶犁，梁坚，杨宏浩，译. 天津：南开大学出版社，2004.
③ 李树民，陈实，邵金萍. 西安城市旅游竞争力的比较研究 [J]. 西北大学学报（哲学社会科学版），2002（4）：1—5.
④ 苏伟忠，杨英宝，顾朝林. 城市旅游竞争力评价初探 [J]. 旅游学刊，2003（3）：39—42.
⑤ 潘建民，黄进. 论旅游城市的竞争力 [J]. 桂林旅游高等专科学校学报，2004（2）：9—12.

国外评价都市旅游竞争力主要运用20世纪80年代美国迈克尔·波特（Michael Porter）的国家竞争力评价范式和钻石模型、可计算的一般均衡（computable general equilibrium，CGE）模型、集聚指数模型等，国内倾向于运用的方法主要有层次分析法、因子分析法、主成分分析法、生态位模型、聚类分析法等，主要从资源、经济、环境和社会等四个方面构建指标，并细化为由旅游资源竞争力、旅游生态环境支持力、旅游社会支持力、旅游经济支持力所构成的指标体系。

都市旅游竞争力的大小并不等同于各个竞争要素的简单加权赋值，而是隐含在由旅游体验所决定的市场需求结构、竞争要素之间的结构性构造以及不同竞争目的地的相对比较优势中。都市旅游竞争力的大小，从旅游需求来看，取决于市场需求结构及其变化；从供给上看，取决于各个竞争要素的相对地位及其结构所决定的都市旅游地的相对竞争优势。

概言之，都市旅游竞争力是指都市目的地提供服务或产品来吸引并满足潜在游客的能力，以及满足都市旅游者和当地居民的能力和效率。都市旅游目的地竞争力通常是双维度的，既有吸引旅游者的能力，也有让当地居民安居乐业、生活更美好的能力。本教材的都市旅游竞争力概念侧重于它对旅游者的吸引能力。

（2）都市旅游竞争力的意义

都市旅游竞争力是都市竞争力的重要组成部分，在一定程度上决定了都市旅游的生存和发展。现代都市旅游的增长方式可分为三个阶段，即自然增长、竞争增长和共赢增长。目前大多数都市旅游处于竞争增长阶段，旅游业竞争力的提高成为促进都市旅游业可持续发展的关键。因此，有必要研究都市旅游竞争力。

由于旅游活动具有空间位移性，都市旅游产业的发展必然与一定的地域空间结构相联系，表现出一些产业空间特征，这些特征决定了都市旅游竞争力存在的必然性及其所具有的特征。

① 旅游产业的地域垄断性。旅游资源的不可移动性决定了都市旅游产业具有地域垄断性。旅游吸引物一般不能自由流动，这意味着旅游吸引力一旦生成将永久地固定在都市范围内，旅游投资也很难抽资转移到其他都市。同时，旅游者要购买和消费某都市的旅游产品，必须亲临目的地，因此而发生的除进入目的地的交通以外的一切消费都将作为一种外界经济注入该都市的经济体系。这种特性客观上助长了地方利益的膨胀，各都市经济主体都试图利用本地旅游资源的垄断性吸引投资、带动消费，扩大本都市经济规模。

② 旅游产业高度的综合性。决定产业发展的因素是全方位的。过去的旅游产业基本以资源为决定因素，认为只要有资源优势就能实现经济收益；而在目前的经济环境下，必须将资源通过加工变成社会产品或服务，使产品和服务顺利进入市场并且为消

费者所购买,才能实现其资源的经济化过程。这其中资源以外因素所起的作用已经大幅增长。因此,都市旅游竞争力已再不能仅以旅游资源这一个因素概括,而必须代之以多因素、多指标的综合分析。旅游产业的地域垄断性以及产业的多因素相关性,决定了各都市旅游产业之间具有一定的竞争关系,而竞争力是受众多因素影响的。简而言之,要获得竞争力,就要系统把握这些因素的作用机理和重要程度。

③ 旅游产业自身特征的要求。旅游业是综合性产业,它由多种经济部门组成,同时受多种经济部门的制约和影响。旅游者在宾馆、商场、餐厅、娱乐场所直接消费,这些直接消费会给相关部门或产业带来间接效益,如增加地方财政收入、改善旅游目的地设施、扩展社会服务等。同时,由于旅游者选择旅游目的地的行为遵循最大效用原则,一个都市的旅游资源越丰富、差异越大,互补性越强,其社会、政治、经济越有特色,也就越能吸引旅游者。都市旅游吸引物的关联性强、综合性强,以自然资源与历史文化资源、社会文化资源为依托等特征,决定了必须对都市旅游竞争力予以极大的关注。实际上,都市旅游竞争力是从空间上对旅游进行综合研究的结果。

④ 旅游产业竞争的特性。旅游生产的循环周期短,资金周转频率高,迫切需要竞争优势的获得;旅游产品和服务具有不可贮存的性质,其损失具有反向复加性。一般而言,竞争激烈的产业部门会很快出现分化组合,使平均利润降低,竞争激烈程度下降。但旅游产业部门的经济效益却不会参与简单的"利润平均化"过程,因为人们的旅游需求是多种多样的,利益的满足也因人因地因时而异。

2. 关注都市旅游增长极

法国经济学家弗郎索瓦·佩鲁(Francois Perroux)在研究区域经济非均衡增长时提出"增长极"概念,他在《经济空间:理论与运用》中认为:经济的增长并非出现在所有地方,而是以不同强度首先出现在一些特殊地理空间增长点或增长极上,增长点或增长极通过不同的渠道向外扩散,对整个经济产生不同的影响①。法国的另一位经济学家 J. R. 布代维尔(J. R. Boudeville)进而提出"区域发展极",主张通过最有效的规划配置增长极并推进工业机制来促进区域经济的发展。区域增长极具有以下特点:在产业发展方面,增长极通过与周围地区的空间关系而成为区域发展的组织核心;在空间上,增长极通过与周围地区的空间关系而成为支配经济活动空间分布与组合的重心;在物质形态上,增长极正是区域的中心城市②。美国学者在此基础上认为:区域发展计

---

① Perroux F. Economic Space:Theory and Applications [J]. Quarterly Journal of Economics,1950,64 (1):89 - 104;[法] 弗朗索瓦·佩鲁. 略论"增长极"概念 [J]. 李仁贵,译. 经济学译丛,1988 (9).
② [法] 布代维尔. 区域经济规划问题 [M]. 爱丁堡大学出版社,1966.

划应围绕城市来进行，以使城市成为所在区域的"增长极"①。国内学者李仁贵对其进行了持续关注和研究②。

增长极理论提出以来，被许多国家用来解决不同的区域发展和规划问题，因为它具有其他区域经济理论无法比拟的优点。首先，增长极理论对社会发展过程的描述更加真实。新古典经济学学者信奉均衡说，认为空间经济要素配置可以达到帕累托最优，即使短期内出现偏离，长期内也会回到均衡位置。佩鲁等人则主张非对称的支配关系，认为经济一旦偏离初始均衡，就会继续沿着这个方向运动，除非有外在的反方向力量推动才会回到均衡位置。这一点非常符合大都市内部或不同地区经济差异存在的现实，甚至对都市内部不同空间，如市中心与郊区的经济发展非均衡现象也能做出解释。其次，增长极概念非常重视创新和推进型企业的重要作用，鼓励技术革新，符合社会进步的总趋势。最后，增长极概念简单明了，对政策制定者很有吸引力。同时，增长极理论提出了一些便于操作的有效政策，也使政策制定者容易接受。例如，佩鲁认为现代市场充满垄断和不完善，无法自行实现对推进型企业的理性选择和环境管理问题，因此，他提出政府应对某些推进型企业进行补贴和规划。

都市旅游增长极的出现需要一定水平的旅游发展现实基础，并对非旅游优势资源区的旅游开发具有带动作用。新的都市旅游增长极的形成应具备四个基本条件。

（1）良好的先天资源条件

都市旅游资源独特并且相当丰富，且旅游基础设施、旅游接待设施、区域经济基础及区位均具备旅游开发的基本条件。因此，挖掘都市旅游资源，形成核心吸引力，塑造都市形象品牌，可成为都市旅游的重要增长极。随着现代旅游业的发展，旅游资源的范畴已经极大地得到扩展，构建旅游目的地，首要的就是挖掘各类有形的、无形的、可说的、可看的、可玩的旅游资源，按照情境化、体验化、游乐化等手法创意性地设计游憩方式，形成旅游产品体系，并概括提升目的地主题形象，有机利用资源、产品、市场、品牌等各种维度，促进区域旅游发展。

（2）良好的区位条件

区位条件成为都市旅游的增长极之一，都市的交通设施、航空港、海港等形成国内或国家重要的交通枢纽。都市旅游区位商是现代经济学中常用的分析区域产业优势的指标，具体是指部门指标在区域总量中的比重与高层系统同样部门同样指标在高层

---

① [美] 赫希曼. 经济发展战略 [M]. 耶鲁大学，1958。中译本. 北京：经济科学出版社，1991.
② 李仁贵. 区域经济发展中的增长极理论与政策研究 [J]. 经济研究，1988（9）：63—70；李仁贵. 增长极理论在世界各地的实践透视 [J]. 甘肃社会科学版，1995（4）：56—58；李仁贵. 西方区域发展理论的主要流派及其演进 [J]. 经济评论，2005（6）：57—62.

系统总量中比重的比值。它可以衡量某一产业在大范围内的集中程度,以便挑选具有边际意义的产业,是衡量产业布局规模效益最好的方法。采用公式(3-1)对城市旅游区位商进行计算。

$$城市旅游区位商 = \frac{都市旅游总收入 / 都市GDP}{某一都市旅游总收入 / 某一都市GDP} \quad (3-1)$$

都市旅游区位商是从城市整体角度分析旅游业是否是其增长极的重要指标之一。

(3) 具备产生聚集经济的产业综合能力

都市旅游增长极区域不仅要聚集大量的旅游资源,而且要具有吸引大量投资、聚集资金和人才的能力,以进入自循环旅游可持续发展的阶段。完善都市旅游产业链,实现与其他产业的融合,也可以成为都市旅游的增长极。发展行、游、食、住、购、娱等旅游要素,并进一步因地制宜地发展商(商务)、学(研学)、会(会议、会展)、体(体育)等延伸产业,形成完善的、尽量拓展的旅游产业链,构成旅游目的地的完整体系,并实现旅游产业的综合收益。同时,实现旅游业与工业、农业、商贸、文化产业等的联动整合,发挥旅游业的引擎带动、宣传教育等效应,促进目的地区域经济、社会的全面发展。

(4) 具有适宜的自然、社会环境

良好的自然生态环境、社会风气有助于企业立足本土培育良好的都市旅游开发硬环境和软环境,良好的都市旅游环境可以促进都市旅游增长极的开发与发展。

3. 都市产业集群理论

随着技术的进步和全球化进程的加快,都市经济增长方式发生了很大的转变,20世纪90年代初,产业集群理论形成。产业集群对都市、区域经济发展的重要性来自其独特的竞争优势,迈克尔·波特(1998)新竞争理论认为:在某一特定领域,大量产业联系紧密的企业以及相关支持机构在空间上聚集,可以形成强劲、持续的竞争优势[①]。由此可以推论,都市旅游竞争力的提高有赖于都市旅游产业尤其是核心旅游产业的竞争力水平。

都市产业集群是一种高效的组织形式,是提升产业竞争力的有效手段,也是促进都市旅游快速发展的重要战略。都市产业集群是指在都市内,企业集中在同一产业或产业链,在相关机构的支持下既合作又竞争的一种生产组织方式或企业制度。在集群内,企业之间的分工与合作更加突出,规模经济与范围经济得到有效体现,交易成本大幅度降低。产业集群发展水平已经成为衡量一个都市或都市圈经济发展成熟程度的

---

① [美] 迈克尔·波特. 竞争论 [M]. 高登第,李明轩,译. 北京:中信出版社,2003:120—125.

重要标志。因此，培育都市产业集群是提升产业竞争力的有效手段，也是促进都市旅游发展的重要战略。

都市旅游产业集群还与产业融合互相推动，形成都市旅游产业发展的创新点。例如，旅游装备制造业产业集群[1]以及都市文化创意产业集群就是旅游产业与文化产业的有机结合，详见本教材第七章第二节相关内容。

二、都市旅游目的地营销系统

都市旅游营销是旅游经济学的延伸，即以旅游经济学的原理为基础，从宏观和微观的角度出发在旅游市场和旅游管理方面对都市旅游经济活动做进一步分析和整合。从对象上看，不同于传统的单一的旅游景区营销，它是都市旅游目的地的整体营销；从营销主体上看，它从旅游企业、行业管理部门的营销变成了都市政府、全社会的营销；从营销内容上看，它从单纯旅游业的营销变为都市文化、商贸、体育、节庆、会展等全方位营销；从营销模式上看，都市旅游营销的主要模式包括文化营销、媒体营销、口碑营销、政府营销等。

（一）都市旅游目的地营销概念

1. 旅游目的地营销发展历程

都市营销源于欧美等西方发达国家，最早可追溯到美国营销大师菲利普·科特勒的"地方营销"。在宏观战略层面，他认为地方营销是将地方视为企业，将地方的资源和未来视为产品，分析其内外部环境、在全球性竞争中的强项与弱项，以及面临的机遇和威胁，确定包括目标人口、目标产业和目标区域在内的目标市场，并针对目标市场进行创造、包装和营销的过程。

菲利普·科特勒（Philip Kotler）和米尔顿·科特勒（Milton Kotler）认为城市营销的内容主要应该包括五大部分的内容：一是地方审核，包括社区现状、优势、劣势、机遇、威胁以及主要问题；二是远景和目标，明确居民对于城市发展的期待是什么；三是战略框架，确定采用什么样的战略组合实现目标；四是确定执行战略所需要采取的特定行为；五是执行和控制，为保证成功地执行社区所要采取的行动[2]。一般认为，城市营销的目标市场依旧是不同的消费者群体，基本上可以根据其流动性强弱划分为

---

[1] 耿松涛，彭建. 产业融合背景下的中国旅游装备制造业产业集群发展研究［J］. 经济问题探索，2013（11）：44—49.

[2] ［美］菲利普·科特勒，米尔顿·科特勒. 营销的未来：如何在以大城市为中心的市场中制胜［M］. 毕崇毅，译. 北京：机械工业出版社，2015.

旅游者、投资者、企业出口市场和居民四类。

欧洲的学者从供需双方和市场三个层面考虑问题，强调对城市实施"产品化"思考，通过规划手段设计符合市场需要的"城市产品"。有研究（Ashworth et al.，1990）认为城市需要向消费者尤其是潜在消费者提供有关地方发展的完全信息，并通过改善设施、财政支持、规范行为等扩大市场，吸引更多的"城市消费者"，因此城市首先必须成为一个"产品"或者"产品体系"而在市场上定位。其城市营销研究的主要内容包括四个方面：①市场分析，从供给、需求的角度分别进行区域审核；②目标确定与战略规划，从产品规划角度进行设计并以公共政策的形式加以执行；③营销策略组合决策，实现发展目标及战略的各种方法措施的综合；④阐述与评估，通过实践对所选择的规划战略进行完善与提升[1]。

有学者（Stephen J. Page，1995）概括城市营销的核心内容有四点：①为城市树立强大而有吸引力的地位和形象；②为现有和潜在的产品、服务的购买者和使用者提供有吸引力的刺激；③以有效、可行的方法分发、配送城市的产品和服务；④推广城市吸引点和利益，让潜在使用者完全了解该地区独特的长处[2]。

旅游目的地形象营销是一种基于公众评价的市场营销活动，就是旅游目的地政府及与旅游目的地存在相关利益关系的各个企业在整个旅游市场竞争中，为实现提升本旅游目的地知名度与美誉度、扩大旅游市场占有份额和增加旅游产品销售量等目标，运用各种营销手段对构成旅游目的地形象的各系统要素进行设计和包装，通过与现实已经发生和潜在可能发生利益关系的公众群体进行传播和沟通，使其对旅游目的地的形象营销形成较高的认知和认同，并在广大潜在旅游者心中打下良好的形象基础，从而促进旅游业的持续、快速发展。

西方都市营销的都市形象学派主张将都市营销理解为都市形象的形成与传播过程，认为都市形象对都市产品的购买者有着非常重要的影响，都市营销往往要从地方形象设计开始，很多学者都是从都市旅游营销的角度入手，这也与旅游在当代都市经济中的地位和发展有关。学者认为都市营销就是把都市本身看成一种产品进行营销，把都市作为一种产品推销给游客即能促进都市旅游业发展[3]；同时，都市在促进旅游者的健康、安全管理等方面尤为必要[4]。

---

[1] Ashworth G J, Voogd H. Selling the city: Marketing approaches in public sector urban planning [M]. London, UK: Belhaven Press, 1990: 108 - 110.
[2] Page S J. Urban tourism [M]. London: Routledge, 1995.
[3] Page S J. Tourism management: Managing for change [M]. Oxford: Butterworth Heinneman, 2003.
[4] Wilks J, Page S J. Managing tourist health and safety in the new millennium [M]. Amsterdam: Pergamon Press, 2003.

第三章 都市旅游目的地形象塑造

知识卡 3-1

全球地方化营销

所谓全球地方化营销，是指"从全球的角度思考问题，从当地的角度去运作"，全球地方化营销要求营销人员综合运用国际化和当地化的观点来看待世界上不同市场的共同点和差异点。不同国家的消费者在各个方面都不同，为此企业应该调整营销战略及规划，以适应每个国家消费者独特的需求。同时，它们又根据各个国家的产品、供销渠道等考虑其全球总体战略。

诸大建和邱寿丰（2005）指出，城市营销研究的突破方向应该是把城市营销分作三个分支去研究，即城市旅游产品营销理论、城市投资产品营销理论和城市居住产品营销理论[①]。

以城市旅游产品营销理论为例，要从整个城市旅游产业的持续健康发展和竞争力不断增强出发，进一步深入研究城市旅游目的地形象和品牌的塑造理论、城市旅游产品的创新和旅游产品结构的优化理论、城市旅游产品定价理论、城市旅游产品营销渠道理论、城市旅游产品促销理论等。

城市旅游产品营销经典案例：奥地利首都维也纳有个世界一流的国际中心，每平方米的年租金仅一个奥地利先令（相当于人民币1角3分钱）。维也纳是个寸土寸金的地方，闻名遐迩的国际会议中心只收如此低微的租金，看似在做一笔赔本的生意，其实完全不是。维也纳国际中心租给联合国使用，这里常驻数千名各国官员，加上联合国各机构召开的众多国际会议，给奥地利带来了巨额的外汇收入，加上国际会议中心免费供游人参观，每年吸引了大批国外游客，使国际会议中心真正成为奥地利一本万利的大买卖。这个经典案例可以上升为城市旅游产品定价中的组合产品定价策略。

2. 旅游目的地营销的含义

旅游目的地营销是一种在地区层次上进行的旅游营销方式，在这种方式下，地区将代表区域内所有的旅游企业，以一个旅游目的地的形象作为营销主体加入旅游市场的激烈竞争中。地区营销的参与者不仅是某个旅游企业，而且是地区内所有的机构和人员；地区营销的对象不是某个旅游产品，而是地区内所有的产品和服务；获益者也不是某个旅游企业，而是整个地区。

广义的旅游目的地营销的内涵包括三个方面：①确定目的地能够向市场提供的产品

---

① 诸大建，邱寿丰. 城市营销的现状与未来突破方向 [J]. 同济大学学报（社会科学版），2005（1）：66—70.

及其总体形象；②确定对该目的地具有出游潜力的目标市场，包括第一市场、第二市场和机会市场；③确定能使目标市场信任并抵达该目的地的最佳途径，即营销。旅游者对一个目的地所持有的信念、想法和印象的总和，是外界作用于人脑所形成的主观意识流。狭义的旅游目的地营销包括都市旅游形象塑造和都市旅游形象推广两项基本内容。

都市旅游形象塑造是指选择一组稳定的因素组合，通过积极的形象塑造以定义一个目的地并使之与竞争者相区别的过程，即目的地的定位与形象建设和再塑的一系列过程。

3. 旅游目的地营销与旅游企业营销

（1）二者存在着密切的业务联系

旅游目的地营销采用的一般理论方法与旅游企业营销是一致的，旅游目的地营销活动与旅游企业营销也有很多的业务交叉。

（2）二者又存在很大差异

① 营销主体不同。旅游目的地营销主体是专门的目的地旅游组织，而旅游企业营销的主体是企业。虽然有很多经济主体参与目的地营销，但目的地或区域旅游组织是旅游目的地营销的核心主体。

② 营销目的不同。旅游目的地营销是为了通过树立目的地良好的形象来帮助宣传和促销本区域的旅游产品，提升目的地的竞争力，而旅游企业营销的首要目的就是营利。

③ 营销对象物不同。目的地营销的对象物是目的地整体形象，旅游企业营销对象物是本企业及其产品。

④ 营销手段不同。旅游企业综合运用各种可控制要素；旅游目的地营销组织的营销手段则相对单一，主要通过各种活动和信息服务，达到既宣传形象，又为旅游企业搭台的目的。

（二）都市旅游目的地营销

都市旅游营销是旅游目的地建设和发展过程中的重要一环，要求开发者必须高度重视市场营销工作，组建专门的机构，委派专门的人员，制定科学完善、详细可行的营销计划，深入重点市场进行扎实的营销宣传工作。

1. "4Ps"营销理论

"4Ps"营销理论被归结为四个基本策略的组合，即产品（product）、价格（price）、渠道（place）、宣传（promotion），再加上策略（strategy），英文简称为"4Ps"。20世纪80年代以来，人们开始认识到以顾客忠诚度为标志的市场份额的质量比市场份额的规模对利润有更大的影响,因此公司的营销重点开始放在如何保留顾客、如何使他们购买相关产品、如何让他们向亲友推荐公司的产品。所有的一切最终落实到如何提高顾客的满意和忠诚,这就产生了"4Ps+3Rs"的新的营销组合理论,其中的"3Rs"即顾客保留(retention)、相关销售(related sales)和顾客推荐(referrals)。市场营销侧重于为消费者提供服务,依靠人际传播媒介传播公司的信息,减少巨额的促销与广告的投入,新的营销组合更强调公司各部门之间的协调与合作,并充分利用最先进的电子媒介。

2. "4Cs"营销理论

"4Cs"营销理论,美国营销专家罗伯特·劳特朋(Robert Lauterborn)在1990年提出"4Cs",它与传统营销的"4Ps"理论相对应。"4Cs"理论以消费者需求为导向,重新设定了市场营销组合的四个基本要素:消费者(consumer)、成本(cost)、便利(convenience)和沟通(communication)。它强调企业应该把追求顾客满意放在第一位,其次是努力降低顾客的购买成本,然后要充分注意到顾客购买过程中的便利性,而不是从企业的角度来决定销售渠道策略,最后还应以消费者为中心实施有效的营销沟通。

表3-1 "4Ps"与"4Cs"营销理论的相互关系对照表

类别		"4Ps"		"4Cs"
阐释	产品(product)	服务范围、项目、服务产品定位和服务品牌等	客户(customer)	研究客户需求和欲望,并提供相应的产品或服务
	价格(price)	基本价格、支付方式、佣金折扣等	成本(cost)	考虑客户愿意付出的成本、代价是多少
	渠道(place)	直接渠道和间接渠道	便利(convenience)	考虑让客户享受第三方物流带来的便利
	宣传(promotion)	广告、人员推销、营业推广和公共关系等	沟通(communication)	积极主动与客户沟通,寻找双赢的认同感
时间	20世纪	60年代中期	20世纪	90年代初期

3. "4Rs"营销理论

"4Rs"营销理论是由美国学者唐·舒尔茨(Don Schultz)在"4Cs"营销理论的基础上提出的新营销理论。"4Rs"指代关联(relevance)、反应(reaction)、关系(relationship)和回报(reward)等。随着市场的发展,企业需要在更高层次上以更有效的方式在企业与顾客之间建立起有别于传统的新型的主动性关系。"4Rs"营销的操作要点如下:

(1)紧密联系顾客

企业必须通过某些有效的方式在业务、需求等方面与顾客建立关联,形成一种互助、互求、互需的关系，把顾客与企业联系在一起，减少顾客的流失，以此来提高顾客的忠诚度，赢得长期而稳定的市场。

（2）提高对市场的反应速度

多数公司倾向于说给顾客听，却往往忽略了倾听的重要性。在相互渗透、相互影响的市场中，对企业来说最现实的问题不在于如何制定、实施计划和控制，而在于如何及时地倾听顾客的希望、渴望和需求，并及时做出反应来满足顾客的需求。这样才利于市场的发展。

（3）重视与顾客的互动关系

"4Rs"营销理论认为，如今抢占市场的关键已转变为与顾客建立长期而稳固的关系，把交易转变成一种责任，建立起和顾客的互动关系。沟通是建立这种互动关系的重要手段。

（4）回报是营销的源泉

由于营销目标必须注重产出，注重企业在营销活动中的回报，所以企业要满足客户需求，为客户提供价值，不能做无用的事情。一方面，回报是维持市场关系的必要条件；另一方面，追求回报是营销发展的动力，营销的最终价值在于其是否给企业带来短期或长期的收入能力。

（三）都市旅游目的地营销市场调研

1. 旅游市场调研的类型

① 探测性调研，是对市场上明显存在的各种不明确问题所进行的调查。

② 描述性调研，是在已明确所要研究问题的内容与重点后进行的调查，摸清问题的过去和现状，寻求解决问题的办法。

③ 因果关系调研，目的是找出关联现象或变量之间的因果关系。

2. 旅游市场调研的方法

第一手资料是指目前尚不存在、为了某种营销目的而专门收集的原始资料；第二手资料是指为某种目的而收集起来的已有相关信息。旅游市场调研的基本方法有文案调查法、观察法、询问法和实训法四种。第一种方法收集的是第二手资料，而后三种方法均是收集第一手资料的方法。

3. 旅游市场调研的步骤

① 调研准备阶段：明确调研问题，情况分析，非正式调研。

② 调研设计阶段：确定调研主题，确定所需资料及资料来源，选定调研对象，确定资料收集方法，设计并预试调研问卷，确定时间进程安排和费用预算。

③ 调研实施阶段：调查实施队伍的组织，调查实施队伍的培训，调查实施队伍的

监督管理等。

④ 调研结果处理阶段：资料的整理与分析，撰写调研报告。

三、旅游组织

（一）旅游组织是旅游目的地营销的主体

旅游组织是指为了加强对旅游行业的引导和管理，适应旅游业的健康、稳定、迅速、持续发展而建立起来的具有行政管理职能或协调发展职能的专门机构。

1. 旅游目的地的执行主体

（1）政府

在国家层面上，旅游目的地营销组织主要负责本目的地在国际旅游市场上的促销和推广工作。国家旅游管理机构和旅游目的地营销组织的区别在于：前者代表国家政府对旅游业进行全面管埋，包括政策、法规、规划、教育，有时也包括促销业务；而后者则只是在国家层面上代表政府和旅游业的利益从事国家旅游形象的宣传与促销，以公私合营最为常见。但目前在中国、泰国、新加坡、澳大利亚等一些国家，国家旅游管理机构也是国家层面上的旅游目的地营销组织。国家旅游管理机构的基本职能包括：①负责制定国家旅游发展总体规划；②海外市场推销宣传；③确定并参与优先发展旅游目的地的开发工作；④就旅游业的发展问题与政府有关部门进行协调；⑤规定和控制旅游接待服务的质量标准和基本价格；⑥旅游发展问题的调查与研究；⑦旅游业人力资源的开发。

（2）旅游行业协会组织

旅游行业协会组织属于民间社会团体。旅游行业协会组织包括旅游景区联盟、旅游酒店业协会、旅行社协会、航空运输业协会等，其本身应该是跨行政区域的旅游行业合作组织。在发达国家，作为非政府组织的行业协会组织，是推进区域旅游合作进程的重要组织力量和利益矛盾的协调与仲裁机构。在中国，中国旅游协会下设有中国旅游饭店业协会、中国旅行社协会、中国旅游车船协会、中国旅游报刊协会等，这些组织在国家旅游局的指导下开展相关业务。各地区都有自己的旅游行业协会组织。在现代市场经济体系中，旅游行业协会组织在协调相关市场主体的合法利益、提高市场配置资源效率及维护市场经济运行秩序方面，发挥着不可或缺的作用。

2. 区域旅游合作的行为主体

区域旅游合作是不同行政区之间的合作，其主体包括政府、旅游企业、协会组织及目的地社区居民等。其中，政府、旅游企业以及旅游行业协会组织是最主要的三大行为主体，民间和个体是重要的参与力量。区域旅游合作主体行为相互交织，共同营造区域旅游合作的平台。

（1）政府

代表区域层次的区域利益主体——政府，是区域旅游合作的积极倡导者和推动者，政府是区域旅游合作的最高利益代表，为了区域经济的发展及维护区域利益，积极倡导区域旅游合作。

纵观我国改革开放以来区域旅游合作的演进轨迹，各级政府是推动这一进程最重要的力量。无论是旅游资源开发方面的合作、旅游交通建设方面的合作、旅游市场促销方面的合作，还是旅游信息服务、旅游人才培育方面的合作，都不乏各级政府活跃的身影，许多合作其实就是通过政府的安排来进行的。

政府层面的合作是实现区域共同利益最大化的基础和保障，因而各级政府在区域旅游合作中都扮演着十分重要的角色。特别是在现行"垂直控制、财政分权、地方问责"的制度框架中，在复杂的竞争形势和强大的外部压力下，地方政府通过增进相互的合作来共享区域旅游发展的收益，已成为一种理性的政策选择。政府的决策和调控不仅对本地旅游业的发展具有重大影响，而且直接关系到跨行政区划、跨行政层级的利益协调。事实上，无论是长三角、珠三角、环渤海地区还是其他地区，政府在组织和制定旅游业发展规划与政策、保护和开发区域旅游资源、协调和促进区域旅游合作关系等方面，都已开始发挥重要的调控作用。区域性制度障碍的清除、区域性旅游竞争行为的监管，区域性旅游发展环境的改善等，都依赖于各地政府的联动和合作。在区域旅游发展中，总会出现这样或那样的一些不正当竞争行为，扰乱正常的竞争秩序；地方保护主义和不计成本的招商引资等恶性竞争，也会造成行政区经济"壁垒"和市场分割，阻碍旅游要素流动，降低旅游资源配置的效率。这些只有通过政府间的合作，才能加以纠正和规范。

（2）旅游企业

旅游企业是区域经济发展的微观主体，是实现区域旅游发展目标的主体及核心力量。在激烈的市场竞争下，旅游企业之间出现了恶性竞争及不规范的竞争行为，使得企业的管理成本提升、效益下降，甚至导致企业破产。此外，企业在开发旅游资源、组织旅游线路、建设旅游设施和项目时经常会遇到资源跨区域分布、基础设施跨区域连接、旅游线路跨区域分布、环境污染跨区域、旅游冲突跨区域等问题。这就需要区域之间、企业之间联合行动，仅仅靠单个区域和企业独立解决问题，会因成本、技术、利益关系等因素的影响而达不到预期的效果。企业一旦采取相互合作的行动，就会科学合理地利用资源、有效地协调彼此的利益关系、共同丰富产品结构、扩大市场份额、壮大经济实力。旅游企业为了自身发展和旅游业发展的客观需要，更要积极参与和推动区域旅游合作。

（3）旅游行业协会组织

截至2018年，我国省级以上旅游协会组织的会员单位近2万个，会员涵盖了国内大型旅游企业集团、国际旅行社、星级饭店、世界遗产旅游景区，它们的资产规模和市场份额总和在我国旅游业的发展中占有举足轻重的地位，这使旅游行业协会组织在行业中具有一定的代表性。旅游行业协会组织是旅游企业自己的组织，其设立的使命与宗旨就是"为企业服务、为行业服务、为社会服务"。旅游行业协会组织在帮助行业开拓国内外市场、进行技术与管理创新、帮助企业提高竞争力等方面发挥着基础性作用。

区域间的旅游合作，首先是在尊重市场规律、尊重市场对资源配置的决定性作用的前提下进行的。虽然，区域旅游合作的主导角色是政府，但政府主导不等于政府主宰、政府主干，旅游行业协会组织作为企业的联合体，应该回归其非政府组织性质，以服务企业、监督行业自律、协调企业利益为主旨，是可以在区域旅游合作中扮演重要角色的。目前，中国旅游行业协会组织独自专业服务能力强，相互沟通机制弱。

政府、旅游企业和非政府旅游组织是有机的组合，缺一不可。在旅游活动中，政府、企业和非政府旅游组织是三个不同层面上的活动主体。政府是规划、规范和调控层面上的主体，企业是旅游经济运行层面上的主体，而非政府旅游组织则往往是在政府失灵和市场失灵层面上的合作主体。

（二）旅游组织是旅游目的地危机事件的管理者

由于旅游业是一个对外部环境非常敏感的产业，通常发生在国内外的一些重大危机事件都会对旅游业产生显著的影响。

1. 旅游危机事件

旅游危机事件是指能影响旅游者对一个目的地的信心和扰乱继续正常经营的非预期性事件。旅游目的地营销管理组织在进行危机处理时应遵循以下原则：①积极主动；②声音一致；③告诉公众事情的进展；④保持旅游行业内部的信息畅通，确保步调一致。

2. 旅游目的地危机事件管理

根据危机事件的性质、大小和影响范围的不同，危机管理的主体也会有所不同。旅游危机管理的主体通常包括各级政府、旅游主管部门、旅游行业协会组织、旅游企业，以及其他相关部门和组织，如卫生部门、通信部门、医疗卫生组织等。

旅游目的地组织/管理机构是旅游危机管理的核心。其危机管理的重要任务是通过对旅游危机事件的科学预测和识别,及时采取各种措施,保护旅游者和旅游业的总体利益,并尽量使危机的不利影响最小化。旅游目的地组织的危机管理包括三个阶段,其主要任务如下。

① 在危机前兆阶段,致力于从根本上防止危机的形成和爆发或将其及早遏制于萌芽状态。在这一阶段,要求政府旅游主管部门和相关政府部门注重收集各种危机资讯,对危机进行中长期的预测分析;通过模拟危机情势,不断完善危机发生的预警与监控系统,建立危机管理的计划系统,制定明确的危机管理战略和对策。

② 在危机紧急期和持续期,致力于危机的及时救治。在这一阶段,要求旅游组织充分发挥危机检测系统的作用,探寻危机根源并对危机的变化做出分析判断;建立危机管理的行动系统,解决危机;及时进行诚实和透明的信息沟通,正确处理危机与旅游业发展以及各种行为主体的利益关系。

③ 在危机解决阶段,及时地进行危机总结。要求各级旅游组织根据旅游者的消费心理和消费行为的改变,及时进行旅游促销活动,重新培育旅游者的消费信心和恢复旅游市场;同时加强危机学习,提升反危机能力。

3. 借势进行危机营销

危机营销是指旅游目的地组织面对可能发生或已经发生的对目的地旅游业具有重大不利影响的突发事件时,通过采取特殊的营销措施,在最大程度上减少危机给目的地带来的负面影响,从而维护良好的目的地旅游形象的各种营销措施的总和。

第三节 都市旅游形象塑造

旅游品牌是指能给旅游者带来独特精神享受的一种利益承诺。旅游品牌通常可分为公共品牌和企业品牌两类。公共品牌为旅游目的地所共享而并非专属于某一旅游企业或景区,又可称之为旅游目的地品牌,都市旅游品牌也属于旅游目的地品牌;企业品牌从旅游目的地的角度来看,也属于地理品牌范畴。旅游品牌的竞争首先是旅游目的地的竞争。

旅游形象研究起始于 20 世纪 70 年代。美国学者(Hunt,1975)首次提出形象对旅游业发展的重要作用。他认为人们对非常住地的印象即为旅游目的地形象[1]。其后研究渐多。国外学者多从游客的心理感知视角对旅游目的地形象进行定义,普遍认为旅

---

[1] Hunt J D. Image as a Factor in Tourism Development [J]. Journal of Travel Research, 1975, 13 (3): 1-7.

游目的地形象是游客对特定的事物或地方的知识、印象、偏见、想象和情感的表达。有学者（Gartner，1993）将旅游目的地形象划分为认知形象、情感形象和意动形象三个具有层级关系的部分①。其他学者（Kotler et al.，1991）将旅游目的地形象定义为人们对某一地方信念、想法和印象的总和②。情感因素也受到学者们的关注，"认知情感"模型越来越多地被用于对旅游目的地形象的研究中，有学者（Baloglu & Mcleary，1999）运用认知形象、情感形象和总体形象等构建的模型，通过问卷调查将土耳其、意大利、希腊和埃及四个国家的旅游形象划分为品质体验、吸引力、价值和环境三个层次，得出认知和情感因素均会影响人们对环境和目的地看法，认知形象和情感形象之间既相互区别又相互联系的结论③。相应地，都市旅游目的地形象是都市游客对于都市实际情况的感知，都市流行文化对特殊旅游者形成感知形象影响较大④。最新的整体营销理念除了"生产理念"（production concept）、"产品理念"（product concept）、"销售理念"（selling concept）、"营销理念"（marketing concept），还有"社会营销理念"（societal marketing concept）⑤、"全方位营销理念"（holistic marketing concept）等⑥，这些理念为都市形象塑造的全局性决策提供了依据与指导。

国内学者对旅游形象的代表性研究有李蕾蕾的旅游形象定位和本土策划等⑦。姚昆遗等人提出应以上海世博会为契机，营造旅游大环境、构建大旅游产业链、形成旅游大市场、构建大旅游格局⑧；张文建提出，旅游，特别是国际旅游，作为人们跨越地理空间的流动和位移，对上海这个旅游目的地的都市旅游观念、都市旅游环境和都市旅游形象的跨文化影响也十分明显⑨。杨伊雯通过对成都政府和当地旅行社的宣传推广以及实际游客认知情况的调研与分析，提出成都旅游文化形象的口号与推广方案⑩。

根据国内外旅游形象塑造的发展趋势，都市旅游形象塑造包含都市旅游目的地整体形象、都市旅游吸引物形象、都市旅游企业形象等内容。

---

① Gartner W C. Image formation process [J]. Journal of Travel & Tourism Marketing，1993，2（2-3）：191-216.
② Kotler P，Barich H. A framework for marketing image management [J]. Sloan Management Review，1991（2）：94-104.
③ Baloglu S，Mccleary K W. A model of destination image formation [J]. Annals of Tourism Research，1999，26（4）：868-897.
④ Lee S，Bai B. Influence of popular culture on special interest tourists' destination image [J]. Tourism Management，2016：161-169.
⑤ Kotler P. Marketing management：The millennium edition [M]. New Jersey：Prentice-Hall，Inc.，2000：17-26.
⑥ [美] 菲利普·科特勒，凯文·莱恩. 营销管理 [M]. 上海：上海人民出版社，2012：21.
⑦ 李蕾蕾. 旅游地形象策划：理论和实务 [M]. 广州：广东旅游出版社，1999.
⑧ 姚昆遗，王怡然. 解读上海都市型旅游 [M]. 上海：文汇出版社，2003.
⑨ 张文建. 上海都市旅游的跨文化体验与影响 [J]. 上海师范大学学报（哲学社会科学版），2004（1）：46—51.
⑩ 杨伊雯. 基于旅游者、政府、企业视角的成都城市旅游文化形象设计研究 [J]. 江苏商论，2015（9）：48—52.

一、都市旅游形象

(一) 都市旅游形象的含义

都市旅游目的地形象简称都市旅游形象,国内学者也常用"城市旅游意象""旅游目的地形象"等名称,是指都市旅游者对某一都市旅游的硬件设施、软件环境及其未来发展前景总体、抽象、概括的认识和评价。

由于都市旅游是发生在都市的各种商务、游憩活动及以都市为旅游目的地、以都市本身为旅游吸引物的各种旅游活动的总称,因此,都市旅游形象通常涉及都市旅游的整体形象。

从整体上看,都市旅游形象是指都市内外公众通过对都市旅游的认识和评价,对历史印象、现实感知和未来信念的综合概括;从内涵上看,都市旅游形象是都市旅游接待服务水平高低、历史文化底蕴、建筑布局、都市景观特色和都市居民友好态度的综合表现;从视觉传播上看,都市旅游形象是一种标识,是使都市旅游形象能被迅速识别出来的独特标识和图形符号。

都市旅游形象可分为核心要素、辅助要素、延伸要素三个层次。核心要素包括都市旅游标志性设施和旅游产品,主导都市旅游的命脉;辅助要素包括都市旅游基础性平台与辅助性设施;延伸要素即能提升都市旅游形象的附加值的要素。

都市旅游形象是都市旅游发展的灵魂,不仅在很大程度上影响旅游者的购买决策,也是旅游目的地竞争成败的关键因素。随着旅游业的发展和旅游目的地之间竞争的日益加剧,旅游目的地形象这一主题成为旅游学界研究的焦点之一。准确的都市旅游形象定位是都市旅游提升的一个不可或缺的前提,恰如一支乐队,精当地定调子是美妙合奏的重要前提。

都市旅游形象塑造要注重都市形象硬件和软件的建设。形象硬件方面,主要通过感官上的直接刺激,给都市旅游者一个物质形态上的印象,如优美的环境、自然或人文景观、著名游乐设施等。例如,悉尼歌剧院是澳大利亚全国表演艺术中心,同时也是澳大利亚的标志性建筑,已成为悉尼的都市标志。自由女神像也成了纽约的城市象征。形象软件方面,主要反映都市主体精神面貌,包括市民素质、民俗民风、服务态度、都市文化及都市管理水平等。良好的都市氛围让游人流连忘返。例如,20世纪70年代,为了树立纽约为美国国际旅游目的地的形象,"大苹果"作为纽约的旅游标识应运而生。"我爱纽约"(I LOVE NY)成为后来广为人知的形象口号。

都市旅游形象的实质是都市旅游者的旅游感知和整个旅游地作为旅游产品的综合

质量等级，是都市旅游目的地历史、文化、社会底蕴和外在表现特征等方面的知名度和美誉度，反映都市作为旅游吸引物和旅游产品对游客的吸引力。

（二）都市旅游形象构成

都市旅游形象的涉及面极为广泛，是一个由众多要素构成的多层次、多结构的复杂系统。这些要素总体上可分为三个层次：基础要素、核心要素和辅助要素。这三个层次又由若干基础层次构成，基础层次实质上也为操作层次。

1. 都市旅游形象的基础要素

（1）都市旅游综合形象

都市旅游形象是旅游目的地的总体内容与状态在旅游者脑海中形成的感知与印象。感受不同的文化是旅游行为发生的一个根本动因。都市旅游形象可以是人们经过口耳相传、亲身感受而自发自动形成的认知，也可能是经营者、政府等经过总结凝练与创造升华后通过媒介向旅游消费者展示与传达的认知，从而使得旅游目的地的特点在旅游消费者脑海中形成一个总体印象。都市旅游综合形象包含了都市里的物质形象、象征形象等内容。物质形象方面，主要体现为都市旅游的视觉形象，包括象征性吉祥物、形象大使、户外广告、景点标识、旅游公益设施标志、旅游纪念品开发、公共交通条件等。象征形象方面，都市形象也是由不同类型的符号或象征物组成的集合。旅游者可通过特定符号或象征物来形成对某个都市的初始形象感知，再通过开展实地旅游形成实际的调整后的形象感知。

（2）都市旅游资源形象

都市旅游资源是发展都市旅游业的根本，都市旅游资源欣赏价值的高低及其本质特征也是旅游形象的形成基础，不同的都市都有其独特的自然与人文风光，紧扣都市旅游资源的形象塑造才是"有根"的都市形象。都市旅游资源的开发者对旅游资源进行合理开发并对其进行科学的管理与维护，也是塑造旅游形象的基础要素之一。

（3）都市旅游企业形象

旅游企业生产旅游产品，并为旅游者提供相应服务。旅游企业是旅游业中承上启下的关键一环，同时也是与游客接触最紧密的一环，其中旅游酒店、旅行社为旅游企业的典型代表。在旅游资源开发与管理方面，旅游企业应合理采用数据化、云计算等高新技术进行智慧化管理，综合旅游规划中的都市旅游形象，咨询专业顾问进行旅游资源形象管理与推广，追求科学、可持续的旅游发展。同时，旅游企业也应负起社会责任，通过科学的经营策略来增加盈利能力，保障旅游服务质量，培养旅游消费者正确的消费观念，坚决抵制恶劣的低价竞争、欺客、破坏生态等行为。

2. 都市旅游形象的核心要素

（1）都市旅游景观

旅游业的发展依赖于旅游资源的丰度与品质，一个优秀的旅游都市必然有众多良好的旅游资源作为支撑。都市旅游景观包括都市的市容市貌、旅游风光、旅游风情和旅游风貌等。都市在历史发展过程中所形成的特色建筑、都市风格等是发展都市旅游业的本底资源，在都市旅游形象构成中起着极为重要的作用。

（2）都市形态

都市形态是指一个都市在地域空间上的分布格局，是反映都市整体特色最主要的内容。不同的都市形态会影响都市内部的功能分区、都市结构和都市道路交通网络，从而给人不同的心灵感受。因此，结合自然条件，构建一个符合当地实际特征的都市形态，是创造都市旅游形象的一个重要方面。

（3）都市建筑物

都市中的建筑物是各种物质要素的主体，它们数量大、类型多，并对人们的视觉识别产生强大刺激，是反映都市旅游形象的重要内容，包括建筑风格和形式，如传统建筑、现代建筑、后现代建筑。其中，标志性建筑物是都市建筑物的精品，是构成都市特色的重要因素，对提高都市知名度有重要影响，如大型文化建筑、重要的古建筑、大型商业建筑、火车站、汽车站、飞机场等，北京天安门、悉尼歌剧院、科隆大教堂等标志性建筑物已成为所在都市旅游形象的重要组成部分。

（4）都市道路

都市中不同道路系统的形式，如方格网状道路系统、放射状道路系统、环状道路系统、自由式道路系统等，在方向指示、空间识别、道路起止点、组织都市结构等方面都可产生不同的效果，进而形成不同的都市特色。同时，旅游者在都市中开展活动，必然会观察到沿街的市容市貌，都市道路景观便成为都市旅游形象的重要内容。

随着休闲时代的到来，人们往往享受漫步都市的自由，各种步行街也应运而生。步行街解决了一部分交通问题，也使得一部分传统街区及历史建筑可继续发挥其历史作用和文化价值。尤其是拥有历史文化旅游资源的都市，在保护历史街区方面找到了新途径，使历史建筑重新焕发生命力。

（5）都市节点空间

都市节点空间是最重要的都市空间之一，一般都为都市的景观标志，是体现都市特色的重要组成部分，大致可分为两种类型：一是出入口空间，如车站、港口、机场、高速公路收费站，是都市对外的形象窗口，给都市旅游者留下对都市的第一印象；二是各种广场空间，一般都精心设置雕塑、喷泉、广告牌、栏杆、灯柱、戏台、亭阁、花坛等精美建筑小品，并开展各类文化演艺活动，如威尼斯圣马克广场、莫斯科红场等。对于游客来说，该空间是都市旅游者的必到之处，是旅游者感知都市旅游形象的核心地带。

(6) 都市环境绿化和清洁

都市绿化的比例，树种、草种、花种的选择，都市绿化轴线和绿色走廊的设置，都市公园绿化、广场绿化和道路绿化等，都对打造良好的都市旅游形象起到重要的作用。都市园林体现的不仅仅是都市绿化的特色风格，还体现了都市的精神面貌，为市民与旅游者提供了一个亲和的都市生态场所，对于都市旅游形象的塑造和维持十分有益。

另外，都市清洁系统的设计，包括道路清洁、水体清洁乃至公共厕所、垃圾箱等，都在一定程度上体现了都市形象。

3. 都市旅游形象的辅助要素

(1) 都市旅游环境

都市旅游环境包括自然环境、经济环境、文化环境等。自然环境是基础，经济环境是旅游得以顺利运行的重要条件，文化环境是架设旅游接待服务的桥梁，其他辅助环境影响着都市旅游形象的构建。

(2) 都市旅游接待服务设施

都市旅游接待服务设施是满足游客需求六要素的设施的综合，包括：游道，参观指引标识、图示、景点牌，停车场地，酒店与餐厅，公共厕所，购物中心（店），各类游客服务中心（点），如货币存取和兑换、服务咨询服务、残疾人服务、行李寄存服务、书刊纪念品服务等。这些服务设施的便利程度及内容都影响着旅游者对都市旅游形象的感知和评价。

(3) 都市旅游安全形象

旅游安全是旅游者旅游所考虑的首要因素，是都市旅游得以发展的生命线。都市的治安情况、突发情况下的旅游紧急救援机制、相关人员的规范执法、旅游者合法权益的维护、旅游区与游客集中场所专职安全保卫人员和医疗救护点的配备、都市重大旅游事故处理效率等，都影响着游客的旅游安全体验与信心，进而影响都市的整体旅游形象。

(4) 都市旅游管理形象

都市政府市政管理部门的分工组织、调控预防等工作的行为表现，也是旅游者感知、评价一个都市的重要参考。在都市旅游业的管理中，机构健全、权责分明的旅游行政管理机构，爱岗敬业、业务熟练的服务人员，依法操作、训练有素的旅游执法队伍，都能给予旅游者信心与安全感，这是旅游者形成良好的都市旅游形象的重要因素。

(5) 都市人员形象

与都市旅游形象相关的都市人员形象主要包括市民行为与旅游接待服务人员行为。市民行为是都市行为的主体,它代表着都市的人文历史、民族文化、民俗风情等特征;旅游接待服务人员的行为则会直接影响旅游者的满意度和愉悦度,二者的表现在一定程度上构成了都市旅游形象。

(6) 其他

其他辅助要素还包括制度规范、旅游价格、服务质量等。规范的旅游制度是维护旅游活动秩序和旅游市场秩序的重要保障;物有所值是旅游者在购买旅游产品时最在意的因素;而旅游接待服务质量则决定了旅游者与相关群体交流沟通的效果。例如,"青岛天价大虾事件"之后,人们一谈到青岛就会联想到宰客、欺客的现象,这无疑对都市旅游形象产生了非常不利的影响。

此外,都市旅游形象也可划分为两大部分,即主观意象(印象)和客观存在。主观意象是指人们直接或间接对该都市形成的主观评价和情感认知。客观存在是指该都市自身具有的代表性的自然或人文景观。不过,这种划分比较粗略。

拓展材料 3-5

青岛天价虾事件与都市形象

2015年10月4日,来青岛旅游的肖先生一家在青岛市乐陵路92号的"善德活海鲜烧烤家常菜"吃饭。在吃饭前,肖先生曾详细询问过虾的价格,肖先生称当时老板说的是38元/份,但吃完饭后老板却称一只虾的价格为38元。结账时肖先生表示了异议和不满,并拨打电话报警,经当地派出所"调解",2 150元的饭钱,肖先生当着警察面给了800元脱身。10月6日,《华西都市报》记者专访肖先生,并向全国推送了这一新闻,"天价大虾事件"瞬间引爆舆论。

事件发生后,青岛市市北区物价局、市场监督管理局和旅游局等部门,对涉事烧烤店下达了退还非法所得并罚款5 000元、责令停业整顿并吊销营业执照的行政处罚告知书。2015年10月9日中午,青岛市市北区物价局一名女工作人员就物价局未及时积极处理"天价大虾事件"以及对肖先生及家人造成的伤害表示诚挚的歉意。

"天价大虾事件"给青岛市的旅游形象带来了极大的负面影响。《人民日报》就此发表评论:在今后一段时间内,"天价大虾"会像一块狗皮膏药一样糊在这座美丽的海滨都市的脸上,揭都揭不下来。由"天价大虾"持续发酵给青岛这个旅游都市的形象造成的重创，不由让人反思与警醒：都市旅游形象的建立、维护与营销需要旅游都市全体人员的努力。

资料来源：青岛一大排档菜单上大虾每份38元结账时1个38元［EB/OL］．（2015-10-05）．网易财经，https：//money.163.com/15/1005/13/B55S5TUC00252603.html；秦川．人民网评："好客山东"输给青岛一只虾的警示［EB/OL］．（2015-10-07）．人民网，https//opinion.people.com.cn/n/2015/1007/c1003-27668958.html?_t=1444280194842.

（三）都市旅游形象定位因素及其确定的一般方法

1. 都市旅游形象定位因素

都市旅游形象定位因素主要包括三个方面：地方性、客源市场和竞争环境。

（1）地方性分析

任何旅游地都具有其自身的地方特性，或称地格。旅游地旅游形象定位首先来源于地方独特性，是旅游地综合性、地域性的自然地理基础、历史文化传统和社会心理积淀的三维时空组合。因此，地方性的确定包括对自然地理特征、历史文化特征和社会心理积淀三个方面的研究。首先是对自然地理特征的研究。一个地方若在地理特征方面具有与其他地区截然不同的特征，或占有特殊地位，都有可能被强化开发为地方形象，成为吸引旅游者的事物。其次是对历史文化特征的研究。地方性的研究还需要对旅游地的历史过程进行考察分析，寻找具有一定知名度和影响力的历史遗迹、历史人物、历史事件和古代文化背景，作为地方性的重要构成要素。最后是对社会心理积淀的研究。人类的发展具有历史延续性，生活在某一区域中的人代代相传，具有相对稳定性。相同的生存环境使得他们的社会观念形态、行为模式等呈现出相对一致性，而这些也是构成地方性的重要方面。

（2）客源市场分析

社会经济的飞速发展和人们生活水平的不断提高，使得新的旅游市场需求不断出现。在发展旅游业的过程中，旅游目的地需要认真分析、研究客源市场需求，生产适销对路的旅游产品。首先，需要从总体上把握当前旅游者的消费需求动态，理解旅游者的消费爱好；其次，要确定目标消费者群体，认真分析潜在旅游者的社会构成、行为模式和心理状态等因素；最后，根据客源市场特征对旅游资源进行筛选，生产出适合旅游者旅游消费需求的旅游产品。

（3）竞争环境分析

旅游业的蓬勃发展，使得新的旅游目的地不断涌现，旅游目的地之间的竞争日趋激烈。目前,我国只有少数旅游地拥有发展旅游业的具有垄断性的旅游资源,具有较强的市场竞争能力。大部分旅游地旅游资源一般并且近距离旅游资源类似的现象很普遍。这样,大多数旅游地在发展旅游业的过程中,必须找准自己的特色和优势,避免与那些和自己资源类型和条件相似的旅游地成为直接竞争对手。

2. 都市旅游形象定位的一般方法

都市旅游形象定位是一项复杂的工作,需要对旅游形象定位因素进行综合分析。首先,认真分析都市的自然地理基础、历史文化传统和社会心理积淀,挖掘出都市的地方独特性;其次,深入调查旅游客源市场,选定目标客源市场,针对目标客源市场的旅游需求,对都市的旅游资源进行筛选和加工;最后,分析都市的竞争环境,找出自己的竞争优势。

根据旅游形象定位因素综合分析结果的不同,可以采用不同的旅游形象定位策略。具体来说,有领先型定位策略、比附型定位策略、逆向型定位策略和空隙型定位策略等。在综合分析一个都市的旅游形象定位因素的基础上,运用适当的旅游形象定位策略就可以确定其旅游形象定位。

二、都市旅游形象的影响因素

(一) 形成机制

一般而言,旅游形象分为三类:原生形象、诱导形象和复合形象。旅游形象的形成过程如下:一个旅游者在未做出旅游决策之前,头脑中就已具有由过往经历或日常教育形成的对某一旅游都市的大概印象,即原生形象(初始形象);一旦有了旅游动机,旅游者就会有意识地搜集都市信息,并对之进行加工、比较和选择,从而形成诱导形象。原生形象的产生源于非旅游性交流,如电影传媒、报刊书籍及电脑网络,是内生的;而诱导形象则通过外部的一系列广告、宣传推动形象的产生。在此基础上,旅游者到目的地旅游后形成一个更综合的复合形象[①]。复合形象是游客在旅游前、旅游中和旅游后对旅游目的地的印象、认识以及评价。都市旅游形象的形成机制与之类似。

都市旅游形象设计一般遵循先挖掘传统历史文化内涵,树立民间口碑,建立原生形象,然后运用诱导媒介(如广告、媒体等)塑造都市旅游新形象的方式。都市旅游形象的塑造主要通过旅游产品服务、公关宣传两大工具加以实现,而产品服务又对复合形象的形成具有决定性的作用。因此,在加大都市旅游宣传投入的同时,必须切实

---

① 邹统钎. 旅游开发与规划 [M]. 广州:广东旅游出版社,1999.

保障旅游产品与服务的质量。

中国都市旅游形象发展大体上经历了四个阶段，即资源导向、市场导向、产品导向、形象驱动。第一阶段是都市旅游业的兴起阶段，即资源导向阶段。当时商品经济和市场观念尚未形成，旅游市场处于卖方市场，发展旅游形象的出发点往往是根据都市旅游资源的数量和质量来确定旅游区（点）的建设及有关旅游设施的配套等内容。第二阶段是市场导向阶段，学术界对该阶段存在广泛争论，争论的焦点在于资源与市场二者究竟为何种关系，现在被学术界普遍接受的观点是应以市场为导向，但也不能忽视资源的基础作用。第三阶段是资源、市场、产品、形象策划和营销一体化的综合阶段，即产品导向阶段。它从分析、研究市场出发，对市场进行细分，确定目标市场，针对市场需求，有资源则对资源进行筛选、加工或再创造，没有资源也可根据市场和本地的经济技术实力进行策划和创造，然后设计、制作、组合适销对路的旅游产品，并通过各种营销手段推向市场，如都市主题公园、都市邮轮旅游。第四阶段是形象驱动阶段。20世纪90年代，都市旅游发展开始在都市旅游一体化综合开发的基础上，导入旅游识别系统（tourism identity system，TIS），更加重视旅游形象设计在旅游业发展中的作用，注重构造和完善视觉识别系统，强化景点的营销功能，增加其在旅游市场中的竞争力。

影响都市旅游形象的主要因素包括：旅游者形象认知与偏好，都市旅游发展水平，都市形象（市民形象、治安形象与其他形象），区域内外其他都市旅游形象，决策者行为。

（二）影响因素

1. 旅游者形象认知与情感偏好

旅游者是都市旅游形象设计与传播的主要对象，都市旅游形象的作用主要在于向潜在旅游者推销目的地，帮助旅游者更清晰、更方便地了解该都市旅游的特征，促使其产生旅游动机，增强其购买信心，缩短其旅游决策时间，并将其由潜在游客转变为现实游客。

认知形象的测量指旅游者对目的地吸引物、基础设施和旅游环境等客观属性的知觉与信念，与本体形象的测量既有相似有也不同。本体形象的测量从目的地客观资源出发，强调的是客观实在性；而对认知形象的测量从旅游者的角度出发，展示的是旅游者的主观认知和理解。

情感形象是旅游者对旅游目的地的主观感受与情感反应，与认知形象相比，情感形象更能影响旅游者的重游率和满意度。

旅游者对都市旅游的形象认知与情感偏好除了对都市所在地地理环境的实体感知，

还包括对都市当地人文社会的抽象感知。有三种行为因素会影响旅游者的抽象感知：一是旅游从业人员提供给旅游者的服务质量；二是与旅游者接触的都市居民的态度与行为；三是其他旅游者的行为[①]。知名度和美誉度是衡量旅游者对都市旅游形象认知与情感偏好的定量评价指标。知名度是指现实和潜在的旅游者对目的地识别和记忆的状况，知名度本身无好坏之分，并且好坏两方面都会提高知名度；美誉度是指现实和潜在的旅游者对目的地的褒奖、赞誉和喜爱情况。

2. 都市旅游发展水平

都市旅游发展水平会从多方面影响都市旅游形象，但一般来说，都市旅游形象主要受都市旅游资源特征及配套设施、都市景观、都市社会文化氛围三个方面因素的影响。

旅游资源特征及配套设施是都市旅游形象的构建基础，特别是都市旅游资源特征，它往往是构成都市旅游形象的主体。在旅游过程中，旅游者通过对旅游资源的欣赏，产生对都市旅游最深刻的印象。旅游配套设施作为旅游产品的重要组成部分，是旅游者对某一都市旅游形象产生良好印象的关键环节，只有建立了良好的旅游配套设施，旅游都市才能树立良好的旅游形象。

都市景观是指都市的市容、市貌，既是旅游的基本环境要素，又是旅游资源要素，每个旅游都市的市容、市貌都会给旅游者留下深刻的印象。

都市社会文化氛围主要包括市民的素质、民俗民风、思想观念、社会秩序、服务态度等。从某种意义上说，都市社会文化氛围是都市的内涵，虽然不能给旅游者提供都市的物质形象，但却能给旅游者带来深刻的心理体验，这种心理体验往往直接影响都市旅游物质形象的形成。

3. 都市形象

都市形象是都市形态和都市地脉、文脉的有机结合，都市不仅具有外在的形态，更具有内在的地脉与文脉特征。虽然都市的形态容易模仿，但都市的地脉与文脉是无法复制的。都市形象既包括都市的物质环境和外在形态给人留下的表面印象，又包括都市的内涵给人留下的综合印象，这也决定了都市旅游形象的形成过程是都市形象与都市内外部旅游者相互沟通的动态过程。不同的旅游都市特征传递了不同的都市旅游信息，通过不同个体的印象综合便形成了该都市的整体旅游形象，影响着都市旅游者的态度，进而影响整个都市的旅游发展水平。

对于一些都市而言，都市旅游形象的塑造过程可能会遇到与其旅游市场较为类似的其他都市的竞争，或者较能反映本地特色的形象已经被周边地区的其他都市抢

---

① 李蕾蕾. 旅游目的地形象策划：理论与实务 [M]. 广州：广东旅游出版社，1999.

先使用，这些都市就会面临一种直接的形象挑战。老牌目的地名声不减，新兴目的地也层出不穷，游客可以选择的旅游都市越来越多，都市之间的旅游发展竞争也愈演愈烈。

由于处于同一文化区域，区域内外其他都市的旅游形象会削弱本都市的旅游影响力和吸引力，从而直接影响本都市的旅游特色。因此，都市只有实施形象差异化战略，突出都市的特征，塑造自己优势特色的形象，才能使旅游都市在潜在旅游者心目中留下深刻而持久的印象，从而提高都市的市场竞争力。

4. 都市形象赋予旅游者主体的决策行为

都市形象赋予旅游者主体的决策行为从两个方面影响都市旅游形象：一是形象导向模式的确定，二是形象实施策略。形象导向模式与形象赋予主体获取的形象信息的质量、数量和处理形象信息的能力联系在一起，同时与都市的地方性密切相关。都市形象实施策略主要是微观形象策划和主题形象的确定及空间配置。

另外，都市政府的决策行为通过政府的旅游政策制定、政府主导的旅游发展规划、政府的旅游行政管理效率以及政府对旅游行业的管理措施四个方面影响都市形象的建立。

三、都市旅游形象特征

都市旅游形象具有明显的时代特征和文化特征，这是显而易见的。相同的都市在不同的时代、不同的文化背景下具有不同的形象也是理所当然的。事物都是在不断变化发展的，都市旅游形象更是如此，其内在的特征包括主观性、客观性、相对性和稳定性。

（一）主观性

都市旅游形象作为来访者和旅游者的一种综合性总体印象，必然会受到个体世界观、人生观、价值观、思维方式、道德标准、审美取向、个性差异等因素的影响。因此，每个人对于同一个都市都有其自身的看法。由于个体主观认知的差异，都市的旅游形象在每个人心目中也是有差异的。

（二）客观性

都市旅游形象是来访者和旅游者对都市各方面有了具体的感知之后才渐渐形成的印象，是都市各方面在来访者和旅游者视野中的反映，是实际存在的事物，可以用文字、图像、歌谣等具体表现形式来概括。

(三) 相对性

对都市旅游形象的认知受到与同期作为参照物的都市进行对比存在的差距的影响，又受到主、客观两方面因素的影响，任何一种主、客观的变化都会对其产生作用。并且，这种相对性有纵向和横向之分，纵向是与其自身的历史形象和未来形象进行比较而言的；横向则是与其他都市的形象比较而言的。

(四) 稳定性

都市旅游形象是都市旅游综合行为的结果，无论是内在理念还是外在形象都会在一定的时空条件下，在公众心目中形成一种心理定势。因此，都市旅游形象具有相对的稳定性，不会随都市的某些变化而即刻变化，就如"山城"重庆、"泉城"济南，这些都市已经具有较长历史的稳定形象，这种形象一旦形成就不容易变更。

都市旅游形象的实质是整个都市作为旅游产品的特色和综合质量的等级，是都市旅游的历史和现实发展实践与多方面功能融合所形成的知名度和美誉度，是都市旅游综合素质在旅游者心目中的反映。

四、都市旅游形象塑造

(一) 都市旅游形象塑造的含义

都市旅游形象塑造要求都市一方面要统筹优势资源，发现并展现地域中不可模拟的特色，另一方面也要与同一梯级都市相比较，以免雷同与定位迷失，突出都市个性，强化旅游吸引力。每个成功的都市都有鲜明的主题，更是旅游目的地市场竞争的必备条件。

(二) 都市旅游形象塑造的内容

都市旅游形象塑造是一个系统工程，它包括都市旅游产品创新设计、大型事件活动筹划管理和都市环境优化保障等内容。

1. 都市旅游产品创新设计

进入21世纪以来，世界经济发展一个显著的变化是以物品为基础的生产明显转向高技能、高技术和以服务为基础的增长。在信息化和知识经济时代，需要站在都市旅游目的地竞争的制高点，塑造都市旅游产品创新设计。知识经济其核心和灵魂，就是永恒的创新思维和实践，它将助推都市旅游产品创新。

2. 大型事件活动筹划管理

国际性的大都市少不了各种国际性的或带有跨文化性质的事件。事件管理即现代大型事件筹划与管理的核心，是卓有成效的活动组织和管理。整个组织程序既涵盖一系列前期工作程序，如研究、设计、筹划、协调和评估等，也包括一系列事件实际运作程序，包括宾客接待、事件场馆管理、事件项目安排、安全保障、应急事件处理等。例如，2017年北京亚太经济合作组织（Asia-Pacific Economic Cooperation，APEC）会议的组织者以及市民已经交出一份让贵宾"感受完美"的答卷。大型事件的筹划和组织，已经越来越从单纯依赖传统经验，走向经验与教育研究并重，事件管理要求更为规范化、程式化和有序化。

3. 都市环境优化保障

都市旅游形象的精彩纷呈，不仅依赖于丰富的观光、休闲产品，而且还与都市整体环境质量有关。它包括：都市居民日常生活中的文明表现，都市"窗口"（空港、海港、火车站、地铁站等）的服务质量，信息通畅程度，大气质量，垃圾处理，水源保护，城市绿化覆盖率以及人均绿地占有率，人均文化消费水准，全民健身计划的实施状况，对老龄化社会所做的应对措施，社会保障体系的建立和完善，等等。这些看起来好像并不与旅游直接相关的社会环境是广义的旅游资源，如果经过适当加工并有机组合到都市旅游整体框架之中，也可以成为强化都市旅游形象的重要推力。例如，日本东京整体的整洁、干净，当地居民言行上的礼貌、有序让游客赞叹。

（三）都市旅游形象设计

都市旅游形象设计要求做到两个原则：一是个性鲜明原则，二是文化先行原则。要坚持全方位开发都市旅游资源、倡导自然和谐与人文关怀、城市发展轨迹与旅游形象结合的设计标准。

都市旅游形象设计内容包含三个方面：一是都市理念形象设计，即基于都市旅游地特征，综合考虑后提出符合并体现旅游地精神、与众不同的理念；二是都市行为形象设计，包括服务行为形象、管理行为形象、居民行为形象；三是都市视觉形象设计，旅游者在都市旅游过程中所见的事物便是视觉形象，视觉形象是旅游者对都市的直观印象，可以从中感知都市的文化氛围和理念，因此都市旅游形象设计应立足于都市核心区旅游形象的塑造和设计。

五、都市旅游形象传播

（一）都市旅游形象传播的含义

都市旅游形象传播是指作为传播主体的旅游地通过各种手段、媒介与旅游市场现实的和潜在的游客进行沟通，使他们了解和信赖本区域的旅游形象，最终目的是提高区域旅游产品形象的认知度、美誉度、和谐度，扩大客源市场和增加旅游产品的销售。旅游形象传播媒介是由大众传媒、人际传播、实物传播、户外传播等组成的承载信息传递的载体和中介。

都市旅游形象塑造需要用一定的传播方式将城市旅游形象传递给现实的和潜在的旅游者，多通道、多角度进行旅游形象宣传，把握机遇扩大宣传空间，提高宣传的效果。在都市旅游形象塑造的过程中，大众媒体由于具有传播范围广、速度快、内容生动形象等特征，成为都市旅游形象塑造的重要载体。

相对于传统的大众媒体时代，新媒体时代的到来大大改变了人们的生活方式，结合计算机技术、互联网技术、移动终端技术等数字化信息传播技术的新传播媒介，以微博、微信、微视频为代表，使人们由信息传播者或信息接收者的单一身份转变为集传播者、接收者于一身的复合身份。因此，都市旅游形象的传播需要满足当代游客个性化、社交化的旅游需求。都市旅游形象宣传各具特色，推广与传播的方式也多种多样，如"微电影+广告""游戏+广告"的全新宣传模式，都要由传播媒介担当信息传递的载体和中介。重庆、成都、西安等中西部都市通过积极主动的旅游形象营销和传播，已经成为著名的"网红城市"。

（二）都市旅游形象宣传口号

在实践中，都市旅游形象定位常常概括为一句主题性的宣传口号，即城市旅游形象宣传口号。鲜明的都市旅游形象定位离不开朗朗上口的都市旅游形象宣传口号，例如：2001年，上海确定旅游宣传口号为"上海，精彩每一天"；广州的宣传口号为"一日读懂两千年：南国风情，动感花城"。旅游宣传口号最能体现城市特色，是在得到大众认同基础上的综合优化，是对城市旅游形象高度总结概括的提炼、升华。城市旅游形象口号的确定原则包括内容源自文脉、表达针对游客、语言紧扣时代、形象借鉴广告等。

（三）都市旅游形象定位

1. 都市旅游形象定位的概念

都市旅游形象定位是都市旅游形象策划的前提和核心，对于塑造城市形象、扩大知名度、增强吸引力、拓展客源市场、激发当地居民归属感、主动宣传和参与具有积极意义。

2. 都市旅游形象定位原则

（1）独特性原则

都市旅游形象的核心在于能够显示出鲜明、独特的城市个性，一个都市独特的个性往往根植于都市文脉中。都市文脉是指城市所在地域的地理背景、自然环境和人文地理特征。也可以说城市文脉是一个城市诞生和演进过程中形成的生活方式以及不同阶段留存下的历史印记，文脉是城市特质的组成部分、重要标志。文脉是一个城市的根，是城市的灵魂，研究一个城市物质和非物质层面的属性是把握城市文脉的关键。

（2）大众化原则

旅游者是旅游活动的参与者，也是目的地的最佳评判员。一座都市旅游形象的确定既来自大众又必须回到大众，必须得到大众的认可。通过调查、深度访谈等方式洞察大众消费心理和消费行为就成为都市旅游形象定位的重中之重。

（3）系统性原则

都市旅游形象构建可运用系统论和控制论的相关理论，将旅游形象看作一个整体，通过旅游形象定位对整体的有效控制，实现都市旅游产品和要素之间的协调发展。

（四）都市旅游形象策划

城市旅游形象策划是一项系统工程，涉及许多行业部门和人员。由理念识别（mind identity，MI）、行为识别（behavior identity，BI）和视觉识别（visual identity，VI）构成旅游形象策划的体系，即企业品牌管理系统（corporate identity system，CIS），再通过客源市场的公众识别、旅游形象的定位方法、大众广告传媒、市场行销渠道、社会公关活动等途径，为旅游点导入企业形象（corporate identity，CI），实现旅游 CI 战略，建立具有知名度、美誉度、信任度和重游期望以及较强市场竞争力的旅游品牌。

1. 明确的旅游策划理念基础

通过都市政府和旅游主管部门的努力，加强全员对旅游形象整体的认同感和使命感，加强组织形象理念的扩大与深入；热忱服务，加强共识。

理念识别（MI）

① 基本要素（都市固有）。包括都市的地域文化、主要特色、发展目标、经营策略等。旅游形象策划是一种对旅游点开发规划和形象包装的有效方法。它通过对旅游点所在地域的文脉分析，辨别其文脉类别，分辨出它是具有清楚的地方特色还是属于普

遍性的特征，然后通过协调文脉、突破文脉或者协调与突破相结合的方法，建立旅游产品的理念基础，进一步提炼浓缩为主题性形象宣传口号。

② 应用要素。根据地域文化、特有资源、客源市场及市场区位确立旅游目的地独特的经营理念（定位）；确立旅游城市形象定位，如巴黎的"艺术、文化、时尚之都"，西安的"文化古都"，拉斯维加斯的"娱乐之都""赌城"，维也纳的"音乐之都"等。

2. 全面而周到的视觉服务

都市形象推广非常需要鲜明的视觉传播符号，都市标志设计是都市形象最外露、最直接的展现方式，是视觉传播中不可或缺的要素。成功的都市旅游形象推广需要建设一个统一的、明确的、识别度高的都市旅游形象标识。

都市旅游视觉形象的策划涉及旅游景点策划、酒店装潢与卫生、旅游宣传手册、从业人员服饰等能被游客感知到的各种有形的外部形象，是都市总体旅游形象的外显标志和内在形象的体现。

视觉识别（VI）

视觉识别包括旅游城市标识、旅游城市代表颜色、旅游城市建筑风格等。

① 基本要素。旅游都市标志景点设计，如灯光照明、文化设施、交通设施；当地特有之音乐、戏剧、文学、乐曲、电影等；使旅游徽标、标准字体、标准色、吉祥物等在旅游者和社会公众视觉所及之处，形成系列、重复出现的视觉形象。

② 应用要素。城市地标，如上海陆家嘴的三大金融建筑、武汉的黄鹤楼等；文艺表演场所，如巴黎红磨坊、洛杉矶好莱坞环球影城、杭州西湖烟雨灯光秀夜场等；重要地标性建筑，如金字塔、长城、紫禁城、帆船酒店等。

3. 行为形象的激励统一

旅游服务人员的服务态度、质量和水平是游客感受最深的行动表现。行为形象的统一需要城市旅游业主管部门和旅游经营者共同努力。

都市行为识别（BI）

都市行为识别即通过管理行为、服务行为和公关行为的设计，形成相应的活动行为准则。

① 内部识别。旅游从业人员的精、气、神，服务品质、管理及运作制度等。

② 外部识别。产品开发（如西安的兵马俑）、文化活动（如哈尔滨的冰雪节）、公开及营销（如都市形象代言人）、客源市场分隔化定位等。

随着新媒体时代的到来，在信息技术的推动下信息传播模式发生了改变，这一转变使城市旅游形象传播与宣传迎来新的挑战与机遇。

第四节　都市旅游形象营销

都市旅游形象营销的构成要素包括两个方面。一是都市营销主体，即都市政府。都市旅游形象营销是一种以公共营销为实质的具有整体性和公益性的官方营销形式，大多数都市旅游目的地的营销工作都是由地方政府主导的，政府（地方旅游行政管理机构）承担了制定营销战略、推广旅游形象、安排营销计划、协调各种关系、改善服务环境、规范旅游市场等多方面的功能。尽管这种投资主体单一的公共营销会造成公共投入不足、投资效益低下等现象，但是这种营销形式对于都市整体形象的提升、旅游业联动效应的发挥具有战略意义。随着各个都市旅游市场竞争的加剧，都市政府不断加大旅游营销方面的资金和人力投入，把旅游形象营销工作放在了非常重要的位置。例如，巴黎、迪拜、新加坡的广告促销投资力度很大，宣传正面的国家和都市形象，树立良好的国际形象。二是都市旅游环境氛围，主要包括都市旅游设施等硬环境，以及旅游接待服务、社会风气、安全、卫生、环保等都市软环境。

一、都市旅游形象营销策略

都市旅游形象营销策略借用市场营销理论，即包括都市旅游市场细分、目标市场选择、市场定位等要素，并对其进行分析和研究，最终提炼出都市旅游产业发展战略。

（一）都市旅游市场细分

市场细分是指营销者通过市场调研，依据消费者的需要和欲望、购买行为和购买习惯等方面的差异，把某一产品的市场整体划分为若干消费者群的市场分类过程。每一个消费者群就是一个细分市场，每一个细分市场都是由具有类似需求倾向的消费者构成的群体。

市场细分的过程分为调查阶段、分析阶段、细分阶段等。

（二）市场细分原则

旅游企业可根据单一因素，亦可根据多个因素对市场进行细分。选用的细分标准越多，相应的子市场也就越多，每一子市场的容量相应就越小。相反，选用的细分标准越少，子市场就越少，每一子市场的容量则相对较大。如何寻找合适的细分标准，对市场进行有效细分，在营销实践中并非易事。一般而言，成功、有效的市场细分应遵循四个基本原则。

1. 可衡量性

可衡量性是指企业在进行市场细分时所选择的细分标准必须是可以识别和度量的，亦即细分出来的市场不仅应范围明确，而且对其容量大小也应能大致做出判断。细分标准要具有客观性，如按年龄、性别、收入、受教育程度、地理位置、民族等标准，就易于确定企业的目标市场。

2. 可进入性

可进入性是指细分出来的市场应是旅游企业营销活动能够抵达的，亦即通过努力能够使产品进入并对旅游者施加影响的市场。一方面，有关产品的信息能够通过一定媒体顺利传递给该市场的大多数旅游者；另一方面，该企业在一定时期内有可能将产品通过一定的分销渠道运送到该市场，否则，该细分市场的价值就不大。

3. 规模性

规模性是指细分出来的市场，其容量或规模要大到足以使企业获利。进行市场细分时，旅游企业必须考虑细分市场中顾客的数量，以及他们的购买能力和购买产品的频率。如果细分市场的规模过小，市场容量太小，细分工作烦琐，成本耗费大，获利小，就不值得去细分。

4. 差异性

差异性是指各细分市场的旅游者对同一市场营销组合方案会有差异性反应，或者说对营销组合方案的变动，不同细分市场会有不同的反应。如果不同细分市场顾客对产品的需求差异不大，行为上的同质性远大于其异质性，企业就不必费力对市场进行细分。另外，对于细分出来的市场，旅游企业应当分别制定独立的营销方案。如果无法制定出这样的方案，或其中某几个细分市场对采用不同的营销方案没有大的差异性反应，便不必进行市场细分。

（三）旅游市场细分的标准

一种旅游产品的整体市场之所以可以细分，是由于旅游者的需求存在差异性。引起旅游者需求差异的变量很多，旅游企业一般组合运用有关变量来细分市场，而不是采用单一的某一变量。概括起来，细分旅游者市场的变量主要有四类，即地理变量、人口变量、心理变量和行为变量。以这些变量为依据来细分市场就产生了地理细分、人口细分、心理细分和行为细分四种市场细分的基本形式。

1. 地理细分

地理细分是指按照消费者所处的地理位置、自然环境来细分旅游者市场。不同的国家、地区，城市规模、人口密度不同，处于不同的气候带，有不同的地形地貌等，因此企业需要将目标市场划分为不同的地理单元，如国家、省、州、市、县，甚至社区或邻里等。地理细分之所以可行，主要是由于处在不同地理环境中的旅游者对于同一类产品往往会有不同的需要和偏好，他们对企业的产品价格、销售渠道、广告宣传等营销措施的反应存在差别。例如，朝觐旅游常按国家或地区细分市场，避暑旅游、冰雪旅游产品常按不同气候带细分市场。许多企业正使自己的旅游产品、广告、促销和销售活动当地化，用以适应个别城市的不同购买偏好。地理细分按地理位置细分市场，有助于企业分析不同地区消费者的需求特点、需求总量及其发展趋势，便于企业将有限的资源投向最能发挥自己优势的地区市场①。但是，即使处于同一地理环境中的旅游者，有时也会存在很大的需求差异。因此，还要同时按照其他标准进一步细分市场。

2. 人口细分

人口细分是指按照人口变量（年龄、性别、收入、职业、教育水平、家庭规模、家庭生命周期等）来细分旅游者市场。

旅游者的需求与人口统计变量有着密切的联系，并且这些因素比较容易衡量，有关数据相对容易获取，故而企业经常以它们作为市场细分依据。

（1）性别

由于生理上的差别，男性与女性在旅游产品需求与偏好上有很大不同，如男性更喜欢冒险类旅游，而女性花在购物中的时间较长。

（2）年龄

不同年龄的旅游者有不同的需求特征，如青年人对旅游产品的需求与老年人的需求差异较大。青年人需要新奇的旅游目的地，老年人更喜欢去那些开发成熟的旅游目的地。

（3）收入

高收入旅游者与低收入旅游者在产品选择上有显著不同。例如，同是外出旅游，在交通工具以及食宿地点的选择上，高收入者与低收入者会有很大的不同。正因为收入是引起需求差别的一个直接而重要的因素，在旅游产品的设计上根据收入来细分市场相当普遍。

（4）职业与教育

可以根据旅游者职业的不同、所受教育的不同以及由此引起的需求差别细分市场。例如，农民旅游者喜欢到城市旅游，而学生、教师则更喜欢文化气息浓厚的景区。

（5）家庭生命周期

一个家庭，按年龄、婚姻和子女状况，可划分为七个阶段。在不同阶段，家庭购

---

① ［美］沃伦·J. 基根. 全球营销管理［M］. 7 版. 段志蓉, 译. 北京：清华大学出版社，2004.

买力、家庭人员对旅游产品的兴趣与偏好会有较大差别。

①单身阶段：年轻，单身，几乎没有经济负担，新消费观念的带头人，旅游中娱乐消费较高。

②新婚阶段：年轻夫妻，无子女，经济条件比最近的将来要好，购买力强，讲究旅游中的浪漫气氛。

③满巢阶段1：年轻夫妻，有6岁以下子女，家庭用品购买的高峰期，不满足现有的经济状况，由于孩子上的花费较大而较少旅游。

④满巢阶段2：年轻夫妻，有6岁以上未成年子女，经济状况较好，购买趋向理智型，受广告及其他市场营销刺激的影响相对减少，注重档次较高的产品及子女的教育投资。

⑤满巢阶段3：年长的夫妇与尚未独立的成年子女同住，经济状况仍然较好，夫妻和子女皆有工作，注重储蓄，购买行为冷静、理智。

⑥空巢阶段：年长夫妇，子女离家自立，前期收入较高，购买力达到高峰期，娱乐及服务性消费支出增加，后期退休收入减少，多由子女安排外出旅游。

⑦孤独阶段：单身老人独居，收入锐减，特别注重情感、关注等需要及安全保障，看重探亲旅游。

除了上述方面，经常用于市场细分的人口变量还有家庭规模、国籍、种族、宗教等。实际上，大多数旅游企业通常采用两个或两个以上人口统计变量来细分旅游市场。

3. 心理细分

在地理环境和人口状态相同的条件下，旅游者之间存在着截然不同的消费习惯和特征，这往往是由旅游者不同消费心理的差异所导致的。根据购买者的生活方式、个性特征、社会阶层等心理因素细分市场就叫心理细分。尤其是在比较富裕的社会中，消费心理对市场需求的影响更大。所以，消费心理也就成为市场细分的又一重要标准。

(1) 生活方式

生活方式是人们对消费、工作和娱乐的特定习惯，例如：有的追求新潮、时髦；有的追求恬静、简朴；有的追求刺激、冒险；有的追求稳定、安逸。由于人们生活方式不同，其旅游消费倾向及需求也不一样。

(2) 个性

个性是指一个人比较稳定的心理倾向与心理特征，它会导致一个人对其所处环境做出相对一致和持续不断的反应。"人心不同，各如其面"，每个人的个性都会有所不同。个性会通过自信、自主、支配、顺从、保守、适应等性格特征表现出来。因此，个性可以按这些性格特征进行分类，从而为企业细分市场提供依据。

(3) 社会阶层

社会阶层是指在某一社会中具有相对同质性和持久性的群体。处于同一阶层的成员具有类似的价值观、兴趣爱好和行为方式,不同阶层的成员则在上述方面存在较大的差异。很显然,识别不同社会阶层的旅游者所具有的不同特征,将为很多旅游产品的市场细分提供重要的依据。

4. 行为细分

行为因素是细分市场的重要标准,特别是在商品经济发达阶段和广大旅游者的收入水平提高的条件下,这一细分标准越来越显示出其重要地位。不过,这一标准比其他标准复杂得多,而且也难掌握。行为细分也是一种较深入的细分方法,它与心理细分结合起来,分析效果更好。行为细分依据旅游者购买行为的分类和差别,可以从购买习惯、利益要点、旅游者状况、使用数量、购买的准备阶段以及忠诚度、态度等具体标准出发,将总体市场逐一分解。

(1) 购买习惯

即使在地理环境、人口状态等条件相同的情况下,由于购买习惯不同,仍可以细分出不同的消费群体。如购买时间习惯标准,就是根据旅游者产生购买或使用产品的需要的时间来细分市场的。

(2) 利益要点

旅游者购买产品时所要寻找的利益往往是各有侧重的,据此可以对同一市场进行细分。一般来说,运用利益细分法,首先必须了解旅游者购买某种产品所寻找的主要利益是什么;其次要了解寻求某种利益的旅游者是哪些人;最后要调查市场上的竞争品牌各适合哪些利益,以及哪些利益还没有得到满足。通过上述分析,企业能更明确市场竞争格局,挖掘新的市场机会。

(3) 旅游者状况

旅游市场可被细分为旅游产品的非用户、以前的用户、潜在的用户、初次用户和经常用户。对潜在的用户和经常用户应采取不同的营销策略。通过用户状况细分,旅游企业可以了解用户的状况和形成的原因,从而研究采取的策略。

(4) 使用数量

根据旅游者购买某一旅游产品的数量大小细分市场。通常可分为大量使用者、中度使用者和轻度使用者。大量使用者人数可能并不是很多,但他们的消费量在全部消费量中占很大的比重。很显然,吸引这些旅游者继续购买是旅游企业工作的重点。

(5) 购买的准备阶段

旅游者对各种产品的了解程度往往因人而异。有的旅游者可能对某一产品确有需要,但并不知道该产品的存在;还有的旅游者虽已知道产品的存在,但对产品的价值、稳定性等还存在疑虑;另外一些旅游者则可能正在考虑购买。针对处于不同购买阶段的消费群体,企业应进行市场细分并采用不同的营销策略。

(6) 忠诚度

企业还可以根据旅游者对产品的忠诚程度细分市场。有些旅游者经常变换品牌，另外一些旅游者则在较长时期内专注于某一或少数几个品牌。通过了解旅游者品牌忠诚情况和品牌忠诚者与品牌转换者的各种行为与心理特征，不仅可以为企业细分市场提供一个基础，而且也有助于旅游企业了解为什么有些旅游者忠诚于本企业产品，而另外一些旅游者则忠诚于竞争企业的产品，从而为企业选择目标市场提供启示。

(7) 态度

旅游企业还可以根据市场上旅游者对产品的热心程度来细分市场。不同旅游者对同一旅游产品的态度可能有很大差异，如有的很喜欢，持肯定态度，有的持否定态度，还有的则持既不肯定也不否定的无所谓态度。针对持不同态度的消费群体进行市场细分，并且在广告、促销等方面应当有所不同。

(四) 都市旅游目标市场

旅游目标市场选择是指营销主体在进行科学细分、评估的基础上，根据自身实际，判定和选择最终要进入哪部分市场的过程。这里的市场是指具体消费者群体，而不是某个概念性市场。它是整个旅游市场营销工作的方向性和决定性环节，必须科学研判，反复论证，精准选择。

目标市场是旅游组织在市场细分后最终决定要进入的那个细分市场，也就是旅游组织或旅游企业要投其所好、为之服务的那个目标顾客群。目标市场营销策略有三种：无差异性目标市场策略、差异性目标市场策略和集中性或密集性目标市场策略。

1. 无差异性目标市场策略

无差异性目标市场策略是指旅游组织把整体市场看作一个大的目标市场，不进行细分，用一种产品、统一的市场营销组合对待整体市场。它不考虑各细分市场的独特性，而只注重市场需求的一般性，通过推出单一产品、运用单一的市场营销组合策略，力求在一定程度上适合尽可能多的消费者的需要。

其主要优点是可降低运行成本，实现规模效益；缺点是忽视了消费者需求的多样性，在成熟市场上几乎是不可行的，也不利于目的地获得稳定的市场地位。

2. 差异性目标市场策略

差异性目标市场策略是指旅游组织在市场细分的基础上，根据自身的资源及实力选择若干个细分市场作为目标市场，并为此制定不同的市场营销计划。通过设计开发不同的旅游产品，适应和满足不同子市场上旅游者的特定需要，从而同时占领多个细分市场。采取这一策略最大的优点是可以有针对性地满足不同顾客群体的需求，不仅可以增加本区域旅游产品的销售规模，而且可以提高旅游市场对本区域产品的信任感，从而提升目的地形象的吸引力和竞争力，树立起良好的市场形象，吸引更多的购买者。它的主要缺点是会导致经营成本和市场营销费用的大幅度增加。

3. 集中性目标市场策略

集中性目标市场策略是指旅游组织集中所有力量，只选择一个或少数几个性质相似的细分市场作为目标市场，并为此制定市场营销计划，通过提高市场占有率和控制市场来实现其营利的经营策略。采用该策略的优点是：通过专业化经营，能更好地满足细分市场消费者的需求，从而树立起特别的声誉；能够更充分利用企业资源，节省费用，建立巩固的市场地位。它的主要缺点是目标市场狭窄，一旦消费者偏好发生转移或购买力下降，企业就会面临较大的市场风险。

无差异性、差异性和集中性三种目标市场策略各有利弊，旅游组织在选择使用时必须结合自身特征和市场状况做出决策。需要考虑的因素主要有提供者实力、产品特性、市场特性、旅游产品所处的生命周期阶段，以及竞争者的营销策略。通常，在提供者实力较弱、产品同质性较高、市场同质性较高、产品处于投入期或成长期、竞争者数目少的条件下，较适合采用无差异性策略。当提供者实力较强、产品同质性较低、市场同质性较低、产品处于成熟期、竞争者数目较多时，较适合采用差异性策略。

（五）都市旅游目标市场定位

都市旅游目标市场定位是指都市旅游接待服务企业根据市场竞争情况和自身条件，确定其服务在目标市场上竞争地位的过程。具体而言，就是旅游接待服务企业在目标顾客心目中为服务创造一定的特色、赋予一定形象，以适应顾客一定的需要和偏爱，从而使服务在特定顾客群的心里占有位置、留下印象的过程。实现准确的市场定位，需要大量基础性工作的准备和相应的定位策略。

科学严密的市场调研、缜密细致的市场细分、精心选择的目标市场、准确快速的定位构成市场定位的一般程序。此方面的论述已较多见，对服务市场定位有着一定的参考价值。市场定位的策略有三种：首席定位、侧翼定位和适度定位。

1. 首席定位

首席定位是使自己的服务或服务的某一方面成为同类市场中的第一的抢先策略。这是因为人们总是对位居第一的事物印象最深。

实施首席定位策略的旅游接待服务企业要考虑到人人都有先入为主的心理，因此要进行相应的可行性分析：自己的服务产品能否在市场上成为第一名？有可行性，就为此而努力；无可行性，就要考虑转向其他定位策略。

2. 侧翼定位

在市场经营中能成为第一（即使是某一方面的第一）的市场领先者毕竟是少数，

居于第二或其后一些位置的产品或服务仍可以通过适当的产品特色定位,占据同类市场中一个牢固的位置。放弃针锋相对的竞争,绕过障碍寻找市场罅隙和领先者所没有注意到的市场"空白",发挥自身优势,避实就虚,酌情定位于领先者和竞争对手的侧翼,通过富有特色的服务定位,赢得人心,求得生存与发展的广阔空间。

3. 适度定位

旅游接待服务进入市场都要进行市场目标定位,如果不切实际地盲目拔高市场定位目标,使市场定位目标过高,则旅游接待服务的价值将难以实现而无法打开市场进而扩展市场;相反,若定位过低,则因缺乏有效的市场反应而同样不能顺利开辟市场。市场定位应在市场调查和分析的基础上以清晰和适度为基准。

二、都市旅游形象营销方式

都市旅游营销方式多种多样,主要包括文化营销、媒体广告营销、口碑营销、政府营销等。

(一) 文化营销

文化营销是指借助都市文化底蕴、内涵和当代文化活动宣传都市旅游形象。例如,主题文化模式是指在打造旅游品牌的时候,以建城历史和地缘文化为契机,以文化产业等为都市旅游品牌内涵,把都市产业特性升华为都市发展主题,从而实现品牌的经济性、文化性和社会性三者的统一。又如以"世界音乐之都"定位的维也纳,始终与音乐相连的维也纳以古典音乐作为都市发展的切入点、都市资源的结合点,以音乐阐述都市主题、统一运行理念。

(二) 媒体广告营销

旅游宣传册、宣传片、媒体广告是一种具有大规模激励作用的信息传播技术,尤其对于营销效果的促进与提升甚为明显。通过媒体广告宣传,一方面可以提升都市旅游的整体形象和知名度;另一方面也可以使更多的旅游者了解到都市的促销活动。因此,围绕事件营销、促销等活动制作展示都市整体旅游形象的宣传广告,充分利用媒体营销渠道进行都市旅游广告的传播,不仅影响范围广,而且信息交互快,能够快速地产生吸引游客的效果。

1. 传统媒体与新媒体营销结合

传统媒体营销,是指通过电视媒体、平面媒体、电台广播等广告传播方式进行营销。伴随着互联网的成长,新媒介应运而生,成为目的地营销一个重要的传播媒介。

首先，其方式是借助新媒体中受众广泛且深入的信息发布者，将他们卷入具体的营销活动中。例如，利用社交媒体（如博客、微博）意见领袖所完成的热点主题或话题讨论，请作者们就某一个话题展开讨论，从而扩大企业想要推广的主题或品牌的影响范围。总体来说，新媒体营销是基于特定产品的概念诉求与问题分析，对消费者进行针对性心理引导的一种营销模式；从本质上来说，它是借助媒体表达与舆论传播使消费者认同某种概念、观点和分析思路，从而达到企业品牌宣传、产品销售的目的。其次，搜索引擎是在线营销的一种表现形式，学者研究发现，利用百度、搜狐、360搜索等对中国都市旅游进行关键词搜索时，那些有利和积极的关键词更能吸引旅游者。因此，可根据关键词的特性进行市场细分，实施精准营销，在游客输入关键词时，网站定制向游客传递令其感到新颖和兴奋的词语信息，吸引游客的到来；线上营销是对目的地的社会建构，尤其是旅游照片的宣传，可能会与其他商业广告和无关的信息所混淆，营销人员应注意对更能代表目的地形象的旅游资源的管理。

拓展材料 3-6

"不可思议的印度"旅游目的地营销活动

2002年，为了突破印度旅游业的发展瓶颈，在一系列顶层设计、政策保障和外界环境刺激等因素的作用下，印度政府发起"不可思议的印度"旅游目的地营销活动，旨在通过更加专业的手段和集中庞大的营销宣传规模打造国家旅游目的地品牌。"不可思议的印度"的品牌定位是创新（innovative）、可靠（dependable）、专业（professional）、时尚（stylish），意在将印度打造成放松身心、净化心灵的度假胜地。鉴于"不可思议的印度"营销活动的主要目的之一是提高游客在印度的消费，该活动将印度旅游区别于大众旅游，试图将印度旅游发展成为针对高端游客的理想度假胜地，刺激高端游客消费，挖掘其更大的商业价值。

自2002年至今，"不可思议的印度"营销活动持续了17年之久，其历时之长、规模之大、范围之广、效果之明显令人称赞。通过一系列跨文化广告传播和广告营销事件，"不可思议的印度"营销活动向外界展示了印度的文化、动植物、自然景观、建筑等元素的迷人多样性，创造出世界范围内印度国家旅游品牌的知名度和强大的品牌资产，成为国家旅游品牌跨文化输出的成功实践。

资料来源：杨紫晨."不可思议的印度"旅游目的地营销运动研究[J]. 广告大观（理论版），2019（4）：64—74.

2. 电影电视媒介

电影语言是促进都市目的地形象和地方形象转型的关键,电影向观众所传递的内容有助于塑造游客对目的地的初始形象,还能重构地方形象。对于电影旅游来说,"电影语言"可以作为一本旅游指南,它首先描述空间,随着电影情节的发生,逐步塑造目的地在观众心中的形象,对地方空间的再现有利于地方形象的重构。电视对目的地形象和旅游意愿也能产生重要影响,如无锡三国城、水浒城等,电视上的真人秀、综艺节目受众的真实参与能增加观众对目的地的认识,能有力地影响观众对目的地的感知和态度,产生良好的旅游诱导效应并刺激购买意愿。影视作为一种传媒,细分起来大致有两种:一种是影视外景地旅游、影视故事发生地旅游、影视文化旅游等,可以概括为影视信息传播旅游;另一种是影视拍摄制作基地旅游、影视主题乐园旅游、影视节庆旅游等,可以概括为影视提供旅游吸引物内容,影视成为旅游吸引物的组成部分。

其他文学艺术作品如诗词、小说、戏剧、动漫、绘画等信息源,也可以详尽地分析、加深都市旅游目的地形象,达到与电影、电视类似的旅游诱导形象效应。

(三) 口碑营销

口碑营销是具有感知信息的消费者之间的非正式信息交流。由于旅游产品具有无形性、生产和消费同时性等特征,旅游者在做出消费决策之前无法通过试用等手段来了解旅游产品,而口碑传播是一种非正式的信息传播渠道,具有无功利性、可信性、针对性等特征,所以旅游者的口碑传播成为关键的营销方式之一。前往都市旅游的任何一位旅游者都可以成为传播者,并拥有最真实、最直接的个体体验,他们对都市旅游产品的评价将对信息接收者的消费决策产生一定影响。旅游者之间的口碑传播影响力受个体主观条件和感知制约,比较有限。

(四) 政府营销

都市政府旅游营销主要表现为政府主导型营销模式、政府参与型营销模式、政府辅助型营销模式等。

1. 政府主导型营销模式

都市旅游形象的综合性与公共性决定了必须以政府为主体来全面主导旅游形象的推广工作,因为政府是唯一能从宏观上有效整合各个感知要素的主体,它能全面有效地协调各类社会资源。

都市旅游形象的营销工作是一个庞大的系统工程,需要持续的、全方位的促销运作。这种力度大、有魄力的促销,必须由政府牵头、多企业参与、多部门与地区合作才可能实施并取得成功。

政府的权威地位决定了其是旅游业发展过程中的理想协调者、投资者和服务者。在统一都市旅游形象的推广与营销上，政府是协调者的最佳人选，也是投资者中的先驱者，更是服务者中的牵头人。

政府主导型营销模式是指在政府的统一领导之下，都市旅游企业、旅游相关行业、专家学者和社会公众共同参与的都市旅游营销。

（1）政府主导型营销模式的特征

① 政府的主导地位。政府是都市旅游形象营销行为的发起者，负责组织、协调、监督、控制其他社会群体共同参与都市旅游形象营销活动。政府的主导地位还表现在：它是游戏规则的制定者，是旅游目的地形象的最终决策者，旅游企业、专家学者的工作成果直接对政府负责。

② 政府的财政支持。与政府主导地位相对应的是政府财政预算对都市旅游形象营销工作的投入额度。通常在这种模式下，政府会拿出相当一部分资金用于都市旅游形象建设，或者对参与都市旅游形象营销的旅游企业、相关行业进行补贴，对从事都市旅游形象营销研究的专家学者给予一定的经济支持。

③ 政府的公信力。作为社会公众的代表，政府凭借社会赋予的公信力而不是行政权力来主导都市旅游形象营销工作，能够加强都市旅游形象营销工作的透明度，及时向社会反馈工作中出现的问题，并在决策阶段接受社会公众的监督。

（2）政府主导型营销模式的优点

能充分发挥政府宏观调控、综合管理的优势，集中各种社会资源形成合力；能得到政府财政的有力支持，使得营销工作在资金方面的压力有所减小；对于发展滞后、资源有限的地区，政府主导是进行都市旅游形象建设的现实途径。

（3）政府主导型营销模式的缺点

政府作为公共管理部门扮演了过多的企业角色，导致政企不分，容易滋生问题；缺乏明确的利益分享和义务承担约定，导致旅游企业及相关支持行业被动地参与都市旅游形象营销工作，积极性不足；企业、学者、公众对都市旅游形象营销往往有不同的见解，政府在决策中容易陷入两难境地。

2. 政府参与型营销模式

政府参与型营销可以提高旅游企业及相关支持行业的积极性。单个利益相关者的资源和能力有限，其营销行为不能对潜在游客产生显著影响。营销规划过程中，利益相关者可以互相借力以更有效地达成自己的目标。

政府参与型营销的动机包括五个方面，即战略动机、交易成本动机、学习动机、竞争力集聚和社区责任。促销渠道多样化、巩固市场地位、提高企业绩效是旅游相关企业参与营销的主要动机。

政府参与型营销模式中政企分离的程度较高。旅游形象营销由政府发起、支持和参与，具体的营销活动则通过企业行为来实现。当地政府与旅游企业、旅游界专家学者及社会公众在人力、物力、财力方面通力合作，在区域范围内开展景点及企业联合营销，从而高效率地提高都市旅游形象竞争力。

政府参与型营销模式是指政府、旅游企业、相关支持行业、专家学者、社会公众在相对平等的位置上，以某种类似合约的方式，各尽其能、各司其职，共同参与都市旅游形象营销工作。

(1) 政府参与型营销模式的特征

① 平等性。政府参与型营销模式区别于政府主导型营销模式的一个显著特征是参与者地位平等。在该模式下，政府不再居于主导地位，都市旅游形象营销工作由各方发挥自身特征分工完成。政府的职能由最终决策人转变为模式协调人，其作用是负责召集、协调、疏通各方面关系，促进旅游目的地形象营销工作的完成。

② 激励性。参与者共同出资、共享利益，尤其是旅游企业按照出资额将获得更多的发言权，从而极大地调动了企业参与的积极性。由于地位平等，各方也获得了更多参与最终决策的权利。

③ 潜在合约。政府参与型营销模式类似于按某种合约建立的专门从事旅游都市形象营销工作的公司，然而这种合约是模糊、松散、不具有法律约束力的。

④ 相互制衡。这种营销模式增强了具体操作工作的透明度，各方力量便于相互制衡。

(2) 政府参与型营销模式的优点

① 各方平等参与，政府不再居于主导地位，增强了企业的积极性。

② 投入与回报分配更加合理，有效地预防问题滋生。

③ 消除了低效率的工作影响，营销工作更具活力。

(3) 政府参与型旅游营销模式的缺点

① 各方面的意见难以统一，难以产生有效决策。

② 政府面临角色转换危机，从管理者变为地位平等的参与者需要进行心理调适。

③ 平等地位是否能在营销运作中得到体现，政府诚信面临考验。

④ 都市旅游形象营销的资金投入需要参与企业共同承担，因此对本地经济发展状况与企业实力有一定要求。

3. 企业自主、政府辅助型营销模式

在旅游都市的营销实践中，营销资本是非常重要的问题。很多大规模的促销活动必须有大量的前期和后期资金投入，足够的资金支持必不可少。在营销活动的资金投放中，不能单独依靠政府或某个企业的力量，无论哪一方的能力都不足以支持大规模营销活动所需的全部资金投入，因此出现了另外一种"政府辅助，企业运作"的模式。

在这一模式中，政府的作用依然体现在宏观层面和整体利益上，企业才是真正通过市场化的运作来保证营销效果的主体。政府在政策、规划等方面进行引导和辅助，同时也可以让更多的行业或企业将资本投向旅游都市的品牌建设中，一方面有利于取得良好的市场营销效果，另一方面也使旅游都市本身具有更强的市场竞争力。

政府辅助型营销模式是指在政府营造良好的都市旅游形象营销环境的条件下，旅游企业、相关支持企业、专家学者和社会公众通过各自努力自发参与旅游目的地形象营销。

（1）政府辅助型旅游营销模式的特征

① 政府行为的服务性。在政府辅助型营销模式中，政府是以服务者的姿态帮助其他社会群体完成都市旅游形象营销的工作。政府的任务是为营销工作创造宽松良好的环境，在旅游企业遇到形象营销的困难时，给予必要的帮助。

② 旅游形象的保持。适用政府辅助型营销模式的都市通常已经树立了稳定的旅游市场形象，因此形象营销的重点是都市旅游形象的保持，并通过传播手段强化消费者对它的记忆。

③ 旅游形象的微调。在这一模式下，都市旅游形象相对稳定，形象营销的工作重点是形象的保持与局部调整。因此，政府应创造适合旅游业发展的良好环境，从而间接影响都市旅游形象营销的进一步完善。

（2）政府辅助型旅游营销模式的优点

① 政企分离，形成了相互配合的良好的旅游业发展模式。

② 政府的服务为企业积极从事都市旅游形象营销带来更多的便利，节约了营销成本。

③ 政府作为营销活动的润滑剂，恰到好处地起到了间接调控的作用。

（3）政府辅助型旅游营销模式的缺点

① 政府职能转变难度较大。

② 对相关社会制度、旅游业发展程度要求较高，中国大多数刚刚起步且规模较小的旅游都市并不具备应用这一模式的发展条件。

三、都市旅游形象测量与评价

（一）都市旅游形象测量与评价理论

都市旅游形象的测量和评价可为都市旅游形象设计、定位、营销及策划等工作提供参考。20世纪80年代至今，国外学者主要从新概念和营销管理两方面进行探索，克莱尔·A. 冈恩（Clare A. Gunn）在《旅游规划》中提出旅游者形成旅游地形象的两个层次，即原生形象和诱导形象[①]；有研究（Kotler & Barich，1991）认为只有实现旅游者对旅游产品和旅游接待服务的利益价值，才能进行旅游目的地的市场营销和形象管理[②]；另有研究（Selby & Morgan，1996）提出朴素形象和再评估形象（"投射形象"），构建目的地形象测量模型，测量具体的目的地形象，并检验旅游形象推向市场后的"投射形象"是否与游客的感知形象相吻合[③]。

国内学者谢飞帆、陈传康较早对旅游地形象进行研究[④]，随后其他学者把企业品牌管理（CIS）理论引入旅游形象策划中，进行实践探索。李燕琴、吴必虎、李山、高静等人从旅游地品牌化角度研究了旅游形象与旅游口号的作用[⑤]；黄慧敏、宋永琴、王媛、冯学钢等人提出在旅游形象演变特征、传播策略上应注重运用整合营销传播手段、影视旅游传播、公众间的口碑传播等[⑥]。

（二）都市旅游形象测量与评价方法

都市旅游形象测量与评价方法包括结构化的测量方法和非结构化的测量方法。

结构化的测量方法可以在整体性、动态性和科学性的基础上建立综合的评价指标，并且用量化的形象因子对不同的目的地形象进行比较。但是要提前设计好被测形象的评价因子，可能会无法测量被调查者独特的目的地感知形象；同时，由于提前设计的形象因子要具有普遍适应性，所以，无法反映旅游目的地个性化的特征，不利于旅游业的个性化竞争。非结构化的测量没有固定的格式，但其开放性更能反映旅游目的地的特殊形象和游客感知，能够更加全面地反映旅游目的地形象的整体性特征和个性化。

若能结合两种方法，不但能够分析出旅游目的地独特的形象属性，而且能够获得更加直观的分析数据，从而提高研究的可靠性。

---

① Gunn C A. 旅游规划理论与案例 [M]. 4版. 大连：东北财经大学出版社，2005.
② Kotler P, Barich H. A framework for marketing image management [J]. Sloan Management Review，1991（2）：94-104.
③ Selby M, Morgan N. Reconstruing place image：A case study of its role in destination market research [J]. Tourism Management，1996，17（4）：287-294.
④ 谢飞帆. 旅游地形象研究在西方的崛起 [J]. 社会科学，1998（1）：3—5.
⑤ 李燕琴，吴必虎. 旅游形象口号的作用机理与创意模式初探 [J]. 旅游学刊，2004（1）：82—86；李山. 旅游圈形成的基本理论及其地理计算研究 [D]. 华东师范大学，2006；高静. 旅游目的地形象、定位及品牌化：概念辨析与关系模型 [J]. 旅游学刊，2009，24（2）：25—29.
⑥ 黄慧敏，宋永琴. 关于旅游形象传播策略的思考 [J]. 新闻世界，2011（7）：299—300；王媛，冯学钢，孙晓东. 旅游地形象的时间演变与演变机制 [J]. 旅游学刊，2014，29（10）：20—30.

拓展材料 3-7

洛杉矶城市旅游形象对华整合营销策略

洛杉矶是美国的第二大都市，自2014年启动针对中国的营销企划——"你好，中国"后，前往洛杉矶旅游的中国游客明显增加。2016年，洛杉矶接待中国游客数突破百万人次，中国成为洛杉矶最大的海外游客市场。

（一）有效整合现有资源和自有渠道，使传播效益最大化

洛杉矶对华营销在整合自身影视、文化、医疗等旅游资源的基础上，通过自媒体渠道在中国市场上进行信息传递，达到了理想的传播效果。目前，我国的各个城市在旅游开发上普遍存在过分追求商业化的现象，因而无法有效开发城市蕴藏的文化内涵与旅游价值。此外，还有相当一部分的旅游资源处于无效利用或被忽视的状态，没有打造出个性化、独特性的城市旅游标签，城市旅游形象同质化现象严重。

因此，我国的各个城市在对外进行旅游目的地形象传播时，首先应深入挖掘自身资源，进行城市形象定位，对现有资源进行评估与整合利用，并配合自媒体渠道进行信息输送。在使用自媒体时应注意不同渠道之间信息推送的差异定位，注意信息发布的系统性、趣味性与时效性，使得资讯能够真正帮助游客。

（二）重视在目标市场上的口碑打造，采用多样化传播手段

口碑已成为可信度最高的信息之一，努力培养正面口碑将极大地提高城市旅游形象对外传播的效率。洛杉矶对华旅游营销在官网和社交媒体中大篇幅展现过往中国游客的积极评价，直接影响潜在消费者对旅游目的地形象的感知。此外，网络意见领袖发布的体验信息更将大大增强消费者对洛杉矶的形象好感度。

我国城市对外旅游营销中，在打造口碑引发二次传播上仍有较大欠缺。除我国著名旅游城市以外的旅游资源，基本无法在国际市场上形成口碑传播。在未来的旅游开发上，我国城市旅游不仅可以借鉴洛杉矶的社交媒体口碑传播模式，也可以将外国留学生作为口碑传播的重要群体，通过庞大的留学生群体来进一步拓展海外目标市场的潜在消费者。

（三）事件营销配合社交媒体的运用，拓宽城市旅游形象传播渠道

借助公关事件和活动，能够有效引起社会关注，同时树立正面积极的城市旅游形象。洛杉矶通过市长访华和业内合作会谈等公关事件形式，展现了洛杉矶对中国游客的热情与亲切。对社交媒体的应用在使得城市旅游形象得以广泛传播的同时更迎合了年轻一代消费者的需求。

我国城市在进行对外旅游营销传播的过程中，也可借助领导开展访问活动的时机开拓对方旅游市场，同时注意在目标市场上对社交媒体的应用，扩大城市形象的传播范围，打造城市旅游品牌。此外，在开拓国际旅游市场时，应注意跨界渠道与资源的整合运用，与当地媒体、旅游机构、航空公司等展开合作，共同推广中国城市旅游品牌。

资料来源：吴芷璇，杨静．城市旅游形象对外传播过程中的整合营销策略研究——以洛杉矶对华营销为例［J］．新闻研究导刊，2017，8（10）：43—44．

课程实训与实践

任务：都市旅游形象塑造与整合营销调查

以小组为单位，结合地理位置、文化变迁讨论、分析上海都市旅游形象塑造与整合营销。

要求：

① 安排不同小组实地调查上海都市文化、红色旅游、节事旅游、上海水乡古镇旅游。

② 小组分析上海都市旅游形象塑造现状，学生之间相互点评、提出意见。

③ 小组分析上海都市旅游形象整合营销重点方向、内容。

本章小结

1. 都市圈是城市发展到成熟阶段的一种空间组织形式，是以中心都市为核心、向周围辐射构成的城市集合。从经济发展层面上讲，都市圈是一个集社会、经济、技术为一体的网络化经济空间。它建立在区域市场整合的基础上，也是产业集聚与扩散共同作用的产物。都市圈已成为现代经济发展最重要的方式之一，对一个国家的经济持续稳定发展具有重大意义。

2. 旅游城市是指具备独特的自然风光或者人文资源等独特资源，能够吸引旅游者前往，具备一定旅游接待能力，以景区景点为核心、以旅游产业为主体，旅游业产值超过该城市GDP的7％的一类城市。

3. 都市旅游形象是指旅游者对某一都市硬件设施、软件环境及其未来发展前景总体、抽象、概括的认识和评价。都市旅游形象的实质是都市旅游者的旅游感知和整个旅游地作为旅游产品的综合质量等级，是都市旅游目的地历史、文化、社会底蕴和外在表现特征等方面的知名度和美誉度，反映都市作为旅游吸引物和旅游产品对游客的吸引力。

4. 都市旅游营销包括都市旅游形象塑造和都市旅游形象推广两项基本内容。都市旅游营销是旅游经济学的延伸，即以旅游经济学的原理为基础，从宏观和微观的角度出发在旅游市场和旅游管理方面对都市旅游经济活动做进一步分析和整合。从对象上看，不同于传统的单一的旅游景区营销，它是都市旅游目的地的整体营销；从营销主体上看，它从旅游企业、行业管理部门的营销变成了都市政府、全社会的营销；从营销内容上看，它从单纯旅游业的营销变为都市文化、商贸、体育、节庆、会展等全方位营销，从营销模式上看，都市旅游营销的主要模式有文化营销、媒体营销、口碑营销、政府营销等。

 复习与思考

1. 结合当代都市发展理论讨论如何塑造都市旅游形象。
2. 了解都市旅游吸引物的概念和相关理论。
3. 了解都市旅游营销的主要内容。
4. 如何从不同角度分析都市旅游营销方式？
5. 选取国内北京、上海、广州、深圳等都市的旅游官方宣传网站，比较其营销效果。

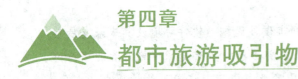

第四章
都市旅游吸引物

学习目标

通过本章的学习，掌握都市旅游吸引物形象塑造的相关知识，了解政府在都市旅游规制与旅游规划中的重要作用，了解都市旅游资源开发、旅游资源与景区形象塑造。

核心概念

都市旅游吸引物　都市旅游规制　都市旅游规划　都市旅游资源　都市景区业

导读

本章从供给角度介绍都市旅游吸引物形象塑造的相关知识，主要从都市政府规制、旅游规划、旅游资源形象三个方面介绍都市旅游吸引物形象塑造的主要形式。

现代都市旅游是从事吸引、运送和接待旅游者并满足其旅游需要和欲求的一种商业活动，也是一门科学、一门艺术。都市旅游吸引物是国内外旅游学界的通用语，主要是指吸引都市旅游者的自然的、人文的旅游客体，其根本属性和功能在于对都市旅游者产生吸引力，犹如磁铁的磁性，激发起人们的旅游动机，并最终成为旅游的对象。都市旅游吸引物的内涵丰富，主要包括先天旅游资源类和人工建设类吸引物，它是都市旅游目的地的核心构成，如都市旅游形象、景观景点类吸引物和节事类吸引物等；都市旅游形象又是都市旅游吸引物形象塑造的核心和关键。

都市旅游吸引物不仅指都市旅游景观本身,更是一种文化的价值符号表达,而且形象塑造的趋势是往情感表达的方向发展,但不管怎么变化,其核心还是对旅游者能产生吸引力的物质和精神的旅游客体。

第一节 都市旅游吸引物

一、都市旅游吸引物概念

(一)都市旅游吸引物概念

1. 研究回顾

都市旅游吸引物是都市作为目的地最重要的形象感知要素,为旅游者提供去都市旅游的动机、吸引力和旅游对象。都市旅游吸引物是都市吸引力的来源和旅游系统的重要组成。

国外学界近期以麦克内尔、麦克拉肯、利珀、弗拉尔等人对旅游吸引物的界定和深化研究为代表,主要表述如:麦克内尔认为"旅游吸引物包括吸引旅游者离开家到'非家'的地方旅游的所有要素"①,麦克内尔较早发现旅游吸引物所隐藏之符号功能并进行旅游吸引物符号学研究,其影响最大;旅游吸引物就是"具有吸引旅游者的独特的内在品质"的旅游点(tourist spots)②;麦克拉肯(McCracken)的意义转移模型,商品的意义在文化世界、商品和个体消费者三个场域间持续流动,主要遵循两个点的移动轨迹进行意义的转移,即从文化世界到商品和从商品到个体③;利珀(Leiper)把旅游吸引物定义为"一个由旅游者、核心要素和标志物(或信息要素)三个部分组成的系统",旅游吸引物具有外显的吸引力和影响旅游行为的能力;等等④。

国内学者王宁在《试论旅游吸引物的三重属性》(1997)一文中,阐述了旅游吸引

---

① Maccannell D. TheTourist: A New Theory of the Leisure Class [M]. New York: Schocken Books, 1976: 13; 41 – 42; 113 – 114.
② Gunn C A. Tourism Planning [M]. New York: Crane Russack, 1979: 71.
③ McCracken G. Culture and Consumption [M]. Bloomington: Indiana University Press, 1988: 71 – 89.
④ Leiper N. Tourist Attraction Systems [J]. Annals of Tourism Research, 1990 (17): 367 – 384.

物的特征，指出旅游吸引物不但具有客观属性、社会属性，还有象征属性[①]。他认为在旅游符号学的意义上，旅游吸引物其实就是一种符号，是一种代表其他东西或属性的象征。例如，上海的新天地就是一种都市文化品牌和消费符号，平时30元一杯的摩卡咖啡在新天地的咖啡屋会卖到200元，约7倍的价值提升来自那种别样的都市休闲文化氛围的体验，即200元/杯的咖啡＝30元咖啡＋170元文化氛围体验。由此，体验的高经济附加值也需要在旅游吸引物体验中得到充分的展示。林振华在《旅游吸引物形态与旅游形象策划》（2006）一文中认为，旅游吸引物是能够吸引旅游者不惜花费时间和金钱前来旅游的事物。它是经过筛选、加工、提炼的旅游资源，是旅游资源中与市场需求对接的那一部分，是旅游资源与旅游产品之间的一个中介概念。

本教材运用旅游"三体论"框架，旅游吸引物为旅游学研究三大问题之一。旅游者对旅游吸引物的感知主要体现在旅游吸引物的类型、价格、品质和服务上。对旅游吸引物的品质感知，以自然资源为例，主要体现在对其独特性、观赏性、复杂性、完整性、生动性的感知。同一旅游资源的特性在同类资源中的排名越高，越容易让旅游者形成正面的感知，这被称为旅游要素感知的首位效应。旅游者对旅游吸引物的感知重点也是在不断变化的，从早期偏重价格和地理感知，到后期偏重品质感知，再到现在注重体验感知。

就都市旅游吸引物而言，它具有两项基本功能：第一，激发都市旅游者到都市旅游的兴趣；第二，提供满足都市旅游者体验的对象物和服务。都市旅游经营者对旅游吸引物的挖掘与开发，是都市旅游业的产品之源。

2. 旅游吸引物系统

由于旅游吸引物之吸引力明确指向旅游者，而且旅游吸引物在很大程度上是因旅游者才被赋予价值或显现其价值的，故多把旅游吸引物视为包含复杂社会关系的吸引物系统而不仅仅是独立要素。旅游吸引物系统不仅有其组成部分，而且各组成部分之间相互联系、相互作用。最早提出这种观点的麦克内尔在《旅游者：休闲阶层新论》一书中把旅游吸引物定义为旅游者、景观（sight）和标志物（marker）三者之间的一种经验关系，即旅游吸引物是由旅游者、景观、标志物三个部分构成的系统[②]。麦克内尔所说的旅游活动主要是指观光，故其旅游吸引物系统之核心是景观。利珀进而认为旅游者不会被直接"吸引"，而是当旅游吸引物之标志物与旅游者需求相对应即正相关时，旅游者才会产生旅游消费动机。

3. 旅游吸引标志物

旅游吸引标志物被麦克内尔简化为"符号"、被利珀称为"信息"。利珀强化了标

---

① 王宁. 试论旅游吸引物的三重属性 [J]. 旅游学刊，1997（3）：55.
② [美] Dean MacCannell. 旅游者：休闲阶层新论 [M]. 张晓萍，等译. 南宁：广西师范大学出版社，2008.

志物及其信息的重要性,认为每个旅游吸引物系统中至少有一个连接旅游者与核心要素的功能性标志信息,他还指出,只有当旅游者的某个或某些需求与旅游吸引物之标志信息相契合时,旅游者才产生体验该旅游吸引物的动机,旅游吸引物之标志物才显现出其作用与效果。简言之,标志物就是能够向旅游者传递核心吸引力的信息和信息载体。那些直接针对目标市场功能性表达的标志符号即为旅游吸引物的核心要素。在后工业时代的景观社会和消费社会,标志物显得非常重要。旅游吸引物因其标志化和符号化,作为旅游活动中被旅游者消费的直接对象被消费品化。旅游吸引物之标志物是后天生成的,是社会赋予的。

王宁等人借助麦克拉肯的意义转移模型,对旅游吸引物的符号建构和转移过程进行了详细论述,认为旅游吸引物承载着意义的"双重转移":一是将社会世界中的神圣价值与理想转移到旅游吸引物中,使之成为承载某种神圣价值与理想的符号与象征;二是在旅游吸引物体验过程中,将旅游吸引物所代表的神圣价值与理想转移到旅游者身上,重塑旅游者心智和情感,提升旅游者人格品质①。

在旅游学中"旅游者-吸引物"的二元关系上,旅游者仍应是第一位的②,旅游者是旅游开展的发动者、施动者;包含目的地在内的旅游吸引物是被动者,而旅游标志物是旅游吸引物实现从"物"向"系统"转变的极其关键的一环。

(二)旅游吸引物、旅游资源、旅游产品概念区分

在旅游资源、旅游吸引物与旅游产品三者的关系上,主要表现为:都市旅游吸引物包含旅游资源、旅游产品,兼具自然属性、社会属性和符号属性等多重属性,吸引力特性是其本质属性。旅游吸引物的多重属性及其社会建构有深刻的后现代社会文化基础,是旅游本体论上主客一体观念的产物。旅游吸引物在物质属性上表现为先天资源类吸引物、人造景观类吸引物和节事类吸引物等,在这个层面上它与旅游资源概念较接近,但随着旅游学的深入发展,它有逐渐取代或包含旅游资源概念的趋势。旅游吸引物概念内涵还有一定缺陷,还不能囊括所有旅游形态,例如,探亲访友旅游是旅游者的一种社会交往、情感交流方式,其旅游动机是出于社会交往、情感、伦理等社会文化因素,而不是受到旅游吸引物的吸引。旅游资源是旅游地理学的基础概念,它与旅游产品的关系则为递进关系,旅游资源加工、改造后成为旅游产品。旅游产品是旅游供给系统中的基本概念,它的组成部分主要包括旅游吸引物和旅游接待服务两部分。

---

① 王宁,刘丹萍,马凌. 旅游社会学 [M]. 天津:南开大学出版社,2008;王宁. 消费社会学的探索:中、法、美学者的实证研究 [M]. 北京:人民出版社,2010.
② 张进福,肖洪根. 旅游社会学研究初探 [J]. 旅游学刊,2000,15 (1):53—58.

二、都市旅游吸引物开发模式

从一般意义上来说，旅游吸引物是通过旅游资源的加工组合而形成的，旅游地形成和表现出来的特征取决于旅游资源的性质和特征。但由于旅游地资源条件的差异和其他社会经济环境的不同，旅游吸引物在形成和发展上就表现出了不同的情形。都市旅游吸引物开发分为挖掘型、移植型、生长型等，在不同的发展时期和条件下，这些模式是可以相互转化或相互融合的。

（一）挖掘型

"挖掘型"就是直接利用原生性的旅游资源开发成旅游吸引物，如一些风景名胜区、度假胜地等。深入挖掘主题，主要是挖掘本土民族文化，努力形成新的旅游吸引物。例如，美国夏威夷的波利尼西亚文化中心，即以当地土著民族文化为主体并通过进一步深入挖掘内涵而形成的一种文化展示场所。我国东北地区的哈尔滨、长春等都市在冬季开发冰雪旅游产品，滑冰雪、泡温泉、看二人转、吃农家菜、过具有浓郁关东风情的春节，也成为北方冬季旅游产品亮点之一。在改革开放初期，我国大量传统旅游目的地旅游吸引物的形成都是建立在旅游资源的直接利用基础上的。旅游吸引物的发展主要通过两种途径来实现：一种是不断开发更多原有的旅游资源，在具体的类型、数量和规模上发展，如旅游目的地在空间上的拓展就显得比较典型；另一种是在深度上不断地挖掘已开发的旅游资源的价值，实现质量上的突破[1]。如把我国第一代观光产品和已有的民俗节庆等不同类型的旅游资源进行结合，开发成山水风光、文物古迹，又掺入民俗风情形成一个深层次的观光性产品。根据以上这些特性，可以通过不断地开发挖掘原生性的旅游资源来形成并发展旅游吸引物。桂林就是一个比较典型的例子，桂林是一个山水资源突出的旅游城市，从改革开放至今，桂林旅游亦是伴随着旅游吸引物的挖掘而发展的。"三山两洞一条江"是桂林的第一代产品，而"两江四湖"则是促成桂林旅游进入第二个生命周期的标志性产物。桂林旅游吸引物的发展主要是以增加或增大旅游资源的开发数量和规模为途径的。

（二）移植型

旅游吸引物形成的第二种方式则通过整合其他社会资源、经济资源或者通过人工建造的方式来实现。随着社会经济的发展，一些开发商把各种会展、商务、休闲等活动或者事件以及乡村景观、都市建筑等社会资源开发组合成旅游吸引物。旅游吸引物

---

[1] 魏小安. 旅游纵横——产业发展新论[M]. 北京：中国旅游出版社，2002.

的发展主要通过不断地更换或添加新的吸引物来实现。它像原生性的旅游资源有一个固定的形成和发展的空间，它可以移动，也可以大幅度地变换，在很大程度上受控于开发商的设计。旅游吸引物的发展速度也相应地取决于变换的速度及其与需求对应的程度。"移植"方式最具有启发意义的是深圳华侨城的落成，这让人们意识到旅游吸引物是可以在没有原生旅游资源的基础上凭空创造的。1989年，自深圳锦绣中华主题公园建成开业后，中国民俗文化村（1992年）、世界之窗（1994年）、欢乐谷（1998年）、深圳野生动物园、青青世界、仙湖植物园化石森林、明斯克航母世界等旅游景点也相继建成……1989年开始，深圳几乎每年都有2~3个旅游景点或项目建成开业，彻底改写了深圳缺乏旅游资源的历史和印象。同时，商务、会展、时尚设计以及各种事件、城市景观等经济资源和社会资源也作为新型的都市旅游吸引物被开发和利用。

（三）生长型

旅游吸引物的第三种发展路径则是通过新生来实现的。这种路径在旅游吸引物的初期形成阶段可与上述两种相同，但在发展过程中，则出现了很大的差异。如果把初期的旅游吸引物当作一个母体，这个母体将通过不断吸收旅游者、经营者等在旅游活动过程中产生的文化元素来促进自身的生长和发育，生长出新的旅游吸引物。这种发展过程随着旅游活动的开展自发地形成，并进行自我创新，但发展的效果在很大程度上依赖于旅游活动中"母体"的"吸收"过程，包括"吸收"元素的好坏（即对旅游吸引物发展的积极的或消极的因素）、"吸收"的程度（即旅游过程中各种因素互动的方式和交融的程度）等。同样，根据其发展的特征，借用"生长"一词来描述其发展路径，意指初始旅游吸引物通过不断吸收旅游活动过程中的文化元素而生长发育出新的旅游吸引物来实现自身的发展。阳朔西街堪称这类旅游吸引开发的典型，它是新生的一个旅游吸引物，并且随着阳朔旅游的发展，还在不断地生长和发育。

现代都市旅游业在旅游资源的开发过程中不断孕育出新的旅游吸引物，如都市主题公园是将自然资源和人文资源的一个或多个特定的主题通过采用现代化的科学技术和多层次空间活动的设置，形成的集观光、休闲、娱乐内容、休闲要素和服务接待设施于一体的现代人工旅游产品；又如艺术活动，在20世纪70年代英国、美国等西方国家"艺术导向"的城市再生策略影响下，一些城市通过举办相关艺术活动来吸引游客刺激当地经济，传统节日或仪式成为一种重振或复兴当地文化或传统的手段。文创中心、广场展示、路演等也是新的旅游吸引物。

在我国，都市政府和旅游业界也在不断探索都市中新的旅游吸引物。例如，西安都市旅游吸引物既有自然风光（如华山），也有底蕴深厚的人文古迹（如秦始皇陵兵马俑、大雁塔、碑林等），其品质堪称优质。西安不断增加对旅游核心吸引物的投资。从

2003年开始,大唐芙蓉园、大明宫遗址公园等旅游核心吸引物相继建成,建设了"大雁塔-大唐芙蓉园"国家5A级景区,构建了西安都市旅游的新地标。再如,上海中心大厦、上海博物馆、上海科技馆等景点是促进上海都市旅游快速发展的主要吸引物,也是人们在上海进行都市旅游活动的重要选择。

根据旅游地旅游吸引物主要发展路径,可以把旅游地发展模式分为旅游吸引物挖掘型、旅游吸引物移植型和旅游吸引物生长型发展模式。在实践中,大部分复合型旅游地旅游吸引物的发展路径不会只有一种形态,也具有综合型发展特征。

三、都市旅游吸引物形象塑造

(一)深挖都市旅游吸引物的独特文化价值

都市旅游吸引物要获得持续的吸引力,不仅要依赖都市旅游环境的外在形式,还必须充分挖掘其所承载的文化内涵。都市旅游吸引物的形象塑造需要有效的文化传播与宣传,必须以都市文化价值为核心,加强特色文化内涵的传播,以便游客感知并认同都市的独特文化,进而提高文化价值的解读和转化,形成更深层的都市旅游吸引物形象记忆和品牌体验。例如,杭州的旅游形象宣传要让游客感知到西湖作为世界文化景观是最有历史文化、最有内涵的都市湖泊,而不仅仅是一个人工改造后的湖泊。南京的先锋书店,也堪称南京的都市文化名片。

(二)强化游客的有意和无意注意

有意注意是有预先目的,必要时需要意志努力的注意。例如,在学习遇到困难或者受到干扰时,通过意志的努力使注意力维持在学习内容上,此时即为有意注意。引起有意注意的条件有二:①明确主体开展旅游活动的目的和任务,如有经验的旅游经营者知道景点或产品的哪些地方需要突出,这样做就是为了引起游客的有意注意,当游客有了明确的游览目的,就会更有效地提取景区的信息;②培养对旅游事物的间接兴趣,间接兴趣是指对活动目的或活动最后结果的兴趣,如人们在学习外语时常觉得词汇语法等很枯燥,但是明白了掌握外语的好处后,也能克服困难,刻苦学习。

除了有意注意,还有无意注意。引起游客无意注意的条件包括主观和客观条件。第一,主观条件,即个体本身的状态,包括个体对旅游的需要和兴趣、情感态度、情绪状态和精神状态,以及个体的心境、主观期待。在相同的外界刺激影响下,由于个体自身状态不同,无意注意的情况也不同。例如,建筑师由于职业需要,到外地旅游时会自然而然被各地的建筑物所吸引。第二,客观条件,即吸引物本身的特征,包括下述四个方面：①吸引物的新异性，如自幼生活在南方的人，第一次看到北方漫天飞舞的大雪时，自然容易引起他们的无意注意；②吸引物的强度，如一声巨响、一道强光、一种浓烈的气味等都会引起我们不由自主的注意；③吸引物的运动变化，如都市街区的霓虹灯一亮一暗，很容易引起人们的注意；④吸引物与环境氛围和背景的差异，如大事件可增加都市旅游吸引物的刺激强度，刺激强度越大，就越容易引起旅游者的感知。旅游吸引物的刺激强度主要由两方面的因素决定。一是吸引物与背景对比的突出性，事物与所处环境的差异性越大，在大的旅游环境中就越容易被感知到。如果在一片绿地、一方水池或一片花海中，矗立着一栋白色的圆厅别墅或泰姬陵那样的建筑，甚至只是一幢乡村小木屋，这些独栋建筑因其造型和色彩就会具有较强的刺激强度，很容易被游客感知到，因为它与周边环境的对比度极强。二是吸引物自身的活动和变化情况。例如，上海龙阳路站的磁悬浮列车在刚开通运行时，很多外地游客，尤其是小游客为一睹其风采而特意乘坐，获得我国高铁技术变革带来的旅游体验。

（三）借力大事件，强化都市旅游吸引物形象的感知

虽然都市的景观、景点可以吸引游客的目光，但是重要的历史、当代节庆活动、艺术事件和独特的文化内涵更能持久地吸引游客的关注和购买意愿。例如：墨西哥城独立广场每年11月初举行的亡灵节吸引了世界的关注，通过《寻梦环游记》等动画开发亡灵节影视文化IP；在杭州旅游吸引物中，2016年举办的G20峰会成为最吸引游客的旅游符号之一；在上海旅游吸引物中，2019年举办的进博会成为网络热词。这从一个侧面表明事件和节庆等活动可为都市增加巨大的营销价值，为都市旅游形象传播提供契机。因此，应充分利用节庆活动（特别是国际性大事件）的契机进行都市旅游营销，通过事件和节庆建构具有符号感的吸引物，并通过相应的氛围体验和媒体手段进行广泛传播，以强化其对游客的感知叠加。

（四）区分都市旅游吸引物的服务范围

都市旅游吸引物的服务范围有上下限之分，服务上限受对都市中心吸引物的需求的限定，是旅游中心地吸引的客源市场的空间边界；服务下限则是由都市中心吸引物的供给所规定的边界。都市旅游中心地为供给某种旅游产品或服务而必须达到的该产品最小限度的需要量，称为阈值或最小必要需求量。根据都市旅游吸引物服务范围的大小，可将其分为高级中心吸引物与低级中心吸引物两种。高级中心吸引物是指服务范围的上限和下限都较大的中心吸引物，如高星级酒店、大型主题公园等；而低级中心吸引物是指服务范围的上限和下限都较小的中心吸引物，如小型博物馆、城市公园等。旅游中心地的等级性表现为每个高级中心地都领属几个中级中心地和更多的低级

中心地，决定各级中心地产品和服务供给范围大小的重要因子是经济距离。经济距离是用货币价值换算后的地理距离，主要是由旅行费用、旅行时间、消耗的体力、旅游者行为特征等因素决定。地理旅游距离越远，文化的异质性越鲜明，激励作用越大。

在这一理论的指导下，以都市自身为依托形成的都市旅游产品在地理空间上也表现出集中分布的特征，并且在都市旅游者和开发商各自经济成本的共同作用下，不同的都市旅游产品表现出不同程度和类别的吸引力，进而在都市区域内形成游憩商务区、环城游憩带、旅游综合体等旅游产品集中分布的空间布局。

第二节　都市旅游规制与旅游规划

一、都市旅游规制

（一）都市旅游规制的必要性

1. 都市旅游规制是解决旅游市场失灵的一个有效方法

对于政府规制的认识，理论界大致有两种不同的观点。一种是以美国芝加哥大学的斯蒂格勒（Stigler）为代表的政府管制理论，即规制是产业所需要的并为其利益所设计和主要操作的法规，政府规制产生于特殊利益集团的需要，因为这些集团有强大的优势和强烈的动机寻求政府的所谓规制来维持自身的优势。这种观点对旅游经济活动中一些特定的经济型规制，如我国铁路、民航、媒体出版、世界遗产景点景区的进入规制和价格规则等确实有很强的诠释力。另一种观点以布雷耶（Breyer）为代表，认为规制是对市场失灵和缺陷的回应，通过一定的和适当的政府行为提高资源配置效率以增加全社会的福利。

由于旅游业具有综合性、资源配置性和服务性的特征及国民化的趋势，对旅游规制的定性，后一观点更适合我国当前的国情，即旅游规制是政府旅游行政性资源和行政手段，从维护旅游者的公共利益和国家的整体利益出发，纠正或缓解市场失灵和市场缺陷带来的不公正，从而维护旅游经济和旅游市场秩序的稳定、增进所有旅游者的福利水平。由此，政府旅游规制主要表现在经济性和非经济性两个方面，以经济性为主要内容。

从经济性上来说，旅游经济的公共物品属性和外部性主要表现为旅游目的地的形象建设，旅游经济关联领域的文化塑造，进行产品创新、市场开发培育和市场秩序维护，以及旅游环境保护和一些公共基础设施的建设等方面。对于具有外部性的行为，如果任其由市场机制自行调节，其结果必然会出现一种"智猪博弈"，即中小旅游企业等由大的旅游集团和大的旅游企业进行旅游市场的培育、旅游目的地或客源地形象的维护与建设，以及各种新产品的研发，而自己却不花成本或以极少的成本搭便车、跟风和模仿。在这种情况下，市场规制的紊乱使竞争机制无法充分实现资源的有效配置，其结果是旅游市场无论供给还是需求都将为之付出更大的代价。如果不对公共产品权进行排他性界定，就会导致对该资源的过度使用。这时，只有政府规制的介入才是有效的解决之道。有一些公共基础设施兼有公共物品和私人物品的特征，被称为俱乐部物品，如公园外的停车场、娱乐场、广场等，既能给所有者带来好处，也能给周围的非所有者带来便利和好处。为了保证或提高俱乐部物品使用的效率，最有效的办法是通过某些制度安排实现其排他性消费。

此外，旅游业是劳动密集型和信息密集型产业，对人力资源、创新和信息的依赖性很强，这些因素使旅游业内完全有条件形成垄断和寡占的市场格局。垄断使整个旅游产业的产出不足，造成就业的不充分；垄断的高额垄断租金效应使整个旅游产业的经济效率降低，从而影响旅游经济增长的势头。旅游业作为重要的吸纳就业、拉动内需和促进经济增长的支柱产业之一，形成垄断是与国家的宏观经济目标及人民的福利目标相左的。既然市场机制自身不能消除旅游业的垄断现象，那就需要政府制定反垄断法、知识产权保护法，引进竞争性规制，以形成良好的市场格局和市场秩序，有效地达到规范市场、促进旅游经济发展的目的。

由于旅游经济中普遍存在信息不对称，将会出现旅游需求的逆向选择，阻碍旅游者享受到低价优质的旅游产品。针对旅游者的逆向选择，提供低价优质产品的旅游企业就必须通过代价高昂的前期投入（如做大广告）和过程投入（如打造品牌、建立信用）实现信息传递。但是，由于信息质量、受众分布、传输时滞等因素的影响，信息的搜寻成本会加大，此类现象在旅游业内屡见不鲜。由于旅游生产与旅游消费具有同步性，旅游供给方处于信息优势一方，因此质量差的供给方易于做出更多的承诺，更"热衷"于低价竞争以扰乱正常的市场秩序。为了减少旅游市场上的信息不对称、节约旅游企业和旅游者之间的交易成本，引入政府规制的行为也是必要的。政府可以通过旅游信息预报制度降低由信息不对称所形成的交易成本，提高旅游经济的效率。

从非经济性上来说，政府干预市场的必要性与社会的价值观和道德体系建设有关。旅游经济的正常发展是与社会的价值观和道德体系相联系的。社会价值观和道德体系如果不受任何约束和引导，逐利竞争的无限发展势必会导致市场机制运行的极度混乱。一个社会内在价值观和道德体系的建立可以减少旅游市场机制运行的成本，社会价值观和道德体系的建立不会在市场机制内自动形成，但完全可以经由政府通过适当的制度安排在市场机制下达成。政府在社会价值观和道德体系方面规制旅游市场健康运行的必要性也在于此。政府有理由也有能力在树立和规范旅游业供需双方健康有序的道德思想上发挥自己的作用。

旅游规制的非经济性体现在旅游目的地的形象建设、旅游目的地的产品创新、旅游目的地市场秩序的维护、旅游目的地社会价值观和道德体系的建立等方面。

2. 都市旅游规制既是一种公共物品，也是一种比较正规的制度设定

从经济学的角度看，旅游规制是政府维护旅游经济和旅游市场秩序稳定、增进所有旅游者福利水平的规范和制度，旅游规制权对经济部门而言是一种稀缺资源，掌握旅游规制权的好处表现在三个方面：①拥有在旅游市场上寻租的资本；②可以参与旅游经济的利润分配，为本部门带来好处；③拥有权衡和调整相关利益集体的更大能力和余地。另外，一旦掌握了某种旅游规制权，该部门就能使之按照自己的利益"路径依赖"下去，形成对本部门的长期利益回报。旅游规制跨越的行业宽、部门多，对规制权的争夺更普遍、更激烈。旅游规制权最终在于给予部门间的利益分配权及其变更权，促使旅游规制的变迁方式按不同的部门利益标准进行。

旅游规制是要付出成本的，这里的成本主要是指旅游规制实施过程中的协调成本。

首先，旅游规制的形成需要一定的信息成本。在旅游经济中，旅游规制方从各类渠道获取信息并按不同要求进行公示是旅游规制的必要过程。信息透明是旅游规制方的规制目标之一，作为一个提供公共产品与服务、致力于提高消费者福利的政府机构，旅游规制方有义务向旅游者提供产品的质量、服务、标准、生产过程、旅游安全、服务商信誉等方面的信息，以弥补旅游者在交易过程中所处的信息弱势。同时，旅游规制方必须掌握大量信息以监督被规制企业执行规制政策、法规的情况。旅游规制方可要求被规制的个体和企业主动向自己提供相关信息。例如，酒店的星级审批就要求申请酒店提供详细的相关信息。信息提供和信息收集都会形成大量的成本。

其次，建立和执行制度的成本。要进行旅游规制，必须要建立起一个完整的组织制度体系和与之相配套的执行机构，规划、设计、开发和组织实施不同时期的旅游规制要耗费巨大的成本。旅游规制作为一种制度安排，其执行和演进的过程中还包括更正、调整旧制度的成本，消除制度改革阻力的成本，以及营造新制度进入机制的成本。

最后，进行裁决的成本。旅游规制的行政裁决要运用多种资源，如调查、听证、取证及发布、执行、监督、裁决措施都要耗费时间、精力和金钱，构成裁决成本。

旅游规制作用评价的标准是效益。旅游规制的效益是指通过制度安排，实现行政资源的最优配置。如果能够通过旅游规制在无人因此而降低效益的同时使更多的旅游者和旅游企业提高效益，则旅游规制就是有效益的。作为一种制度要素，旅游规制的实际效益表现在通过合理界定旅游行政管理部门和旅游市场主体的运行边界、对行政资源和经济资源权利的分配，可以打破行政垄断、削弱不正当竞争的市场力量、减少无效竞争和外部性效应，从而实现公平交易和有效竞争，在提高旅游规制自身效益的

同时实现旅游市场的效率。因此，在制定规制政策时一定要兼顾市场的效率，例如：制定价格政策时利用收入效应来发挥作用，尽量消除替代效应的作用，以使价格仍能反映资源的稀缺程度，不破坏市场的效率。

(二) 都市旅游规制的主要特征

都市旅游规制是通过政府制定的各项管理制度实现的。一般来说，旅游规制是对一定的市场机制、行政机制、法律机制运用和管理机构之基本要求的规范化和集体化，充分反映了市场机制、行政机制和法律机制的基本性质和基本属性。

都市旅游规制具有强制性、相对稳定性和综合性三个主要特征。

1. 强制性

旅游规制一般是根据旅游管理目标和市场机制、行政机制和法律机制的要求，由一定的行政管理机构制定、颁布的，它充分反映了一定时期旅游经济运行目标管理的要求，反映了市场机制、行政机制和法律机制的作用力，具有强制性，旅游经济的任何利益主体都不能违抗，必须在其约束下开展旅游活动。

2. 相对稳定性

旅游规制是维护旅游经济和市场秩序稳定、增进旅游者福利水平的规范和制度。只有当旅游经济条件和市场环境发生巨大变化时，旅游规制才会发生变动。

3. 综合性

旅游规制是由多种制度、原则组成的一个完整体系，既有旅游经济宏观规制，也有旅游企业内部管理规制；既有行政管理规制，也有经济、法律的规制，各项管理规制相互联系和相互作用，共同对旅游经济运行产生影响。

(三) 都市旅游规制的主要原则

都市旅游规制的制定需要考虑规制的历史性和现实性，必要性和可行性等复杂因素，通常应符合四个主要原则。

1. 边界明确

这里所说的规制边界是指旅游规制所能作用的领域界限。如果旅游规制的边界模糊，就会影响规制的实施，加大了不必要的"人治"成本。同时，旅游规制的边界不清，就会使规制在执行过程中产生大量的管理成本或使管理职责不明确，使规制效益递减甚至产生消极效果。

2. 公正透明

旅游规制的制定要遵循公正、透明的原则。旅游规制是政府规制的一种，政府规制政策的形成是一个交易过程，是政府规制的需求方（如消费者）和被规制方（如产品和服务的供应商）在政府规制供给方（政府）的参与下经过讨价还价达成的协议。然而，产品和服务的供应商由于具有更大的经济动力和经济实力，可能会比一般消费者更多地影响到规制决策的选择。为此，旅游规制的制定应公正、透明，真正体现广大旅游者的利益。这就要求旅游行政部门在进行规制决策时更多地引入民间的意愿，包括引入听证制度、引入消费者代表的"参与"制度、建立年检的结果与效果公示制度、科学具体地建立一套反映旅游者对企业与市场满意度指标的系统等。

3. 系统性

旅游规制要有系统性。首先，由于旅游规制的跨行业、跨部门性质，要避免规制中的职能单一和职能分裂。旅游规制当局对非旅游产品的最低限价和环境、社会和承载力进行管理，如果本身不参与对市场进入、需求管理和运作成本的监控，就会造成与被规制企业间信息严重不对称的结果，规制便难免盲目、强制，违背市场规律，因此旅游规制的职能应该是综合而贯穿全程的。

4. 激励性

旅游规制在直接规制的同时应偏重于"激励性规制"，即致力于提高旅游企业内部效率的诱导型规制。具体方法一方面是竞争刺激，另一方面是诱导企业提高经营效率。实行激励性规制既可以节约规制成本又能提高规制效率。例如，都市旅游局对旅行社旅游合同条款的规范，如果对企业的成本不明，对其操作手段和服务内容不清，就难以通过具体界定合同条款达到规范和监控旅行社经营质量的目的，还会因此浪费很多管理资源，而通过激励性规制则能克服这些不足。

二、都市旅游规划

旅游规划是依托于规划地区的旅游资源及内外部条件，对该地区的旅游业要素进行优化配置和对旅游业的未来发展进行规划的科学谋划。其实质是根据旅游需求市场环境的变化情况和可持续发展的要求，对与该地区旅游业发展有关的生产要素进行科学合理的优化配置的方案。

关于当代旅游开发规划方面的研究，国外研究较早，代表性著作有1978年凯泽·赫尔伯的《旅游规划与发展》、1981年朱卓任的《度假地开发与管理》、1989年道格拉斯·皮尔斯的《旅游开发》、1991年爱德华·因斯克普和马克·科伦伯格的《旅游度假区的综合开发模式》等。还有一些关于旅游经济研究方法的探讨，如1989年斯蒂芬·史密斯的《旅游决策与分析方法》、柯布西耶的《光辉城市》等。

国内的旅游规划多由规划部门或文物保护部门实施，具有政府技术和学术垄断性。旅游规划的基本任务是：通过确定发展目标，提高吸引力，综合平衡旅游体系、支持体系和保障体系的关系，拓展旅游内容的广度与深度，优化旅游产品的结构，保护旅游赖以发展的生态环境，保证旅游地获得良好的效益并促进地方社会经济的发展。

（一）对都市旅游规划的基本认识

1. 背景

2000年10月国家旅游局颁布的《旅游发展规划管理暂行办法》指出：旅游发展规划经（当地旅游局报当地政府）批复后，由各级旅游行政主管部门负责协调有关部门纳入国土规划、土地利用规划和城市总体规划等相关规划；旅游发展规划所确定的旅游开发建设项目，应按照国家基本建设程序的规定纳入国民经济和社会发展规划。

都市旅游是一个庞大的系统工程，涉及范围广、部门多，都市中各行各业的发展几乎都或多或少牵扯到旅游的发展。都市旅游规划是一个城市进行旅游发展的目标和纲领。一个没有规划的旅游城市，其发展将是无序的、短暂的。都市旅游规划是一个都市进行旅游管理、旅游开发建设的科学依据，也是指导都市开发市场需求的旅游产品的依据。成功的旅游规划，可以使一个都市的旅游发展步入健康、可持续发展的良性道路。

旅游发展规划的编制和实施能够有效整合区域旅游经济资源，形成区域旅游特色，并促进区域内部有序发展，避免出现内部竞争的混乱局面。编制规划时应立意高远，站在国际旅游市场竞争的角度，以提升区域和我国旅游产业竞争力为导向，逐步形成科学可行、协调完善的区域旅游规划体系。

2. 都市规划和都市旅游规划的关系

（1）都市旅游规划是都市总体规划的一部分

都市规划是推动都市发展最主要的力量，都市规划具有政令形式和法律支持，在都市建设过程中无论是民用地还是空闲地进行旅游规划建设，都需要得到都市规划主管部门的批准，获得土地使用证明，方可在该土地上开展建设工程，没有获得土地使用证明的一切土地使用在我国都属于非法用地，是不被国家、当地政府所承认的。都市旅游规划作为城市规划重要的一部分，在促进都市未来发展和承担都市繁荣职能方面有着不可忽视的作用。

（2）都市规划对都市旅游规划的影响

通常而言，一座都市因其所处的地理位置、地形地貌、气候因素、历史文化等会形成一张独一无二的名片，而都市总体规划便是这张名片的制定者。可以这样讲，都市总体规划决定了都市的性质和都市日后的发展方向以及目标，是都市职能的直观体现。都市职能的不同也就意味着都市规划有着差异性，在都市规模、基础设施建设、用地分配上均有明显的差别，例如：我国一些以工业发展为主的城市，具有代表性的有攀枝花、大庆等，这些中小城市在发展过程中将自己的城市职能定位在工业发展上，在城市规划上也更注重工业建设用地，而减少其他建设用地；而像四川的峨眉山市、山东的青岛、云南的大理等，依托自身独一无二的地理位置或者历史文化因素，将城市规划定位在旅游业上，在城市规划中更偏向于旅游建设用地，在城市基础设施和城市街道设计及配套服务设施上更加齐全，这为城市旅游规划提供了强有力的外部支持。都市作为城市发展的高级形态，都市基础设施的完善、街道设计的合理性及配套服务设施的完备都对该都市的发展起到了很大的影响，也是吸引游客的一大亮点。定位于旅游职能的都市在空间布局上更加侧重于周围环境和都市建设环境的协调。

(3) 都市规划与都市旅游规划的协调性

都市规划对都市旅游规划有很大的影响，都市规划统领都市旅游规划，而都市旅游规划作为都市规划的重要部分，是对都市规划的有效补充，二者可以看作是相互协调的关系，在进行都市综合规划前期要充分考虑到都市旅游规划的发展，合理安排都市未来的发展方向，在适合发展旅游的因素居多的情况下，可多向旅游规划靠拢，吸收旅游规划对都市定位及发展的想法，以促进都市形象的整体提升。

总之，只有都市规划与都市旅游规划共同协调、共同发展，才是促进都市发展的最大动力，对都市的定位、职能等都有极大的裨益。

(二) 都市旅游区各要素之间的逻辑关系

1. 从旅游规划看都市旅游规划

旅游规划类型按空间尺度大小分，依次为区域旅游规划、都市旅游规划和景区景点规划等。其委托方为旅游主管部门，主要内容既要有宏观上的定位，又要有微观上的建设规划。

2. 都市规划中的都市旅游规划

都市规划中必不可少的一个组成部分就是旅游规划，其作为一个专项规划存在。旅游规划的完成单位为城建规划设计单位，规划的主要内容为旅游景区景点布局，即旅游线路组织。

3. 都市旅游规划的概念

都市旅游规划是针对特定的经济区域——都市的区域性旅游规划，是关于特定都市区域内旅游产品开发、生产与经营的整体发展谋划。都市旅游规划的内容包括发展目标与实施策略的制定，其对象包括都市旅游吸引体系、都市旅游接待服务体系、都市旅游产业体系和都市旅游环境体系。都市旅游规划按照内容划分，依次包括发展规划、总体规划、专项规划和详细规划等。

(三)都市旅游规划的原则与基本理论

1. 遵循原则

随着都市旅游业的发展,旅游规划的内容和形式层出不穷,而掌握和遵循旅游规划开发的一般原则,是解决矛盾、达到预期效果的重要条件。

(1) 市场原则

有源源不断的客源才能使旅游目的地长久不衰。旅游客源市场受许多因素的制约,如游人的动机、旅游资源的吸引力、地理位置、社会经济环境的变化等,在规划时必须适应旅游市场的变动。

(2) 形象原则

通过开发必须创造出鲜明的形象,这是旅游规划的基本要求。旅游形象要有自己的特色、鲜明的主题、无穷的魅力,才能吸引众多的旅游者,增强旅游目的地的吸引力。忌讳抄袭、模仿,没有特色。

(3) 美学原则

对旅游资源进行规划时要尽量体现旅游资源的美学特征,任何建筑物或服务的形式都必须与相应的自然环境和旅游气氛融为一体,体现自然与人工美的和谐统一。

从本质上说,都市旅游是一种都市文化体验、文化认知与文化分享的社会活动,都市旅游规划是展示都市魅力和影响力的科学计划,都市需要通过旅游规划这一方式实现文化传承、产业转化和社会创新。

2. 基本理论

(1) 都市竞争力理论

都市竞争力是由都市实力、活力、能力、潜力和魅力组合而成的系统合力。都市品牌认知度、都市形象影响力、都市文化凝聚力和游客满意度是反映都市魅力的四个指标。都市发展旅游业的实质就是要吸引更多的人流,为都市提升竞争力创造一个良好的平台,通过对都市资源的挖掘、重组、整合、包装,提高都市的吸引力和影响力。

(2) 可持续发展理论

都市旅游规划是一个系统工程,涉及面广,影响深远,必须遵循可持续发展原则。创造良好的发展环境是都市旅游目的地可持续发展的基础要素,包括生态环境、社会环境、文化环境等综合环境。生态环境是旅游开发进行的基础和前提,所有的旅游活动必须以生态保护为第一原则。友好的社会环境也是旅游活动顺利进行的前提和促进剂,一个世界性的旅游目的地必然是拥有极高的社区支持度、居民参与度的,当地人民的友善和热情能够成为旅游者留下来的理由。文化环境包括都市文化事业、文化产业和文化建设三大内容。都市文化是都市旅游的内容和灵魂,都市旅游是都市文化的重要展示方式和载体。当代各大都市的竞争日益走向文化竞争，文化规划、文化建设正在成为新的发展潮流和趋势。世界各国的文化发展战略及旅游业发展经验均表明，文化旅游是都市成长为世界旅游城市的必然选择。

（3）旅游目的地生命周期理论

目的地旅游经历探索、起步、发展、稳固、停滞、衰落或复苏阶段。其特点如下：①大部分旅游目的地都经过一个类似S形的生命周期；②每个旅游目的地生命周期阶段的时间长短因自身旅游产品内容不同而不同；③旅游目的地在不同生命周期阶段中，利润高低不同。

（四）都市旅游规划功能

1. 促进旅游业健康发展

设定合理的行政目标是行政主体正确合理成功行政的第一步。但是达到既定目标、达到最佳行政效益，只靠目标的设定是绝对不够的，还必须在社会现实的基础上，调动一切积极的人力、物力、财力，实现多方共赢、社会和谐进步、经济发展。这个功能还起着监督行政权的作用，旅游规划一旦做出、公之于众，旅行社、景区等市场主体也可以利用行政规划来监督主管部门的行为，民众也可以享受更好的旅游服务。

2. 启发和诱导的功能

旅游规划具有较强的透明度，旅游经营者的重要目的之一是获取利益以满足自身存在和发展的需要，为全社会提供就业机会和商业机会。对于社会大众来说，了解旅游规划本身就是获取行政信息、把握就业机会和商业机会的重要途径，能避免创业和投资方向的盲目性。旅游行政规划，既能使旅游经营者和潜在的旅游经营者更加理性地进行选择，也能使旅游行政管理者的管理活动更加方便，旅游市场主体和旅游消费者的行为更加规范，促使旅游业的发展更加顺利。

3. 调整和整合的功能

都市若没有行政规划，则其他的行政管理活动如组织、人事、协调、控制等都无从实施。都市旅游业是综合性比较强的行业，旅游行政规划具有科学、合理地实施旅游相关行政的功能，但行政管理有时需要各个部门协调一致才能达成行政目标，促进旅游业的发展。

下面简单介绍都市常见的公园规划项目。

（五）都市公园规划

1. 都市公园的概念

广义的都市公园泛指除自然公园以外的一切人造公园，包括综合公园和专类公园

（如动物园、植物园、城市广场、主题公园等）。狭义的都市公园是指一种为城市居民提供的、有一定实用功能的自然化的游憩生活场所，多指都市绿地系统中的公园绿地。从都市旅游概念上看，都市公园是城市中的开放园林空间，是都市休闲功能的有效提供者，包含供大众参与的、露天或半露天型、与生态相协调的休闲场所。世界上第一个都市公园是英国利物浦的伯肯海德公园，建造于1843年，供市民免费使用，其后有美国纽约的中央公园、芝加哥千禧公园等，这些都市公园的开放不仅得到了市民和游客的认可与喜爱，而且成为地方重要的旅游景点，每年吸引大量游客。中国的都市公园最早可追溯到1868年上海租界的"公花园"（即黄浦公园）。新中国成立后，国家和城市政府建立了数量众多的城市公园。据统计，截至2014年，全国建成的都市公园达13 074个，总面积达到367 926 hm^2（即3 679.26 km^2）。都市公园作为公益性的城市基础设施，是都市绿地系统的一部分，供公众进行游览、观赏、休憩、健身等活动，向全社会开放，有较完善的设施及良好的生态环境[①]。

2. 都市公园的构成、功能及规划要点

国家法定分类方面，我国《城市绿地分类标准》（CJJ/T 85—2002）将城市绿地分为五大类，包括公园绿地、生产绿地、防护绿地、附属绿地和其他绿地。其中，公园绿地又可分为五类，包括综合公园、社区公园、专类公园、带状公园和街旁绿地。从都市旅游规划的角度对都市公园分类，都市公园主要是指那些规模相对较大，能够修建各种休闲娱乐设施的公园，按功能分类包括观赏型、娱乐型、综合型、教育型、纪念型等。下面按照功能分类逐一介绍。

（1）观赏型公园

以都市观光游览者为目标市场，如动物园、植物园、民俗园、雕塑公园、森林公园、湿地公园等。此类公园强调景观的优美、独特和富有文化性，多从自然中借景，加上人工造景与之相结合，满足游客审美、猎奇的要求，重点在于营造陶冶情操、放松心情的氛围，以及一定的文化教育作用。如广州雕塑公园：在钢筋水泥林立的雕塑园中，还注意到软质景观的塑造，注意深化加工植物样式，将立体花坛运用其中；从自然界选材，生态动物栩栩如生，灰色的硬质景观变得柔和，增加了公园的活跃性和趣味性。

（2）娱乐型公园

娱乐是指旅游者在旅游活动中观赏和参与的文娱活动，它是构成旅游活动的六大基本要素之一。游、娱是旅游者的目的性需求，而食、宿、行、购则是为了达到目的所必备的日常生活性质的需求。旅游娱乐活动属于精神产品，横跨文学、艺术、娱乐、

[①] 中华人民共和国建设部. 园林基本术语标准：CJJ/T 91—2002 [S]. 北京：中国建筑工业出版社，2002：2.

音乐、体育等诸领域。开发较好的如伦敦百乐门竞技场：它与一幢在伦敦市中心的大型私人综合办公楼一起建造，空间的特别之处是作为其焦点的圆形舞台设计，舞台由逐渐后退的露台环绕而成，这个空间被规划并设计成一个用于表演和游戏的场所——夏天以音乐会、剧场表演以及喝咖啡等不断变化的娱乐休闲方式为特色；冬天，这个舞台则成了一个溜冰场。

(3) 综合型公园

综合型都市公园同时具备上述两种公园的功能，一般比较常见，既注意景观的塑造满足游客游览的需要，又开发各种娱乐设施以丰富游人活动。北京朝阳公园作为北京最大的都市公园，规划总面积达 288.7 hm² (即 2.887 km²)，自建成至今，娱乐设施齐全，每年举办大量异彩纷呈的会展业务，如朝阳公园音乐节、泰国风情节、朝阳公园儿童节、朝阳公园风筝节、朝阳公园房展会、朝阳公园庙会、朝阳公园灯会及各种演唱会等。

(4) 教育型公园

此类都市公园的开发注重教育意义，包括科普、历史、爱国、环保及生活等方面的知识。一般在公园内修建展馆、实训室，组织开展教育活动，主要针对学生群体，设立展示品、讲解展牌，并组织游客亲自参与尝试，在玩中学。例如：成都的活水公园，它是世界上第一个以环境教育为主题的城市公园。

(5) 纪念型公园

为纪念一些大型历史事件或一些历史伟人而围绕该事件或该人物建立的城市公园，该公园的景观一般都围绕一个特定的主题，并定期围绕该主题举办纪念活动。此类公园的主要目标市场一般是学生群体和企事业单位，或以缅怀伟人、不忘国耻为内容，或以加大、加强大型事件影响力为目的。如上海的徐家汇公园、鲁迅公园，北京的中山公园、中国人民抗日战争纪念雕塑园等。

3. 不同公园的规划要点和规划注意事项

成功的都市公园得益于它们出色的公园设计理念和优秀的经营管理。目前，城市公园在设计和经营中应注意的问题主要包括四个方面。

(1) 充分合理地利用各种可利用的土地

土地的缺乏是很多公园和开放空间发展最大的障碍之一。因此，合理地改造和综合利用各种可以利用的土地就成为解决这一问题的有效途径，如可以使用街道、公路、滨水地区等。当然还有将废弃的场地开发成城市公园的成功案例。随着城市化发展和经济结构的转型，世界各国的城市中都出现了一些工业时代遗留的废弃地，如停产倒闭的工厂、废弃的码头、污染严重的垃圾处理厂等。

(2) 实施要素的重要性设施的配置

① 把公园作为组织要素：城市公园不仅可以创造一种场所感、一个地标和一个社区的核心焦点，反过来还可以提高地产的价值，并刺激新的发展。

② 合理开发公园项目：开发合理的项目，不仅可以提高公园的收入、解决公园建设资金不足的问题，而且在一定程度上还能起到治安防卫的作用。例如，城市公园应该设置多样化的活动设施，要考虑到大众的口味，要营造有亲和力的景观，并积极促进人们的交往等。

③ 创造安全的环境：许多大城市的公园的衰落在很大程度上是因为人们意识到，它们不具有安全的环境。

(3) 公众参与机制的介入

公众参与是一种让群众参与决策过程的设计，使群众真正成为公园建设的主人。公众参与的结果能提升公众自身的园林审美品位与欣赏水准，反过来影响设计师和建设者。高品质的园林景观使环境和人的关系更和谐，减少公园建设的盲目性。

(4) 投资建设阶段的方式

① 建设—经营—转让（build-operate-transfer，BOT）模式。BOT 模式也叫作"公共工程特许权"，是指政府同私营机构的项目公司签订合同，由项目公司融资和建设基础设施项目。项目公司在协议期内拥有、运营和维护这项设施，通过收取使用费或服务费回收投资，并取得合理利润，协议期满后这项设施的所有权无偿移交给政府。

② 移交—经营—移交（transfer-operate-transfer，TOT）模式。TOT 模式也称有偿转让经营权模式。这种模式是指由城市园林建设经营部门或授权的经营管理公司通过合约的形式，经有权部门批准，将城市公园全部或部分经营权在一定时期内转让给具有法人资格的经营单位经营，转让期满后，将该城市公园无偿地、完好地交还给主管部门。主要的特征就是城市公园的主管部门一次性获得转让经营权的投资，而投资者则在经营期限内收回投资并获得利益。对于政府而言，在某些特定时期，在城市公园的建设资金比较紧张，其他融资方式难以实施的情况下，转让经营权是利大于弊的。

③ 综合开发模式。公园用地和商住用地整体开发，引入房地产开发公司，政府给企业优惠的地价，企业在开发商住小区的同时承担公园的建设和管理。这也就是我们所说的综合开发模式，当然也有人从房地产的角度称之为"公园地产"。它带来了深远影响，不仅是一个升级版城区的形成，也不仅是对周边区域价值的提升，而是提供了一种全新的健康时尚的生活方式，一种在现代化的大都市中最稀缺的"绿色生活"。

4. 城市公园未来发展趋势

城市居民对公共绿地提出了一些休闲需求，不仅仅是散步，更重要的是在城市绿地开放空间的基本休闲活动，包括儿童乐园、放风筝等，产生了相应的休闲服务，这与规范的对城市公园的要求有一定的差距。城市公园的基本功能包括生态功能、审美功能、休闲娱乐功能、保护教育功能、防灾避险功能等，城市公园建设应在囊括基本功能基础上实现新的突破，呈现出新的发展趋势。

(1) 免费开放

随着我国人民生活水平的提高，越来越多的公园由售票式转变为免费开放式，城市公园免费开放是社会进步与发展的必然需求，已经成为国家政策，是我国国民经济社会发展的必然趋势。

(2) 商业化

商业化是城市公园持续发展的有力保证。目前免费开放的公园基本依靠政府补贴运营，这极大地增加了政府的财政支出，造成了国有资产的流失，这就需要在城市规范条件下加强公园内的商业化经营。目前，我国经营得比较好的城市公园大多采用了商业化发展模式，如将公园内部服务设施的经营权通过竞标的方式下放给开发商，政府只提供公园土地及部分养护费用，其余养护费用由开发商通过商业经营自行解决，如北京朝阳公园、上海植物园等。

(3) 休闲化

随着不同城市公园的差异化经营，公园经济效益进入了两极化阶段，北京绿维创景规划设计院因此提出：休闲化是城市公园可持续发展的必由之路，即城市公园在不失去公益性的同时，又要在规范条件下进行适当的经营开发，实现公园的造血功能。公园免费开放是一种趋势，我们所讲的免费开放，不仅仅是把围墙撤掉，把人撤走，更重要的是要进行经营，进行公共休闲产品的经营，这样才能解决仅仅依靠政府补贴而出现的经营问题，同时满足广大市民的休闲需求。

三、都市旅游规划产品空间布局规划

在都市旅游产品空间布局的研究中，旅游学者在"中心地理论"的基础上提出了"旅游中心地"的概念，认为旅游中心地是提供旅游吸引物的集中布局场所，围绕旅游中心地分布的客源市场区域被称为中心地的市场腹地，也叫作市场区域或中心地区域。实际上，市场区域就是从旅游中心地接受旅游信息并向旅游中心地输入客源的区域。

（一）都市游憩商务区（RBD）

一个都市的中央商务区（central business district，CBD）高度集中了城市的经济、科技和文化力量，作为城市的核心，应具备金融、贸易、服务、展览、咨询等多种功能，并配以完善的市政交通与通信条件。世界上比较出名的城市CBD有纽约曼哈顿、

伦敦金融城、巴黎拉德芳斯、东京新宿、香港中环等。

商务的发展一定伴随着休闲娱乐业的发展，并且随着财富聚集度不断跃升，人们对休闲娱乐的需求也愈加强烈，从而促进了服务业的繁荣。在这一背景下，都市旅游的发展使得都市中开始出现一些娱乐设施集中的地区，游客也往往聚集到这一特定地区。

相对于CBD，都市还有中心旅游区（central tourist district，CTD）、旅游商务区（tourism business district，TBD）、游憩商务区（recreational business district，RBD）等概念来描述都市旅游产品集中区域，其中RBD成为比较流行的概念称谓。

RBD不仅是都市旅游设施建设的重心，还是都市旅游业的主要分布空间。在功能上，RBD不仅服务于旅游者，也给予本地居民足够的重视。一方面，RBD满足旅游者的餐饮、住宿、信息获取等基本需求，为旅游者提供购物、观赏等多种服务，凭借完善而集中的旅游产品成为培育旅游者高质量旅游经历，协调购物、休闲与旅游之间关系的最佳场所，彰显都市的旅游功能。另一方面，随着都市居民自由时间的增多，其休闲需求也日益增加，休闲活动呈现出随居住地与休闲活动场所的距离增加而衰减的特征，集中了各种游憩设施的RBD恰恰适应和满足了本地居民的都市休闲要求，因此都市居民的休闲活动也相对集中于RBD。

（二）都市环城游憩带

都市的环城游憩带（recreational belt around metropolis，ReBAM）实际上是指发生于都市郊区、主要为都市本地居民提供的游憩休闲设施、场所和公共空间，特定情况下还包括位于城郊、外来旅游者经常光顾的各级旅游目的地，一起形成的环大都市游憩活动频发地带。ReBAM以回归自然为主题，形成了乡村旅游区、度假村、生态观光区等休闲活动场所，有时也包含以自然为主、服务于外来旅游者的资源与设施，给游憩者提供一个休闲和放松身心的自然环境。它并不完全受行政界线的制约，有时会越出都市范围而延伸至周边县市。

ReBAM是在都市土地租金和旅行成本的双向作用下，投资商和旅游者达成的一种妥协结果。从供给方（投资商）来看，距离都市越远，级差地租越低，投资商的资金压力越小，受都市中心高昂级差地租的外驱作用，资金投向逐步转移至市郊；而从需求方（旅游者）来看，距离都市越远，旅游者的旅行成本越大，其出行意愿和实际旅游率越低，二者相互作用，最终会在某个适当的位置达到平衡，从而形成ReBAM。这也意味着不同发展水平的国家之间，由于土地租金和旅行成本在空间上的变化不同，ReBAM在都市范围内所处的位置也有所差别：发达国家都市居民的旅游能力较强，旅游半径也大于中国都市居民，ReBAM距离都市中心就相对更远。

拓展材料 4-1

我国旅游产品的演变过程与第三代旅游产品

随着旅游规模的不断扩大，旅游产业形成规模效益后逐渐出现了规模经济，从而促使旅游企业在经营和产品开发上不断创新。与此同时，现代旅游中散客旅游的比重不断上升，几乎占市场的80%以上。这一趋势表明，旅游产品的个性化日益明显。传统的规模生产已经很难适应市场需求的变化，因而出现了第三代旅游产品。这一代旅游产品完全抛弃了传统产品的设计和生产模式，更为关注市场需求和自身的资源优势。

其特征如下：更加注重文化资源内涵的挖掘；产品受地域的垄断很小，更具流动性，同时增加了产品的地方特色和民族特色，更具有吸引力；产品放弃了传统的点线开发，以对资源的全面利用为主，扩大了产品的影响，出现了区域旅游的发展趋势；这类产品能与知识经济时代背景更好地结合，不仅开拓了传统的产品开发思路，而且给旅游产业的经营带来了根本性的变化，促使旅游企业由粗放经营转向集约经营；这类产品以文化旅游产品为主，其开发要求有相当深厚的文化积淀，并且资源的密集度高。

资料来源：童地轴. 旅游业概论［M］. 合肥：安徽大学出版社，2009.

拓展材料 4-2

基于网络文本分析的旅游形象研究——以鼓浪屿为例

鼓浪屿位于厦门市思明区，面积 1.87 km²、人口 1.6 万，有"海上花园""万国建筑博览会"和"钢琴之岛"的美誉，环境幽静，除环岛电动车外不允许机动车辆上岛。鼓浪屿是国家 5A 级旅游景区、国家级风景名胜区、ISO14000 国家示范区、全国文明风景旅游区、全国 35 个王牌景点之一、福建十佳风景区之首，2005 年被《中国国家地理》杂志评为"中国最美的城区"第一名，2006 年入选"外国人最值得去的 50 个地方"金奖，集观光、度假、休闲、娱乐、美食、购物于一体，每年都吸引 400 万以上的国内外游客。根据中国社会科学院旅游研究中心与乐途旅游网联合发布的 2011 年第三季《中国公民旅游关注度报告》，鼓浪屿在"20 大最受关注国内景区"中排名第一，同时在"旅游服务综合评价"中名列第一。由于知名度和关注度较高,网上有关鼓浪屿的旅游攻略、游记、点评、广告数量众多,对网络文本进行内容分析,可获得游客对鼓浪屿旅游形象的真实感知,因此选择鼓浪屿作为研究对象。

(一)研究结论

以厦门鼓浪屿为例,采用ROST内容挖掘软件(ROST Content Mining)和内容分析法,挖掘游客点评网站数据,探索游客对鼓浪屿旅游形象感知的属性与特征;在内容分析类目基础上,对鼓浪屿旅游形象进行评价,从理论上完善了以网络文本为数据来源的旅游形象研究方法。根据实证研究得到如下结论。

首先,利用ROST Content Mining软件提取描述鼓浪屿旅游形象的60个高频特征词,包括名词、形容词和动词,分别从旅游吸引物、旅游地环境特征、游客行为三大方面描述鼓浪屿旅游形象;使用频率最高的10个特征词是鼓浪屿、岛上、厦门、感觉、日光岩、景点、龙头路、建筑、小吃和轮渡;鼓浪屿旅游形象归纳为海岛地理条件、独特的人文环境与氛围、优美的建筑景观和旅游景点、美味可口的风味小吃四大主题。

其次,使用内容分析法建构由景观、环境、餐饮、住宿、交通、游览、购物7个主类目和23个次类目构成的旅游形象属性内容分析类目,经信度分析,各主类目和次类目交互判别信度值均在90%以上,处于较好水平。对旅游形象属性主类目和次类目频次统计:主类目中,景观、环境、游览和餐饮等形象属性的游客感知程度较高,是鼓浪屿最突出的旅游形象要素;次类目中,鼓浪屿整体氛围、小吃美食、各个景点、滨海景观和建筑景观是游客形象感知突出的内容。

最后,运用SPSS18.0软件对鼓浪屿旅游形象属性评价结果统计分析。176位游客对鼓浪屿旅游整体形象评价较高,大部分游客评价为"好",在4分及以上。根据评价次数和评价分数的对应关系,对鼓浪屿旅游形象属性23个次类目评价结果分析发现,游客对鼓浪屿"小吃美食""整体氛围""各个景点""整体景观""建筑景观""滨海景观""街巷景观""住宿设施"和"岛上散步"等旅游形象属性关注度较高,其中:对"小吃美食""整体景观""建筑景观""住宿设施""街巷景观"和"岛上散步"的评价都介于"好"与"很好"之间,未来应持续维护;"整体氛围""各个景点""餐饮整体"和"滨海景观"4个次类目要引起注意、加以改进。被评价次数在10~20次的次类目中,游客对"景点整体""进岛交通"和"岛内交通"评价较差;在评价次数最少的5个次类目中,得分两极化,鼓浪屿应在控制物价水平和完善旅游基础设施方面下功夫。

（二）研究展望

今后，在网络文本分析的数据源方面，可增加对旅游官方网站、旅游企业网站、旅游电子商务网站、旅游博客网站和旅游微博客数据的研究；在数据类型方面，可从文本数据拓展到网站图片、音频、视频等多媒体内容，使研究更加深入；在数据挖掘手段方面，尝试使用更多的数据挖掘软件和方法，如在国外被广泛应用的CATPAC、WORDER、HAMLET、NVivo7.0和ATLAS.ti等软件，同时完善内容分析法的使用，提高数据挖掘的信度和效度；在数据统计方面，运用因子分析、T检验、对应分析和聚类分析等，提高对研究结果分析、阐释的科学性；在研究维度方面，可对同一网络数据源在一段时期内旅游形象的变化趋势、不同地区或国籍游客对同一旅游地形象感知的差异性，以及旅游形象与旅游动机、旅游满意度、旅游体验和重游意愿的关系等内容进行研究。

资料来源：付业勤，王新建，郑向敏．基于网络文本分析的旅游形象研究——以鼓浪屿为例［J］．旅游论坛，2012，5（4）：59—66．

1. 思考："鼓浪屿：历史国际社区"自2017年成为世界文化遗产后，都市旅游吸引物形象有哪些变化？
2. 分析讨论：鼓浪屿作为厦门都市核心旅游吸引物形象如何提升？

课程实训与实践

任务：分小组讨论上海都市旅游吸引物开发

要求：

① 学生分小组介绍上海外滩、东方明珠、世博会旧址等旅游吸引物的各自特点；

② 组织学生分析、总结上海都市旅游资源的特征和价值；

③ 请对上海的国家5A级景区、4A级景区管理现状开展文献研究和实地调研；

④ 思考：都市旅游吸引物建设的作用。

本章小结

1. 都市旅游吸引物是旅游都市最重要的形象感知要素，它为旅游者提供从一个都市到另一个都市的动机和吸引力。都市旅游吸引物是都市旅游目的地的核心构成，包括先天资源类吸引物、景观类吸引物和节事类吸引物等。

2. 都市旅游吸引物开发主要分为挖掘型、移植型、生长型等，在不同的发展时期和条件下这些模式是可以相互转化或相互融合的。

3. 都市旅游规制是通过政府制定的各项管理制度实现，充分反映市场机制、行政机制和法律机制的基本性质和基本属性。都市政府在都市旅游规制与规划中发挥着重要作用，都市旅游规制的制定应符合四个方面的原则：①边界明确原则；②公正透明原则；③系统性原则；④激励性原则。都市旅游规制具有三个特征：强制性、相对稳定性和综合性。

4. 都市旅游资源是指都市中能够对游客产生吸引力，促使其完成旅游行为的自然的、人文的或社会的各种事物或因素。都市旅游资源是都市旅游发展的基础和条件。都市旅游资源具有可观察性、不可移动性、不可再生性、时代性、永续性等特征。

复习与思考

1. 了解都市旅游吸引物的概念和相关理论。
2. 结合当代都市发展理论谈谈如何塑造都市旅游吸引物形象。
3. 都市旅游吸引物的营销方式主要有哪些？
4. 比较分析国内大都市的旅游产品的营销效果。
5. 如何建立都市标志性旅游吸引物，使旅游者有效地形成感知？

第五章
都市旅游企业管理

学习目标

通过本章的学习，掌握都市旅游企业的概念、特征，掌握都市旅游核心企业即酒店、旅行社、在线旅行社、交通业等的基本概念和发展趋势；了解都市旅游核心企业服务的重要性和基本概念、内容。

核心概念

都市旅游核心企业　都市酒店业　都市旅行社业　都市在线旅行社业　都市交通业　都市旅游企业服务

导读

旅游企业的"八大类别"与"十三个行业"

为了简单、直观地认识旅游企业，相关从业者和管理者往往谈到旅游企业的"八大类别"和"十三行业"。

旅游企业"八大类别"是指旅游业所涉及的行业类别。

（1）游憩行业。包括景区、公园、娱乐区、游乐区、主题公园、体育园区、康疗区、旅游商业区等的经营管理和运作行业。

（2）接待行业。包括宾馆、酒店、餐饮、会议、展览等。

（3）营销行业。包括旅行商务行业、旅游媒介广告行业。

(4)交通行业。包括公路客运、铁路客运、航运、水运等行业。

(5)建设行业。包括园林绿化、生态恢复、古建、艺术装饰等建筑行业。

(6)生产行业。包括车船交通工具生产、游乐设施生产、土特产品加工、旅游工艺品加工、酒店用品生产等行业。

(7)商业行业。包括旅游购物商业和购物休闲商业等。其中,购物休闲商业(大卖场)是超大规模的商业休闲场所,集购物、观赏、娱乐于一体。此类旅游产品乃旅游业发展的一个全新的阶段。

(8)旅游智业。智业是一种行业的新颖提法,是指不需要任何其他生产资料、只用脑力劳动的行业。随着文化元素的日益注入,旅游行业也提出了旅游智业的概念,在这里,旅游智业指的是旅游业的规划、策划、管理、投融资、景观设计等咨询行业。

以上八大类别,基本上就构成了旅游的产业链,也就是频频见诸报端的"大旅游"的概念。

与旅游业直接相关的"十三个行业"是指在"八大类别"下,旅游业具体直接涉猎的行业,包括:旅游酒店业、餐饮业、运输业、文化业、娱乐业、体育业、保健美容业、疗养业、博彩业、会展业、生态与观光农业、加工工业、技术企业等。

第一节 都市旅游企业管理

一、都市旅游企业的概念

(一)都市旅游企业的基本概念

都市旅游是发生在都市范围内的各种游憩活动,实质上是人们出于对都市文明的向往而开展的特殊地理空间的旅游活动。都市旅游也可以理解为以都市设施为依托,以丰富的自然风光和人文景观、独特的都市风貌、便利周到的旅游接待服务等为吸引物招徕游客的各种旅游活动的总称。都市旅游企业按照都市旅游各行业在旅游经济中的地位和功能作用,可划分为都市旅游核心企业、辅助企业和相关企业三种。其中,都市旅游核心企业与旅游活动和旅游经济的相关性最密切。

1. 旅游企业概念

现代旅游业是一种企业，而且不同于传统企业。旅游业发展过程中带来的社会现象及相关效益都证明，旅游业具有作为一种企业的特性而存在的基础。

关于旅游企业的概念，目前还没有达成统一的共识，不同的学者有不同的认识。如唐纳德·伦德博格在对旅游企业进行概念界定时指出：旅游企业是为国内外旅游者服务的一系列企业和组织的总和。我国学者黄安民在对旅游企业进行概念界定时指出：旅游企业就是以旅游资源为凭借、以旅游设施为条件、以旅游者为对象，为旅游者的旅游活动、旅游消费创造便利条件并提供其所需产品和服务的综合性企业。

从以上学者对旅游企业的定义可以看出，旅游企业是以旅游者为对象，为其旅游活动创造便利条件并提供其所需产品或服务的综合性企业，它是连接旅游者和旅游吸引物的重要纽带。同其他传统的企业相比，旅游企业的定义有两个特征：①旅游企业的定义是需求取向的定义，而非供给取向的定义，旅游产品的提供是以旅游者为服务对象的；②旅游生产组织活动被视为一项企业活动，其界定的标准是它的服务对象——旅游者，而不是旅游业务或服务。

综合上述观点，可以将旅游企业定义为"为旅游者提供产品和服务的行业（即旅游业）及其他对旅游活动有较大依赖的辅助行业"。显然，"旅游企业"比"旅游业"的外延要广泛得多。

广义的旅游企业除了专门从事旅游业务的部门以外，还包括与旅游相关的行业，如农业、工业、运输业、通信业、金融业、保险业等。

狭义的旅游企业是指旅游核心企业，包括旅行社业、旅游酒店业、旅游交通业、旅游吸引物企业（以景区为主的旅游景观/景区业）等，这是旅游业的"四大支柱"论。从旅游企业内涵发展越来越丰富的角度来看，后来还增加了旅游管理组织或部门，统称为旅游业的"五大支柱"或"五大部门"，即"五大支柱"论。都市旅游企业还具有自身特殊性。

2. 旅游业与旅游产业的联系与区别

从产业经济学"产业"的角度看，旅游产业包括旅游酒店、旅行社、旅游交通、旅游景区景点及其他旅游支撑企业。旅游酒店提供的是住宿餐饮服务，旅行社提供的是旅游线路的设计和旅游过程组织服务，旅游交通业提供车船、航空游客运输，旅游景区景点提供的是旅游资源和接待服务，而其他旅游支撑企业提供的则可能是金融、保险、食品卫生、安全服务等。

对"旅游产业"这一概念，学术界一直存在争议。争议的焦点是：旅游业是产业吗？一种观点认为旅游业不是真正的产业。托马斯·戴维逊的研究结果表明，将旅游定义为产业是不正确的，因为这个定义贬低了旅游的真正意义。旅游是一种经济社会现象，它既是一个社会经济进步的发动机，也是一种社会力量。旅游不仅仅是一个一般意义的产业，旅游更像是一个"部门"，它影响着一大批产业。旅游所涉及的不仅仅是做生意或行政管理，它指的是人的社会活动，因而支持合理的旅游增长与发展，应当从这种更广泛的意义上去理解。

另一种观点认为旅游业是一种产业。从供给的角度对旅游业进行界定，根据旅游活动本身的特性来看，它是一种产业。从需求的角度对旅游业进行界定，在现实社会中存在着一个为旅游者旅游需求服务的经济系统，这个系统凭借旅游资源和设施，为人们的空间移动消费提供行、住、食、游、购、娱等服务的综合体系。由于存在旅游需求，也就存在旅游经营者的活动，存在旅游经营者通过旅游供给来满足旅游者消费需求的经济活动。而且，不同经营者向某一特定市场提供相似产品和服务，这样各个经营者之间存在着竞争或合作的可能，从而满足了传统产业经济学中"根据交叉需求弹性理论中的可替代性来限定产品"的基本要求。因此，旅游产业是存在的。旅游企业发展过程中带来的社会现象及相关效益都证明，旅游企业具有作为一种产业的特性而存在的基础。

一般的观点认为，旅游产业是凭借旅游资源和设施，主要从事招徕、接待游客，为其提供交通、游览、住宿、餐饮、购物、文娱等六个需求环节的综合性行业。旅游产业的旅游业务主要由四部分构成，包括旅游吸引物企业、旅游交通业、旅游酒店业和旅行社业。即旅游业的四大支柱产业，这也是旅游业的"四大支柱"论。

3. 泛旅游产业

泛旅游产业是指超出观光、休闲、度假等传统旅游概念而更加泛化的旅游产业概念，是为人们提供具备趣味性、艺术性、知识性、刺激性等特性的体验消费的一系列产业的总称，其内容包括运动、康体、会展、娱乐等，产业链连接到餐饮、运输、商业、工业、农业等。单一特性的消费内容已无法满足人们的消费需求。因此，泛旅游产业的各产业之间有很强的融合趋势，融合之后的产业结构将形成很高的附加值和溢出效应。泛旅游产业是未来旅游发展的新趋势和新走向。

（二）都市旅游企业类型

1. 都市旅游企业类型构成的传统认识

都市旅游企业构成是指都市旅游企业内部的企业类别或经济部门的构成。都市旅游企业的产品和服务涉及的范围较广。

在旅游业的"五大支柱"论中，除了都市旅游管理组织不是以直接营利为目的的企业外，其他四个都是具有商业经营特征的旅游企业，再加上其他类型的旅游企业，如旅游规划企业、旅游出版企业、旅游装备制造企业等，共同构成了主要的都市旅游企业类型。

都市旅游企业在面向旅游者经营的同时,也为当地居民提供服务。例如,旅游酒店、餐饮、交通运输甚至景区景点,都可能既接待来访旅游者,也接待当地居民。在很多餐馆,当地居民的消费量往往大于来访旅游者的消费量;同外来游客相比,当地居民对出租车的使用频率要高得多。那么这些企业能否被看作旅游企业?为此,学者提出了"旅游企业的层级说"[①],将旅游企业划分为两个层级(national task force on tourism data)。第一层级即直接旅游企业,是指依赖于旅游者的存在而生存的企业,包括旅游酒店、旅行社、旅游交通运输公司,如航空公司、游船公司等。第二层级即间接旅游企业,是指那些即使没有旅游者也能继续生存,但营业量会有所缩减的企业,典型的如出租汽车公司、餐馆、商店、游览娱乐企业。至于将某一特定企业划入第一层级还是第二层级,需要具体情况具体分析。就某些位于旅游热点地区的餐馆而言,可能其全部营业收入都来自旅游者,这些餐馆在类属上无疑当属第一层级;但位于都市中心的餐馆,可能又属于第二层级。对于企业应划入哪一层级,各国可以根据自己的情况制定一个可操作的标准。例如,加拿大将营业收入80%以上来自旅游者的企业划入第一层级。同旅游业类型有关的一项最新发展是,为了评价旅游企业在经济中的地位与影响,WTO 于 1990 年开始,参照国际标准行业分类(International Standard Industrial Classification of All Economic Activities,ISIC)的做法,从技术统计角度尝试对旅游企业的类型范围进行规范。这一方案在 1995 年被命名为"国际旅游业务标准分类"(Standard Industrial Classification of Travel Activity,SICTA),其中所涉及的是那些相当大一部分的营业收入来自旅游者的业务单位。提出这一方案的目的是为世界各国提供一个标准的旅游企业分类模型,鼓励各国对旅游企业类型的分类实现一致,以便进行国际旅游收入统计与比较。这一标准分类的制定不仅使得将旅游有关企业划入第一层级或第二层级有了更为充分和规范的依据,而且为旅游卫星账户(tourism satellite account,TSA)的统计与测算提供了统一的口径和基础。

2. 都市旅游企业的新划分类型

按照都市旅游各行业在旅游经济中的地位和作用,可把都市旅游企业划分为都市旅游核心企业、辅助企业和相关企业三个部分。其中,都市旅游核心企业与旅游活动和旅游经济的相关性最密切。

(1)都市旅游核心企业

旅游核心企业是指直接面向旅游者提供产品或服务,并在旅游经济中具有重要地

---

① 黄远水,宋子千. 论旅游业的概念、范围与层次[J]. 河北工业大学学报(社会科学版),2007(2):8—10,13.

位和功能作用的行业,主要包括旅行社业、旅游酒店业、旅游交通业和旅游吸引物业,对旅游经济增长和发展具有十分重要的作用。

① 旅游酒店业。旅游酒店业是为旅游者提供食宿的基地,是一个国家或地区发展旅游业必不可少的物质基础。旅游酒店数量多少、酒店床位数多少标志着旅游接待能力;而旅游酒店的管理水平高低、服务质量好坏、卫生状况及环境的优劣,则反映了旅游业的服务质量。因此,旅游酒店业在旅游企业结构中具有十分重要的地位,没有发达的、高水平的旅游酒店业,就不可能有发达的旅游业。旅游酒店还包括旅游餐饮业。旅游餐饮业既为旅游者提供各种膳食、饮品、地方风味佳肴等物质产品,又为旅游者提供各种特色餐饮服务、食品生产过程,以丰富旅游活动的内容,提升旅游文化品位。

② 旅行社业。旅行社业作为旅游业的"龙头"行业,不仅是旅游产品的设计、组合者,也是旅游产品的经营者,在旅游经济活动中发挥着极为重要的作用。因此,旅行社发展的规模、经营水平及其在旅游企业结构中的比重,直接对旅游经济发展产生重要影响。

③ 旅游交通业。旅游交通业是实现旅游者空间移动的重要方式和条件,旅游交通作为客运体系的重要组成部分,不仅满足旅游企业发展的需求,又促进社会交通运输业的发展。特别是旅游交通运输要满足旅游者安全、舒适、快捷、廉价等方面的要求,就要求其不仅具有一般交通运输的功能,还要具有满足旅游需求的功能,从而要求在交通工具、运输方式、服务特征等方面都形成旅游交通运输业的特色。

④ 旅游吸引物企业(旅游景区/景观业)。旅游资源开发作为旅游吸引物企业最核心的内容,包括对各种自然旅游资源、人文旅游资源的开发和利用,形成一定的旅游景观、旅游景区及各种旅游产品的组合。目前,在对旅游资源的开发上还没有形成统一的、专门的规划和建设,而且在行业管理上也缺乏统一的宏观调控和管理。因此,必须把旅游资源开发纳入旅游企业结构,加快规范旅游资源的开发和建设,发挥旅游吸引物企业在旅游企业中的核心作用。

在都市旅游核心企业体系中,除了上述四种重要的都市旅游企业类型外,还包括一些其他的都市旅游企业,它们共同推动了都市旅游产业的发展。

(2) 都市旅游辅助企业

旅游辅助企业是指部分向旅游者提供旅游产品和服务,或对旅游经济发展具有重要作用和影响的行业,主要包括旅游娱乐业、旅游餐饮业、旅游教育培训、旅游研究和旅游规划设计等部门。这些行业虽然只是部分向旅游者提供产品和服务,或者间接为旅游活动开展提供支持条件,但它们在旅游经济发展中同样具有十分重要的作用。

① 旅游娱乐业。都市旅游是一种以都市休闲为主的观光、度假及娱乐活动,因而

丰富的旅游娱乐是旅游活动的重要组成部分。随着现代科技的发展，旅游娱乐业在旅游企业结构中的地位日益上升；旅游娱乐业增强旅游产品吸引力、促进旅游经济发展的作用不断增强。

② 旅游餐饮业。餐饮业是集即时加工制作、商业销售和服务性劳动于一体，向旅游消费者专门提供各种酒水、食品、消费场所和设施的食品生产经营行业。根据欧美的国际标准行业分类，餐饮业是指以商业营利为目的的餐饮服务机构。在我国，根据《国民经济行业分类注释》，餐饮业是指在一定场所，对食物进行现场烹饪、调制并出售给顾客，主要供现场消费的服务活动。

(3) 都市旅游相关企业

旅游相关企业是指众多的与旅游相关的行业或部门，包括市政建设、金融、保险、邮电通信、新闻媒体、医疗卫生、安全救援等企业或部门。

总之，旅游业作为一个文化型的经济产业，旅游作为一种重要的社会文化现象，对整个社会文化发展有着重要的作用和影响力。旅游可以促进国民素质的提高，提高人们的生活质量，促进民族文化的发展与保护，推动文化艺术交流，进行爱国主义教育。

拓展材料 5-1

关于旅游企业类型的比较

目前，关于旅游企业结构的类型有许多不同的观点和看法，比较集中的是按照部门、类型和功能对旅游企业结构的类型进行划分，从而形成了部门组成说、类型组成说和功能组成说三种观点。

(1) 部门组成说

以联合国的国际标准行业分类为依据，按照从事旅游接待服务的不同部门的特征，将旅游业划分为住宿接待部门、交通运输部门、旅游业务部门、游览点经营部门、旅游组织部门五大部门。

(2) 类型组成说

按照是直接面向旅游者还是间接面向旅游者，将旅游企业划分为三大类：第一类是直接面向旅游者服务并为其提供各种物质产品和服务的行业，包括酒店业、餐馆业、旅行社业、航空运输业、地面交通运输业、零售业等；第二类是间接面向旅游者并为其提供服务的行业，包括食品供应业、金融业、洗衣业、旅游出版业、旅游产品制造业等；第三类是间接影响旅游者并对前两类企业产生影响的行业，包括政府机构、规划设计单位、教育与培训机构、房地产开发商等。

（3）功能组成说

按照向旅游者提供旅游产品和服务的功能与程度而划分为两个层次：第一层次是指完全向旅游者提供旅游产品和服务的部门，如旅行社业、旅游酒店业、航空运输业和其他旅游接待服务机构；第二层次是指部分向旅游者提供产品和服务的行业，包括餐饮服务业、文化娱乐业、零售业和地面交通运输业。

资料来源：罗明义．旅游经济学［M］．北京：北京师范大学出版社，2009．

（三）都市旅游企业的特征

在商品经济条件下，旅游经济运行的主体是旅游企业，它不仅是实现旅游者活动的一种供给表现，也是推动旅游经济运行与发展的主体力量。一般旅游企业包含三个特征。

① 从旅游企业的生产经营范围看，它是一个跨地区、跨行业的企业。一方面，旅游产品的提供必须以旅游资源为前提和核心，具有一定的地域性；另一方面，旅游产品的交换必须通过餐饮、住宿、交通、通信等相关行业和部门的通力合作才能实现。旅游企业的范围涉及旅游客源地和旅游目的地，两地的结合组成了旅游企业的空间体系。因此，旅游企业不同于传统企业，它是一个跨地区、跨行业实现旅游产品的生产与交换，满足旅游者需求的企业类型。

② 旅游企业的企业边界没有明确的规定，是一个以旅游活动为中心而形成的资源配置企业，凡是为旅游活动提供直接或间接服务的行业和企业，都是这个配置企业的组成部分。

③ 从企业性质上看，旅游企业是一个以提供劳务产品为主的服务性行业，属于现代服务业的一个部门。尽管旅游业所提供的产品内容和形式各不相同，但总体上讲，旅游业提供的旅游产品是服务，它所提供的服务是包括直接和间接服务在内的综合性服务。

据此，都市旅游企业是指以都市旅游吸引物和旅游设施为依托，为在都市开展旅游活动的旅游者提供各种产品和服务的旅游企业，主要包括都市旅行社、旅游酒店、旅游吸引物企业、旅游交通业等。

由于旅游行业的特殊性，都市旅游企业除具备一般旅游企业的特性外，还具有一些专门特性。

1. 敏感性

由于旅游活动受到经济事件（如经济危机、汇率变动、货币贬值等）、政治事件

(如政局动荡、外交危机等)、自然灾害(如雪灾、地震、洪水、火山爆发、山体滑坡等)、社会灾难(如突发性公共卫生事件、恐怖事件等)、流行疫病(如动物流行病、人类流行病等)、意外事故(如旅游安全事故等)、旅游犯罪(如旅游盗窃、欺诈、暴力事件等)等因素的影响,都市旅游企业经营活动往往表现出较为明显的敏感性。例如,在2003年的非典疫情事件中,为防止疫情辐射范围的扩大,全国有组织的入境旅游、国内旅游和出境旅游都被暂停,旅游企业经营活动陷入停顿,受到严重影响。

2. 依赖性

根据产业关联理论,旅游产业符合最终需求型产业的特征,在生产过程中显著依赖于其他产业提供的产品作为中间投入的生产要素。因此,都市旅游企业往往依赖于都市旅游资源、旅游环境设施以及其他产业所提供的产品为旅游者提供旅游接待服务。都市的基础设施建设、市政工程配套、资源环境条件、物资设备配置、旅游者所需的各种生活用品的生产供应以及水电能源消耗等方面,都会在一定程度上对相关都市旅游企业的发展产生影响,这种依赖性也导致旅游企业更多地集中于都市范围内。

3. 关联性

从旅游经济的发展来看,由于旅游需求的多样性和旅游活动的广泛性,都市旅游企业不仅要提供食、住、行、游、购、娱等核心旅游接待服务,还要提供通信、金融汇兑、医疗、保险等相关服务,从而决定了都市旅游企业之间具有较强的关联性。不同类型的都市旅游企业在旅游经营过程中为旅游者提供不同的服务,如旅行社负责组织客源、旅游交通企业提供旅游运输服务、旅游景区提供游览体验服务、旅游酒店提供食宿服务,以及其他企业提供各种相关配套服务等。只有各类都市旅游企业通力合作、有效配合,才能整体提升旅游接待服务水平,也正是因为旅游企业之间的紧密关联性,各类旅游企业集中于都市才能更好地携手配合、协调经营。

4. 技术性

人们通常认为作为服务企业的都市旅游企业技术含量不高,实际上为了不断提高旅游者的体验质量,都市旅游企业经营越来越需要借助先进的技术设备。例如,酒店的智能化管理、旅行社企业应用智能数据挖掘技术对客户资源进行开发、设计线路产品,旅游景区企业借助新一代移动定位技术对景区内游客流进行监控等;互联网、云计算、通信网络、信息处理等新兴技术正在被各类旅游企业应用到旅游体验、产业发展、行政管理等各方面,形成了服务于市场的全新旅游形态,这也意味着都市旅游企业技术应用水平的高低将对都市旅游产品质量产生直接的影响。

二、都市旅游企业市场行为

都市旅游企业市场行为是企业为实现其经济目标，根据内外部环境及其变化所采取的战略决策行动。企业的市场行为主要包括：定价行为，以控制和影响价格为基本特征，包括组织进入定价行为、驱逐对手定价行为、价格歧视行为等；非价格行为，以研究与开发、形成产品差异、促销为基本内容，如创新行为、技术开发行为、广告宣传行为等；组织调整行为，以产权关系和企业规模变动为基本特征，如企业的兼并行为、一体化行为、多元化行为、跨国经营行为等。

都市旅游企业的市场行为是旅游企业为实现其经营目标而根据市场环境情况采取的相应行动。旅游企业的经营目标是企业市场行为的目的和动力，旅游市场环境决定旅游企业的市场行为，旅游企业的市场行为又反作用于旅游市场环境。

都市旅游企业的市场行为表现主要有三：旅游企业定价行为、促销行为、组织调整行为等。

（一）都市旅游企业的定价行为

都市旅游企业定价行为是指都市旅游企业为应付来自内外的市场竞争者所采取的定价行为，包括与消费者之间相关关系的价格行为和企业之间相关关系的价格行为。前者主要是指价格歧视行为，后者主要是指限制性定价行为。

都市旅游企业价格歧视行为是指对购买生产成本相同的同一服务的不同旅游者和中间商收取不同的费用，或者对同一旅游者和中间商的不同购买量及不同时间购买相同量的服务收取不同的服务费用的行为。如饭店在旅游旺季向旅游者收取的房费高于在旅游淡季收取的房费，景区向旅游团收取的门票费低于向散客收取的门票费，航空公司在同一航班向消费者提供不同时段的折扣，都是旅游企业实行价格歧视行为的具体表现。

都市旅游企业限制性定价行为是指旅游企业限制市场竞争以便垄断市场从而获取高额利润的手段，包括掠夺性定价、合作性定价、旅游接待服务差异化和寻求政府相关政策支持。

1. 都市旅游企业价格歧视行为

（1）实施价格歧视的条件

① 拥有市场垄断力量，必须对市场具有支配力量。

② 旅游企业能够通过有效的手段防止旅游接待服务在不同市场和不同旅游消费者之间的相互转卖。

③ 旅游消费者具有不同的需求价格弹性,即同一价格对不同的旅游消费者的需求数量影响是不同的。

(2) 价格歧视的类型

价格歧视按照定价、时间、对象等的不同可以分为一级价格歧视、二级价格歧视、三级价格歧视、跨期价格歧视和两部收费。

① 一级价格歧视是一种完全价格歧视,是指旅游消费者对于一种旅游接待服务有一个愿意支付的最高价标准,旅游企业按此最高价格收费,获取旅游消费者的全部剩余。换言之,当旅游者购买某种旅游接待服务时,旅游企业对每个不同的旅游消费者收取的价格都是不同的,并且是按照旅游者愿意支付的最高价格收取。

② 二级价格歧视是指旅游企业针对同一旅游消费者在不同的消费时段和不同的消费区表现出的消费意愿的强弱而采取相应的有利于企业利益的定价行为。例如,某酒店规定,同一个房间的价格根据旅游者住宿天数不同而不同:如果旅游者住宿不满3天,按500元/天收费;超过3天不满5天,按400元/天收费;超过5天则按300元/天收费。凡是根据旅游消费者累计消费的不同消费量和"惠顾"而索取不同价格的行为,都视为二级价格歧视行为。无论一级价格歧视还是二级价格歧视,都是建立在个体旅游需求曲线上的,是以个体消费单位为基础的价格行为。

③ 三级价格歧视是指旅游企业针对不同的旅游细分市场的消费群体,以不同的价格提供同一旅游产品。如航空公司对商务客人和普通旅客的机票采取不同的价格,铁路公司对铁路客票区分学生票和成人票,都属于三级价格歧视。

④ 跨期价格歧视是指对市场进行时间上的分割,为不同时间段的产品或服务制定不同的价格,如旅游景点的淡、旺季门票价格。

⑤ 两部收费是指入门费和使用费之和。一般地,入门费增加,虽然来自入门费的利润增加,但消费者人数减少会导致总利润减少;入门费减少,虽然来自入门费的利润会相对减少,但会吸引更多的消费者。例如,旅游景点门票和景点内各种游乐、参观项目的收费。

2. 都市旅游企业限制性定价行为

旅游企业限制性定价是指旅游企业限制市场竞争以便垄断市场从而获取高额利润的手段,包括掠夺性定价、合作性定价、旅游接待服务差异化和寻求政府相关政策支持。

(1) 掠夺性定价

掠夺性定价是指旅游企业将其生产的旅游接待服务以低于成本的价格向旅游需求者收取费用的行为,其目的是驱逐与其对抗的市场竞争者及阻止市场进入者,从而达到市场垄断的目的。在旅游客源地的空间范围内,旅游企业的掠夺性定价主要表现为旅游经营商之间为了争取客源而进行的竞争行为，通过低于成本的价格来扩大市场占有份额，并在短期内以较低的价格来驱逐市场竞争者、阻止市场进入者；在目的地的掠夺性定价主要表现在旅游供应商之间为了争取更多的旅游者、提高旅游设施利用率而形成的竞争行为，其目的也是对目的地内的市场在位者及市场进入者构成一定的经营威胁。不过，无论在旅游客源地还是目的地，掠夺性定价行为实际上是一种低价倾销行为，其目的是对旅游市场形成一种垄断力量，因而往往会成为政府管制的对象。

(2) 合作性定价

合作性定价是指两个或两个以上的旅游企业相互订立某种口头或文字协定，通过规定共同的市场价格，达到限制市场竞争、控制旅游客源、增加经营利润的目的。在旅游市场上，如果市场力量是均衡的，每家旅游企业都难以通过掠夺性定价行为获得更多的利益时，合作性定价将成为一种必然的市场行为。根据卡特尔理论，利润取决于成员之间相互信任的程度，成员间越彼此信任，并保证不通过降价来挖取对方的客户，他们就越能成功地制定一个高于竞争性价格水平的价格。

旅游企业之间合作性定价行为的实现受多种条件和因素的影响。从旅游需求条件来说，合作性定价一般产生于旅游需求比较稳定、市场容量不发生较大增长和变动的市场环境中，一般存在于旅游行业发展的成熟阶段。从旅游接待服务的差异性来说，只有当旅游接待服务不存在明显差异、旅游市场优势同质、各个旅游企业服务成本又相似时，合作性定价才能实现。

(3) 旅游接待服务的差异化

在市场竞争环境下，如果旅游企业不能通过掠夺性定价和合作性定价来限制竞争，那么，实施旅游接待服务差异化便成为旅游企业限制市场竞争的一种重要市场行为。

旅游接待服务的差异化与市场竞争具有负相关性，与市场垄断具有正相关性。旅游企业向市场提供的旅游接待服务差异化程度越大，旅游企业对某种市场的垄断力量就越强；相反，旅游企业向市场提供的旅游接待服务的差异化程度越小，旅游企业对该市场的垄断力量就越弱。

(4) 寻求政府政策保护

在旅游市场中寻求政府政策上的保护往往是旅游企业一个重要的市场行为，是一种寻租经营行为。利用政府对旅游市场的管制行为，提高市场进入者的进入成本，限制市场在位者的经营范围，从而达到对某种旅游市场的垄断。对于旅游企业来讲，与其通过市场竞争达到垄断，倒不如通过寻求政府政策的支持和市场管制来实现垄断，因为这种市场垄断的形成不需要市场发育和竞争过程，其成本支出与时间花费都很经济。

(二)都市旅游企业促销行为

都市旅游企业促销行为是旅游企业实施非价格竞争的重要手段。旅游企业促销行为与非旅游企业不同的是旅游企业促销旅游产品必须以"体验性品质"为促销核心，因为潜在的旅游者无法先验地接触到欲消费的产品，这时就需要利用广告等促销方式，通过企业名称或品牌来显示"体验性品质"的产品利益。

都市旅游企业市场促销行为主要以广告为核心。通过广告，向市场传递有关旅游接待服务的内容、质量及旅游企业的相关信息，使旅游者认识到本企业旅游接待服务的差异性，以便与具有竞争关系的旅游企业所提供的服务区别开来。广告成为质量判断的替代标准，有利于形成旅游者的主观偏好，构筑有效的进入壁垒。旅游广告的基本类型有劝说型和信息型两种，信息型广告是旅游企业广告宣传的主要形式。目前，我国旅游广告虽已得到旅游业界的重视，但旅游广告良莠不齐，整体水平偏低，虚假广告泛滥，导致旅游行业的诚信危机。

对旅游者来说，都市旅游市场上提供的旅游接待服务有两种不同的类型，分别是经验产品和搜寻产品，大多数旅游接待服务属于经验产品。经验产品是指企业往往不向消费者介绍产品本身，而是通过反复强调企业名称和品牌名称来加深消费者的印象，以提高企业和品牌的知名度。搜寻产品是指广告提供产品性质的直接信息，如静态或动态的实物图像和相关的文字描述，不能包含虚假信息。

(三)都市旅游企业组织调整行为

不同都市环境下的旅游企业发展情况不同，考察其组织调整行为，一般有以下六个标准：

① 总体发展情况；
② 星级饭店数量、产业规模；
③ 旅行社数量、产业规模；
④ 主要旅游景区（景点）数量、服务产业规模；
⑤ 旅游交通数量、产业规模、发展水平；
⑥ 都市旅游总体发展趋势。

三、都市旅游企业的组织形式

在都市旅游经济的实际运行中，都市旅游企业的组织形式主要有三种：独资、合伙和公司制旅游企业。此外，还有旅游企业集团和旅游企业战略联盟两种高级组织形式。

（一）独资旅游企业

独资旅游企业由个体出资经营、归个体所有和控制、由个体承担经营风险和享有全部经营收益，是一种最简单的都市旅游企业组织形式。独资旅游企业一般规模很小、结构简单，几乎没有专门的内部管理机构，通常出现在旅行社、旅游交通、旅游住宿、旅游餐饮、旅游购物等领域。

独资旅游企业的平均寿命较短，主要原因包括：①难以筹集大量资金，这限制了旅游企业的扩展经营；②基于业主对旅游企业负无限责任，抑制了他们向风险较大领域投资的积极性；③所有权和经营权高度统一的产权结构，制约了旅游企业的连续性发展。当然，独资旅游企业也有其独特优势，例如：企业资产所有权、控制权、经营权、收益权相统一，有利于个体创业精神的发挥；企业经营与个体利益紧密联系，有利于业主全身心地投入企业经营；旅游企业的外部法律法规等对企业经营管理与决策、进入与退出、设立与破产的制约性较小。

（二）合伙旅游企业

合伙旅游企业指由两个或两个以上的合伙人通过订立合伙协议，共同出资、合伙经营、共享收益、共担风险，并对合伙旅游企业债务承担无限连带责任的营利性组织。与独资旅游企业相比，合伙旅游企业的资本规模、筹资能力有所增长和提高；由于合伙人共同对旅游企业盈亏负有完全责任，有助于增强经营者的责任心，提高合伙经营业绩。

但是，合伙旅游企业也存在一定的劣势，主要表现在两个方面：一方面，每个合伙人都对合伙旅游企业承担无限连带责任，而不是以每个合伙人投入的那部分资本为限，会导致不能对合伙旅游企业完全行使权利的合伙人面临相当大的风险，另一方面，合伙旅游企业进入、退出机制比较松散，稳定性差，易造成决策延误。

（三）公司制旅游企业

公司制是现代企业制度一种主要和有效的组织形式，一般是指由两人以上经营某项共同事业而组成的一个法人团体。公司制旅游企业是指由两个以上旅游投资者依法出资组建，具有独立法人财产，自主经营、自负盈亏的法人企业。公司制旅游企业的产权属于公司股东，股东有权分享公司的盈利，而且公司股东不对公司负无限责任，只是在股东投入的股本范围内对债务负责。

因此，与合伙旅游企业相比，公司制旅游企业的优势在于：①公司股东只对公司债务负有限责任，风险要比合伙人小得多，这有助于公司制旅游企业筹集大量的经营资本；②公司的生命是可以无限存续的，公司制旅游企业在最初的所有者和经营者退出后仍然可以运营，除非公司破产歇业；③在法律框架内，公司股东可委托专业的代理人进行经营管理，这保证了公司制旅游企业决策的科学性和连续性，能够促进公司制旅游企业的健康、稳定和持续发展。

另外，公司制旅游企业也有其劣势：第一，公司法对于建立公司制旅游企业的要求比较高，因此，公司制旅游企业的组建不像独资或合伙旅游企业那样方便灵活；第二，股东购买公司制旅游企业的股票，只为获取股利和从股票升值中谋利，对公司缺乏像独资或合伙旅游企业中那样的所有者与企业之间血肉相连的关系；第三，公司经营者往往不是拥有公司股权的股东，而是股东聘请的经理人，由此产生了委托人和代理人之间授权与控权的复杂博弈，容易出现代理人损害委托人利益的问题。

(四) 旅游企业集团化

旅游企业一体化行为：旅游市场中的旅游企业，基于效率或非效率的考虑，在进行"购买"还是"生产"的决策中，可能会选择纵向一体化行为；为了获取特定的规模经济，会采取横向一体化行为；而基于分散投资和经营风险的考虑，又会采取混合一体化的行为。

旅游企业一般通过集团化发展成长为旅游产业。从集团化的成长方向来看，都市旅游企业集团化发展模式主要有三种。

1. 横向一体化

都市旅游企业横向一体化是指都市旅游企业通过兼并其他旅游企业进行扩张，即旅游企业之间的兼并组合，统一管理、统一经营。旅游企业横向一体化又称水平一体化，是指旅游企业通过兼并、联合同类企业或投资组建新的经营单位形成的多地点的企业集团。旅游企业横向一体化主要是为了追求规模经济和网络经济，减少固定成本在产品或服务之间的分摊比例。旅游企业横向一体化包括旅游企业横向兼并、旅游企业横向收购及旅游企业横向联合。

都市旅游企业横向兼并是指两家或两家以上具有相同服务功能并且相互独立的旅游企业合并成一家企业，通常是由一家占优势的旅游企业吸收一家或多家企业。旅游企业横向收购是指一家旅游企业通过购买股票或者股份，取得与自己职能相同的另一家旅游企业的控制权或管理权，被收购的这家旅游企业并未消失，它只是由收购企业收购，成为被收购的旅游企业。旅游企业横向联合是指两家或两家以上旅游企业为了实现互利的目的而共同投资或分享信息和资源所结成的一种合作关系。相较于旅游企业的兼并和收购，联合是在不变史产权和控制权的前提下进行的，因此，是一种松散型的横向一体化经营方式。

2. 纵向一体化

都市旅游企业纵向一体化是指把旅游交易链条上有前后关系的旅游业务环节整合在一个企业集团内，进行整体经营和管理的一种集团成长方式。当企业不能通过契约的形式实现经营目标，基于契约关系的市场交易费用高于一体化组织成本，或者由于外部性的存在使得预期的收益不能实现时，旅游企业通常会选择纵向一体化组织形式，来防止机会主义及不完备契约对其经营活动的损害。纵向一体化包括后向一体化和前向一体化。

都市企业前向一体化是指企业控制其原属客户企业的生产经营活动，从而获得分销商或零售商的所有权或加强对它们的控制。

都市企业后向一体化是指企业介入原供应商的生产活动，从而获得供货方的所有权或加强对它们的控制。当企业目前的供货方不可靠、供货成本太高或不能满足企业需要时，尤其适合采用后向一体化战略。有实力的旅游经营商为了确保供应的连续性，也会进行对上游企业的后向一体化，或在企业内扩展上游企业的职能。例如，旅游批发商兼并航空公司或者旅游目的地的餐饮企业。

3. 混合一体化

都市旅游企业集团是以一个或者多个实力强大、具有投资中心功能的大型旅游企业为核心，以若干个在资产、资本、技术上有密切联系的企业为外围层，通过产权安排、人事控制、商务协作等纽带所形成的一个稳定的多层次经济组织。都市旅游企业一般通过集团化发展成长为旅游产业。都市旅游企业集团主要具有五个特征。

① 都市旅游企业集团本身不是独立法人，不具有法人地位。旅游企业集团是一个多法人的经济联合组织，其成员企业主要通过资产或协议、契约关系进行联合，法律上各自保持独立的法人地位。

② 都市旅游企业集团的组织结构是多层次的，一般包括核心企业、紧密层企业、半紧密层企业和松散型企业等。

③ 都市核心旅游企业在旅游企业集团中起主导作用。核心旅游企业必须具有法人地位和一定的经济实力，通过控股、持股所赋予的控制权，掌握成员企业的投资决策、人事安排、发展规划，以及服务、开发、营销等各个环节的经营活动，维持成员企业行为的一致性和协调性，实现企业集团的整体发展战略。

④ 都市旅游企业集团内部不存在单方面控制其他旅游企业的支配性资本。旅游企业集团本身并不具有资本积累的能力，需要依靠各个旅游企业积累。同时，核心旅游企业不对其他成员企业形成单方面的控制关系，也不能对其他成员企业单方面强行规

定利润率等。

⑤ 都市旅游企业集团实力雄厚，成员规模庞大，通过不断扩大经营范围朝多元化、综合化方向发展，容易实现跨部门、跨行业、跨地区甚至跨国经营。旅游企业集团以产权为基础性的连接纽带，能够在投融资、产品研发、市场营销、品牌培育等商业活动中保持密切联系，并且能够为了集团的总体战略目标而协调成员的行动。

（五）旅游企业战略联盟

都市旅游企业战略联盟是指两个或两个以上的旅游企业为了实现共同拥有市场、共同使用资源等特定战略目标，在保持自身独立性的同时通过各种协议、契约而结成的优势互补或优势相长、共担风险、共享利益的一种松散的旅游企业合作模式。关于都市旅游企业战略联盟，须明确以下三点：①旅游企业战略联盟的建立有着明确的战略目标，双方或多方合作更多的是出于战略层面的考虑，而不仅仅是为了谋求短期或局部利益；②战略联盟关系的建立和维持包括契约联结（即通过签订各种协议来保护各成员企业的利益或约束彼此的行为）和股权参与（即通过相互持股或共同出资建立一家新企业，使联盟各方紧密结合在一起）两种形式；③联盟企业的合作并不一定是全方位的，可能在某些领域合作，而在其他领域竞争，也就是说，联盟各方的合作在大多数情况下是在有限领域内进行的。

都市旅游企业间的战略联盟比较广泛，较高程度的战略联盟目前主要存在于航空公司、旅行社和旅游酒店之间，并且随着网络信息技术的发展其合作不断加强。此外，随着产业全球化的发展，国际旅游企业之间可开展更为广泛的联盟。

都市旅游企业战略联盟的特征具体表现在三个方面。

① 合作伙伴资源互补，联盟成员互利共赢。只要战略联盟管理得当，合作各方都将比单方在技术、营销等方面具有更为广阔的经营灵活性，并且获取大于各自独立或对立行动时所获取的收益。

② 组织结构上的松散性。参加联盟的旅游企业主要是通过契约形式联结起来的，表现为一种合作伙伴的关系，即各方在密切合作的同时，仍然保持独立性和平等性。因此，旅游联盟企业之间很难用传统组织内部的行政方式进行协调管理，而主要通过协商的方式解决各种问题。

③ 组建方便，运营灵活。一般来说，组建旅游企业战略联盟要比新建或兼并等形式所花费的时间短，过程简单，也无须大量投资，因而可以迅速发挥作用；联盟成员之间的关系十分松散，没有固定的存续时间，可以随环境的变化而迅速解散。

第二节 都市旅游核心企业

一、都市旅游酒店业

(一) 都市酒店概念

1. 都市酒店的含义

都市酒店是以都市里的建筑设施为凭借,为都市旅游者提供住宿、饮食、娱乐、购物或其他服务的企业,是为满足消费社会需要并获得自身盈利而进行独立经营、独立核算、具有法人资格的基本经济组织。都市酒店是构成都市旅游产业支柱产业的旅游企业之一。酒店业是旅游企业的主力军,酒店行业的发展与企业管理的进步始终是旅游企业管理研究的前沿与重点所在。

2. 都市酒店的类型

按照酒店的服务对象,都市酒店大致可分为商务型酒店(commercial hotels)、度假型酒店(resort hotels)、长住型酒店(resident hotels)等。

按照酒店的规模,都市酒店可分为大型酒店(600间以上客房)、中型酒店(300至600间客房)、小型酒店(300间客房以下)等。

按照酒店的服务水平,都市酒店可分为低端、中端、高端酒店,以及连锁酒店等。

3. 都市酒店产品的主要特征

都市酒店产品具有如下特征:

① 知识、劳动复合密集型的特性;
② 是有形产品、服务设施与无形服务的结合;
③ 酒店产品的评价存在差异;
④ 酒店产品的价值具有不可存储性;
⑤ 生产、服务和消费具有同时性;
⑥ 酒店产品具有个性化特征;
⑦ 酒店产品存在脆弱性。

(二) 都市酒店集团

1. 都市酒店集团的含义

都市酒店集团又称联号酒店、连锁酒店,是以都市酒店企业为主体,以经营酒店资产为主要内容,通过产权交易、资产融合、管理合同、人员派遣以及技术和市场网络等形式而相互关联的企业集团。一般是至少拥有、经营两个以上的酒店，使用统一的名称、标志，并实行统一的经营管理规范与服务标准的联合经济实体。

2. 都市酒店集团特征

① 一般拥有属于本身产权的酒店，有其经营管理权如中国锦江酒店集团，但也有专门从事特许经营的酒店集团，如美国胜腾集团。

② 采取统一的经营管理，包括使用统一的店名、店标，统一的经营程序、管理水平，统一的操作程序和服务标准，便于酒店统一营销和统一管理，形成品牌和进入市场推广。

③ 是酒店的联合经营体。各酒店之间可实行联合促销、联合培训、管理输出，同时可互荐客源、互为预订等。

3. 都市酒店集团的经营形式

（1）直接经营

酒店集团同时拥有和经营数家酒店，各酒店所有权都属于同一个酒店集团，同属于一个企业法人。这种形式，由于同一集团中的各酒店资源共享，有利于酒店节约成本，管理上更容易到位并容易形成独特的风格。同时，由于酒店集团各酒店隶属于同一法人，在集团的经营过程中，由于资产的连带关系，集团投资经营风险较大。此外，由于数家酒店同属于同一公司，在计算所得税时若采用递进制计算，集团投资大、利润大，往往税率也较高。

（2）租赁经营

① 直接租赁。直接租赁是由承租公司使用酒店的建筑物、土地、设备等，负责经营管理，每个月交纳定额租金。酒店要经营成功需要一段较长时间，因而集团采取租赁的形式时，一般在合同内要规定租赁的年限，以保护经营公司的利益，避免在经营成功之际业主将财产收回。

② 营利分享租赁。在旅游酒店业中，由许多公司采用分享经营成果的租赁方法，业主企业愿意将租金与营业收入和利润挂钩。

（3）管理合同

管理合同是指酒店集团或酒店管理公司与酒店拥有者签订合同，根据酒店集团的经营管理规范和标准，接受业主委托，经营管理业主的酒店。在这种形式下，酒店集团无须对酒店建设进行投资，只负责酒店的经营管理工作，并根据经营合同向酒店拥有者收取管理费。在合同期内，合同经营的酒店使用该酒店集团的名称、标志加入该集团的市场推销和客房预订系统。

管理合同经营中，酒店集团收取经营管理费的具体方法很多。一般由基本报酬和奖金两部分组成。基本酬金按全年经营收入的一定比例（2%～5%）或净利润的一定比例收取（10%～25%）。

（4）特许经营

特许经营是指国际酒店集团向有需要的其他酒店出售、转让本集团的特许经营权。酒店集团必须有强大实力及良好的知名度和声誉，才有可能向其他酒店出售特许经营权。获得特许经营权的酒店可以使用酒店集团或公司的名称、标记、经营程序、操作规程、服务标准，并加入该预订系统和市场营销网，成为该集团的一员。

酒店集团有责任对酒店建设前的选址、设计、可行性研究、资金筹措以及开业后的经营给予技术上的指导和监督。酒店向酒店集团交纳特许经营权转让费及使用费。

（5）合作联营

合作联营是指一些独立经营的酒店自愿地联合起来，使用统一公认的标记，统一预订系统，进行统一的广告宣传，执行统一的质量标准，从而与那些庞大的集团相抗衡。合作联营形式是一种较为松散的集团形式，酒店之间保持独立，各个企业在经营管理和财务上互不相关。

合作联营的重要目的是创造总体形象、加强推销的效果和互荐客源。联合行动所需的费用按一定比例由各成员酒店分摊。

4. 都市酒店集团的优势

（1）市场优势

酒店集团的市场优势是可以统一使用集团名称和店标，具有统一先进的经营管理模式和规范的服务标准，因此，通过宣传便于在市场上树立良好的群体企业形象，宣传效果显著。

（2）财务优势

酒店集团的财务优势是通过参加酒店集团，可使金融机构对酒店经营成功的信任度增加，从而愿意提供贷款。同时，酒店集团还能为所属酒店提供金融机构的信息，并帮助推荐贷款机构。可见，它具有较强的融资调控能力。对内，它可以及时调控各间酒店的资金余缺，对新开的酒店或经济较困难的酒店，可予以重点扶持；对外，它具有较强的信誉度，对吸纳社会资金、发展酒店业务、加快设备设施及技术的更新，具有突出的作用。

（3）经营管理优势

酒店集团具有较为先进完善的管理体制以及行之有效的管理方法和高标准的规范，能为所属的酒店制定统一的经营管理方法和程序，为酒店的建筑设计、内部装饰布局提供服务；能为酒店的服务和管理制定统一的操作规程，使得各连锁酒店的经营管理达到所要求的水平，同时根据经营环境的变化，确保酒店集团经营管理的先进性。酒店集团定期派遣巡视人员到所属的酒店中检查,不断提出建议和指导,从而提高酒店的经营管理水平。酒店集团为所属的酒店进行员工培训。

(4) 采购优势

酒店集团标准化程度高、规模大,便于发挥集中采购的优势。酒店设备标准化,便于维修;酒店消费品标准化,便于更换与补给。这使得酒店集团可以集中大批量地向生产商订购或采购。

(5) 预订优势

酒店集团具有客源优势,通过客源联网,利用完备、高效的预订系统,能充分争取客源。酒店集团在世界各地建立起自己独立的全国乃至全球性的客房预订中央控制系统,或与其他集团联合使用共同的预订系统,通过这一系统,可以在世界各地本集团的旅馆里办理对其他姊妹酒店的客房预订。

(6) 技术优势

酒店集团有能力向所属的酒店提供技术上的服务和帮助,这些服务和帮助通常根据所属酒店的需要有偿提供。酒店集团化经营也为生产和技术的专业化及部门化提供条件。

(7) 具有较强的竞争力

集团酒店由于规模较大、分布地域广、产品较多,可以充分利用管理公司的市场优势、管理优势、采购优势、预订优势、技术优势等,形成综合的抗风险优势。

(三) 中国旅游酒店业发展概况

1. 中国酒店业的发展一直与中国经济的发展同步

(1) 酒店投资额增长迅猛

1999—2007 年,中国酒店业每年的投资额从 78.46 亿元上涨到 925.07 亿元,年均增长 36%。2000—2008 年,五星级酒店年投资额增长高达 361%。酒店建设方兴未艾。2011 年,中国酒店客房总数为 200 万间/套,2017 年达到 500 多万间/套,中国还有 1 700 多家星级酒店正在建设之中。

中国城市化的潜力还很大。2019 年,中国 100 万以上人口的城市有 171 个,美国有 50 个。中国达到 1 000 万人口以上的城市有 6 个。中国酒店业发展的最大动力是城市化速度的加快,发展潜力极大。根据世界旅游组织的数据,中国酒店市场规模到 2025 年将超过美国。

(2) 中产消费群体的崛起,中端酒店呈现百花齐放局面

由于中产消费群体的迅速崛起,消费升级导致顾客需求发生极大的变化,酒店提供的服务能否满足新型消费者个性化、多元化、移动化、体验化、社群化的需求,对

经济型酒店是极大的挑战（见图5-1）。另外，随着市场竞争的加剧，酒店行业呈现集团化、巨头化、资本化、品牌化、连锁化竞争格局；优质酒店物业日益的稀缺、人工租金能耗成本的上涨、产品的老化，使得经济型酒店行业面临不断洗牌和新一轮的转型突破。

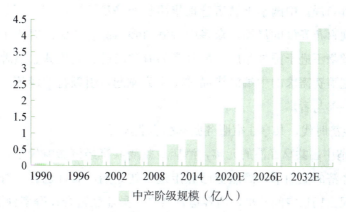

图5-1　我国中产阶级规模不断扩大

国内中端型酒店占比为34%左右，未来国内酒店业结构有望转化为橄榄形。数据显示，国内中端酒店以客房口径计算占比为34%左右，2011—2015年复合增长率为5.1%，显著低于经济型酒店60%的占比及17.8%的复合增速。美国自2008年以来酒店结构基本定型，高、中、低档酒店数维持了3∶5∶2的比例，据预测未来我国中端型酒店占比会逐渐向40%靠拢，长期有望达到美国水平。

中产阶级比重提升、消费升级及向高端转移推动中端酒店需求增长，中端酒店已成为市场新的投资热点，中端酒店市场的主要品牌运营情况、增长势头良好。全球酒店巨头均经历了逐渐轻资产化、加大加盟占比的过程。相较于海外酒店，我国中端酒店及加盟比重仍有提升空间，对标欧美高∶中∶低占比稳定在3∶5∶2的格局，我国中端酒店目前占比不足30%，中端酒店市场仍有较大上升空间，整体规模有望进一步扩大。

国内经济型酒店连锁率超过90%，已经形成成熟的竞争市场，而中端酒店连锁率仅超过20%，未来连锁中端酒店将逐渐成为主流。

（3）高端酒店市场投资趋于理性，本土酒店品牌逐渐崛起

高端酒店比例一度上升。2017年，高端酒店市场全面回暖，一线、二线城市更为显著。此前国际酒店品牌叱咤中国数十年，如今本土品牌则加快了发展步伐，尤其是曾经的业主方纷纷发力自营品牌。市场投资更加趋于理性，一线城市良好的投资回报如何在二线、三线城市复制，如何设置品牌矩阵、满足消费需求变化并提高坪效，成

为酒店管理企业共同思考的问题。虽然中国的酒店管理公司在高端市场领域与国际品牌相比存在差距,但中国庞大的市场需求、本土品牌的迅猛发展、互联网技术的革新和年轻一代思维的转变,成为本土品牌逐渐崛起的有利因素。

面对庞大的中产阶级数量、日益丰富的住宿需求,中国本土酒店管理集团逐渐加码中端酒店品牌布局。中国本土酒店管理集团从经济型酒店领域中崛起,在中端酒店领域也开始呈现百花齐放的局面,众多中端酒店知名品牌在满足客人个性化需求、移动支付等方面丝毫不逊于国外品牌。那些产品有清晰的营利模式、品牌内涵拥有独特魅力、符合新型消费需求的中端酒店品牌将率先崛起,引领行业潮流,成为国际酒店品牌竞争的重要参与者。

(4) 共享经济时代,共享住宿服务掀起酒店业风暴

2017年可谓中国共享经济的元年,酒店业是受共享经济影响较早也较深远的行业之一。在共享经济的浪潮下,酒店业已经走过了初始期,而且也有了符合中国国情的商业模式,涌现出场景空间共享、内容运营共享、异业联盟合作等多种酒店共享模式。同业整合与异业合作现象会更加明显,同行已经不再是简单的竞争关系,在很多资源、信息上可以共享,进一步增强酒店的竞争力。

在共享经济的时代背景下,如何转变思维,做好存量资产现金流价值与资产价值的提升;如何跳出酒店经营的惯性思维,打破酒店的设施规划与功能布局常态,引入更多跨界业态的有机融合,真正从跨界思维出发实现坪效收益与资产价值的双重提升,这是酒店资产业主们应当细细思量的方向。

(5) 酒店与房地产融合度增加

全球最理想的投资包括金融、房地产、稀有资源三大类,酒店业包含了金融、房地产两大类的优点。例如,国内领先的酒店建设集团——万达集团已开业19家五星级酒店,到2018年累计开业五星级标准酒店38家,营业面积170万 m^2,已与凯悦、希尔顿、雅高、喜达屋、洲际等15个品牌建立管理关系。城市旅游综合体万达广场现在在国内有236个,总投资量约1700亿。

(6) 跨国品牌开始重视中国元素

世邦魏理仕集团公司(纽约证券交易所代号:CBRE)研究报告指出,2011年以来的亚洲酒店投资中,中国内地地区投资量占整个亚洲地区总投资的31%,香港占12%,台湾地区占3%。

以洲际酒店集团(Intercontinental Hotels Group PLC,IHG)为例,自1985年进入中国市场,2019年,洲际在大中华区共有400家开业酒店,还有多家酒店在建,还将中国元素品牌酒店拓展至海外中国旅游市场。中国是洲际的第二大市场,2016年开始在华开放智选假日酒店的特许经营模式,并成为在中国发展的主流模式。

2. 中国旅游酒店业问题和不足

（1）普遍存在实力弱、规模小、缺乏核心竞争力的问题

中国酒店行业以中小型酒店为主力军，它们多为零散型经营。虽然全国各地、大大小小的城市临街门面中，用于经营酒店的比例比较大，但是80%的酒店都普遍存在规模小、实力弱、缺乏专业的经营管理、缺乏核心竞争力和品牌价值的问题。作为中国酒店主力军的中小型快捷酒店，收支持平的少，亏损的更不在少数。

（2）缺乏优质的经营管理

据调查，中国90%中小型酒店的投资者，都普遍缺乏专业的经营管理经验。现在的消费者不仅要求价格合理，而且对酒店环境、服务等方面也提出了更高的要求。缺乏专业经营管理经验的中小型酒店，越来越无法适应消费者的要求，市场份额逐步萎缩，包括很多地方性的特色酒店也在不同程度地失去市场份额。

（3）缺乏品牌价值

中国是一个具有数千年文明史的国度，如今各类大小酒店数不胜数，可是全国真正有品牌价值的酒店非常少。多年来，中国酒店企业的发展一直以自我摸索、自我运作、自我积累和自我完善为主，严重缺乏品牌策划、推广及相关经营管理人才。另外，中国大多数中小型酒店经营者，本身也缺乏品牌意识。截至2018年，仅占全国酒店总数20%的国际品牌酒店，获得了全国酒店利润总额的80%，反之，占全国酒店总数80%的国内品牌酒店，只获得利润总额的20%。这说明中国旅游品牌建设存在严重的问题和巨大的发展潜力。

（4）中小型酒店受品牌连锁酒店的冲击

因为有国际品牌连锁酒店在中国的成功，中国很多酒店企业借鉴了国际连锁餐饮的成功模式，加速推进了中国快捷酒店的品牌化进程和连锁扩张的速度。它们以直营、加盟的发展模式在全国迅速扩张，以统一的服务、统一的经营管理、统一的品牌在不断抢占酒店消费的市场份额，使全国各地中小型酒店的市场占有率不断萎缩。随着连锁品牌不断增多，扩张的范围越来越大，扩展的速度越来越快，全国各地的中小型酒店必将受品牌连锁餐饮业更大的冲击，生存空间日趋萎缩。

（5）中国旅游酒店产品品牌建设存在的主要问题

老牌酒店旅游企业，包括锦江国际集团所属的酒店，比较偏重内部管理，忽略全国与全球品牌信息价值的创造、渠道价值的创造和忠诚价值的创造；新建的酒店集团，比较侧重品牌信息价值的创造，但忽略了品牌真实享受价值的创造，如华住酒店集团市值跃升非常快，已成为国内酒店集团前三强，但品牌实际价值有高有低。中国旅游企业整体上忽略了从旅游品牌信息价值、旅游品牌渠道价值、旅游品牌真实享受价值与旅游品牌忠诚价值四方面来系统地创建旅游品牌，而从上述四个方面来系统建设中

国旅游产品的品牌，这正是解决中国旅游品牌建设存在的问题的有效方案。

知识卡 5-1

中国旅游上市公司分类

自 1993 年，上海新锦江大酒店股份有限公司于上海证券交易所上市交易，成为国内第一家旅游上市公司。经过二十多年的发展，越来越多的旅游企业进入资本市场进行交易，目前已经成为证券市场上的一个重要板块。根据学界普遍的分类方法，中国旅游上市公司主要分为三大类：第一类是以旅游资源为经营主体的资源类旅游公司，企业以景区管理为主营业务，主要收入来源是门票、景区交通及住宿、餐饮、交通客运等方面；第二类是以酒店经营为主的酒店类旅游公司，企业以酒店经营管理为主营业务，其收入主要来自酒店的住宿、餐饮、会议、娱乐及其他附带业务；第三类为综合类旅游公司，公司的业务构成更加多元化，经营范围涉及与旅游产业相关性不大的业务。目前，我国资源类旅游上市公司和综合类旅游上市公司数量比较多，酒店类旅游上市公司相对较少。

3. 中国旅游酒店业经营的新趋势

（1）趋势一：酒店集团化步伐加快

2018 年，中国酒店集团有 100 多家，22 家酒店集团客房数量超 10 000 间，连锁酒店近 1 000 家。酒店联合重组不断推进，特许加盟开始兴起，国际酒店集团从高端市场向中低客源市场推进，国内酒店市场国际化步伐加快。全球 300 家酒店集团排行榜中，中国锦江国际集团排名升至第二，仅次于万豪集团。中国华住、首旅如家酒店集团进入全球十强。

（2）趋势二：酒店产品功能不断完善

2018 年，中国旅游酒店业已从一般的酒店细分为商务酒店、旅游酒店、度假酒店、会议酒店、经济型酒店、主题型酒店和一般旅馆等，不断满足多样化的旅游市场需求。运营上更加重视企业文化。"千篇一律"的客户关系管理和运营流程并不总是奏效。明智的经营者会了解客人的来源地，只因不同的来访目的将影响其酒店住宿的需要等，加强员工管理。

（3）趋势三：酒店个性化服务更加突出

以电子信息技术和连锁经营为代表的现代科技与经营模式加速进入中国旅游酒店业，向客人提供全球信息高速公路的全新服务，如人工智能技术对温度、光线的自动调节，在客房能有宽带上网，客房电视机能接收卫星网络信号，远程网络预订等，使旅游酒店业的发展越来越依靠科技进步。

（4）趋势四：经济型酒店将成为中国酒店市场的主体

在酒店业中，经济型酒店拥有未来发展的最大空间。经济型酒店符合国际旅游酒店业发展趋势，符合中国酒店细分市场的实际，符合国内旅游者的需求且对重大事件、经济因素变化不敏感。中国酒店业将从以星级酒店为主体转向经济型酒店发展的新时代。

（5）趋势五：旅游酒店业结构的优化

旅游酒店业是为旅游者提供食宿的基地，是旅游经济发展必不可少的物质基础，旅游酒店业结构优化是实现旅游产业结构（尤其是旅游经济结构优化）的基础。旅游酒店业结构优化应该从以下五个方面进行：一是形成比较完善的地域结构和完整的档次结构；二是丰富旅游酒店的类型；三是适应网络经济发展，加强商务设施建设；四是改造提升一批家庭式旅馆，创建一批绿色酒店；五是促进集团化发展，进行品牌经营。

（6）趋势六：运用成熟的管理模式集中经营

提高我国酒店专业人才素质，培育一批酒店业职业经理人才、职业化员工，采用正确的定价、客房库存控制和分销渠道战术。

二、都市旅行社业

（一）都市旅行社概念

1. 旅行社含义

旅行社（企业）是指以营利为目的，具有独立法人资格，专门招徕、组织、接待旅游者并为其提供相关旅游接待服务，开展出入境旅游和国内旅游业务的经济实体（企业）。

欧洲对旅行社的定义：旅行社是一个以持久营利为目标，为旅客提供有关旅行及居留服务的企业。

WTO对旅行社的定义：零售代理机构向公众提供关于可能的旅行、居住和相关服务，包括服务酬金和条件的信息；旅行组织者、制作商或批发商在旅游需求提出前，以组织交通运输、预订不同方式的住宿和提出所有其他服务为旅行和旅居做准备。

国务院2009年颁布并于2017年第二次修订的《旅行社条例》规定：旅行社是指从事招徕、组织、接待旅游者等活动，为旅游者提供相关旅游接待服务，开展国内旅游业务、入境旅游业务或者出境旅游业务的企业法人。

2. 旅行社的主要职能和基本业务

旅行社主要职能有五项：销售代理（单项服务），组织服务（包价产品），协调活动（相关部门），分配收入（相关部门），沟通信息（相关部门）。

旅行社主要业务有五项：产品开发，服务采购，产品销售，旅游接待，旅游中介。

旅行社服务采购主要对象有七项：交通、住宿、餐饮、游览（景区）、购物娱乐（商家）、保险、旅游接待。

3. 开设国内旅行社的必要条件

开设国内旅行社的必要条件包括：拥有固定的经营场所（申请者拥有营业用房产权或租用权，且租期不少于1年）；拥有必要的营业设施（营业设施包括2部以上直线固定电话以及传真机和复印机，具备与都市旅游管理部门及旅游经营者联网的计算机）；拥有不少于30万元注册资本。

4. 旅行社的性质和特征

虽然对于旅行社的定义不同，但都包含了两个共同的特征：一是提供与旅行有关的服务，是旅行社的主要职能；二是以营利为目的，决定了旅行社的企业性质。旅行社的主要特征有营利性、服务性、中介性等。

知识卡 5-2

美国运通公司

美国运通公司总部设于纽约市。主要通过其三大分支机构营运：美国运通旅游有关服务，美国运通财务顾问及美国运通银行。

美国运通旅游有关服务：世界最大的旅行社之一，在全球设有1 700多个旅游办事处，运通旅游有关服务向个体客户提供签账卡、信用卡以及旅行支票，同时也向公司客户提供公司卡和开销管理工具，帮助这些公司管理公干旅行、酬酢以及采购方面的开支，公司同时还向世界各地的个体和公司提供旅游及相关咨询服务。

美国运通财务顾问：以财务计划和咨询为业务核心，与零售客户建立紧密的关系和长期财务战略；为了满足其零售客户的需求，美国运通财务顾问亦同时开发和提供财务产品和服务，包括保险、养老金和多种投资产品。

美国运通银行：在以美国为基地的银行中，美国运通银行拥有其中最大的国际分支机构网络，通过40个国家的77家办事处，提供私人银行服务、个体理财服务、同业银行以及外汇交易。

自2004年开始，中国工商银行发行美国运通品牌的信用卡（简称"工运卡"）。截至2008年底，双方合作发卡超过60万张，累计消费额超过人民币100亿元。

(二) 都市旅行社主要业务

旅行社业务较多，分为委托代理业务和接待业务。旅行社的委托代理业务是指旅行社可以在其业务经营范围内，委托其他旅行社代理招徕国内旅游、出境旅游和边境旅游的旅游者。做出委托的旅行社为组团社，接受委托的旅行社为代理社。

旅行社的接待业务是旅行社为已经购买了旅行社产品的旅游者，提供系列实地旅游接待服务的一项综合性工作。旅行接待业务的主要特征如下。

1. 综合性和时效性

接待一个旅游团（者）常常要在几天或更长的时间内，由多个城市的多家旅行社按预定程序提供相应的服务才能完成，因而它是一项相当复杂的工作。

2. 规范化和个性化

为了保证服务质量，接待工作过程应流程化和规范化，以保证服务标准。所谓流程化，是指在接待工作中要按质、按量、按时地兑现已销售出的各项服务。所以在提供规范化服务的同时，应按照合理而可能的不同需求，给予既热情又有差别的服务。

3. 文化性和趣味性

现代旅游不仅是一种度假休闲活动，而且也包含了解异国他乡的文化和增长阅历的动机。要通过健康的导游内容与趣味性的导游方式相结合来达成目的。

团体旅游接待业务是旅行社接待业务很重要的一个方面，它是一项综合性、系统性很强的工作。散客旅游接待业务，散客旅游是一种自助、半自助的旅游形式。散客分两大类：一类是自助旅游散客；另一类是旅行社接待的散客团。

限于篇幅，本节不一一介绍旅行社的业务类型。

(三) 都市旅行社产品定价

1. 旅行社产品的含义及其基本定价方法

旅行社产品是指为满足旅行过程中游客吃、住、行、游、购、娱等各种需要，旅行社凭借一定的旅游吸引物（资源、服务等）和接待设施向旅游者提供的各种有偿服务的总和。它通常以"线路＋项目＋服务"的形式出现。

旅行社产品定价方法有两种：成本导向定价法和顾客导向定价法。鉴于旅行社产品具有较强综合性，多数服务项目、内容都是从相关旅游行业部门采购来的，所以产品定价的首选方法应为成本导向定价法。在成本导向定价确定产品基本价格后，再采取顾客导向定价法修正定价，以便更好地适应目标市场。

旅行社产品销售渠道是指旅行社通过直接或间接方式，将其产品提供给最终消费者的整个流通途径，也称销售分配系统。它包括直接销售和间接销售两大渠道类型。

2. 旅行社产品价格策略

（1）成本加成定价策略

成本加成定价是指在单位产品成本的基础上，增加一定比例（预期利润）来确定产品售价的定价策略。其中，旅行社预期利润（加成比例）大小受制于本地区旅行社行业平均利润率。

（2）取脂定价策略（高价厚利）

取脂定价是指采取高价谋求厚利的策略，追求短期利润最大化目标（就像从鲜奶中撇取奶油）。它的优点是利用游客求新、求奇心理（"高定价等于高档产品"），产品采取高价入市，让旅行社在最短时期内获取高额利润，缩短投资回报周期。其缺点是高价投放市场，不利于开拓市场，也容易引起竞争者趋利跟进，加剧市场竞争。这一策略只适用于具有垄断性和需求缺乏弹性的旅游产品，也只适用于某种新特产品投放市场的初期阶段。

（3）渗透定价策略（低价多销）

渗透定价是指采取低价谋求薄利多销的策略，追求长期市场占有率最大化目标。它的优点是利用游客贪求"价廉物美"的心理，产品采取低价入市，让旅行社迅速增加产品销量，尽快广泛地占领市场，借此排斥竞争者加入，达到长期占有市场的目的。其缺点是旅行社经营利润率偏低，投资回报周期长。这一策略适用于具有大批量接待能力、经营缺乏垄断性和需求富有弹性的旅游产品。

（4）心理定价策略

旅行社使用的心理定价策略主要包括尾数定价、声望定价和吉祥（数）定价三种。

（5）优惠差异定价策略

旅行社产品优惠价主要包括现金折扣、数量折扣等。

（6）产品差异定价策略

旅行社产品差异主要包括季节差价、等级差价、地区差价、年龄差价等。

3. 旅行社产品价格的构成与特征

旅行社产品价格是由"直接成本"和"毛利"（预期利润、国家税收、管理费用、设施折旧费等）构成的：产品价格＝直接成本＋预期利润＋税收＋费用＋折旧费。

旅行社产品价格具有三个特征：相关性强、不易控制、季节性波动大。

4. 影响旅行社产品定价的主要因素

供求关系变化（需求弹性/季节性），产品成本变动，竞争产品定价，旅游产品特性，国际汇率变动。

5. 旅行社产品定价的方法

（1）成本导向定价法

成本加成法：成本加成价格＝单位产品直接成本×（1＋平均利润率）

(2) 目标收益法

$$目标收益价格 =（总成本 + 目标收益价格）/ 预计销售量$$

(3) 需求导向定价法

包括以购买量的多少定价、根据价格需求弹性大小定价、不同时间定价、两部价格制度、搭售等。

(4) 竞争导向定价法

包括随行就市法、差异定价法。

（四）都市旅行社产品促销组合策略及促销技巧

1. 旅行社产品促销组合含义

旅行社产品促销组合是指旅行社在特定促销目标、预算指导下，对媒体广告、销售推广、直接营销、营销公关、现场传播等不同促销技巧进行适当选择和有效结合，借以促销产品。它是旅行社产品营销组合策略之一。

(1) 旅行社产品直接销售

旅行社产品直接销售分线下和线上两种，线下营销有地推、宣传单、现场活动、渠道商等。线上营销有不同的推广渠道和营销方式：论坛贴吧社区、自媒体平台、短视频等是比较流行的线上方式；旅行社也可以将自己的产品放在一些大型电商平台进行销售；还有搜索引擎营销，主要包括搜索引擎优化（search engine optimization，SEO）和搜索引擎营销（search engine marketing，SEM）等。当然，随着互联网时代的迅速发展，新的营销方式和营销渠道也层出不穷。

(2) 旅行社产品间接销售三大渠道策略

旅行社产品间接销售三大渠道策略：广泛性销售渠道策略（是指旅行社选择较多批发商和零售商销售产品，方便旅游者购买）；选择性销售渠道策略（是指旅行社有目的地选择少数有销售能力的中间商推销产品，借以降低成本）；专营性销售渠道策略（是指旅行社只选择一家中间商推销产品，借以提高其积极性和推销效率）。

(3) 旅行社正确选择中间商的考察条件

旅行社正确选择中间商有六个考察条件：中间商可能带来经济效益；中间商目标群体与旅行社目标市场一致；中间商有商业信誉与推销偿付能力；中间商对旅行社业务有依赖性；中间商数量规模适当；中间商有强烈的合作意向。

2. 旅行社产品促销组合策略

旅行社产品促销组合策略主要有两类："推"式策略、"拉"式策略。

(1)"推"式策略

旅行社把促销着力点放在旅游中间商身上，施加必要的促销技巧，不断地把旅行社产品推向旅游经销商/批发商，再推向零售商，最终由零售商推荐、销售到旅游者手上。

旅行社国际入境旅游产品特别适合采用针对旅游中间商的"推"式策略及相应的销售推广、营销公关等促销技巧。

(2)"拉"式策略

旅行社把促销着力点放在旅游者身上，对他们施加必要的促销技巧，引起市场积极反响，使旅游者争相咨询，并向零售商预购产品，进而引发零售商向批发商/经营商要求订货，反向拉动整个销售链的活跃。

旅行社国际出境旅游和国内旅游产品特别适合采用针对旅游者的"拉"式策略及相应的媒体广告、直接营销、现场传播等促销技巧。

3. 旅行社促销技巧

(1)媒体广告

媒体广告是指旅行社利用电视广告、报纸广告、杂志广告、广播广告这四种大众传播媒体来促销旅游产品。

电视：传播性能多样，传播范围广，传播及时、灵活，费用高，不能保存，缺乏可选择性。

报纸：覆盖面广，时效性强，传播方式灵活，内容繁杂，阅读仓促，不够形象。

杂志：对象明确，选择性强；阅读和保存时间长；印刷效果好，时效性差；传播范围有限；缺乏灵活性。

广播：传播速度快，传播空间不受限，传播方式灵活，不能保存，可选择性差，容易产生信息漏损。

网络：成本低，传播速度快，传播方式灵活，个性化强，受众范围受限，权威性受限。

(2)营销公关

公共关系是指以具体产品为中心，与企业的所有公众建立或者巩固良好的关系，构建公众对公司或者产品良好印象的过程。营销公关是指借助新闻媒介传播产品信息、以品牌形式赞助公益活动等公关活动，旨在树立旅行社及其产品的良好形象，与旅游者或中间商建立密切良好的关系。

(3)销售推广

销售推广是指旅行社专门面向旅游中间商（经营商/批发商为主，零售商为辅）的一种独特促销方式。促销方式包括熟悉业务旅行（如导游踩线游）、旅游博览会、交易折扣、联合广告、销售竞赛与奖励、提供宣传品、优惠券等。其中最常用的销售推广手段是中间商考察旅行。

（4）直接营销

直接营销包含旅游从业人员推销、直接邮寄（即直邮，direct mail，DM）直销、电话营销等促销方式。

① 旅游从业人员推销是指旅行社通过委派销售人员，直接上门向旅游者推销产品。人员推销的显著特征是促销人员可以和顾客面对面交流，促进顾客的积极反应并购买产品。

② 直接邮寄是指旅行社通过直接向旅游者寄送产品目录或宣传品推销产品。

③ 直邮直销是当代信息化社会出现的一种新广告媒体，以电子邮件直销为主，也是一种有效营销方式，具体表现在旅游信息传递能力、旅游广告宣传能力、旅游购买意愿引导能力提高等方面。在新媒体时代，直邮直销的广告媒体功能极强。

④ 电话营销是指旅行社通过公布免费电话，吸引旅游者使用电话查询或预订产品，或者是指旅行社销售人员通过电话劝说旅游者购买其产品。

（5）现场传播、介绍

现场传播、介绍是指旅行社通过营业场所的布局、宣传品陈列与内部装饰、VR技术等向旅游者传播、介绍产品信息，增强旅游者购买信心，促成旅游者购买行为的发生。

三、都市在线旅行社业

（一）在线旅行社的概念

在线旅游指旅游消费者通过在线旅游服务提供商的网站，提交机票和酒店住宿相结合并包含其他附加服务的自由行旅游产品预订订单，提交成功后由消费者通过网上支付或者在门店付费。旅游者通过在线旅游服务提供商的网站查询并通过预订成功的交易，也算作在线旅行交易。在线旅游已经成为全球电子商务中的第一行业，在线旅游代理商是我国旅游电子商务最主要的形态。

在线旅行社、旅游网站、旅游电子商务是不同的概念，有区别也有联系。

在线旅行社（online travel agency，OTA）以满足旅游者信息查询、产品预订及服务评价的需要为核心目的。是囊括了航空公司、酒店、景区、租车公司、海内外旅游部门等旅游服务供应商及搜索引擎、电信运营商、旅游资讯及社区网站等在线旅游平台的新产业。该产业主要借助互联网，与传统旅游产业以门店销售的方式形成巨大差异，故被旅游从业人员称为"在线旅游"。

旅游网站是指基于企业内部网、企业外部网，拥有自己的域名，由若干个相关的网页组成网页组,在服务器上存储一系列旅游信息的网络站点。旅游网站包括许多页面,而这些页面又包括许多文本、图像、声音和一些小程序。使用者可通过旅游网站的浏览器浏览所需要的旅游地信息。它是利用网络技术,从旅游专业角度,整合传统旅游资源,提供全方位多层次的网上旅游服务的场所,是旅游信息系统的传输媒介和人-人、人-机交互的窗口。

旅游电子商务是指以网络为主体,以旅游信息库、电子化商务银行为基础,利用最先进的电子手段运作旅游业及其分销系统的商务体系。旅游电子商务为旅游业同行提供一个互联网的平台。

美国作为电子商务的先行者无论在网络安全还是交易实现量上都走在世界的前列。在经历了多次重要的信息技术应用发展阶段,计算机预订系统(computer reservation system,CRS)、全球分销系统(global distribution system,GDS)和互联网阶段之后,美国旅游业的在线业务不断完善,已经形成了类型、功能齐全,覆盖旅游业各个方面的在线旅游产业体系。相比之下,中国的旅游电子商务还处在起步阶段,与发达国家的旅游网站存在相当大的距离。关于国内外不同类型的典型旅游网站在运营环境、服务类型、服务对象、针对的客户群、营销方式、运作模式、盈利模式等多方面表现不同。

(二)在线旅行社发展背景和现状

随着互联网的迅速发展,旅游者从之前到旅行社门店购买服务的形式转变为通过旅游网站来进行酒店、机票等的在线预订,并且在阅读过其他旅行者的旅游攻略之后寻找适合自己的旅游线路。

随着互联网的发展以及用户需求的不断变化,旅游类市场在线旅行社应用分为四大类,即提供旅游接待服务、提供预订服务、提供交通类服务和旅游业信息分享。其中,提供预订服务赚取佣金的在线旅行社预订市场,经过多年激烈的竞争,其商业模式已经趋于稳定。例如:马蜂窝网站的出现,则对用户出行需求的空白进行了填补,该网站的旅游攻略能够为用户提供资讯类服务,帮助其规划旅行。

资讯类应用需要大量的数据支持,属于强运营产品,通常也会包含用户原创内容(user generated content,UGC)+社交网络服务(social networking services,SNS),作为平台,激励经验用户产生有效内容,吸引潜在用户出行体验,并以天然的分类方式(目的地)划分用户群,提供结交渠道,增加用户覆盖率。因为营利问题,资讯类应用也会向后扩展,接入预订产品(如酒店、线路),相对于传统OTA,资讯类应用根据信息分类和用户痕迹,可以更精准地推荐。

根据国家旅游局和马蜂窝发布的《2017全球自由行报告》,2017年国内旅游人次达到 50 亿，同比增长 13%，人均旅游达到 3.6 次，其中国内自由行人数占比 97%，中国公民出境旅游人次达到 1.28 亿，同比增加 5%，其中出境自由行人数占比 53%。"新旅游"的时代已经到来。出现该现象的原因之一是旅游行业法律制度不健全，导致旅行社和旅游景点缺乏监督管理机构，使得在旅游者消费过程中，特别是在包价团队旅游的形式中，出现不少负面新闻或者坑蒙拐骗现象。互联网的发展、信息的快速传播，让年轻一代获得信息的成本降低，众多旅游网站为旅游者提供了各类信息和攻略，进一步地加速了自助游的发展，俨然成为新的旅游风向标。

旅游消费者一个完整的旅游决策过程包括旅游需要、目的地信息收集和评价对比。一个理性的消费者在进行自助游之前，会利用一切渠道尽可能获取完整的信息，来完成机票或者酒店的预订；通过查阅其他消费者的评价或者对价格进行比较，选择性价比最高的产品，使得自助游称心如意。

（三）旅游网站的运营模式

旅游网站也是旅游组织向公众展示旅游信息的平台，有官方旅游网站，也有私人旅游网站，官方的侧重政务，私人的侧重旅游市场宣传，向游客提供旅游的相关信息资讯、产品等信息。例如，旅游目的地官方旅游资讯网站的首要功能是对旅游目的地进行整体营销，实现这一目标的重要途径之一就是对目的地进行旅游品牌形象塑造传播。就旅游网站而言，把旅游目的地作为一个整体，突出旅游目的地品牌形象塑造与传播，实现旅游目的地的整体营销目标，是目的地官方旅游资讯网站面对的首要任务、努力实现的基本目标和必须承担的地方政府职责。

旅游网站的服务功能大致包括旅游信息的汇集、传播、检索和导航，旅游产品和服务的在线销售，个性化服务在线预订服务等。旅游网站大致可细分为度假预订、旅游社交、垂直搜索等类型，旅游网站的运营模式主要有四种。

(1) OTA 模式，即在线旅游代理商模式。OTA 即"在线旅行社"或"在线旅游社"，是旅游电子商务行业的专业词语。OTA 的出现将原来传统旅行社的销售模式放到网络平台上，更广泛地传递了线路信息，互动式的交流更方便了客人的咨询和订购。其核心优势在于企业具备高效的营销推广和电子商务运营能力，主要营利模式为销售差价、商家佣金、广告收入等。国内代表性企业有携程旅行网、驴妈妈旅游网、同程旅游、途牛旅游网等。

(2) UGC 模式。UGC 中文译为"用户原创内容"，通过互联网平台给用户提供旅游策略等服务，营利模式主要是广告收入等。国内代表性企业有穷游网、马蜂窝旅游网等。

(3) 垂直搜索模式。依靠互联网搜索技术，为用户提供旅游及相关产品的深度价格对比，如国内外的酒店、航班价格等。营利模式为OTA在线旅游代理商合作获利、广告收入等。国内代表性企业有去哪儿网、酷游网、阿里旅行等。

（4）传统旅行社线上服务模式。传统旅行社凭借互联网平台的优势，提供旅游产品的电子商务服务，营利模式未变，主要是成本较节约、去中介化。国内代表性企业有众信旅游、中国国旅、中青旅等。

（四）在线旅行社的应用趋势

随着相关移动技术的日益成熟，以及为了更好地满足用户需求，在线旅游接待服务商为用户提供了相当多的新式应用。这些应用主要以多元化、多点式的应用程序（app）客户端为主，应用中包含了航班、酒店、旅游产品、攻略、图片即时分享等各个环节和产品，在产品的使用上进行了大量优化，提升用户体验。

第一，语音搜索。在移动的过程中，语音功能是非常有潜力的一块，如何便捷地获取信息是用户体验的焦点。

第二，位置服务。基于位置的服务（location based services，LBS）与地理位置密切结合，是无线渠道和其他渠道的差异化所在，也是移动应用的重要特色。

第三，个性化推送。随着大数据（big data）在商业分析领域的大量应用，个性化推送在当前电子商务领域并不鲜见。根据用户的搜索、浏览、购买历史，分析用户相关兴趣爱好，将与用户相关的旅游信息（特别是折扣优惠）直接推送到用户面前，增加用户黏度的同时，进一步提升用户体验。

据统计，发达国家中的游客超过半数的人会采取在线旅游购买的方式，而发展中国家的游客则更多通过网上的旅游网站进行旅行信息的提前查询。

四、都市旅游交通业

（一）旅游交通业的概念

都市交通是都市形成、发展的重要条件，也是都市化过程中的必备条件。都市交通对都市规模、产业的性质和规模有很大影响，都市商业贸易、旅游活动必须有良好的交通条件为保证。现当代大都市大多位于水陆交通枢纽，在全球经济一体化的背景下，人力、资源、资金、信息等要素都在越来越大的范围内快速流动。旅游作为一个空间移动的人类活动，是构成社会流动性的重要组成部分，而旅游的流动在根本上离不开交通运输工具，这使得交通变革与旅游发展之间形成了紧密而重要的联系。尤其对于都市旅游来说，都市往往凭借大规模的人口、良好的区位、完善的服务设施成为交通流动的中心,随着交通技术与理念的变革,都市在流动社会中的发展环境与条件也不断变化,都市旅游的未来也在这一流动性变革中出现了新的趋势与导向。

都市旅游交通是指都市旅游者为了实现都市内外旅游活动,借助某种交通工具,实现从一个地点到另一个地点的空间转移过程。它既包括旅游者在常住地和都市旅游目的地之间的往返运输过程,也包括旅游者在都市旅游目的地之间、同一都市旅游目的地内部各旅游景点之间的移动过程。

都市旅游交通是都市旅游者实现旅游活动的交通工具,它促进流动性与都市旅游。从需求方面看,都市旅游交通是都市旅游者完成旅游活动的先决条件;从供给方面看,都市旅游交通是都市旅游目的地旅游产品的重要组成部分。例如,上海的浦东国际机场、磁悬浮列车、深水枢纽港等对长江三角洲地区都市旅游圈的发展发挥着重要的带动作用。

(二)现代都市旅游交通的主要形式

① 火车:铁路旅游交通是我国最主要的远程旅游交通工具。

② 飞机:航空旅游交通是远程旅游的主要方式,经营方式包括定期航班、包机业务等。

③ 汽车:公路旅游交通是中短途旅游最理想的方式。

④ 港口轮船:水路旅游交通业务可分为四种,即远程定期邮轮、海上渡轮、海上巡游、内河航运。

⑤ 其他:市内骑行车道、绿道、环城高速路等。

(三)都市对外交通运输

都市对外交通泛指都市与其他都市间的交通,以及都市地域范围内的城区与周围城镇、乡村间的交通。其主要交通形式有航空、铁路、公路、水运等。都市中常设有相应的设施,如机场、铁路线路及站场、长途汽车站场、港口码头及其引入都市的线路。都市对外交通与都市内部交通彼此相互联系、相互影响。例如,我国长三角都市旅游圈内的主要交通方式为公路运输,四通八达的公路网联结各主要都市与景点,沪宁杭核心都市的集散功能突出。上海运用政府主导行为,已率先建成了旅游集散中心,这对拓展长江三角洲旅游圈意义重大。公路运输激活了长三角都市旅游客流的双向与多向互动。

1. 铁路

(1)铁路站场位置选择

在都市铁路布局中,站场位置起着主导作用,线路的走向是根据站场与站场、站场与服务地区的联系需要而确定的。铁路站场的位置与数量和都市的性质、规模,铁路运输的性质、流量、方向,自然地形的特征以及都市总体布局等因素有关。

中间站在铁路网中分布普遍,它是一种客货合一的车站,多采用横列式布置,一般都设在小城镇。在都市中,它与货场的位置有很密切的关系。为了避免铁路切割都市,铁路最好从都市边缘通过,并将客站与货场均布置在都市一侧,使货场接近工业、仓库区,而客站位于居住用地的一侧。

这种布置虽然比较理想,但是由于客货同侧布置的方式对运输量有一定的限制,这种布置方式只适用于一定规模的小都市及一定规模的工业。否则,由于在城镇发展过程中布置了过多的工业,运输量增加,专用线增多,必然影响正线的通过能力。此外,还应当注意在车站、货场之间适当留有发展余地。

当货运量大,同侧又受用地限制,必须采取客货对侧布置时,应将铁路运输量大、职工人数少的工业企业有组织地安排在货场同侧,而将都市市区的主要部分仍布置在客站一边,同时还要选择好跨越铁路的立交道口,以尽量减少铁路对都市交通运输的干扰。

(2) 客运站的位置选择

客运站的位置要方便旅客,提高铁路运输效能,并应与都市的布局有机结合。

客运站的服务对象是旅客,为方便旅客,位置要适中,靠近市中心。在中小都市可位于市区边缘,在大都市则必须深入都市,位于市中心区边缘。根据对我国一些客运站的调查,一般认为,客运站距市中心在 2~3 km 以内是比较方便的,无论是位于市中心边缘还是市区边缘(都市用地过于分散的情况除外),使用都是比较便利的。即使超过一些距离,只要都市交通便捷,也能满足使用较便利的要求,如南京、成都等。唯有在距离较远和交通不便的情况下,客运站的使用就不方便了。

(3) 客运站的数量

我国绝大多数都市只设一个客运站,这样管理和使用都比较方便。但是在大都市和特大都市,由于用地范围大、旅客多,若只设一个客运站,则旅客过于集中,而且会影响市内交通;另外,因自然地形(如山、河)的影响,都市布局分散或呈狭长带形时,只设一个客运站也不便于整个都市的使用。因此,这类都市客运站宜分设两个或两个以上为好,或者以一个客运站为主,再加其他车站(如中间站或货运站兼办客运)作为辅助。

(4) 都市的"窗口",客运站与都市道路交通的关系

都市的铁路客运站作为一个都市对外展示的"窗口",反映都市的初步面貌,绝不是单纯依靠车站站场本身所能达到的,它必须与客运站站前广场周围的都市公共建筑有机结合,成为一个建筑群体。

对旅客来说，客运站仅是对外交通与市内交通的衔接点，到达旅行的最终目的地还必须由市内交通来完成。因此，客运站必须与都市的主要干道连接，直接通达市中心以及其他联运点（车站、码头等）。但是，也要避免交通性干道与车站站前广场的互相干扰。

为了方便旅客、避免干扰，国外甚至有把地下铁道直接引进客运站或将客运站深入市中心地下的，或者将国有铁路、市郊铁路、地铁、公共汽车终点站以及相关服务设施集中布置在一幢大楼里。

(5) 高铁运输与都市圈旅游

① 高铁的发展。

高速铁路（high-speed railway，HSR）的产生是铁路旅客运输业的一场技术革命，是世界交通变革的一个重要标志，它以显著优势成为解决大量旅客快速输送问题最有效的途径，代表着全球社会流动的新方向。国际铁路联盟（International Union of Railways，UIC）认为高速铁路包含组成这一"系统"的所有元素，包括基础设施、高速动车组和运营条件。中国对高速铁路的定义为新建设计开行 250 km/h（含预留）及以上的动车组列车，初期运营速度不小于 200 km/h 的客运专线铁路。随着社会经济的快速发展和都市化进程的不断加快，中国已经成为世界上高速铁路发展最快、系统技术最全、集成能力最强、运营里程最长、运营速度最高、在建规模最大的国家。截至 2015 年年底，中国高铁运营里程达到 1.9 万 km，占世界高铁总里程的 60% 以上，高铁与其他铁路共同构成的快速客运网已基本覆盖 50 万以上人口都市，形成以特大都市为中心、覆盖全国，以省会都市为支点、覆盖相邻大中都市间小时交通圈及都市圈内 0.5～2 h 交通圈的流动网络。高速铁路的快速发展使中国真正迈入高铁时代的流动社会，将大大满足人们日益增长的出行需求，并对沿线都市的社会经济发展产生很大的影响。

② 高铁带来的都市旅游变革。

高铁的发展实现了高速、便捷和优质服务的统一，打破了空间距离，缩短了时间距离，拉近了心理距离，将开创都市旅游业新的局面，催生同城化、近城化、网络化、网格化等多种变化，游客时间成本和空间成本也将发生新的变化，都市旅游目的地选择将被重新分配，都市旅游业也将拥有新的价值并面对新的问题。高铁运营对都市旅游的影响包括三个方面。

第一，提高了都市旅游可达性。旅游可达性是指借助交通设施，从旅游客源地到达旅游目的地的方便程度，主要受距离、交通工具、交通费用等因素的影响。在高铁开通运营之前，因线路技术、站点等级和客运组织等因素的影响，各都市旅游目的地的可达性水平还存在很大的差距。高铁开通运营后，旅行时间的锐减使得游客对空间距离的感知界限变得模糊。

　　当然，影响旅游可达性的感知时间不仅仅是都市间的交通时间，还包括都市内部交通的接驳。通常，高铁站建在离都市中心不远的地方，其对应的是高品质而配备较好的基础交通服务体系，因而相对于普通铁路运输来讲速度较快；相对于航空运输来讲，高铁在准点率、市内交通、候车时间、交通费用等方面具有比较优势。调查发现，82％的高铁旅客候车时间均在1h以内，而航空旅客候机时间多在1h以上，总体运行耗费时间较长。在交通费用方面，高铁作为一项基础设施，国家财政给予较大的补贴和支持，票价相对合理。总体来讲，高铁的总体需要时间相对较短，费用合理，改善了沿线旅游都市与交通网络的连接程度，使得中国形成一系列的"小时旅游经济圈"和"日旅游交通圈"。

　　第二，改变了都市旅游客源结构。高铁开通运营后，大大提高了旅游者往来于沿线都市尤其是端点都市之间的便捷度和舒适度，促使更多旅游者参与都市旅游活动，客运量大为增加，都市旅游市场的结构随之改变，新的客源市场空间格局逐步形成。例如，在入境旅游方面，都市旅游目的地不再仅仅局限于北京、上海等都市，已经明显触及其他省市；在国内旅游方面，高铁沿线较为发达的都市表现出散客化、同城化、区域化的发展趋势，各个相关都市旅游目的地的市场辐射范围进一步扩大。

　　高铁对旅游者的消费行为意向影响明显，都市旅游客源结构也有所改变。短线旅游如节假日探亲游因高铁的开通更加容易实现。例如，郑西（郑州—西安）高铁开通后，据郑州旅游市场的抽样调查显示，西安、三门峡、洛阳等地的来郑游客同比增长了20％以上；又如宁沪（南京—上海）高铁开通后，旅游市场消费需求发生的变化主要体现在短线旅游产品需求旺盛、旅游率攀升、周末出行比例加大等方面，高铁周边都市成为最主要的旅游目的地。

　　第三，都市旅游接待能力要求提高。随着大量游客搭乘高铁涌入，都市旅游目的地短时间内的食、住、行、游、购、娱等方面的接待能力均面临严峻考验。首先，旅游餐厅的接待压力直接加大，如武广（武汉—广州）高铁开通后，大批来自广东的游客涌入武汉市，但据2010年的调查，武汉市愿意接待旅游团用餐、操作比较成熟的大型餐厅只有10余家，每天最大接待量仅为数百人，在武汉樱花盛开的旅游高峰季节显然难以满足需要。其次，高铁带来的大批旅游者除了对都市常规接待能力造成压力，也在考验旅游产品的吸引力。如果一个都市的旅游产品以初级观光类为主，龙头景区、新景区比较少，而且现有景区容量有限、游客承载量偏低，缺少高端游客所喜好的购物娱乐等弹性旅游产品以及会展、商务、度假、康体等新型旅游产品，那么在高铁开通后，大批商务旅游者和其他高端旅游者的需求必然不能很好地得到满足，进而影响旅游目的地的形象和未来发展。

2. 机场航空运输

（1）航空港的用地规模

航空港的用地规模与其类型、级别以及服务设施的完善程度有关，如跑道数量、布置形式、作业方式、候机楼及其附属设施、机库及其附属设施、停车场及其附属设施、机场与都市的地面交通联系方式、经营体制、管理水平等，都影响航空港的用地规模。因此，即使同一类、级的航空港，其用地大小也未必一样，很难用统一的指标进行计算，其差别也是很大的。最简单的民航站只需要在一条跑道旁设置一幢小型建筑，用地不过几十公顷，而一个大型的国际航空港，除了本身庞大的设施以外，还有大量为航空港服务或由于航空港设置而带来的相关设施，如旅游接待服务、职工生活、商业贸易、工业加工等，实际上形成了一个以航空交通为中心的航空港都市，其用地可高达上千公顷。

国外航空港的用地规模有越来越大的发展趋势。一般情况下，每万人次/年客运量的机场用地约1公顷。

（2）航空港的位置选择

航空港的选址关系到航空港本身与整个都市的社会、经济、环境效益，必须尽可能有预见性，比较全面地考虑各方面因素的影响，以使航空港的位置有较长远的适应性，发挥其更大的效益。考虑的主要因素如下。

① 净空限制要求。

机场净空限制的规定由净空空间的临界部位处建立的一些假想面（即净空障碍物限制面）组成。从净空限制的角度来看，机场的选址应使跑道轴线方向尽量避免穿过都市市区，最好在都市侧面相切的位置。在这种情况下，跑道中心线与都市市区边缘的最小距离为5~7 km即可。如果跑道中线通过都市，则跑道靠近都市的一端与市区边缘的距离至少应在15 km以上。

② 噪声干扰影响。

飞机活动产生的噪声对机场周围产生很大影响，一般认为，人们不能长期处于85 dB的噪声环境中，否则将危害身体健康。因此，居住区不宜布置在85 dB以上噪声区以内。从噪声强度分布图可以看出，噪声强度的分布范围是沿着跑道轴线（或航线）方向扩展的。跑道侧面噪声的影响范围远比轴线方向要小得多。因此，为减少飞机噪声的影响，都市建设地区（特别是生活居住区）应尽量避免布置在机场跑道轴线方向。而且，居住区边缘与跑道侧面的距离最好在5 km以上。在特殊情况下，当跑道轴线不得不穿越居住区时，则不论航空港的等级如何，居住区边缘与跑道近端的距离均不得小于30 km。

综合上述净空限制、防止噪声干扰等因素的考虑，对于机场位置选择的要求是一致的。机场的位置以在都市沿主导风向的两侧为宜,即机场跑道轴线方向宜与都市市区平行或与都市边缘相切,而不宜穿过都市市区。

3. 公路汽车运输

在都市范围内的公路,有的是都市道路的组成部分,有的则为都市道路的延伸,在进行都市规划时,应结合都市的总体布局合理地选定公路线路的走向及其站场的位置。

(1) 公路线路与都市的联结

我国一些老城往往是沿着公路两边逐渐发展形成的。在旧城中,公路与城镇道路并不分设,它既是城镇的对外公路,又是城镇的主要道路,两边商业、服务设施很集中,行人密集,车辆往来频繁,相互干扰很大。由于过境交通穿越、分割居住区,不利于交通安全,影响居民生活安宁。这种布置远远不能适应都市交通现代化的要求。

在进行都市规划时,公路交通与都市的关系有以下三种情况:一是以都市为目的地的到达交通,要求线路直通市区,并与都市干道直接衔接;二是同都市关系不大的过境交通,要么通过都市但可不进入市区,要么上、下少量客货车辆只做暂时停留(或过夜),一般宜尽量由都市边缘通过;三是联系市郊各区的交通,一般多采用环城干道解决,根据都市大小,可设立一条至多条环线。

无论采用哪种布置方式,都要根据公路的等级、都市的性质和规模等因素来决定,也与过境交通或入境交通的流量有很大关系。一般情况下,公路的等级越高,经过的城镇规模越小,则在通过该城镇的车流中入境的比重越小,因而公路以离开城区为宜,其与城镇的联结采用入城道路引入。现举几种公路与都市连接的基本方式为例。

① 改造旧有城镇道路与一般公路合用的方式,将过境交通引至都市外围通过,避免进入市区产生干扰,而将公交车站设在都市边缘的入口处,使入境的交通终止于此,不再进入市区。

② 大都市往往是公路的终点,入境的交通较多。虽然长途汽车站可设置于都市边缘,但其他车辆仍要进入都市;或因都市规模较大,车站设于都市边缘旅客出行不便,希望引入市区。因此,采取都市部分交通干道与公路对外交通联结的方式。

③ 在更大规模的都市内,设有都市环路环绕于都市中心区外围。环路是交通性干道,公路的过境交通可利用它通过都市,而不必穿越市中心区。

④ 以公路组成都市的外环道路,兼做都市近郊工业区之间联系的交通性干道。为减少外环公路的交叉点,还可在外环内再设一环路(类似上例中的内环),通过较少的交叉点引入内环,再进入都市道路系统。

⑤ 公路与都市道路各自自成系统,互不干扰。公路从都市功能分区之间通过,与都市不直接接触,而在一定的入口处与都市道路联结。

为了充分发挥汽车运输的特征，高速公路发展为公路建设开辟了新的途径。在断面组成上，中央设分隔带，使车辆分向安全行驶；与其他线路交叉时采用立体交叉，并控制出入口；有完善的安全防护设施，是供高速（一般为 80～120 km/h）行驶的汽车专用道。它的布置以离开市区为好，与市区的联系必须通过专用的支路，并采用有效控制的互通式立体交叉。

为了减少过境交通进入都市区，可在对外公路交汇的地点和都市入口处设置公共服务设施，如车站、修配厂（保养站）、加油站、停车场（库）以及旅馆、餐厅、邮局、商店、旅游集散中心等。这样，为暂时停留的过境车辆的司机与旅客创造一些便利条件，既方便车辆检修、停放及旅客休息、换乘，又可避免不必要的车辆和人流进入市区。

（2）站场的位置选择

公路车站又称长途汽车站，按其使用性质不同，可分为客运站、货运站、技术站、混合站；按其车站所处的地位不同，可分为终点站、中间站、区段站。长途汽车站场的位置选择对都市规划布局有很大的影响。在都市总体规划中考虑功能分区和干道系统布置的同时，要合理布置汽车站场的位置，使它既使用方便，又不影响都市的生产和生活，并要与铁路车站、港区码头有较好的联系，便于组织联运。在大都市，客运量大，线路方向多，车辆也多，集中设置车站不一定便利，可以分路线方向在都市中心区边缘设两个或几个客运站，货运站与技术站也可以分开设置。在中小都市，因规模不大、车辆数不多，为便于管理和精减人员，一般均设一个客运站，将客运站与货运站合并，也可将技术站组织在一起。货运站场的位置选择与货主的位置和货物的性质有关。若系供应都市人民的日常生活用品，则应布置在市中心区边缘，与市内仓库有直接的联系；如货物的性质对居住区有影响或以中转货物为主，则不宜布置在市区中心和居住区内，而应布置在仓库区、工业区货物较为集中的地区，也可设在铁路货运站、货运码头附近，以便组织水陆联运，并应注意与都市交通干道的联系。

（3）都市旅游集散中心

① 都市旅游集散中心模式构建。

a. 构建原则。综合都市旅游集散中心内涵及其必备功能，我们提出其模式构建的基本原则。

第一，便于散游的原则。集散中心应充分考虑到游客去景区目的地的出行心理及实际需求，中心的模式构建应便于所有游客的集中和疏散，真正体现服务游客、方便游客、为游客提供安全快捷服务的宗旨。

从城外旅游者的角度来说，集散中心可以安排在都市主要入城口附近。另外，经济型的交通方式在自助旅游者交通方式的选择中占有较大比重，为更好地满足散客旅游者的需求，中心应和较大的交通枢纽形成良好对接。

第二，配套持续发展的原则。构建旅游集散中心发展模式应充分考虑旅游集散中心与其他旅游相关部门的衔接与协调，还要保证集散中心基础设施与周围环境、公共设施的互相协调。旅游集散中心应本着为游者提供安全、舒适、便捷、经济的旅游方式的原则，在旅游产品组合、旅游线路设计、交通方式安排、中心环境建设等方面实现完备和配套。

第三，注重区域联合的原则。都市旅游集散中心的建立应进一步拓展大旅游的概念，形成都市旅游集散中心功能布局系统，在不同都市区域设立主中心、分中心和服务站。合理布局集散中心功能可以提高中心的运行效率，也是集散中心运营的关键。可以根据都市圈的整体布局、城外游客选择出游方式等因素的不同，选择最优的旅游集散中心模式。

b. 功能布局。都市旅游集散中心是向不同类型、不同消费层次的游客提供全要素旅游接待服务的平台，更是政府进行旅游公共管理的重要载体，也是为旅游企业稳健经营提供一个资源高效整合的集中场所。其功能布局应包括旅游信息咨询、旅游交通集散及旅游中介三个主要服务功能区。

第一，旅游信息咨询服务功能区。该功能区主要包括推广旅游交易和提供旅游咨询服务两大中心服务区。

旅游交易推广中心作为旅游批发与零售中心，是以旅行社批发业务为主、批零兼营的集中交易场所，积极引进国际国内知名旅游企业，提供旅游展示平台与场所，推荐旅游线路等相关信息，提供旅游文化表演场所和设施，促进旅游批发与零售业务有效开展，实现企业与市场的最佳结合。旅游咨询服务中心为旅游者提供详细的旅游咨询服务，介绍旅游景区景点，推荐旅游线路，受理旅游投诉，维护旅游者、旅游企业的合法权益。

第二，旅游交通集散服务功能区。它是旅游集散中心的关键和核心区域，以旅游线路和班车为基本手段，以旅游交通为基本要素，是实现旅游者出游和以人流带动信息流、资金流，实现旅游中心辐射聚集作用的基本功能平台。

该功能区开发设计邻近周边区域的精品旅游线路，并提供大量旅游班车，成为旅游者短、中程出游的主要聚散地。

第三，旅游中介服务功能区。设立旅游信息中心及票务中心。信息中心引进旅游地信息系统（travel geographic information system，TGIS），融地理信息系统、交易系统、景区实时客流量显示系统、专家咨询系统为一体，及时而准确地发布各类旅游信息，并设置旅游信息发布终端显示屏、多点触摸屏和大型电子屏幕。

票务中心引进国际标准化先进的销售软硬件系统，建立覆盖都市广大社区的销售网络，联网销售机票并为游客和市民提供方便快捷的服务。

4. 港口

港口是水陆联运的枢纽，也是水上运输的枢纽。它的活动是由船舶航行、货物装卸、库场储存以及后方集疏运四个环节共同组成的。这四个生产作业系统的共同活动形成了港口的综合通过能力——吞吐量。可见，港口的生产活动必须由港口城市的相应设备、设施来保证；港口的综合通过能力将受到最薄弱环节的制约。因此，必须使各个环节紧密配合、相互协调。港口活动的特征反映了港口与都市建设必须配套进行。

（1）港址选择

港址选择的工作包含两层含义：在大范围（区域、流域甚至全国）内，为满足国民经济发展的需要而做的战略性布局——港口位置的布点；在都市范围内，对港区具体用地位置的确定。都市规划主要参与后者。港址选择应从港口和都市两个方面考虑。从港口的角度必须考虑的因素如下。

① 自然条件。包括水深、冲淤、风浪、潮汐、地质、地貌等情况，特别要重视海洋动力地貌学方面的问题，研究掌握在波浪、水流、地质条件作用下，海岸带泥沙运动与冲淤的规律。

② 技术条件。按港口规模、性质的要求，分析设计与施工技术上的可行性。

③ 经济性分析。比较投资、运营费用的经济合理性，近远期的效益如何结合等。

以上三个方面是相互关联的，必须综合考虑。

港址选择的指导思想是从都市的全局（包括港口在内）出发，合理地安排好港、城关系，考虑的因素如下。

① 港口与都市位置关系的协调。包括与港区工业、仓库等服务地区的关系，原有市政实施的依托与利用，与生活居住区的关系，等等。

② 港址与其他岸线使用单位的关系协调。包括港口、工业、市政、生活等岸线的全面安排，远洋深水港址与沿海、地方中小泊位港址的配套，新老港区的关系，等等。

③ 港口的集疏运组织条件。包括港口出入航道的距离，各类运输设施（编组站、内河港区、国道、铁路）衔接的方便程度，客货源的方向与港址关系，等等。

④ 有关都市总体布局的其他因素。包括环境的影响和保护、耕地与拆迁的条件、近远期的关系等。

港址选择是一项综合性、多专业的工作，涉及的范围很广，影响的因素很多。在不同情况下，诸因素的影响程度不一，有的在特定的条件下还可以转化。因此，在选择港址时，要对诸因素进行具体、全面的分析，权衡利弊，综合评定，以使建港能取得更好的综合效益。

（2）集疏运组织

港口后方集疏运是港口都市交通的重要组成部分。对都市而言，港口货物的吞吐反映在两个方面：以都市为中转点向腹地集散；以都市为终始点，由都市本身消耗与产生。前者主要是以中长距离为主的都市对外交通；后者则主要是以短途运输为主的都市市内交通。它们之间必然产生互为补充的衔接联系，从而构成完善的都市交通运输网，以综合解决港口后方集疏运问题。现代港口都市发展与建设，首先反映在新的快速高效的都市对外交通与都市道路系统的建立。必须摆脱都市原有道路的束缚，按现代港口集疏运的要求，将现在的各种集疏运方式，如高速公路、铁路、水运（包括近海、内河、运河）、空运以及管道等，组成的新的交通运输网。这种新的交通运输网，完全与都市生活性交通的街道系统分离开来，成为快速、高效集疏运的手段。

（四）都市内部交通

都市内部交通主要包括都市道路、都市广场及都市步行绿道等。

1. 都市道路

（1）在合理的都市用地功能布局的基础上，组织完整的道路交通系统

都市各个组成部分通过都市道路构成一个相互协调、有机联系的整体。都市道路系统规划应该以合理的都市用地功能布局为前提，在进行都市用地功能组织的过程中，应该充分考虑都市交通的要求，二者紧密结合，才能得到较为完善的方案。

（2）按交通性质区分不同功能的道路

我国都市道路交通正处于发展的阶段，在规划中，除大都市设有快速道外，大部分都市的道路都按三级划分，采取下列三个规划指标：

① 主干道（全市性干道），主要联系都市中的主要工矿企业、主要交通枢纽和全市性公共场所等，为都市主要客货运输路线，一般红线宽度为 30～45 m；

② 次干道（区干道），为联系主要道路之间的辅助交通路线，一般红线宽度为 25～40 m；

③ 支路（街坊道路），即各街坊之间的联系道路，一般红线宽度为 12～15 m。

为了明确道路的性质、区分不同的功能，道路系统应该分为交通性道路和生活性道路两大类，并结合具体都市的用地情况组成各自道路系统。

交通性道路用来解决都市中各用地分区之间的交通联系以及与都市对外交通枢纽之间的联系。其特征为行车速度快、车辆多、交通性质以货运为主、车道宽、行人少，道路平面线型要符合高速行驶的要求，道路两旁要求避免布置吸引大量人流的公共建筑。

生活性道路主要解决都市各分区内部的生产和生活活动的需要。其特征是车速较

低，交通性质以客运为主、行人为主，车道宽度可稍窄一些，两旁可布置为生活服务的人流较多的公共建筑和停车场地。

(3) 都市道路与都市旅游

都市道路系统一般可以归纳为方格棋盘式、环形放射式等几种形式。各都市不能生搬硬套某种形式，而应该根据各地的具体情况，按照道路系统规划的基本要求进行合理的组织，形成适合自己都市特征的道路系统形式。

都市道路系统可分为主要道路系统和辅助道路系统。前者由都市干道和交通性的道路组成，主要解决都市中各部分之间的交通联系和对外交通枢纽之间的联系。辅助道路系统基本上是都市生活性的道路系统，主要解决都市中各分区的生产和生活组织。

这两种不同性质的道路应根据都市总体布局的要求加以区分，不应把两种类型重叠在一条干道上，以免影响行车速度和行人安全。交通性道路系统的主要任务是把都市的大部分车流，包括货运交通及必须进入市区的市际交通，尽最大可能组织和吸引到交通干道上来，给生活性道路上增加安全、宁静，而使交通性干道上的车流通畅、快速。

为完善道路系统，通常采取交通分流的办法，即快慢分流、客货分流、过境与市内分流、机动车与非机动车分流，并开辟公共自行车道、快速公共交通专用道等辅助措施，以利于都市道路系统进一步完善提高。

(4) 公共自行车旅游骑行

在欧洲大多数国家，自行车骑行旅游占整个旅游市场的5%～10%，各级政府也非常重视这一绿色、可持续的旅游方式，并且得到了大众的认可与支持。国内目前建设了很多自行车慢行系统，这些慢行系统是户外旅游骑行活动的载体，但基本都不专属于旅游骑行系统。未来，这一趋势将有利于都市旅游由观光型向自助休闲型转化。

公共自行车旅游是一种观光旅游，是以公共自行车为交通工具的自助或半自助式的旅游形式，其意义如下。

① 可整合都市旅游的自然资源与人文资源。在都市中，旅游资源以点状分布在都市各处，包括自然资源和人文资源，统计所有可以纳入骑行旅游系统的旅游景点，然后根据其资源价值、距离远近、基本的交通状况进行分别评价，最后进行综合评价，按照核心景点、重要景点、普通景点的标准进行分类，得到都市旅游资源的层级划分。

② 优选串联都市节点。确定价值较高的旅游景点以及潜在的具有旅游价值的景点，提出多条可能的骑行道路选线方案，把分散在都市中的热点区域联系起来，对都市的绿色资源进行整合。

2. 都市广场

(1) 都市广场分类

都市广场是都市人流、车流停留的静态场地和枢纽点，是都市道路系统的重要组成部分,是都市规划布局的中心之一,是反映都市面貌的重要公共空间①。

① 集会广场。

都市中的市中心广场、区中心广场上大多布置公共建筑,平时为都市交通服务,也供都市旅游及一般活动在需要时进行集会。这类广场有足够的面积,并可合理地组织交通,与都市主干道相连,满足人流集散需要,但一般不可进行货运交通。可在广场的另一侧布置辅助交通网,使之不影响集会游行等活动。例如,北京天安门广场、上海市人民广场、昆明市中心广场和苏联莫斯科红场等,均可供群众集会游行和节日之用。

② 交通广场。

交通广场一般是指环行交叉口和桥头广场,设在几条交通干道的交叉口上,主要为组织交通用,也可装饰街景。在种植设计上,必须服从交通安全的条件,绝对不可阻碍驾驶员的视线,所以多用矮生植物点缀中心岛,如广州的海珠广场。

其他都市广场,如商业广场、宗教集会广场、纪念性广场及休闲娱乐广场等,不一一介绍。

(2) 都市广场规划设计的原则

都市广场是都市道路交通系统中具有多种功能的空间,是人们政治、文化活动的中心,也是公共建筑最为集中的地方。都市广场体系规划是都市总体规划和都市开放空间规划的重要组成部分,其内容包括:都市广场体系空间结构,都市广场功能布局,广场的性质、规模、标准,各广场与整个都市及周边用地的空间组织、功能衔接和交通联系。都市广场规划设计除应符合国家有关规范的要求外,一般还应遵循四个原则。

① "以人为本"原则。

一个聚居地是否适宜,主要是指公共空间和当时的都市肌理是否与其居民的行为习惯相符,即是否与市民在行为空间和行为轨迹中的活动和形式相符。个体对"适宜"的感觉就是"好用",即用起来得心应手、充分而适意。都市广场的使用应充分体现对"人"的关怀,古典的广场一般没有绿地,以硬地或建筑为主;现代广场则出现大片的绿地,并通过巧妙的设施配置和交通竖向组织,实现广场的"可达性"和"可留性",强化广场作为公众中心场所的精神。

a. 广场设计了足够的铺装硬地供人活动,同时也应保证不少于广场面积 25% 比例的绿化地,为人们遮挡夏天烈日,丰富景观层次和色彩。

b. 广场中设计有坐凳、公厕、电话亭等服务设施,而且还有一些雕塑、小品、喷

---

① [美] 亚历山大·加文,盖尔·贝伦斯. 城市公园与开放空间规划设计 [M]. 李明,胡迅,译. 北京:中国建筑工业出版社,2007.

泉等充实内容，使广场更具有文化内涵和艺术感染力。只有做到设计新颖、布局合理、环境优美、功能齐全，才能充分满足广大市民大到高雅艺术欣赏、小到健身娱乐休闲的不同需要。

c. 广场的交通流线组织以都市规划为依据，处理好与周边的道路交通关系，保证行人安全。

d. 广场的小品、绿化、物体等均以"人"为中心，时时体现为"人"服务的宗旨，处处符合人体的尺度。此起彼伏的喷泉、高低错落的绿化，让人呼吸到自然的气息，使人感到赏心悦目、神清气爽。

② 地方特色原则。

都市广场的地方特色既包括自然特色，也包括社会特色。

一方面，都市广场应突出其地方社会特色，即人文特性和历史特性。都市广场建设应延续都市当地本身的历史文脉，适应地方风情民俗文化，突出地方建筑艺术特色，开展具有地方特色的民间活动，避免千城一面、似曾相识之感，增强广场的凝聚力和都市旅游吸引力。例如：济南泉城广场代表的是齐鲁文化，体现的是"山、泉、湖、河"的泉城特色；广东新会冈州广场营造的是侨乡建筑文化的传统特色；西安的钟鼓楼广场，注重把握历史文脉，整个广场以连接钟楼、鼓楼，衬托钟楼、鼓楼为基本使命，并把广场与钟楼、鼓楼有机结合起来，具有鲜明的地方特色。

另一方面，都市广场还应突出其地方自然特色，即适应当地的地形地貌和气温气候等。都市广场应强化地理特征，尽量采用富有地方特色的建筑艺术手法和建筑，体现地方山水园林特色，以适应当地气候条件①。

③ 效益兼顾原则。

都市广场的功能向综合性和多样性延伸，现代都市广场综合利用都市空间和综合解决环境问题的意义日益显现。因此，都市广场规划设计不仅要有创新的理念和方法，而且还应体现出"生命至上、生态为先"的经济建设与社会、环境协调发展的思想。

首先，都市广场是都市中两种最具价值的开放空间（即广场与公园）之一。都市广场是都市中重要的建筑、空间和枢纽，是市民社会生活的中心，起着当地市民的"起居室"、外来旅游者的"客厅"的作用。都市广场是都市中最具有公共性、最富有艺术感染力，也最能反映现代都市文明魅力的开放空间。都市对这种有高度开发价值的开放空间应予以优先的开发。

其次，都市广场规划建设是一项系统工程，涉及建筑空间形态、立体环境设施、

---

① 唐勇. 城市开放空间的规划与设计［J］. 规划师，2002（10）：20—26.

园林绿化布局、道路交通系统衔接等方方面面。我们在进行都市广场规划设计时应时刻牢记并处处体现经济效益、社会效益和环境效益并重，当前利益和长远利益、局部利益和整体利益兼顾的原则，切不能有所偏废。厚此薄彼，往往顾此失彼。

最后，都市广场规划设计要克服几个误区：一是认为以土地作为都市道路、广场建设的回报是一条捷径；二是认为广场越大越好；三是让开发商牵着鼻子走。开发商看重的是重拆、建房、卖门面的利益；而政府则应着重考虑增加绿地，建设广场和公园，改善旅游、购物、休闲和人居环境。

④ 突出主题原则。

都市广场无论大小如何，首先应明确其功能、确定其主题。这也可谓之"纲举目张"。围绕着主要功能，广场的规划设计就不会跑题，就会有"轨道"可循，也只有如此才能形成特色和内聚力与外引力。是交通广场、商业广场，还是融纪念性、标志性、群众性于一体的大型综合性广场，要有准确的定位。在都市广场规划设计中应力求突出都市广场塑造都市形象、满足人们多层次的活动需要以及改善都市环境（包括都市空间环境和都市生态环境）的三大功能，并以体现时代特征为主旨，整体考虑广场布局规划。

特定都市广场的规划设计都应精心创造实用而主题特色突出的都市广场个体。首先，要和谐处理都市广场的规模尺度和空间形式，创造丰富的广场空间意象。应根据市级、区级和社区级合理规划，一般不宜过大，且应分散设置，以取得均匀的都市活动公共空间。其次，要合理配置建筑，实现广场的使用功能。最后，要有机组织交通，完善市政设施，综合解决都市广场内外部的交通与配置。要特别注意空间距离的远近和交通时间的长短，以方便市民使用都市广场。要讲究观赏性，但主要还是要讲究实用性。

3. 都市绿道

都市绿道是指沿着都市的河滨、溪谷、山脊、风景道路等自然和人工廊道建立的，内设可供行人和骑车者进入的景观游憩线路，连接主要的公园、自然保护区、风景名胜区、历史古迹和城乡居住区等，有利于更好地保护和利用自然、历史文化资源，并为居民提供绿色通行、游憩健身等多种功能的线形绿色开敞空间。都市绿道可以是一条无污染的上下班通行道，一条供骑自行车或步行者使用的路径，也可以是一种提高水质或者保护野生动物栖息地的手段，还可以是一种凸显地域景观或历史特色的途径，不同的功能决定了绿道是一种多功能、多用途的复合型绿地空间模式。

随着都市绿道的全面建设，在都市绿道上开展自行车骑行旅游成为一项集休闲、娱乐、竞技、交友、时尚于一体的新型旅游产品和旅游流动方式。自行车骑行旅游

（也称"骑游"）是指以自行车为旅游的主要交通工具，并以在骑行过程中获取体验和乐趣为主要目的的一种旅游方式。

由于绿道沿线优美的都市景观、良好的生态环境，以骑行为主（包含徒步、慢跑在内）的都市绿道旅游休闲活动日渐成为释放激情、融入自然、男女老少皆宜的极佳旅游项目，环保意识日益高涨的都市游客和居民纷纷选择集健康、环保、经济、时尚于一体的绿道骑行旅游方式，各个都市相关部门或企业也不遗余力地广泛宣传并大力推广。

都市绿道骑行旅游具有如下优点：有益于都市居民身心健康，有利于低碳环保出行，活动随意性强。绿道骑行可以提供骑行的特殊感受与经历，如品尝沿途的特色食物、体验路上的风土人情、欣赏当地的自然风光等；在绿道骑行过程中，还可以走走停停，随时与当地人交流沟通，骑行游客都可以不受时空限制，驻足停留、品味欣赏。

都市旅游的形成和发展对交通的依赖程度日趋提高，交通从配套性的服务转变为引导大都市竞争力提升的决定性因素之一。经过中外都市旅游发展实践，交通对都市发展的主导作用已经得到广泛认识。

第三节　都市旅游企业服务

都市旅游企业服务，简称都市旅游接待服务，是相对于都市政府提供的公共服务的另一种企业服务。

都市旅游接待服务是指都市旅游业服务人员通过各种设施、设备、方法和"热情好客""微笑服务""宾至如归"等种种表现形式，在为旅客提供能够满足其生理和心理的物质和精神需要的过程中，创造一种和谐的气氛，产生一种精神上的心理效应，从而触动游客情感，唤起旅客心理上的共鸣，使游客在接受服务的过程中产生愉悦、幸福之感，进而乐于交流、乐于消费的一种活动。

都市旅游接待服务内容包括分析顾客消费行为、都市旅游产品设计、都市旅游接待服务策略、激励都市旅游接待服务人员等四个方面。

一、分析旅游者消费行为

分析顾客的消费行为特征是旅游企业实施服务竞争的基础和前提，只有了解了顾客的消费过程，准确地把握住顾客的消费行为和消费特征，旅游企业才能有的放矢地提供服务，满足顾客。顾客的旅游接待服务消费过程可以分为引起和确认需求、收集和评价信息、消费决策、消费后反应四个阶段。分析顾客消费行为就应对顾客服务消费过程每一个阶段的消费特征进行具体分析，以此作为实施服务竞争策略的基础。

(一) 引起和确认需求

任何消费行为都是由动机支配的，而动机又是由需求激发的，所以需求是引起消费的起点。顾客购买旅游接待服务的需求源于两种刺激：一是来自身体内部自发产生的需求刺激，如饥、困驱使顾客去寻找餐饮和住宿服务；另一种是来自身体以外的刺激，如报纸、电视、网络上诱人的宣传激发了人们的消费欲望。一般认为，内部的刺激易产生对生活必需品的需求，外部的刺激物则往往能产生对非必需品，特别是奢侈品的需求。旅游企业，特别是饭店业所提供的产品与服务大多数属于享受型的奢侈品。旅游企业要吸引顾客购买自己的服务产品就应注重对顾客外部刺激的运用，加强对自身企业服务特色的宣传，引起顾客的消费欲望并确认需求。

(二) 收集和评价信息

当顾客具有强烈的消费欲望，而且附近又恰好有能够满足其欲望的服务产品存在时，顾客可能会毫不犹豫地选择该服务产品。但是，在多数情况下，旅游市场存在较多的同类型旅游接待服务产品，顾客选择的余地大。而且，由于旅游接待服务产品之间存在价格、质量的差别，顾客为了避免消费风险而收集许多与旅游接待服务产品相关的信息，进行分析评价，才能最终做出消费选择。顾客通常从人际来源和非人际来源来获得有关旅游接待服务产品的信息。在购买有形产品时，这两种来源在传递信息方面都显得比较有效；而在购买服务时，顾客会更多地依赖于人际来源获得旅游企业的服务信息。

为了吸引消费者的"眼球"，旅游企业必须了解顾客获取信息最主要的渠道以及影响顾客购买决策的因素，并向顾客提供尽可能丰富、翔实的旅游接待服务产品信息，注重口碑效应，努力向消费者传递自己良好的服务产品形象与口碑，帮助顾客做出消费选择。

(三) 消费决策

收集和评价服务产品信息的过程是由顾客完成的。顾客购买服务产品时经历了从知觉到确信的心理程序，最终才做出消费决策。顾客在选择旅游接待服务产品时，常常会受到一些不可控制因素的影响与制约，这些因素包括顾客感知的风险程度、他人的态度和当时的情境等。顾客在最终进行旅游接待服务消费之前，先要消除心理上的风险感。这些风险感来源于三个方面。

第一，由于旅游接待服务具有较高的不可感知性和无形性特征，顾客在服务消费之前所获得的有关信息较少。一些研究已经证明，信息越少则伴随的购买风险就越大。

第二，由于服务质量通常没有统一的标准可以衡量，顾客服务消费的不确定性增强。

第三，服务生产与消费同一性的特征，使服务消费质量难以得到保证。即使顾客消费了不满意的服务产品，但也已成事实而无法改变。

旅游企业要通过无形服务有形化策略、服务质量标准化和规范化策略，以及服务品牌策略等，消除顾客服务消费之前的这些风险疑虑。

顾客在做出服务消费决策前，如果意向不是非常明确，就容易受到他人和情境的影响。因此，旅游企业要利用人们的惰性心理，采取"先入为主"的方法。当顾客对是否要住店犹豫不决时，总台可先请顾客参观客房，当顾客置身于舒适宜人的房间时，就不愿意再出去奔波寻店了。同样，当顾客在餐厅门口驻足犹豫时，迎宾员可先请顾客入座休息，当顾客坐在舒适柔软的椅子上时，也不会再想移动了。

（四）消费后反应

顾客在消费旅游接待服务产品后，会根据自己获得的实际感受对旅游接待服务产品进行评价，评价结果是否满意会进一步影响他们和其他人进一步的消费行为。

由于顾客的满意程度取决于其消费前对服务产品的预期和实际感受之间的差距，当顾客过高地估计了服务产品的质量，消费后对这种看法又产生了疑虑，就会产生认识上的不和谐，这种不和谐的强度会随着消费中预期效果的实现程度和需要的满足程度而发生变化。

为了让顾客对服务质量有一个满意的、一致的评价，旅游企业应努力让顾客感受并确认其消费是物有所值的，采用各种方法提升顾客价值和满意度，以消除顾客认识上的不和谐。

当顾客对服务质量的预期大大地高于实际感受时，即顾客不满意的情况下，旅游企业应鼓励顾客投诉，并采取积极的措施对所投诉的问题进行回应和处理，以消除顾客的不满。研究发现，一个满意的顾客只会将其美好经历告诉其他3个人，而一个不满意的顾客将把其失望经历至少告诉10个人，所以旅游企业应注重顾客消费后的反应和评价，把它作为强化满意、消除不满、巩固常客、争取新客的重要手段。

二、设计都市旅游接待服务产品

都市旅游接待服务产品由核心服务（core service）、支持服务（facilitating service，也称为便利服务）和延伸服务（supporting service，也称为辅助服务）三个部分组成。核心服务是旅游接待服务产品最基本的服务成分和功能，同类旅游接待服务产品的核心服务基本相同，如饭店的核心服务为住宿、餐饮、娱乐服务。支持服务的作用增加核心服务的方便性。没有支持服务，顾客就无法使用核心服务。支持服务包括服务递送系统、账单系统、后台管理系统等，这些服务与核心服务是密不可分的：没有服务递送系统，菜肴就无法送到顾客面前，客房就无法清洁整齐地让顾客入住；没有账单系统，旅游接待服务产品的核心服务也就失去了它存在的经济意义。核心服务与支持服务是一个统一的有机结合体。延伸服务的作用增加核心服务的价值或者创造服务产品的差异感，如个性化服务、超常服务、附加服务等。延伸服务使旅游企业的服务产品与其他竞争者的服务产品区别开，从而吸引顾客并增加旅游接待服务产品的比较竞争优势。

值得注意的是，支持服务与延伸服务之间的区别有时并不十分明显，一些服务在某些场合是支持服务，在另外的场合可能就是延伸服务。同时，延伸服务在一些情况下也可能转化为无法给旅游企业带来差异价值的支持服务。尽管支持服务与延伸服务在不同的场合会互换角色，但是，二者还是有本质上的区别。支持服务对核心服务的粘贴性更强，它往往是义务性的、不可或缺的，没有支持服务，旅游接待服务产品的核心服务也就等于不存在了；而如果缺少了延伸服务，最多使旅游接待服务产品缺乏吸引力和竞争力。

服务设计实质上是旅游接待服务产品的延伸服务的设计和支持服务的设计，核心服务的设计相对较少。这是因为核心服务提供的是旅游企业最基本的功能，核心服务的改变意味着旅游企业战略性的调整和结构的根本变革。延伸服务有最大的自由度和调整空间，稍微变化就会让顾客觉得旅游企业又推出了一项新的服务项目，达到事半功倍的良好效果。延伸服务是旅游企业设计服务时最主要的研究对象，旅游企业的服务竞争战略也主要体现在辅助服务运作上。

三、制定都市旅游接待服务策略

都市旅游接待服务策略是旅游企业设计、开发、生产并向顾客提供服务的方法与方案，它是旅游企业实施服务竞争、进行优质服务的行动指南。

制定服务策略首先要对顾客的需求和期望进行分析，明确和了解顾客对旅游接待服务产品的需求；其次，应审视企业的服务提供能力，分析企业能够为顾客提供哪些服务，能够满足顾客的哪些期望。

服务策略的制定需要一线服务人员的参与，并充分发挥一线服务人员的主观能动性，才能使制定的服务策略更具现实性和针对性。服务人员应是服务策略的主要献计者，管理人员则是服务策略的主要统筹者和规划者，管理人员对服务策略进行严谨的规划和具体的描述，才能使策略在具体执行过程中既有明确的方针、目标作为指导，又能切实可行，具有操作性和针对性。

四、激励都市旅游接待服务人员

旅游企业经过顾客需求分析和顾客消费过程分析后，了解了顾客的消费特征和需求特征；同时，通过对企业自身服务提供能力的分析，可以结合顾客的消费特征和需求特征设计出既符合顾客需求又适应本旅游企业特色的服务产品，并通过制定具体的服务运作策略来指导服务运作。这是旅游企业进行服务竞争的过程和步骤。但是，这个过程和步骤需要服务人员来实施。因此，旅游企业应重视服务人员的作用，激励服务人员，充分发挥服务人员的服务主动性和积极性。

（一）现代西方激励理论介绍

激励理论研究如何根据人的行为规律来提高人的积极性的问题。现代西方激励理论主要包括四种：需要理论、期望理论、公平理论和强化理论。

1. 三种需要理论

三种代表性需要理论有成就的需要、权力的需要、合群的需要等。需要理论成果最丰富。

（1）成就的需要（need for achievement）

成就的需要是指个体追求卓越、实现目标、争取成功的内在驱动力。成就的需要追求的是个体的成就而不是成功的报酬本身。他们寻求的环境有以下特征：个体能为解决问题的方法承担责任，喜欢接受困难的挑战，能够承担成功和失败的责任，不喜欢靠运气获得成功。

（2）权力的需要（need for power）

权力的需要是指个体具有影响或控制他人的欲望，喜欢承担责任努力影响其他人，喜欢竞争和被重视的环境。与有效的绩效相比，他们更关心威望和获得对其他人的影响力。

(3) 合群的需要（need for affiliation）

合群的需要是指个体在社交中具有被其他人喜欢和接受的愿望，努力寻求友爱，喜欢合作性的而非竞争性的环境，渴望高度的、相互的、理解的和支持的人际关系。

不同类型的人有不同的需求，应给予相应的激励。

2. 期望理论

期望理论认为激励是评价选择的过程，人们采取某项行动的动力或激励力取决于其对行动结果的价值评价和实现目标可能性的估计。激励力的大小取决于效价和期望值的乘积：激励力＝效价×期望值。其中，激励力是指完成工作后个体所获得的潜在结果或奖赏对个体的吸引力；效价是指个体对结果的喜好程度或主观认定目标的重要性；期望值是指个体对达到一定工作绩效后可获得理想奖赏结果的信任程度，即主观认定目标实现的可能性。

一个人从事工作的动机强度取决于他认为自己能够实现理想工作绩效的信念程度：当所从事的工作达到了一定的绩效水平，组织是否会给予充分奖赏？这种奖赏能否满足个体目标？以期望理论为基础，管理者可以通过帮助员工调整对行动成果的效价，提高实现目标的期望值，增强动机水平和激励强度。

3. 公平理论

公平理论又称社会比较理论。主要观点如下：一个人对其所得的报酬是否满意，不是只看绝对值，而是进行社会比较或历史比较，看相对值，也即每个人都把自己报酬与贡献的比率同他人的比率做比较，如比率相当，则认为公平合理而感到满意，从而心情舒畅地工作，否则就会感到不公平、不合理，从而影响工作情绪。

可表述为：个体所得的报酬/个体的贡献＝他人所得的报酬/他人的贡献。

4. 强化理论

强化理论认为人的行为是其所受刺激的函数。如果这种刺激对他有利，则这种行为就会重复出现；若对他不利，则这种行为就会减弱直至消失。根据强化的性质和目的，强化可以分为正强化和负强化两大类型。

(1) 正强化

正强化是指奖励那些符合组织目标的行为，以使这些行为得到进一步加强，从而有利于组织目标的实现。正强化的刺激物不仅包含奖金等物质奖励，还包含表扬、晋升、改善工作关系等精神奖励。

(2) 负强化

负强化是指惩罚那些不符合组织目标的行为，以使这些行为削弱甚至消失，从而保证组织目标的实现不受干扰。实施负强化的方式应以连续负强化为主，即对每一次不符合组织的行为都应及时予以负强化，消除人们的侥幸心理，减少直至消除这种行

第五章　都市旅游企业管理

为重复出现的可能性。

（二）激励理论在都市旅游接待服务人员激励中的应用

1. 重视物质待遇，满足保健需求

根据马斯洛的需要层次理论，生理需求是第一需求，只有满足了都市旅游接待服务人员的基本生存需要，员工才有可能为企业服务。

物质待遇是都市旅游接待服务人员最基本的需求，都市旅游企业应重视工作环境、住房、医疗、保险、福利待遇等物质奖励的激励作用，以满足保健需求。相对于管理人员，物质奖励对服务人员的激励作用更大、更明显。有些旅游企业为了减少工资开支而不惜降低服务人员的基本工资或奖金额度，尽管在一定程度上降低了成本，却大大打击了服务人员的服务积极性。服务是由服务人员通过与顾客面对面的交互活动而完成的，旅游企业实施服务竞争策略，最重要的就是提高服务人员的服务意识、服务技能和服务效率，如保健需求没有满足，就会打击员工的服务积极性，降低服务质量。

2. 按劳取酬，营造公平氛围

根据亚当斯的公平理论，一个人对其所得的报酬是否满意，不是只看绝对值，而是进行社会比较或历史比较，看相对值，这说明了激励公平的重要性。旅游企业在对服务人员进行激励时，一定要注意遵循公平准则，否则，不但起不到激励作用，反而会挫伤服务人员的积极性，甚至引发矛盾、影响团结。研究表明，薪酬分配公平性包括四个方面。

（1）薪酬分配结果公平性

薪酬分配结果公平性主要是指人们对薪酬水平、增薪幅度的评价。根据平衡原则，员工通常会从外部公平性（与其他企业相似职位的员工相比）、内部公平性（与企业内其他岗位同事相比）、个体公平性（与企业内从事同等工作的同事相比）三个方面评估企业薪酬分配结果的公平性。除了平衡原则，员工还会根据以下两个原则判断结果公平性：①平等原则，即企业平均分配员工的薪酬；②需要原则，即企业根据员工的需要分配员工的薪酬。

（2）薪酬分配程序公平性

薪酬分配程序公平性是指人们对决定薪酬的过程是否公平的反应。薪酬分配程序主要包括岗位评估、员工绩效评估、薪酬制度实施、员工反馈等步骤。如果员工认为薪酬分配程序是公平的，通常会对薪酬制度比较满意，对企业管理人员更加信任，并满意和忠诚于企业。

（3）薪酬分配交往公平性

薪酬分配交往公平性是指薪酬分配中，管理人员与员工相互交往过程的公平性。企业在进行薪酬分配的过程中，应真诚、礼貌并善于与员工沟通。

（4）薪酬分配信息公平性

薪酬分配信息公平性是指管理人员为员工提供薪酬信息、解释薪酬分配管理的过程和结果。如果管理人员在薪酬决策与分配的过程中，尊重、理解员工，并且能把岗位评估、绩效考核、薪酬提升等相关信息及时、准确地告诉员工，员工就更可能认为薪酬政策是公平的，对管理人员更加信任。

3. 合理制定目标，阶段性分解

旅游企业在实行服务竞争策略时，往往通过确定工作目标来激励服务人员。正确而有吸引力的目标能够激发服务人员奋发向上、主动积极的工作精神。旅游企业在制定激励目标时，应注意两个方面的问题。

（1）激励目标要切合实际

期望理论认为，成果吸引力和期望率是相关的两大因素。目标的制定不能盲目地求高、求大，而应考虑其实现的可能性，望梅止渴式的脱离实际的目标不但起不到激励作用，还可能起消极作用，使员工丧失信心。目标的制定也不能太低、太小，而应考虑其所能产生的激励作用。只有适当的目标才具有最大的吸引力。

（2）激励目标应有总体目标和阶段性目标

总体目标的实现依赖于阶段性目标的完成。成果吸引力和期望率是相联系又相矛盾的，吸引力越大，期望率相应地就越小，达到目标的困难越大；吸引力越小，期望率就越高，达到目标的难度就相对较小。制定目标时要辩证地处理好二者之间的关系，既制定出鼓舞人心的总目标，又制定出切实可行的阶段性目标。

4. 充分尊重员工，加强授权和自主

在马斯洛的需求层次理论中，处于较高层次的需要有尊重需要和自我实现需要两种。对于旅游企业而言，尊重服务人员具有更大的意义。旅游企业所倡导的"顾客是上帝"的服务理念，容易引发顾客对服务人员的无端指责，若管理人员不够尊重员工，在员工出现差错时，不分青红皂白地对员工板脸或加以训斥，服务人员心里会感到不平、压抑、受挫和愤恨，进而采取消极对抗或故意破坏的态度。

旅游企业管理人员应充分尊重服务人员，安抚员工或帮助员工排解服务委屈、宣泄不满，让员工维持心理平衡。一些服务性企业甚至大胆地赋予一线员工"解雇"顾客的自由。例如，在罗森布鲁斯国际旅游公司，那些一再无视员工的客人会遭到企业的拒绝。

旅游企业还应扩大服务人员的自主权，给予服务人员灵活处理问题的权力和空间。

旅游企业可以通过授权调动员工的工作热情和干劲，使他们乐于为企业的服务竞争策略出谋划策，并积极地付诸实施。曾获美国企业五星钻石质量奖的丽思·卡尔顿（Ritz Carlton）饭店就十分重视向服务人员授权。饭店里的员工人人都被授权代表本饭店处理店内发生的事情。无论哪个岗位上的员工，一旦接收到客人的投诉或提出的问题，不管那些投诉或问题属于什么类型，也不管它们涉及哪些内容或方面，针对哪个人或部门，他都有权放下手边的常规工作，去着手解决问题。饭店还给每个员工 2 000 美元的财力权限以满足顾客的需求。

课程实训与实践

任务一　分析讨论某一都市旅游酒店产业结构调整的环境因素。

1. 实训目的

通过实训的形式了解都市旅游酒店产业结构的构成特征及旅游产业的发展趋势。

2. 主题

上海市（或某一熟悉的都市）旅游星级酒店或连锁酒店结构调查与分析。

3. 实训内容

① 分析上海市（或某一熟悉的都市）星级酒店或连锁酒店的数量及不同星级酒店的构成比例。

② 分析上海市（或某一熟悉的都市）星级酒店或连锁酒店的结构特征。

③ 分析上海市（或某一熟悉的都市）星级酒店或连锁酒店的发展优势。

④ 受节事活动等的影响，酒店入住率会有很大浮动，如何保证淡季入住率？

⑤ 酒店客房每天的定价策略，如实时的提价和降价是以什么为依据的？（什么时候的定价最便宜？）

⑥ 在酒店产品设计时，需要考虑哪些因素？好的酒店设计有哪些评判标准？

⑦ 面对都市民宿、短租房的兴起，如何提升酒店的市场竞争力？

4. 实训方法

文献检索法、酒店企业相关管理部门调研与访谈、课堂讨论。

5. 实训要求与考核方式同第一章。

任务二：运用都市旅行社经营管理沙盘模拟旅行社的运营业务

1. 实训目的

使学员在分析市场、制定战略、市场营销、业务开发、计调管理、采购管理、人力资源管理和财务结算等一系列的活动中，领悟科学管理规律，提高管理规划能力。具体如图5-2所示。

图5-2　旅行社经营管理沙盘主盘面示意图

2. 模拟角色及职责

① 总经理：全面负责旅行社经营与管理。

② 财务部经理：负责公司财务预算、会计核算和账务处理、旅行团费收取及相关费用支付管理。

③ 人事行政部经理：负责导游员招聘、培训及公司人员管理，各职能部门人员培训及绩效考核，计算核发导游员工资及管理人员工资。

④ 营销策划部经理：负责旅游产品线路设计与开发、旅行社门市开发、市场推广及广告营销策划。

⑤ 计调部经理：负责制定接待计划，下发旅游团、导游接待计划，安排、协调导游出团，记录导游员工作。

⑥ 采购部经理：负责酒店、票务、交通等预订管理，游客签证管理。

⑦ 质量部经理：负责酒店流程管理、服务质量管理，以及旅行社质量管理体

系（quality management system，QMS）管理和旅行社星级评定工作。

⑧ 第三方供应商：负责交通、住宿（含餐饮）、景区。

⑨ 第二方地接社：为本旅行社提供国内游、出境游的地接服务。

⑩ 第二方组团社：为本旅行社提供本地游、入境游的组团游客。

⑪ 政务服务中心：负责监督本旅行社员工权益（休假）、监督本旅行社 QMS 认证、质量保证金缴纳、旅行社责任保险投保、业务资质管理等事宜。

3.《旅行社经营管理沙盘》授课使用教具

① 沙盘教具一套（六组平面图，一定数量人员、物品、设施等标识卡）。

② 授课用课件 PPT。

③《旅行社经营管理沙盘》实训指导书。

④《旅行社经营管理沙盘》分析系统。

4. 实训室硬件及环境分析

（1）酒店沙盘实训室设备清单

序号	物品名称	数量	单位	规格及说明	备注
1	投影仪	1	台		
2	电脑	7	台	含话筒等外放设备，配套电脑桌椅1套	含教师机1台
3	可移动白板	1	张	120 cm×240 cm	普通白板
4	助教办公桌	1	张	60 cm×120 cm×75 cm	
5	桌子	6	张	平面桌 140 cm×160 cm×75 cm	最小尺寸
6	椅子	40	把	要有防滑垫，经常活动防止噪声	根据班级容量确定
7	办公文件柜	1	个	40 cm×85 cm×180 cm	
8	扫描复印打印一体机	1	台	平面桌 140 cm×160 cm×75 cm	

(2) 实训室布置示意图

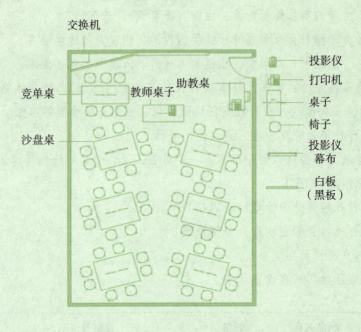

本章小结

1. 都市旅游企业的概念与类型：按照都市旅游各行业在旅游经济中的地位和功能作用，可把都市旅游企业划分为都市旅游核心企业、辅助企业和相关企业三部分。其中，都市旅游核心企业与旅游经济活动的相关性最密切。

2. 都市旅游企业的主要特征：敏感性、依赖性、关联性、技术性等。

3. 都市旅游企业服务内容包括：分析顾客消费行为、设计都市旅游产品、制定都市旅游接待服务策略、激励都市旅游接待服务人员等方面。

复习与思考

1. 简述都市旅游企业的概念与类型。
2. 分析都市旅游企业的主要特征及其构成。
3. 都市旅游核心企业有哪些？
4. 都市旅行社与在线旅行社如何融合？
5. 都市旅游企业服务内容有哪些？

第六章
都市旅游产品

学习目标

通过本章的学习，掌握都市旅游产品的概念、价值构成、主要特征；了解都市旅游产品的主要类型；把握都市旅游产品供给体系、形式及品牌管理与营销的重要性。

核心概念

都市旅游产品　博物馆　主题公园　工业旅游产品　事件旅游产品

导读

本章继续从市场供给角度介绍都市旅游产品供给形式与品牌营销。体验经济的到来是市场经济和都市文化不断深入发展的必然结果。在都市旅游业中，旅游产品作为一种享受型的产品，是比较高级的产品形式，应当重视对游客的精神和心理满足；都市旅游本身就是一种体验，体验是都市旅游产品的核心，都市旅游业就是一个以制造并销售旅游体验为目标的复合产业。正如加拿大著名旅游学者史密斯明确指出的那样，旅游消费是一种体验性消费，旅游产品是一种体验性产品，游客的出游目的实际上是不断地从旅游过程中获取各种各样的体验。

都市旅游产品由两大要素构成，并由此形成两种产品类型。

> 第一类是都市旅游设施，包括以各种活动场馆为依托的文化、体育、娱乐活动和都市自然与文化风貌所营造的环境和氛围。这类旅游设施是旅游经营者开发的重要内容，也是旅游者感知都市旅游形象的重要内容。
> 第二类是都市旅游服务供给产品，满足旅游者的食、住、行、游、购、娱六个方面的需求。此类产品对旅游经营者的影响重大，是旅游企业营利的主要部门，但它对旅游者购买决策的影响不太大。另外，一些旅游服务辅助要素，如旅游信息咨询、旅游安全、旅游金融、旅游签证服务等也包含在这一类中。

第一节　都市旅游产品

一、都市旅游产品概念

（一）都市旅游产品概念

1. 都市旅游产品含义

都市旅游产品是指都市旅游市场上由旅游经营者向旅游者提供的，满足其一次旅游活动所需各种物质和服务的总和。

都市旅游产品的概念可从多角度来认识。从都市旅游目的地的角度看，都市旅游产品是指在都市内部旅游经营者凭借旅游吸引物、交通和旅游设施，向旅游者提供的用以满足其旅游活动需求的全部服务；从旅游者的角度看，都市旅游产品是指旅游者花费一定的时间、费用和精力到都市所换取的一段异地活动经历。

文彤在《城市旅游管理》一书中指出，广义的都市旅游产品涉及社会经济生活诸多方面。一方面，都市作为一个有机整体，进行一般规律性体系的建设与协调，塑造都市旅游产品形象，实现都市旅游的可持续发展；另一方面，都市旅游产品的个性特征决定了其旅游系统要素发挥出不同的作用。

文彤指出，狭义的都市旅游产品是将都市的旅游吸引物及辅助物作为开发的主要内容，通过预先设计组织的有一定程序的方式引导游客在都市中进行的旅游活动，一般包括观光、商务、休闲、购物和娱乐等各种活动①。

都市旅游产品的构成要素主要包括旅游吸引物、旅游设施、旅游服务和交通（可进入性）等。

2. 都市旅游产品分类

（1）一般旅游产品分类

一般旅游产品，根据不同的标准有不同的类型，下面主要介绍三种分类方法。

① 主要从旅游者参与程度划分，可分为三种类型。依据是国家旅游局的《旅游资源分类、调查与评价》（GB/T 18972—2003）。

a. 观光旅游产品。包括自然风光、名胜古迹、城市风光等。旅游方式以观光为主，是被动的游览活动。特征主要是不受地域限制、以户外游览为主。

b. 参与型旅游产品（度假旅游产品）。包括海滨、山地、温泉、郊野乡村等。较长期居住在旅游目的地，可以享受到不同旅游服务；能调动旅游者积极性，使旅游者从被动接受转为主动参与。

c. 主题旅游产品。包括文化、商务、体育健身、商贸业务等。旅游行为有指向性、主题性，旅游产品的文化内涵丰富。

② 主要从旅游产品的功能划分，可分为三种类型。

a. 享受旅游产品。特征包括设施豪华、服务专业、娱乐项目多、活动自由度大、旅游价格高。

b. 康体养生旅游产品。特征是涉及较多运动，需要一定场所和器材。其中，生态旅游是以新时期生态文明建设发展为基本理论展开的各类围绕生态资源的旅游的总称。

c. 特种旅游产品。特征是具有较强业务性和较强的教育功能。

③ 主要从旅游产品开发程度划分，可分为四种类型。

a. 改进型旅游产品。在原来产品的基础上，对产品要素中某些部分加以改进，增加活动内容，提高服务质量，增强产品吸引力，巩固和开拓客源市场。

b. 换代型旅游产品。对现有产品进行较大改造后的旅游产品。

c. 创新型旅游产品。为了满足旅游者新需要，运用新技术、新方法、新手段设计、生产的旅游产品。

d. 仿制型旅游产品。模仿市场上已有旅游产品的基本原理和结构设计、生产出来的旅游产品。

（2）都市旅游产品分类

都市旅游产品是都市旅游经营者提供给旅游者的旅游吸引物与服务的组合，也是

---

① 文彤. 城市旅游管理［M］. 北京：北京大学出版社，2018.

旅游目的地向旅游者提供的一次旅游活动所需要的各种服务的总和。都市旅游产品既包括观光、度假、商务、休闲、养生等旅游形式和内容；也包括都市旅游企业为游客提供的包括所有旅游活动的路线产品。据此，可细分为如下类型。

① 都市观光旅游产品：都市风光、人文历史风貌等。

② 都市文化旅游产品：博物馆、历史古迹、历史建筑、历史街区、文化场所等。

③ 都市会展旅游产品：各种商务会议、展览活动的举办而衍生出的旅游产品等。

④ 都市专项旅游产品：研学旅游产品、教育旅游产品、工业旅游产品、商务旅游产品、体育旅游产品等。

⑤ 都市事件旅游产品：以各种节日、文体赛事的庆祝和举办为核心吸引物的旅游产品等。

3. 都市旅游产品的主要特征

一般旅游产品具有无形性、综合性、功能上的愉悦性、空间的不可转移性、生产与消费的同时性、不可存储性、敏感性等特征。都市旅游产品除了具有上述基本特征之外，还表现出区别于其他旅游产品的独特属性，具体包括三个方面。

（1）旅游产品吸引力的都市性和整体性

都市本身作为一个旅游目的地，其旅游吸引力不同于单一旅游景区的以某一方面的资源优势为主要吸引要素，而是以都市的整体形象形成综合吸引力。这是都市自然、政治、经济、文化、信息、科技等都市复杂功能，以及动态、优美的都市环境，丰富多彩的都市娱乐活动、设施等多种因素综合作用的结果。都市旅游产品体现了上述都市性和整体性。

（2）旅游产品内容的多元性

作为人类集中居住与活动的区域，都市的内涵极其丰富，都市旅游不同于主题相对单一的旅游景区，其旅游产品和旅游功能呈现出多元化的特征，人们在都市中的活动往往呈现出形式多样、内容丰富的特征，还出现了研学①、生态等多元的旅游产品。

（3）旅游产品构成的层次性

都市综合性旅游产品构成包含三个层次，即形体产品、实质产品和延伸产品。

形体产品是指企业向市场提供的产品实体或服务的外观。旅游产品的形体产品层次表现为其出现于市场时的基本面貌。旅游产品也需要"市场形象包装"。

---

① 研学旅行是一种人文旅行方式，是人生时间、空间的一种延展，其中一个重要目的和效用就是学习知识、增加阅历。研学旅游是旅游项目中的古老品种，中外古代历史上，"游"与"学"一直紧密结合在一起。"研学旅游"一词源于日本，日本自明治维新开始鼓励研学旅行，它在教学大纲中规定，小学生每年要在本市做一次为期数天的社会学习，初中生每年要在全国做一次为期数天的社会学习，高中生每年则要在世界范围内做一次为期数天的社会学习，即"研学旅行"，1998年日本的海外研学旅游学生达15万人。

实质产品是指通过形体产品提供给购买者的基本效用或利益。顾客购买某项产品并不是为了获得产品本身，而是为了得到形体产品提供的效用和利益，满足某种需要。实质产品层次是指通过形体旅游产品提供给旅游者的基本效用或利益。旅游者购买旅游产品是为了得到它所提供的"观赏和享用"或"操作和表现"的实际利益，满足自己"旅游感受"和"旅游经历"的需要。它应是旅游产品的促销重点，特别是在激烈的市场竞争中与竞争者的旅游产品相比较时，更应如此。

旅游产品也存在延伸产品层次，它应包括旅游产品知识介绍、咨询和培训，旅游产品的宣传、报道，旅游地环境保护与维护，服务保证等。

4. 都市旅游产品体系构建的具体方法

（1）在都市旅游形象定位基础上设计都市旅游产品

都市旅游形象定位是旅游产品建设的灵魂和统帅。因此，旅游产品体系构建的第一步就是要在综合分析都市特色、目标客源市场需求、旅游竞争环境的基础上确立旅游形象定位。旅游形象定位确定以后，再紧紧围绕旅游形象定位构建旅游产品体系。一方面，根据旅游形象定位对已有的旅游产品进行筛选、加工和再创造；另一方面，根据旅游形象定位设计新的旅游产品。

（2）在突出主题的前提下构建多样化的都市旅游产品

现代都市旅游者的旅游需求多样化和个性化倾向，决定了主要旅游产品多元化和非观光旅游产品占主体的发展趋势。旅游产品要适应旅游者多样化的旅游需求，就必须构建内容丰富、形式多样的旅游产品。一方面，围绕旅游形象定位开发多种旅游产品。在重点开发某一类旅游产品以便突出旅游形象定位的同时，可以适当开发其他类别的旅游产品作为补充，丰富旅游产品的内容。另一方面，在划分类别的基础上，开发多样化的旅游产品项目内容，在旅游产品的形式上也可以多样化。

（3）构建立体的都市旅游产品网络结构

一方面，需要围绕都市旅游形象定位筛选主题旅游产品，形成旅游产品体系的纵向因果链；另一方面，需要利用都市旅游形象定位这根主线，将不同类别的旅游产品横向串联起来，从而形成纵横交错而又相互关联的立体的旅游产品网络结构。

（二）都市旅游产品开发原则

具有识别性的都市旅游产品才能被旅游者认同，当代都市旅游产品开发是必要而紧迫的。同时，都市旅游产品开发水平对于都市旅游形象的塑造具有直接影响。

当代中国都市旅游形象发展已经大体经历了资源导向和市场导向阶段，正处于第三阶段，即产品导向阶段，也是产品、形象策划和营销一体化的综合阶段。它从分析、研究市场出发，对市场进行细分、确定目标市场，针对市场需求，有资源则对资源进行筛选、加工或再创造，没有资源也可以根据市场和本地的经济技术实力进行策划和创造，然后设计、制作、组合成适销对路的旅游产品，并通过各种营销手段推向市场，如城市5A级景区、城市主题公园。一线都市则已进入第四阶段，即形象驱动阶段。20世纪90年代，在城市旅游一体化综合开发的基础上，导入旅游识别系统（tourism identity system，TIS），更加重视旅游形象设计在旅游业发展中的作用，注重构造和完善视觉识别系统（visual identity system，VSI），强化景点的营销功能，增加其在旅游市场中的竞争力。全域旅游、智慧旅游等概念进一步助推都市形象的树立。

1. 市场导向原则

市场导向原则是指都市旅游经营者开发什么、如何开发要以市场需求为出发点。

一是要明确旅游市场定位，找准客源市场。尽量提供类型齐全的产品，但要拥有自己特色和主导产品。

二是要进行目标市场需求状况分析，如需求内容、规模档次、水平及发展趋势。清楚目标客户群，分析目标客户群的消费习惯和消费心理，投其所好进行产品开发。例如，日本游客喜欢精致的东西，他们喜欢精美的产品包装，特别是旅游产品，他们不在乎多花点钱买个有纪念意义的产品。在日本游客较多的旅游目的地，旅游产品开发时要将景区里的旅游纪念品做好、做精致。多做独一无二的产品或纪念品，让游客有如果走了就很难再买到的稀有感觉，避免产品雷同。

2. 综合效益原则

都市旅游产品不是一般的物质产品，具有都市文化属性和高质量服务属性，还要强调旅游产品开发所带来的社会效益和环境生态效益。因此，要把经济效益放在重要的位置。但是对于都市中罕见的自然或人文资源景观，要采取完整地、绝对地进行保护或维护性开发的策略。例如，世界遗产丰富的都市的旅游产品应以保护为先，如北京、西安、苏州等应首重遗产的保护与教育传承。

3. 有序开发原则

既要考虑都市旅游产品的时效性，也要考虑旅游产品的可更新性，兼顾短期效益和长期效益。要坚持可持续发展原则。1972年，联合国教科文组织召开了人类历史上的第一次联合国人类环境会议，发表了第一个《人类环境宣言》，提出了可持续发展（sustainable development）的思想。1995年，联合国教科文组织、联合国环境规划署等在西班牙的兰萨罗特岛召开"可持续旅游发展世界会议"，会议通过了《可持续旅游发展行动计划》及《可持续旅游发展宪章》，成为可持续旅游发展的纲领性文件，确定了合理资源和环境容量，确保旅游资源永续利用。

旅游业的可持续发展是国内外旅游产业转型升级的研究热点。其主要研究内容可分为旅游产业转型升级必要性分析、旅游产业转型升级战略研究以及旅游产业转型升级对策研究三大部分。

4. 高低档结合原则

都市旅游产品开发应使高档旅游产品与低档旅游产品相结合，满足不同消费层次游客的需要和选择。考虑到大众旅游的升级、自助旅游的兴起，应开发适合自助游的产品。

5. 旅游产品定价原则

（1）能反映旅游产品的价值

在市场经济条件下，价值规律的作用要求旅游产品的定价以价值为基础，要反映出价值量的高低，它与旅游产品的质量要求是一致的。旅游产品的质量主要表现在旅游对象资源的吸引力大小、旅游设施的完善程度和旅游服务水平的高低上。旅游者期望获得的是与价格相当的质量水平的旅游产品。以价值为基础确定的价格，只是旅游产品的基本价格，它是旅游企业随市场环境变化而进行价格调整的依据。

（2）服务于市场竞争

产品价格是企业进行市场竞争的一个重要手段。因此，旅游产品定价应当考虑企业市场竞争的需要，为开拓和扩大市场服务。在买方旅游市场出现并不断发展的条件下，同类旅游企业之间的竞争就不可避免，为了保持或增强企业的市场地位，就必须进行旅游市场的调查与预测，摸清竞争对手的价格水平与变化趋势，并针对旅游者的需求特征制定出具有竞争优势的有利价格，以保持或提高市场占有率。

（3）差别定价

旅游产品因购买者、地区、时间、质量等因素的差异，必然形成一定的旅游差价。旅游产品的销售不完全是在生产者与消费者之间直接进行的，相当部分是通过旅游中间商（以旅行社为主）进行的。旅游中间商又有批发商与零售商之分，显然二者对旅游产品的定价应当是不同的。旅游饭店、航空公司、租车公司等旅游产品经营者对批量购买的旅行社和少量购买的散客定价也是不同的，对批量购买者应实行一定的数量折扣。同一旅游产品对不同的购买者定价可以不同，这是从旅游者潜在需求特征和购买力的差异考虑的，如对国内游客和国外游客实行差别定价。

（4）追求最大利润

获取利润是每个旅游企业经营的共同目标。追求最大利润是指企业通过某种价格，使其在一定时期内总利润尽可能大，但这并不意味着定高价，企业追求的应当是长期总利润的最大化。争取长期总利润最大化是指企业全部产品线的总利润最大化，这就要求企业全部产品线的各种旅游产品项目的价格总体最优，而不是每一种旅游产品都定高价。相反，旅游企业应当经常将少数几种产品的价格定得很低，吸引旅游者，以此带动其他旅游产品的销售，使其所经营的全部旅游产品总利润最大。

(三) 都市旅游产品开发策略

1. 资源保护型开发策略

对于罕见或出色的自然景观或人文景观，要求完整地、绝对地进行保护或进行维护性开发。例如，云南昆明的石林以其特殊的高石芽喀斯特地貌景观而举世闻名，应坚持资源保护型开发策略。

2. 资源修饰型开发策略

不同的地学景观与各异的动植景观、气象景观和民族历史文化，形成风格、特色不同的景区，各类景观相辅相成、互为依托，体现出极高的组合性。具体到某一景区，允许通过人工手段，适当加以修饰和点缀，使自然风景或人文景观更加突出，起到"画龙点睛"的作用。例如，杭州西湖景观借自然水体、绿植、城市文化、远山景观等衬托湖光山色，实现成功的都市开放景区的环境营造与美化。

3. 资源强化型开发策略

在旅游资源的基础上，采取人工强化手段，烘托优化原有景观景物，以创造一个新的风景环境与景观空间。

4. 资源再造型开发策略

不以自然或人文旅游资源为基础，仅利用环境条件或设施条件人工再创造景点，另塑景观形象，如在非资源点上兴建民俗文化村、历史风情街、微缩景区公园等。

5. 都市旅游规划和开发

（1）总体规划

旅游目的地总体规划是以旅游发展规划和旅游资源调查评价为基础，结合社会经济发展规划、国土规划和城市规划，对规划区内的旅游开发项目和设施建设进行优化配置，以期达到旅游资源的最佳利用，从而帮助旅游目的地实现社会、经济、环境多重效益，实现区域旅游发展目标的策划过程。

旅游目的地总体规划与旅游产品的具体形式和旅游目的地功能有着直接的联系。任何一个旅游目的地开发建设前，原则上应当编制旅游目的地总体规划。旅游总体规划是与旅游部门规划对应而言的，它具有全局战略性，对旅游目的地内各景点及具体建筑项目不做详细规划。

旅游目的地总体规划的期限一般为10～20年，同时可根据需要对旅游目的地的远景发展做出概念性的规划。旅游目的地总体规划的任务，是以区域旅游发展规划、社会经济发展规划、国土规划等为依据，综合研究旅游资源、客源市场和旅游发展条件，分析旅游目的地客源市场，确定旅游目的地的主题形象，确定旅游目的地性质、环境容量及接待规模，划定旅游目的地的用地范围及空间布局，统筹安排旅游目的地内各项建设用地和交通组织,合理配置各项旅游目的地服务设施、基础设施、附属设施和管理设施建设内容,提出开发实施战略,处理好远期发展与近期建设的关系,指导旅游的合理发展。

编制旅游目的地总体规划,对更好地推动和实现旅游的开发计划和发展目标,确保旅游资源的优化配置使其实现最佳利用价值,确保设计的旅游产品与实际旅游市场需求的统一性,确保旅游目的地与所在区域间有关的各项事业在社会、经济和环境方面的协调发展具有重要的意义。

(2) 控制性详细规划

旅游目的地控制性详细规划是指以旅游目的地总体规划或分区规划为依据,详细规定旅游目的地开发建设用地各项控制性指标和其他规划管理要求,强化规划控制功能,并指导旅游目的地修建性详细规划的编制。控制性详细规划主要为景区近、中期开发建设做出安排,规划的期限一般为5~10年。旅游目的地控制性详细规划的主要任务如下:以旅游目的地总体规划或分区规划为依据,详细规定目的地内建设用地的各项控制指标和其他规划管理要求,强化规划控制功能,为旅游目的地的开发建设活动和修建性详细规划编制提供指导。

旅游目的地控制性详细规划主要为景区的规划和建设管理提供控制依据,它首先代表了一种新的规划理念和技术手段,表明旅游目的地的规划管理由终极形态走上法制化过程,表明旅游目的地的规划和开发建设是一个向着预定的规划目标不断渐进的决策程序。与其下一层的旅游目的地修建性详细规划相比,后者更注重形体和视觉形象设计,控制性详细规划则更加强调管理和引导,所以控制性规划代表一种新的技术手段,是规划管理和建设开发控制的一大进步。

(3) 修建性详细规划

旅游目的地修建性详细规划以旅游目的地总体规划和旅游目的地控制性详细规划为依据,将旅游目的地建设的各项物质要素在当前拟建设开发的地区进行空间安排和布置。与旅游目的地总体规划或者控制性规划相比,修建性详细规划更注重旅游目的地的形体(建筑、景观)产品设计和空间布局。旅游目的地修建性详细规划将为旅游目的地建设提供直接指导和具体方案。体量较小的旅游目的地可以直接做旅游修建性详细规划,一般旅游目的地则要在策划、总体规划后才做修建性详细规划。

规划的期限一般为3~5年。修建性详细规划的任务是在总体规划或控制性详细规划的基础上,进一步深化和细化,以指导各项建筑和工程设施的设计和施工。

(四) 都市旅游产品开发内容

都市旅游产品开发是根据市场需求,对旅游资源、旅游设施、旅游人力资源及旅游景点等进行规划、设计、开发和组合的活动。它包括两个方面。

一方面是对都市旅游目的地的规划和开发。在都市旅游经济发展战略指导下，根据旅游市场需求三特征，对区域内的旅游吸引物进行开发、塑造，建设旅游基础设施，完善旅游接待服务，落实区域内旅游发展战略的具体技术措施等。前面第四章已经介绍，此处不再赘述。另一方面是对旅游路线的设计和组合。侧重于从都市空间特征对都市旅游线路做出整体规划。都市内外部旅游线路产品的设计与组合要遵循五个原则。

（1）以旅游需求为中心

旅游线路产品设计的关键是适应市场需求。具体而言，就是它必须最大限度地满足旅游者的需求。游客的需求主要包括：去未曾到过的地方增广见闻并拥有多姿多彩的旅程；从日常生活中短暂地解脱，提高情趣，舒畅身心；尽量有效地利用时间而又不太劳累；尽量有效地利用预算；购买廉价而又新奇的东西；等等。

旅游者对旅游线路选择的基本出发点如下：时间最省，路径最短，价格最低，景点内容最丰富、最有价值。旅游者来自不同的地区，具有不同的身份以及不同的旅游目的，因而不同的游客群有不同的需求，总体来说可分为观光休闲度假型、娱乐消遣型、文化知识型、商务会议型、探亲访友型、主题旅游型、研学旅游型、医疗保健型等。都市旅游线路设计者应根据不同的游客需求设计出各具特色的线路。要区分都市内部与都市区域旅游线路的不同。例如，都市一日游产品需要精准投放。

（2）独特性特色

旅游产品的生命力重在有特色。旅游线路的设计促使有关部门、单位以及个体依托当地相当丰厚的旅游资源和自身条件，发挥聪明才智，精心打造和组合与众不同、具有持久吸引力的旅游产品和旅游线路，从而推动旅游产品结构和旅游方式的完善。有的景区资源丰富，但缺乏特色产品，影响力小，在很大程度上是由于线路整合缺乏合理性、有效性。由于人类求新求异的心理，单一的观光型景区和旅游线路难以吸引游客回头，即使是一些著名的景区和旅游线路，游客通常的观点也是"不可不来，不可再来"。因此，在产品设计上应尽量突出自己的特色，唯此才能具有较大的旅游吸引力。

（3）旅游景点结构合理

旅游景点之间的距离要适中，旅游线路中的景点数量要适宜；同一线路中旅游点的游览顺序要科学，尽量避免走重复路线，各旅游景点特色差异突出。在景点游线的设计中，应充分考虑旅游者的心理与精力，将游客的心理、兴致与景点特色分布结合起来，注意高潮景点在线路上的分布与布局。旅游活动不能安排得太紧凑，应该有张有弛，而非走马观花、疲于奔命。旅游线路的结构顺序与节奏不同，产生的效果也不同。

（4）旅游交通安排合理

交通选择以迅速、舒适、安全、方便为基本标准，与旅程的主题结合，减少候车时间。一次完整的旅游活动，其空间移动分为三个阶段：从常住地到旅游目的地、在旅游目的地各景区旅行游览、从旅游目的地返回常住地。这三个阶段可以概括为：进得去、散得开、出得来。

（5）旅游产品推陈出新

旅游市场在日新月异地发展，游客的需求与品位也在不断地变化、提高。为了满足游客追求新奇的心理，旅游组织者或旅行社应及时把握旅游市场动态，注重新产品、新线路的开发与研究，并根据市场情况及时推出。一条好的新线路的推出，有时往往能为旅行社带来惊人的收入与效益。即使一些原有的旅游线路，也可能因为与当前消费时尚结合而焕发活力。

都市旅游产品开发主要形式有两种：一是主题公园（人造景区）产品，二是娱乐消遣产品。

（五）都市主题公园

1. 主题公园的重要价值

都市作为人类苦心经营的集聚生活、生产空间，除了考虑基本的生活需求之外，还要注重通过都市游憩设施的配套建设来满足人们日益增长的休闲活动的更高要求。其中，主题公园就是都市旅游休闲体系中最为典型的产品形式，1955年7月加利福尼亚州迪士尼乐园的出现被视为世界主题公园产生的标志。

虽然经过了几十年的发展，国内外学术界关于主题公园尚未有统一严格的定义，人们普遍认为主题公园是为了满足旅游者多样化的休闲娱乐需求而建造的一种具有创意性的活动方式的现代旅游场所。它是现代旅游业在旅游资源的开发过程中孕育产生的新的旅游吸引物，是根据自然资源和人文资源的一个或多个特定的主题，采用现代化的科学技术和多层次空间活动的设置方式，集诸多娱乐内容、休闲要素和服务接待设施于一体的现代人工旅游产品，由于对客源规模、设施设备、外围环境都有一定要求，主题公园集中于都市范围内。

对于都市旅游产品体系来说，主题公园的出现无疑是一个补充，其意义主要体现在三个方面。

第一，为某些无形旅游资源（如民俗、传说、文学作品等）向有形旅游产品的转化，即潜在资源优势向现实经济优势的转化，提供了一条有效的途径，并且突破了旅游资源利用的地区限制，拓宽了旅游资源开发的形式和内容。

第二，为市场区位优势明显但旅游资源贫乏的都市提供了发展旅游经济的可能性。

一般来说，旅游业的发展以旅游资源为主要依托，以旅游市场为前提条件，但旅游资源和旅游市场在空间分布上并不是均衡的。在旅游资源贫乏而市场区位条件又相当优越的都市，通过建设主题公园可以促进当地旅游经济的兴盛，深圳华侨城就是一个成功的典型案例。

第三，为一些都市适应旅游市场的需求变化、优化旅游产品结构、提高旅游经济效益提供了新的选择。许多旅游都市由于旅游资源构成单一或集聚程度较低，致使旅游产品的结构、布局存在明显的缺陷，不能很好地满足市场需求，导致游客数量少、停留时间短、消费水平低，严重影响旅游业的稳定发展。主题公园的出现，不仅可以从整体上弥补原有旅游资源和产品的种种不足，在最大程度上满足游客的需求，而且可能创造出新的市场，促进当地旅游业再上新台阶。

2. 主题公园产品分类

不同主题配置不同规模、不同类型的娱乐产品，包括：

① 微缩景观类：以表演展示为主，娱乐产品比重小，如深圳的"锦绣中华"。

② 影视城类：以古代艺术类和风俗民情类等表演展示为主，另外还会配置少量参与体验项目，如横店影视城、上海车墩影视城。

③ 艺术表演类：以表演展示为主、参与体验为辅，参与表现为各式各样节庆活动，如深圳的中国民俗文化村。

④ 活动参与类：以机械刺激、运动健身、亲和休闲等参与体验型娱乐产品为主，突出特色，如北京欢乐谷。

⑤ 旅游产品类：主题旅游产品、主题节庆旅游产品。

主题旅游产品的购物点配置有利于消费者消费、组织产品货运、获取最大收益，根据全区游客的分散程度和客流方向来设置园区购物点，尽量使每一个购物点的核心商务圈游客数量最多。

深圳的"锦绣中华"是世界上面积最大、内容最丰富的实景微缩景观，景点均按照中国版图上的位置设置，全园犹如一幅巨大的中国地图。人工景点分为三大类：古建筑类、山水名胜类、传统村落民居民俗类。

3. 中国主题公园的发展历程

中国第一个真正意义上的大型主题公园是1989年9月在深圳开业的"锦绣中华"，其成功在中国产生了轰动性的示范效应，带动了此后20多年中国主题公园的迅速发展。在这个发展过程中，中国主题公园的发展可分为探索发展期、规模化建设期和品牌化发展期三个阶段。

（1）探索发展期（1978—1989年）

改革开放后的中国，随着经济发展，都市居民生活水平有了显著提升，人们需要新的游乐方式,以大型机械娱乐项目为主的游乐园便盛行起来。但是,以机械游玩为主导的游乐园并不是严格意义上的主题公园,1989年9月,深圳"锦绣中华"的建成开业标志着中国现代意义上的主题公园正式诞生。

(2) 规模化建设期(1989年9月—1997年)

"锦绣中华"取得的成功在全国范围内引起了轰动,掀起了20世纪90年代初至1997年全国建设主题公园的热潮。相关部门的不完全统计显示:截至1990年年底,全国共有50多个主题公园,到1997年年底,数量已超过1 750个。但是需要引起注意的是,该阶段中国已开发的主题公园中,多数是模仿、复制,大多缺乏个性与创造性,投资与回报不相称。由于这一时期所显现的经营问题,主题公园的开发在后期逐步陷入低潮。

(3) 品牌化发展期(1997年至今)

1997年9月10日,深圳华侨城股份有限公司在深圳交易所挂牌上市,标志着中国第一代主题公园开始向品牌化模式迈进。华侨城自1997年起相继开发了深圳欢乐谷、北京欢乐谷、成都欢乐谷、上海欢乐谷、深圳华侨城,致力于打造中国主题公园的连锁品牌。欢乐谷是中国旅游领军企业华侨城集团成功兴建的新一代主题公园。其中,上海欢乐谷项目投资40多亿元,于2009年9月12日正式开业。致力于打造目前中国规模最大、项目最多、景色最美、科技含量最高的主题公园。另外,香港迪士尼主题公园于2005年9月12日正式开业;2016年6月16日,上海迪士尼主题乐园正式开园。这些国际品牌主题公园的建设对实现中国都市主题公园的良性发展具有积极的影响和重要的意义。

拓展材料6-1

迪士尼主题公园能给上海都市旅游带来什么?

2016年6月16日,上海迪士尼主题乐园在细雨中正式开园迎客,这个中国内地首座、全球第六座,号称"要为游客创造值得珍藏一生的回忆"的大型主题乐园一开园,便又成功吸引了大批中外"铁粉"和爱"尝鲜"游客的前往。

综合相关数据分析发现,购买上海迪士尼相关产品的用户中高达75%的游客有孩子,70后、80后父母是主题乐园亲子游的主力消费人群,在孩子身上舍得花钱也是这类"新生代"父母的典型特征。这些70后、80后的年轻父母在经济水平、生活水平和受教育水平等方面都明显高于上一代,在消费理念、生活方式和培育孩子的观念等方面也发生了根本性变化，他们更会享受生活，更爱追求丰富新鲜的体验。尤其是生活在大都市里的这部分群体，每年把数千元用于看电影、欣赏音乐剧和参加演唱会之类的娱乐活动上已不是什么新鲜事。因此，迪士尼主题乐园这样的都市旅游产品受到追捧毫不意外，因为它正好契合了当下的时代特征和消费需求。

此外，已经开业的迪士尼主题乐园对上海相关商业餐饮、酒店度假、交通配套、金融服务的带动作用明显。据开业前期相关机构测算，上海迪士尼乐园游客人均消费将达 1 300 元，可以带动的销售额有望达到 195 亿元，将直接促进上海市的国内生产总值提高 0.8%，如果考虑游客的附带消费，该数字还将翻倍，都市旅游产品对于都市经济增长的促进力量不可小觑。

资料来源：李博．迪士尼能给城市带来什么？［EB/OL］．(2016－06－22)．中国经济导报，https：//www.ceh.com.cn/xwpd/2016/06/933502.shtml.

（六）都市娱乐消遣产品类型

都市娱乐消遣产品与娱乐型旅游相关，娱乐消遣长期以来都是旅游活动发展的主流，它也带动娱乐消遣产品的大力开发。都市娱乐消遣产品类型又分为两大类。

(1) 专门性娱乐场所

一般是指设置在都市或旅游区内的以提供娱乐活动为主的场所。例如，深圳的欢乐谷、大连的星海湾、长春的和平大戏院。这些专门性娱乐场所不仅为旅游者提供服务，而且为当地居民服务。

(2) 辅助性娱乐设施或活动

① 设置在旅游饭店中的娱乐设施。我国的涉外饭店通常都会设置一些可供游客使用的娱乐设施，尤其是三星级以上的旅游饭店一般都有比较完善的娱乐旅游服务设施，如歌舞厅、健身房、桑拿浴、美容美发中心、保龄球、桌球、壁球、游泳池、网球场等，极大地充实了国内外游客在旅游途中的娱乐活动内容。

② 旅游景区中设置的娱乐设施及活动。一些俱乐部、度假区、度假村等作为专门的娱乐旅游活动场所，在娱乐旅游项目的设置上具有独特的优势，它们或依山临水，或地处乡间林边，有的还拥有海滨、湖滨，甚至温泉等自然旅游资源，除了具有常规娱乐旅游产品所需的设备和设施外，还可进行野营、疗养、海水浴、沙滩浴、冲浪、潜水等专项特色娱乐活动项目。例如，在深圳的世界之窗和民俗文化村、珠海圆明新园等主题公园的专场演出活动也属于旅游娱乐。深圳世界之窗的"创世纪"、民俗文化

村的"绿宝石"等演出活动，运用大制作、大场面、大色块的现代广场表演理念，采用专业的演员水准和通俗的表现手法，深受游客喜爱。

二、都市旅游产品供给体系

（一）概念

都市旅游产品是指都市旅游活动中所有与旅游相关的物质产品和服务的总和。从旅游主体的角度看，都市旅游产品是指旅游者在进行都市旅游活动时所购买的有形产品和无形服务的总和。从旅游客体的角度看，都市旅游产品是指旅游经营者为满足旅游者需求而提供的有形产品和无形服务的总和。

当代都市旅游产品结构是在资源竞争、产业竞争和目的地竞争中形成和发展起来的，其产品结构体系主要体现为靠扩大投资和激励消费来拉动都市旅游发展。都市旅游产品阶段性供过于求和供不应求并存，突出表现为：传统旅游产品、观光旅游产品供给过剩，富有文化科技内涵的体验、休闲旅游、文化创意产品供给不足，整体上缺乏都市文化空间生产的大格局发展理念。

都市文化空间既是市民生产生活并在其中建立起各种关系的场所，也是都市文化和旅游产品生产的载体，都市文化空间供给包括自然与人文景观供给、文化景观供给、生产生活景观供给及功能性景观供给等。

有形产品供给是指都市文化旅游供给主体将文化符号转化成具有一定意义和功能的物质产品，它主要包括工业生产活动、商业活动、民间表演艺术作品、民俗文体活动、民间手工艺作品等。

无形产品供给包括各种服务以及都市空间体现出的文化与精神风貌。只有把有形的物质产品、无形的服务与都市文化空间融为一体，形成以都市文化空间供给为核心的都市文化旅游产品供给体系，才能够彰显都市的特殊性，满足游客对都市旅游多样化、个性化的需求。

（二）内容

都市旅游产品供给主要是在需求侧管理机制下形成的，供给创新不足，都市旅游产品供给的结构性问题也日益暴露出来，严重制约了都市旅游业的发展。具体表现在四个方面。

第一，供需双方对都市旅游资源所表现出的认知和情感不一致，产品供需错位，同质性旅游产品供给过剩和创新性旅游产品供给短缺的矛盾越来越突出。

第二，都市旅游产品供给主体之间存在不良竞争，旅游产品同化、抄袭、模仿的情况严重，定价混乱，不利于形成旅游产品的核心竞争力，无法满足多样化、个性化的旅游市场需求。

第三，缺乏都市文化生产思维下的旅游产品创新，难以培育有影响力的产品品牌，营销、服务和管理缺乏文化内涵。进入21世纪以来，都市旅游产业竞争进入文化竞争的阶段，感受都市文明、都市景观风貌、体验都市文化的独特性成为发展都市旅游的动力导向，都市旅游产品供给的本质已转变为文化再生产，旅游产品成为以旅游吸引物为基础的文化再创造的结果。

第四，产业间浅层融合，难以形成新兴业态，产品结构不合理，要素配置效率低下。都市旅游产品结构、质量、效率和品牌的问题成为制约都市旅游业可持续发展的主要问题，这些问题从短期刺激需求已难以找到解决的出路，因而，都市旅游产业的持续创新发展必然要在供给方面实现突破。

三、都市旅游产品供给改革的实现路径

（一）基于都市文化资源偏好创新旅游产品有效供给体系

有效供给应具备四个基本条件：恰当满足消费者的需求和效用，高效率的要素供给体系，以供给创新拉动需求和创造需求，体现经济效益和社会效益的统一。基于上述条件，都市旅游产品的有效供给就是指：以满足都市旅游者需求和效用为基础的，以经济效益、生态效益和社会效益统一为导向的，以供给创新拉动需求和创造需求为核心的，一定时期都市旅游供给主体愿意并能够提供的旅游产品和服务的总量。其中，需求和效用是生成有效供给的基础，也是提高要素配置效率和创新有效供给体系的前提，所以，需求和效用是有效供给的逻辑起点。所谓需求，实际上是一种欲望的满足，而人的欲望是由效用来衡量的，效用就是一种物品带给所有者的愉快和其他利益。旅游欲望、效用在现实旅游消费中表现为旅游偏好的实现程度。旅游偏好是人们趋向某一旅游目标的心理倾向，作为个体的一种心理倾向，旅游偏好包含了认知、情感和意象因素。旅游偏好是建立在旅游资源偏好基础上的一种心理倾向，旅游资源偏好是潜在或现实旅游者对目的地旅游资源所表现出的以认知因素为主导的具有情感和意象因素成分的心理倾向。它与知识传承、风俗习惯、价值评价、道德观念、宗教信仰、思维方式、生活方式、法律法规、制度政策、社会环境等文化现象相关，都市旅游资源偏好是人们在上述因素的影响下而形成的工业文明偏好，它具体表现为游客对都市文化空间的偏好以及对工业社会符号再加工、再创造而形成的产品偏好，它是旅游者选择都市旅游方式

和购买都市旅游产品的心理指向。旅游者是基于都市文化资源偏好对都市旅游及其产品进行选择和效用评价的,只有当都市旅游供给提供的旅游产品所蕴含的文化价值取向与消费者的文化价值取向产生认知共鸣时,需求侧才会为了实现这一认同而进入购买过程。

都市旅游产品供给改革,是要基于都市文化资源偏好创新旅游产品供给体系,让旅游产品更加充分地体现都市旅游目的地文化特质,通过产品供给延展都市文化的内涵并激活都市传统民俗文化,实现旅游与都市文化的深层次融合,在都市文化空间中表现产品的艺术风格、个性追求和审美情趣,使都市旅游产品能够承载品味现代都市文化、体验都市生活、放松心情的情感和功能;因此,都市文化资源偏好是都市旅游产品创新和形成有效供给体系的基础。

(二)基于产业融合创新都市旅游业态,优化旅游产品结构和要素配置

在中国都市旅游发展的起步阶段,其营业形态主要是都市观光旅游,旅游产品供给以观光为主,结构单一、同质化竞争是这一时期都市旅游产品供给市场的主要特征,生产要素配置也主要集中在这些经营内容上。要实现都市旅游的可持续发展,就要突破这一发展瓶颈,通过新兴业态推动都市旅游产品结构调整,淘汰同质化、庸俗化的过剩供给和不良供给,促进要素流向有效供给体系。都市公园、休闲场所、博物馆、艺术展馆、科技园等都是都市旅游的新兴业态。

根据既有的理论和实践模式,都市旅游新兴业态具有三个基本特征:①立足工商产业,实现产业间的深度融合;②满足游客观光、休闲、体验、科普等多元化、个性化的旅游目的;③依托都市环境、工业产业资源、民俗文化资源以及都市生产生活方式,把这些与市民息息相关的生活内容变成游客的文化体验,实现都市文化的商品价值。产业间的深度融合是创新都市旅游业态的前提,满足多元化、个性化的旅游目的是创新都市旅游业态的意义所在,实现都市文化的商品价值是创新都市旅游业态的本质体现,三者不可分割。所以,基于产业融合创新都市旅游业态可以有效改变产品的供给结构、提高要素配置效率、满足多样化消费需求和实现都市文化的商品价值。

(三)基于都市文化空间生产培育都市旅游产品品牌

当代文化空间不再仅仅作为几何、地理概念是从亨利·列斐伏尔提出"空间是一种社会产品"开始的,列斐伏尔认为空间就是产品,空间的生产就是空间被开发、设计、使用和改造的全过程[①]。这一研究视角将地理空间的概念与精神的、文化的、社会的、历史的空间连在了一起。旅游产品从本质上讲,就是对目的地空间的生产,它包括对物质

---

① Lefebvre H. The Production of Space [M]. Oxford: Black-well, 1991.

空间、精神空间和社会生活空间的生产。空间呈现出的物质文化（以道路、建筑、语言、聚落、生产生活方式等为构成要素）、制度文化（以伦理规范、道德观念、法律、生产关系等为表现形态）、精神文化（包括民族文化理念、祭祀、宗教信仰、节庆仪式、生活态度等）有着巨大差异。所以，都市旅游空间被开发、设计、使用和改造的全过程，就是一个创造差异化空间及培育品牌的过程。品牌就是以某种方式将满足同样需求的其他产品或服务区分开来的产品或服务，品牌化是指赋予产品或服务以品牌的力量，它的根本点就在于创建产品之间的差异。都市旅游是以独特的空间形式呈现给消费者的，每一个空间都有自己的独特性，正是这种旅游目的地空间的差异性成为建构都市旅游产品品牌的前提。

都市旅游产品品牌的培育就是要以文化产业为基础，以都市文化资源为依托，进行都市旅游空间的开发、设计、使用和改造，将都市空间的地理属性、文化属性、社会历史属性融为一体，培育拥有鲜明主题和个性的都市旅游产品品牌，改变都市旅游消费的结构和方式。

第二节　都市旅游产品品牌管理

一、都市旅游产品品牌营销

（一）都市旅游产品品牌的含义

1. 品牌定位

品牌（branding）是一种错综复杂的象征，它是品牌属性、名称、包装、价格、历史、声誉、广告方式的无形总和。品牌同时也因消费者对其使用的印象以及自身的经验而有所界定。品牌建设一般要经历品牌定位、品牌识别、品牌推广、品牌延伸、品牌资产等过程。那种短时间内建设的品牌，并不是完全意义上的品牌，而仅仅是一个产品认知符号，在一定的时间、一定的范围内被大众提起的符号。

品牌建设的首要任务是品牌定位，而后继的品牌识别设计、品牌传播诉求、品牌形象塑造以及品牌延伸等策略都是基于品牌定位展开的。20世纪70年代，美国学者艾·里斯（Al Ries）和杰克·特劳特（Jack Trout）在《营销战》中提出定位概念，指出面对当今一个传播过度和产品越来越同质化的时代，企业要赢得消费者，有必要使自己的产品独树一帜，在消费者心中形成独特的地位；他们在《定位》一书中指出：定位是企业对未来潜在顾客心灵所下的功夫,也就是把产品定位在企业未来顾客的心中[1]。营销定位要在产品的名称、品牌、价格、包装、服务上下功夫,为自己的产品在市场上树立一个明确的、有别于竞争者产品的、符合消费者需要的形象,其目的是在潜在消费者心中得到有利的地位。简言之,定位问题就是如何让产品在预期顾客的头脑里独树一帜。可见,定位是一个从外向内的营销手段和过程,是从消费者的角度出发,针对潜在消费者的心理采取行动。

品牌定位则是在上述定位概念意义的基础上更加强调差异化,即目标消费者的差异化和消费者价值的差异化。目标消费者差异化是指企业应从该产品或服务的消费者当中选择一个特定的细分人群进行服务。消费者价值的差异化则是指企业的产品或服务能够为目标消费者提供有别于竞争者的利益。营销实践表明:当一个品牌同时具备了目标消费者差异化和消费者价值差异化这两方面意义,就形成了难以被竞争对手模仿的品牌定位,也就能够更加持久地保持差异化竞争优势。

品牌识别(brand identity)是品牌营销者希望创造和保持的,能引起人们对品牌美好印象的联想物。这些联想物暗示着企业对消费者的某种承诺。品牌识别将指导品牌创建及传播的整个过程,因此必须具有一定的深度和广度。品牌识别促进了公司的前进,有利于建立消费者忠诚。品牌资源是所有可以用来建立巩固品牌权益与品牌形象的方法,涉及品牌与消费者的接触及消费者的品牌体验,可以影响与改变消费者的品牌认知与品牌态度。营销沟通渠道是重要的品牌资源,包括媒体广告、公共关系、人员推销、促销活动、直接营销、事件营销和内部员工沟通等。

2. 都市旅游产品品牌

都市旅游产品品牌是包括旅游产品商标在内的所有塑造或影响旅游形象的活动。它具体可以分为三个层次。第一个层次仅指旅游产品商标,如海南三亚椰风海韵之旅的商标。旅游产品或服务的商标是一种记号或标记,旅游产品的注册商标具有两个方面的作用:一是对旅游品牌的法律保护作用,二是对旅游品牌传播的基本识别作用。旅游产品商标只是旅游品牌的一个名字或一种标记,是旅游品牌众多功能中的一部分。第二个层次不仅指旅游产品商标,而且指由一系列旅游经营活动包括公关活动创造的旅游产品在目标顾客心目中的一种联想与象征,一种承诺与保证。良好的旅游产品品牌会传递一种强有力的有关该旅游产品特色、利益、服务的始终如一的质量承诺与保证。万豪、假日、香格里拉等旅游产品品牌就具有这样的显著作用。第三个层次不仅包括上述两者,而且旅游产品品牌也可能是一项重要的资产,品牌本身也具有市场价

---

[1] Ries A, Trout J. Marketing Warfare [J]. Journal of Direct Marketing, 1987, 1(3): 62; [美] 艾·里斯,杰克·特劳特. 定位 [M]. 北京: 机械工业出版社, 2002.

值。例如,1989年美国假日公司将假日品牌卖给英国巴斯公司,卖了19.8亿美元。2019年,世界第一家旅行社、英国老牌旅行社托马斯·库克宣布倒闭,资产拟作价9亿英镑出售股权。

都市旅游产品品牌一般具有三个特征:①目标顾客对该品牌旅游产品的评价很高,该品牌旅游产品拥有许多忠诚的回头客;②该品牌旅游产品的销售额和/或利润额(率)或它们的增长率位于该类旅游产品的前列;③该品牌旅游产品具有高的品牌正向权益(brand equity)。

高品牌正向权益的含义是:这些品牌具有高知名度、高质量认同性、强有力的品牌联想和忠诚性,并且这些品牌还拥有其他资产权益,如专利、注册商标、销售渠道网络和新产品引入市场的广告费低等。一种强有力的品牌也能为一种旅游产品提供许多竞争优势。例如,它可以提高价格与抵抗竞争者的进攻,如上海金茂君悦大酒店的最低房价高达约210美元,比同类酒店高30美元到50美元,依然保持很高的出租率。高品牌正向权益是一笔十分有价值的无形资产,它可以延伸使用于新产品,也可以转让使用或进行买卖。例如,英国六洲酒店集团自1984年进入中国市场管理中国第一家酒店——北京丽都假日酒店以来,单凭它的品牌正向权益,已在中国管理了58家酒店。又如,由中国最大的酒店集团锦江集团投资的一家酒店——位于上海浦东新区的锦江大酒店,现在也请法国雅高集团进行管理,锦江集团这样选择的主要原因也是为了分享雅高集团品牌在全球的正向权益。

普通品牌具有较低的正向品牌权益,差的品牌可能还具有负向品牌权益,用这种品牌的商标后,不仅不会提升产品的价值,反而会使这种产品在顾客心目中的价值下降。这也就是不少普通品牌要通过加入国际连锁酒店集团来提高自己品牌价值的原因。

(二) 都市旅游产品品牌营销的方式①

1. 创造旅游品牌信号价值

创造旅游品牌产品需要解决的关键问题之一就是旅游产品与顾客之间信息不对称的现象:旅游企业的经营者知道自己的产品有许多优点,但是目标顾客不知道,如何让目标顾客了解与喜欢自己产品的各种优点呢?心理学的认知原理告诉我们,只有人们感觉与认识到的东西才是事实,因此,要创造旅游品牌产品,就需要研究如何通过各种信息传递渠道来使目标顾客认识与喜欢自己产品的各种优点,即研究旅游品牌信号价值的创造方式。按照顾客对旅游产品的心理接受过程分析,旅游产品信号价值的创

---

① 本部分主要参考:何建民. 旅游品牌建设的理论与方式(一)(二)[EB/OL]. http://www.doc88.com/p-995598827128.html.

造方式由六个方面构成。

第一，要提高旅游产品的知名度。没有知名度就没有业务。例如，世界酒店都努力使自己酒店的建筑成为当地的一道风景线，成为一个巨大的广告体。上海金茂君悦酒店位于88层高的金茂大厦，矗立在黄浦江边；上海波特曼酒店采用具有中国民族特色的装饰风格，令人印象深刻。

第二，要让目标顾客了解旅游产品的内容。例如，世界旅游酒店除了经常做广告、召开新闻发布会外，还要组织酒店的员工、领班、主管与部门经理一起讨论与制定酒店产品一览表，让全体员工都知道自己酒店的位置、业主、经营管理形式（连锁、联营或独立经营）、交通便利性、客房设施、餐饮设施、健身娱乐设施、特殊促销活动、预订方式等产品内容，便于他们在为顾客服务时进行介绍。

第三，要使目标顾客喜欢旅游产品。当目标顾客了解旅游酒店的产品后，会存在喜欢、冷淡与不喜欢三种态度。如何让顾客喜欢呢？在这里，公关工作起着巨大的作用。旅游酒店的公关工作可以从六个方面进行策划。其一是要不断宣传旅游酒店在各方面做出的贡献，如万豪国际酒店集团宣传它被美国《财富》杂志评为全世界最受员工欢迎的企业，解决了22.5万人的就业问题。其二是制造名人轰动事件。如2007年，我国篮球明星姚明在上海浦东某家酒店举行盛大婚礼，吸引了上海居民和国人的高度关注，是给酒店做的广告。其三是要积累新闻和创造新闻。例如，旅游酒店至少要有一架照相机和有一本题词本，将重要人物在酒店的活动记录下来，并进行适当宣传。其四是要建立良好的社区关系，这包括酒店内部的员工关系和与酒店外部的交流关系。像丽思·卡尔顿酒店那样，使每一位员工热爱自己的酒店，始终说积极的话和做积极的事。同时，搞好与各行业领导人的关系，因为他们是舆论领导人，他们的口碑宣传对酒店的形象具有巨大影响。其五是要建立与媒体的亲密关系，如设立新闻记者俱乐部。这是因为大多数顾客是从电台、电视台、报纸与杂志的报道中形成对一家酒店的印象的。其六是要发现关键公众人物，说服他们接受酒店的产品，借名人效应给酒店做广告。

第四，要使目标顾客首选自己的旅游产品。例如，为了做到这一点，旅游酒店要经常开展调查：顾客第一次选择一家酒店考虑的因素有哪些？顾客再次选择一家酒店考虑的因素有哪些？依据顾客考虑的主要因素来设计酒店的独特卖点。如20世纪60年代，希尔顿酒店发现日本商人在全世界旅行经商，但英文口语不流利，就推出了日本楼层，配备会讲日语的服务员为日本商人进行专门化服务。由此也在世界酒店发展史上引入了酒店中的酒店这一经营概念，即可以为满足不同类型顾客的需要在酒店里设计不同的主题或特色楼层，如设计适合高级商务客人需要的行政楼层等。

第五，要使顾客确信购买你企业的旅游产品是没有风险的。在这里，我们就需要使用各种证明方式，如出示满意顾客写来的表扬信或报刊上刊登的各种赞誉报道等。我们也可以使用证明商标，如星级标准证明、ISO9000、ISO14000 认证。严格地说，证明商标只是证明酒店在认证检查期间符合了一定的标准，因此认证后，还需要持之以恒。另外，认证并不能保证顾客必然满意，因此，还要注意营销管理。我们也可以使用集体商标，像国际上的最佳西方酒店集团（Best Western）那样，分布在各地的酒店共同使用一个酒店商标（品牌），共同集资来开展该商标（品牌）的营销工作，如做广告与建立预订系统等，这样做也可以在营销方面享受类似连锁酒店集团的规模经济效益。

第六，要促使顾客及时预订购买旅游产品，同时要注意在任何情况下都不要损害与顾客的关系。顾客经常会出现推迟预订购买的行为，如一家公司六月份要一套长包房，现在是四月份，它还不急于做出决策。你必须努力使他马上做出决策。原因是夜长梦多，会出现许多变数。在预期六月份还会有许多空房的情况下，你还可以给予这家公司提前预订的优惠。

2. 创造旅游产品的品牌忠诚价值

旅游产品的品牌忠诚价值是指名牌旅游产品拥有的使顾客抑制自己喜新厌旧的本能，始终或经常选择这一品牌的旅游产品的价值。旅游产品的忠诚价值有两种表现形式或培育形式。

第一种是该品牌产品与竞争对手比较，拥有优势的接受价值，具体表现为该品牌产品的接受差异价值为正值。决定某种品牌旅游产品如 A 品牌产品与 B 品牌产品之间接受差异价值状况的因素可以用公式表示如下：

A 品牌旅游产品接受差异价值
=（A 品牌旅游产品的信号价值＋A 品牌旅游产品购买渠道的便利价值＋A 品牌旅游产品的真实享受价值）－（B 品牌旅游产品的信号价值＋B 品牌旅游产品购买渠道的便利价值＋B 品牌旅游产品的真实享受价值）
=A 品牌旅游产品的接受价值－B 品牌旅游产品的接受价值

以旅游酒店产品为例进行分析。假定上海金茂君悦大酒店是 A 品牌酒店，上海浦东香格里拉大酒店是 B 品牌酒店，那么上海金茂君悦大酒店要使顾客继续享用它的客房、餐饮、会议厅与娱乐健身房等产品，它就必须使自己品牌的产品（A 品牌酒店产品）与竞争对手品牌的产品——上海浦东香格里拉大酒店的产品（B 品牌酒店产品）比较的接受价值为正值，至少为零。如果为负数的话，顾客很可能会转移去购买 B 品牌酒店产品，即上海浦东香格里拉大酒店的产品。自然，上海浦东香格里拉大酒店要使顾客从购买上海金茂君悦大酒店的产品（A 品牌酒店产品）转向购买自己酒店的产品（B 品牌酒店产品），必须使 A 品牌酒店产品的接受差异价值为负值，也就是说，要使自己品牌酒店产品的接受差异价值为正值。

事实上，对上海金茂君悦大酒店与上海浦东香格里拉大酒店来说，要实现各自的目标，还需要注意对转移成本的管理问题。

品牌旅游产品忠诚价值的第二种表现形式或培育形式即提高顾客的忠诚价值。

转移成本（switching costs）是指顾客从购买某一种品牌酒店产品转移到购买另一种品牌酒店产品所产生的成本。如果顾客面临的转移成本非常高，顾客就可能被锁定在原来购买的品牌酒店产品上。假设，一家公司与上海金茂君悦大酒店（A品牌酒店）签订了一年的长包房协议，在还剩下三个月的时候发现上海浦东香格里拉大酒店（B品牌酒店）的接受价值高于上海金茂君悦大酒店的接受价值，这家公司想立刻搬到上海浦东香格里拉大酒店去住，可是按照合同中的规定，如果违约的话，每月要支付1万元的损失赔偿金，那么3个月就要支付3万元的损失赔偿金，这笔钱就是这家公司必须支付的从上海金茂君悦大酒店转移到上海浦东香格里拉大酒店去住的转移成本。这家公司发现，即使B品牌酒店产品（上海浦东香格里拉大酒店）的接受价值超过A品牌酒店产品（上海金茂君悦大酒店）的接受价值2万元，支付这笔转移成本后，它搬到上海浦东香格里拉大酒店去住已经不合算了，因为这家公司还要多支付1万元钱。当然，如果B品牌酒店给予这家公司补贴费1.2万元的话，情况就会发生新的变化。因此，判断顾客是否会转移去购买其他品牌酒店的产品，就需要引进既能反映某种品牌酒店产品接受价值又能反映某种品牌酒店产品转移成本的产品转移价值这一新概念，这一概念可以用公式表示如下：

B品牌酒店产品的转移价值
＝（B品牌酒店产品的接受价值＋补贴顾客购买B品牌酒店产品所产生的
　　转移成本）－（A品牌酒店产品的接受价值＋A品牌酒店产品的转移成本）

在上述公式里：A是指顾客原来购买的某品牌酒店产品，B是指顾客转移去购买的另一品牌酒店的产品。显然，只有在B品牌酒店产品的转移价值为正值的情况下，顾客才会放弃继续购买原来的A品牌酒店产品，转移去购买B品牌酒店的产品。

由上述公式可知，一种品牌酒店的产品（如上海金茂君悦大酒店产品）的忠诚价值，有下列两种情况：①在转移成本为零的情况下，只要其接受价值大于另一品牌产品（如上海浦东香格里拉大酒店的产品）就可以了；②当顾客存在转移成本和竞争对手对顾客的转移成本进行补贴的情况下，该品牌酒店产品其接受价值与转移成本之和必须大于另一品牌产品的接受价值与补贴费用之和，如大于上海浦东香格里拉大酒店产品的接受价值加上补贴顾客购买上海浦东香格里拉大酒店产品所产生的转移成本之和。

由以上分析可知，转移成本高具有将顾客锁定在原购买品牌酒店产品上的功能。

这就需要我们对转移成本进行深入研究与管理。能把顾客锁定在原来所购买的某品牌酒店产品上的转移成本包括三个方面。①合同义务。酒店要在可能情况下努力与顾客签订长期租房与用餐合同，合同里要有违约损失赔偿的条款。比如，华住酒店集团采取大客户营销战略。②收集信息的成本。中国酒店业可以向万豪国际酒店集团学习，提供对旅行订房人员的专业培训。这样做可以使旅行订房人员熟悉你的酒店和酒店预订方式，促进他们选择预订你的酒店。③忠诚顾客计划。这也可以称为老顾客计划，即顾客可以按其在酒店里累计的消费额获得奖励积分，以此来激励顾客始终在同一酒店消费。如果转移到其他品牌酒店消费的话，可能会产生两个问题：一是原有积分和优惠的损失；二是到新的品牌酒店，消费需要重新从零开始积分。

简言之，都市旅游品牌的建立依靠都市旅游接待服务、质量、价格为基础，借助媒体广告手段营销还在其次。

3. 创造旅游产品品牌实际享受价值

顾客购买旅游产品主要追求的是购买以后的真实享受价值。例如，入住旅游酒店的顾客，追求在客房里睡一个舒适的觉，在浴室里洗一个温暖的浴。这种真实享受价值可以用"4Ps"营销组合中的"2Ps"——产品（product）与价格（price）的基本组合来表示，或用"4Cs"中的"2Cs"——解决顾客问题的便利（convenience）与顾客愿意支付的费用（cost）的组合来表示。准确地说，顾客让渡价值的构成因素可以用来表示对旅游产品真实享受价值的管理要素。因此，要创造品牌旅游产品，就要提高旅游产品的真实享受价值，也就要依次对上面公式中的各个因素进行有效管理。

4. 都市旅游品牌营销存在的问题

都市旅游产品品牌建设存在的主要问题是品牌意识淡薄。产品品牌是都市旅游企业竞争的王牌。对于生产者来说，品牌有助于他们区分不同产品和进行产品介绍和促销，也有助于培育回头客并在此基础上形成顾客的忠诚。对于购买者来说，品牌可以帮助他们识别、选择和评价不同生产者生产的产品，并可以通过对旅游产品品牌的选择来获得旅游活动的最大满足感。一些旅行社不太重视品牌企业、品牌产品的创立，整个旅行社业中品牌企业所占的比例很小，品牌产品也为数不多，不利于增强旅行社的市场竞争实力。

都市旅行社应重视品牌的创立，形成自己的品牌优势。例如，1999年兴起的北京胡同文化旅游，展示北京胡同的文化历史和京城百姓的民俗，受到海内外游客的青睐。北京胡同"一日游"产品的成功在于这一旅游产品紧紧抓住了文化与民俗的主题，展示了老北京乃至全中国深厚的文化底蕴。因此，旅行社必须从长远出发，做好自己的市场定位，从深层次挖掘旅游产品的潜力，充分挖掘内涵，突出特色，提高科技含量，使得其他竞争者难以仿冒。

二、都市旅游产品举例

本教材重点介绍都市博物馆、会展旅游产品、工业旅游产品等具有代表性的单项都市旅游产品。都市旅游景区景点已在第五章中介绍,都市事件旅游产品将在第七章涉及,此处不再赘述。

(一)都市博物馆

博物馆属于文化旅游产品内容,博物馆承载着一个都市乃至地区的历史文化内涵,是旅游者了解该都市的政治、经济、文化、社会发展历程的重要窗口,同时也能极大地丰富和提升都市旅游者的历史文化体验,满足旅游者的精神需求。

1. 都市博物馆发展历史

博物馆旅游是高层次文化旅游产品。根据中外博物馆发展的历史和定义,博物馆的三大基本功能是科学研究(science research)、教育展示(education exhibition)和娱乐游览(entertainment sightseeing)。例如,我国在1979年国家文物局发布的《省、市、自治区博物馆工作条例》中指出,博物馆是"文物和标本的主要收藏机构、宣传教育机构和科学研究机构,是我国社会主义科学文化事业的重要组成部分"。历史博物馆旅游是指旅游者出于自己的文化需要或以消遣为主要目的前往历史类博物馆进行的短暂停留过程,以及由此引起的社会现象和关系的总和。随着社会的发展和博物馆本身的演进,现代博物馆的功能亦不断扩展,以多种功能和多种层次服务于社会,对社会发挥着越来越重要的作用。

国外博物馆业研究源自20世纪90年代中期。1994年,英国博物馆协会对博物馆和艺术馆的服务质量、顾客管理、指导方针的实施进行了探讨。有学者(Ted Silberberg)指出,博物馆和遗迹胜地开展的文化旅游是其经济效益的重要来源,博物馆和遗迹胜地应加强同周围其他部门的合作以取得共赢;有学者(Tufts Steven & Milne Simon)从供给的角度研究了博物馆伴随着社会经济的发展,在城市经济文化中扮演角色的变化及其服务和设施应发生的改变;也有学者(Peter H. Welsh)在对博物馆的经营实践重新认识的基础上,构建了便于人们认识博物馆的操作模式[1]。

---

[1] Silberberg T. Cultural tourism and business opportunities for museums and heritage sites [J]. Tourism Management, 1995, 16 (5): 361-365; Tufts S, Milne S. Museums: A supply-side perspective [J]. Annals of Tourism Research, 1999, 26 (3): 613-631; Welsh P H. Reconfiguring museums [J]. Museum Management and Curatorship, 2005, 20 (2): 103-130; [美] 尼尔. 科特勒, 菲利普. 科特勒. 博物馆战略与市场营销 [M]. 潘守勇, 雷虹雾, 王剑利, 等译, 北京: 北京燕山出版社, 2006: 362.

目前，国际上对博物馆类型的划分标准不同，如英国《大不列颠百科全书》以博物馆藏品种类为主要依据把博物馆分为艺术博物馆、历史博物馆、科学博物馆三类；美国博物馆协会主张把博物馆分为综合、科学、艺术、历史、学校、公司、展览区等13大类72小类。中国博物馆的类型主要根据行政主管部门和领导系统划分，分为国有文化系统博物馆、国家科技系统博物馆、教育系统博物馆、军事系统博物馆、园林系统博物馆、民政系统博物馆等。其中文化系统的博物馆数量最多，由国家文物局主管。根据其陈列教育活动内容划分，可分为历史类、艺术类、科学类、综合类等。我国文化系统的这一分类方法基本与国际上的博物馆划分接轨。

博物馆日常经费来源主要依靠国家财政拨款。这就决定了博物馆旅游的定位和性质是公益性文化事业，是典型的"文化搭台，经济唱戏"的文化产业。随着都市旅游的兴起，博物馆的旅游功能日益突出，逐渐成为展示都市独特历史文化、提升都市文化旅游吸引力的重要载体。博物馆是一个都市重要的文化名片，如英国伦敦的大英博物馆，法国巴黎的卢浮宫，美国纽约的大都会艺术博物馆，加拿大多伦多的安大略艺术馆、安大略皇家博物馆和安大略科学中心，北京的故宫博物院、历史博物馆等，是一个都市的文化保护和展示场所。随着都市旅游的发展，博物馆作为重要的文化旅游资源，是促进都市旅游快速发展的重要吸引物和营销产品。

2. 博物馆旅游开发原则

（1）以历史文化资源为基础

旅游资源是历史博物馆开展旅游运营的物质基础，要使历史博物馆的旅游顺利开展，就要根据所拥有的旅游资源的特色来制定相应的运营策略。因此，历史博物馆要根据本馆文物藏品的特色来树立自己的品牌，突出自己旅游产品的特色，避免在主题、陈列、内容等方面与其他博物馆相似，在强化地方和民族特色的基础上做到"人无我有，人有我优，人优我精"。换言之，都市博物馆也是一处重要的文化旅游景点。

（2）以当代大众文化市场需求为导向

历史博物馆开发出的旅游产品是否符合旅游者的消费需求、能否产生较好的经济效益，最终要由市场来检验。只有符合社会需求的旅游产品才能获得广阔的市场和强大的生命力。所以，在旅游产品开发之前，应进行详细周密的市场调研，对市场需求、自身资源条件，以及周围环境都要进行深入的了解和分析，然后根据市场需求变化做出旅游产品开发决策。历史博物馆首先要转变观念，从藏品导向转向市场导向，更注重社会需求，注重服务对象的需求。这就要加强对观众心理的研究，要了解他们的心理需求、参观动机、兴趣爱好等，以便提供具有针对性的服务。例如，历史博物馆的文物往往有很深的内涵，观众由于经济、受教育程度、修养、年龄、阅历等的不同，在接受能力上存在很大差异。要使观众通过参观有所收获，就要有很好的讲解服务。

面对不同的观众要有不同的讲解，有的要深入浅出，有的要点到为止，有的要详细介绍，有的要简明扼要。因此，历史博物馆只有在了解观众的需求、参与心态、欣赏品位的前提下，才能做好讲解服务、满足观众需求，使观众达到参观目的。此外，历史博物馆还要进行市场调查，包括观众调查和产品调查，通过分析收集到的信息，找出存在的问题，就可以进一步改进博物馆的工作。

（3）保持社会效益和经济效益协调统一

历史博物馆旅游产品的社会价值首先是推动社会的文明和进步，其次是促进社会经济的发展，在很多场合，二者的关系是相互促进、相得益彰的。因此，历史博物馆旅游的开发要积极寻找社会效益和经济效益的结合点，走出一条双赢之路。博物馆需要发展纪念产品，提供饮料、午餐、咖啡厅、文物复制品、接送车服务等，实现博物馆社会效益和经济效益的双赢，推动当地旅游经济的良性循环，提高旅游业的整体竞争实力。作为城市文化的浓缩和城市文化旅游的重要组成部分，历史博物馆旅游经营质量的高低直接关系到该地文化旅游的发展。

博物馆是展现一个都市文化面貌重要的市政基础设施，都市的文化气息通过博物馆来表达不失为一个很好的方法。一个大的都会型博物馆可以让观光客消磨半天、一天甚至更久的时间。伦敦的大英博物馆、巴黎的卢浮宫、纽约的大都会艺术博物馆及墨西哥的国立人类学博物馆都被当地旅游指南列为必看的吸引点。虽然许多早期的博物馆或美术馆设置的出发点是为了研究和收藏作品，但现在却已成为都市观光客的选择之一。关于博物馆对旅游观光的贡献，我们可以从英国过去的经验来看。1992年，英国的观光局曾经做过一份针对英国都市观光的研究，发现大部分的外地观光客虽然不会只为了某个博物馆或美术馆而来，但是如果都市拥有知名博物馆或美术馆，的确是观光客列为考虑参访该都市的重要理由之一。有些博物馆为了增加它的知名度，在当初设计的时候就聘请知名建筑师来设计，这些博物馆又可以地标式建筑物为特色吸引游客。

3. 博物馆旅游创新开发模式

都市博物馆旅游创新开发多是基于对旅游产品的分类来进行设计的。从总体上看，博物馆旅游创新开发模式主要有四种。

（1）"酒店＋博物馆"模式

该模式要求博物馆旅游设计出富有某种文化内涵或民族特色的房间名称和员工服饰，为广大游客提供文化感知环境，使其能够沉浸在浓厚的文化氛围中，进而获得文化的享受。

（2）"景区＋博物馆"模式

这种模式依托于景区办博物馆，以此增加旅游内涵，博物馆和景区相互依存、共同发展。该模式要求博物馆景区呈现多彩的文化特色，在景区的走廊和休息区设置可供游客欣赏的壁画复制品、画册和宣传册，创建出具有独特文化气息的博物馆旅游风景区，如成都的宽窄巷子、苏州的丝绸博物馆、福州的三坊七巷等。

（3）休闲体验博物馆模式

该模式以参与体验为方式、以满足游客心理要求为主要目标，彻底改善博物馆空间的压抑性、展示方式的陈旧性和高文化性等消极因素，消除游客的疲劳心理，重视游客的心理体验。

（4）博物馆群模式

博物馆群的运作模式主要有三种：全城保护类的模式、工业遗产类的模式和历史城区类的模式。类似的概念还有一种被称为"大博物馆旅游综合体开发"。博物馆旅游的开发实质上是对文化进行博物馆式的综合体开发，通过旅游这一通道，以博物馆旅游产品或者博物馆文化衍生物产品为载体，拓宽博物馆文化的外延和辐射强度，突破传统的实体建筑的博物馆形式，开发博物馆式的文化旅游产品，是一种博物馆文化的旅游开发。

博物馆群是一个"进化的定义"，它不仅仅局限于传统实体建筑中的展览，而是囊括整个地区空间，以文化及文化衍生物为基础，以旅游休闲为导向，进行博物馆式的文化集合化、艺术化、景观化的综合开发而形成的。大博物馆可以是一个博物馆旅游经济系统，也可以是一个博物馆旅游产业聚集区，并有可能成为一个旅游休闲目的地。博物馆群这一概念体现了当代都市文化开发与城市空间开发的整合需求。重新规划都市文化空间，优化城市文化，博物馆作为都市的重要文化地标、场馆应得到优先的考虑和重视。

4. 博物馆群旅游开发的价值

博物馆群旅游开发的主要价值体现在三个方面。

① 可对特色文化遗产形成更好的集中式保护，避免空间过于分散，不利于参观。例如，英国伦敦南肯顿区的博物馆群便集合了几家大型的国家博物馆，有维多利亚与艾尔伯特博物馆、自然历史博物馆、伦敦科学博物馆和伦敦地质博物馆，以及周边的其他小型和私立的博物馆等。

② 高品质博物馆的建设体现一个城市的文化形象和城市规划能力。博物馆作为一个城市历史资源的保护者、城市的文化象征日益受到高度重视。

③ 博物馆群与旅游结合，拉动城市文化旅游。一些以重要历史建筑或名人故居改建成的博物馆，其建筑本身就可作为旅游对象，而博物馆内文化遗产的收藏和展示又构成旅游参观的重要内容。因此，博物馆旅游往往是建筑景点与文化旅游景点的合一，充分凝聚了丰富的文化内涵。不同于北京的故宫因具有"国家身份"而举世闻名，一

个地方城市的博物馆若能具有"城市身份",那这个博物馆必定也是成功的,像广州南越王墓博物馆即是。

拓展材料 6-2

伦敦大英博物馆的虚拟旅游

位于英国伦敦的大英博物馆是世界上历史最悠久、规模最宏伟的综合性博物馆。博物馆收藏了世界各地的文物珍品及众多伟大科学家的手稿,藏品之丰富、种类之繁多,为全世界博物馆所罕见,成为伦敦都市旅游的重点产品,每年吸引了成千上万的游客。

2015年,大英博物馆与谷歌文化学院合作推出虚拟游览项目,全世界的博物馆爱好者们借助电脑或移动设备,在网上就能欣赏4 500多件藏品,甚至能凑近至玻璃柜,近距离观摩。谷歌文化学院采用街景地图技术,全面展现了大英博物馆的内部景观,让网友能够像看街景一样,用鼠标代替足迹,模拟实体观展体验,在大英博物馆内部进行一场全方位的虚拟旅行。网友能够对其中的每一件藏品进行随意的放大和缩小,藏品的全部细节也因此尽收眼底。该项目的成功上线不但让大众实现了在家中端着酒杯就能享受艺术的美好愿景,而且进一步增强了人们亲临大英博物馆进行实地游览的兴趣。

资料来源:徐维欣. 大英博物馆推虚拟游览项目 海量藏品搬上互联网 [EB/OL]. (2015-11-24). 中国财经网, http://finance.china.com.cn/money/collection/scxw/20151124/3460339.shtml.

(二)都市会展旅游产品

时代的进步与社会的发展使人们更加注重提高自身的素质、培养高尚的情操、拓宽知识面,不同类型的展览活动正是顺应了人们这些方面的需求,以琳琅满目的各类展品吸引大量游客前来观赏,增长见识,如一年一度的珠海航空展览会、2006年杭州世界休闲博览会、2010年上海世界博览会、2018年开始在上海举办的中国国际进口博览会等。

会展是会议、展览、展销等集体活动的简称,是指在一定地域空间,由多个人集聚在一起形成的、定期或不定期的、制度或非制度的集体性和平活动。它包括各种类型的大型会议、展览、展销活动、体育竞技活动、集中性产品交易活动等。会展活动的基本形式包括交易会、博览会、展销会及各种大型体育运动会。

交易会是指进行产品交易的大型活动，规模有大有小，既可以是定期的，也可以是不定期的。博览会是指用固定或巡回的方式，公开展出各种产品、手工业制品、艺术作品、图书、图片，以及各种重要实物、标本、模型物等，供公众参观、欣赏的各种临时性组织；也专指为展览用的固定建筑物、展览馆、临时场馆等。

博览会是会展活动最重要的形式之一，可按会展的规模分类。一是小型国际会议：参加国超过3个，参会外宾人数介于50到150之间。二是中型国际会议：参加国超过4个，参会外宾人数介于150到500之间。三是大型国际会议：参加国超过5个，参会外宾人数介于500到1 000之间。四是特大型国际会议：参加国超过6个，参会外宾超过1 000人。

大型的展览会或博览会既可展示一个国际性都市雄厚的经济实力，也可极大地促进都市经济的发展，都市会展业为都市旅游业的发展提供了无限商机。例如，2010年上海世博会给上海带来了提高知名度、树立都市形象的历史契机，国内外各种媒体对上海世博会的大范围、高密度、全方位宣传，增进了人们对上海的感知印象，加强了人们对其都市旅游形象的认识，为上海都市旅游的再度飞跃创造了大量的潜在客源。

拓展材料 6-3

世博会运营预算及财务收支决算情况

1. 运营预算情况

根据《中国2010年上海世博会注册报告》（以下简称"注册报告"），预计世博会运营资金预算收入及支出均为106亿元。经世博会执委会批准，调整后的世博会运营收入预算为123.18亿元，支出预算为120.43亿元，预算结余2.75亿元。

2. 世博会运营财务收支决算情况

截至2011年3月底，经对上海世博会事务协调局（以下简称"世博局"）提供的财务决算报告审计，世博会运营收入累计为130.14亿元，由于门票收入、特许经营权收入、场馆出租收入等好于预期，较预算增加6.96亿元。运营支出累计为119.64亿元，由于加强了对预算资金的支出控制，实际支出较预算略减少0.79亿元。收支结余为10.50亿元。经世博会执委会批准，世博会运营资金结余将主要用于中国国家馆续展、世博会博物馆、当代艺术馆等公益性文化展览和设施建设。

运营收入具体包括：门票收入73.55亿元，赞助收入39.73亿元，特许经营收入6.74亿元，场馆出租收入4.79亿元，商业销售提成收入2.22亿元，捐赠收入

0.96亿元,企业参展费等其他收入2.15亿元。

运营支出具体包括:场馆和设施运营维护支出41.24亿元,活动支出15.20亿元,新闻宣传、主题推介、网上世博会等沟通推介支出6.54亿元,行政办公、物业管理等行政管理支出15.38亿元,办博人员经费支出6.20亿元,礼宾接待支出1.59亿元,信息化及安全保障支出19.51亿元,保险及财务费用支出2.32亿元,国际展览局(BIE)门票提成1.48亿元,布展支出8.79亿元,市场开发、特许经营、园区商业服务等其他支出1.39亿元。

资料来源:中国2010年上海世博会跟踪审计结果公告[EB/OL]. (2011-09-30). 上海市人民政府网, https://shanghai.gov.cn/nw2/nw2314/nw2319/nw23083/nw23087/u21aw545271/html.

1. 都市会展旅游的发展

20世纪70年代中期以来,国际会展以它广泛的影响、高额的利润以及巨大的潜力,引起了越来越多国家和地区的注意。在绝大多数发达国家和世界的大城市中,以会展旅游为主的商务旅游市场都是旅游业赖以生存的一个重要市场。衡量一个城市是否符合国际大都市标准的标志之一即是举办国际会展的规模和数量。

都市会展旅游规模大、人数多,影响大、声望高,名人多、素质好,消费高、购物多,会期长、收入多,受市场价格波动影响较小。

2. 都市会展旅游市场细分

会展旅游市场可分为两类。一类为大型会展旅游,包括:①国际性政府组织举办的会展;②国际性非政府组织举办的会展;③地区性协会举办的会展;④国家性协会举办的会展;⑤民间组织举办的会展。二类为跨国性大公司、企业及金融保险系统举办的国际国内会展,包括:①大公司、企业总部与子公司之间举行的会展;②大公司、企业之间举行的会议或研讨会展;③大公司、企业与政府部门合作举行的会展;④大银行与分布各地的分支银行之间定期举行的会展。另外,还有学术会展旅游、贸易会展旅游、科学技术会展旅游等。

在我国,会展旅游正以其独特的魅力为中国旅游业开辟着一块新天地。国内主要会展城市有上海、北京、香港、广州、深圳、成都等。以上海为例,有以下大型会展及场馆。

(1)上海国际会议中心

上海国际会议中心位于浦东滨江大道,与外滩建筑群隔江相望,与东方明珠、金茂大厦一起组成陆家嘴地区的一道景观。上海国际会议中心总建筑面积达11万m^2,拥有现代化的会议场馆;有4 300 m^2的多功能厅和3 600 m^2的新闻中心各1个,有可容纳 50～800 人的会议厅 30 余个；豪华宾馆客房，有总统套房、商务套房、标准间近 270 套；还有高级餐饮设施、舒适的休闲场所和 600 余个车位。1999 年 9 月，20 世纪最后一次《财富》全球论坛、2001 年的亚太经合组织领导人非正式会议（APEC）都在这里举行。

（2）上海世贸商城

上海新国际博览中心（SNIEC）是上海一个大型展览中心，位于上海浦东新区龙阳路 2345 号。该中心于 1999 年 11 月 4 日进行奠基，2001 年正式开业。上海世贸商城坐落于上海虹桥经济开发区，由常年展贸中心、上海世贸展馆、上海世贸大厦三大主体建筑构成，是一个集展示、交易、办公、资讯于一体的超级交易市场，为国内外商家及专业买主提供一流的、国际级的设施和服务。

（3）上海新国际博览中心

自 2001 年 11 月 2 日正式开业以来，上海新国际博览中心每年举办 100 余场知名展览会。它拥有 17 个无柱展厅，室内展览面积达 200 000 m^2，室外展览面积 100 000 m^2。

（4）上海世博园

2010 年上海世博会场地位于南浦大桥和卢浦大桥之间，沿着上海城区黄浦江两岸进行布局。世博园区规划用地范围为 5.28 km^2，园内由五大场馆群组成。举世瞩目的 2010 世博会已在上海召开，这次世博会吸引了近 200 个国家和国际组织参展，客流突破了 7 300 万人次。世博会起源于欧洲中世纪商人的集会，当代的世博会除了商业的交流，更是科技、文化、民族的交流与沟通，是一个展示、了解世界的舞台，是对社会文明和智慧的一种记录以及对未来的前瞻。

在上海浦江两岸 5.4 km^2 的世博园区内，世博园五大场馆群分别为独立馆群、联合馆群、企业馆群、主题馆群和中国馆群。其中，独立馆的建筑群集中在黄浦江边，每栋建筑由一个国家出资建设，展示该国的科技成果；联合馆建筑群中的一部分由一些国家联合建造，另外一些建筑由中国出资建造，租赁给参展国使用；企业馆建筑群成为国际参展商参展场所。世博会中国国家馆群以"东方之冠"——中国国家馆为主体建筑，以城市发展中的中华智慧为主题，表现出了"东方之冠，鼎盛中华，天下粮仓，富庶百姓"的中国文化精神与气质。中国国家馆作为世博会永久性的专题博物馆保留下来，中国地区馆则和世博会主题馆一起综合考虑、统筹利用，作为举办各类商业性展览和文化活动的场所。

（三）都市工业旅游产品

1. 概念

工业旅游是都市中兴起的一种新型旅游产品形式，是指以现有的工厂、企业、公司园区建筑及产品生产、体验、销售等为吸引物，满足旅游者的精神需求，使其获得食、行、住、游等旅游享受，集求知、购物、观光等多方面为一体的综合型旅游产品。工业旅游是伴随着人们对旅游资源理解的拓展而产生的一种旅游新概念，是工业企业产品推广与旅游业的结合。

工业旅游在发达国家由来已久，特别是一些大企业，利用自己的品牌效益吸引游客，同时也使自己的产品家喻户晓。在我国，越来越多的现代化企业开始注重工业旅游。工业旅游正在逐渐成为国内都市旅游的新吸引物，如青岛海尔集团、上海宝钢、广东美的、佛山海天、广州珠江啤酒厂等各种形式的工业旅游都搞得红红火火，不仅介绍了企业、提升了形象、增加了销量，更通过工业旅游发展了一大批稳定忠诚的都市旅游消费群体。许多工业旅游项目获得了当地政府的高度重视。

2. 工业旅游产品的主要特征

（1）丰富的知识性

工业旅游的游览对象是工业企业的厂区、生产线、生产工具、劳动对象和产品，这些都从不同角度体现了科学、技术和经营管理方法在工业生产中的应用，如先进的设备是科学技术的结晶，独特的工艺蕴藏丰富的科学知识，井然有序的生产线是现代管理技术的合理运用，良好的工作氛围和优美的环境是企业文化的充分表现。这一切都充分说明，工业旅游区别于其他旅游项目的最大特征是知识性强、科技含量高。工业旅游较好地满足了旅游者求新、求奇、求知的需求，激发了旅游者的游兴。

（2）强烈的依托性

旅游资源的不可转移性决定了旅游消费只能在旅游目的地进行，工业旅游在这一点上体现得尤其明显。工业旅游除了像其他旅游项目一样需要依赖交通、通信等基础设施，更需要依附于工业企业及其周边环境作为其旅游吸引物。工业企业自身条件对工业旅游开展的可能性和程度至关重要，如工业企业科技含量的高低、生产设施的先进程度、生产流程的复杂程度和企业自然人文环境等决定了工业旅游的观赏性和吸引力；工业旅游的活动形式取决于工业生产的要求，对于游览环境的依托性非常强。

（3）多重的效益性

工业旅游的开展使工业企业、旅游业、游客和地方经济多方受益，形成多赢的局面。对工业企业来说，它不仅得到参观费、直销产品利润等收入，而且宣传了企业品牌，提高了知名度，树立了良好的企业形象。在这一过程中，企业也能够了解消费者的需求和市场动向，适时推出适销对路的产品。对旅游业来说，工业旅游是旅游产品体系完善过程的必然结果，为都市旅游产品体系的丰富与发展拓宽了思路，也部分缓解了都市旅游产品供给与需求之间的矛盾。对游客来说，工业旅游满足了游客观光、采购、求知等多方面的需求。对地方经济来说，工业旅游为各地产业结构调整做出了贡献，促进了地方经济的发展。

另外，从我国2004年首批103家全国工业旅游示范点看，还可以发现工业旅游产品的行业性和地区性特征。

（4）行业性

从行业分布上看，在103家国家工业旅游示范点中，入选的大多是行业领先者，如四川长虹、青岛海尔、上海宝钢、山西杏花村等。其中，酿造类企业最多，有18家；其次是汽车、机车、船舶、飞机制造类和雷雨防护、水力、发电类，各有12家；石油、煤炭、矿物开采类8家；陶瓷类、医药类、电器类和钢铁制造类7家；食品饮料类、工艺品类6家；服装、鞋帽、纺织品类4家；日用品类3家；烟草类、港口类2家；其他2家。

（5）地区性

从地域分布来看，我国的工业旅游点在地域分布上与工业发展状况基本吻合，即在老工业基地和新兴工业城市发展较快。在2004年国家旅游局公布的103家首批工业旅游示范点中，经济发展强劲的浙江省有11家企业入选，数量为全国之最。传统工业重省河南省有10家企业入选，位居第二。东北老工业基地辽宁省、吉林省分别有9家和8家企业入选，位居第三和第四。山东、广东、安徽均有6家，并列第五。上述六省共有56家企业入选，占全部示范点的50%以上，而经济基础较弱的西部地区则寥寥无几。

3. 工业旅游主要产品模式

工业旅游开发内容广泛，凡能对旅游者产生吸引力的企业生产场所、设施设备、展示设施、生产过程、生活环境、管理经验、企业文化和生产成果等，以及工业遗产、工程项目，都可以成为工业旅游的发展依托。工业旅游产品可以分为工厂企业、工业遗产和工业项目三类。其中，工厂企业最为常见，中国现有的工业旅游示范点多属于此类；工业遗产是具有历史、工艺、建筑、科学和社会价值的工业文化遗迹和遗物；工业项目主要是矿产、电力和港口物流等领域户外露天的在建或建成的工业工程项目。从工业化程度、企业资源类型和旅游业发展水平出发，结合工业旅游实际情况，可以将工业旅游产品发展模式归纳为生产流程型、文化传承型、创意产业型、工艺展示型、工业景观型等，每种模式的资源内容、游览方式和适用范围等不同。

拓展材料6-4

"走进上海制造"：实地考察上海5条工业旅游经典线路

央广网上海2018年9月20日消息（记者杨静、林馥榆），"走进上海制造——2018年上海工业旅游经典线路"正式发布。上海市旅游局在上海市经济信息化委等部门进行的工业遗产调查的基础上，以"口袋书""手绘地图""导览手册"等形式，编印了上海工业旅游导览资料。市民游客可以根据资料上的信息和联系电话，自行前往或者预约组团前往5条经典线路或全市其他100余家工业旅游景点，走进"上海制造"。

发布的5条上海工业旅游经典线路以"走进上海制造"为主题，分别为：①"工业遗存体验之旅"，由"船厂1862—杨树浦水厂—怡和1915—民生粮仓"组成；②"智慧城市互动之旅"，由"华鑫展示中心—谷歌开发者社区—华鑫智慧园区体验中心—无线电博物馆—摩拜展示厅"组成；③"极速汽车动感之旅"，由"上汽大众汽车有限公司—上海汽车博物馆—上海国际赛车场"组成；④"重工制造辉煌之旅"，由"上海电气临港重装备制造基地—上海三一重机股份有限公司—上海飞机制造有限公司"组成；⑤"智能生活探秘之旅"，由"上海超算中心—上海集成电路科技馆—上海科大讯飞信息科技有限公司"组成。

活动现场同步发布《上海市工业旅游创新发展三年行动方案》。方案提出，到2020年，上海要创建成为中国工业旅游示范城市，年接待工业旅游游客数量突破1500万人次，建成10个工业旅游示范基地、100个工业旅游示范点。为此，上海市旅游局、上海市经济信息化委、上海市教委、上海市科委、上海市文创办等多部门将沟通协作，市、区联动，将工业旅游景点纳入市中小学生社会实践基地，纳入本市青少年校外活动的"家庭护照"、科普教育的"科普护照"，推动工业旅游进学校、进社区。探索长三角工业旅游一体化，建立"长三角工业旅游培训基地"，评选工业旅游"金牌服务人员"。

同时，中国商用飞机有限责任公司、上海汽车集团股份有限公司、江南造船（集团）有限责任公司、上海市旅游行业协会、上海工业旅游促进中心等本市工业旅游重点企业、行业协会、服务机构等还共同发起成立了上海工业旅游发展联盟。

上海是中国近代工业的发源地、现代工业的集聚地、先进制造业的抢滩地，工业文明底蕴丰厚。21世纪初，工业旅游进入上海。钢花飞溅、流水线传动，是好几代上海人童年的珍贵记忆。当前，上海拥有工业遗产290处，涉及30个制造业大类，更有中国商用飞机、上海汽车、江南造船、宝山钢铁、三一重机、超算中心等体现国内先进制造业最高水平的工业旅游资源。2017年，上海工业旅游年接待人次突破1300万。工业旅游已然成为展现上海高质量发展、高品质生活，打响"上海制造"品牌的新窗口。

资料来源：5条上海工业旅游经典线路走进"上海制造"[EB/OL]. (2018-09-20). 央广网, http://www.cnr.cn/shanghai/tt/20180920/t20180920_524366107.shtml.

（四）其他都市旅游产品

1. 体育旅游产品

体育旅游产品是指体育旅游经营者凭借一定的体育旅游资源和体育旅游设施，向旅行者提供的满足其在体育旅游过程中综合需求的服务。例如，2016年欧洲杯足球赛吸引了无数球迷关注并激发了球迷对欧洲旅游的热情。资料显示，此届欧洲杯预计每场比赛的直播平均有1.47亿人次观看，整个赛事累计观众达到66亿人次，仅在中国就有超过12亿人次观看了本届欧洲杯，体育旅游可以说市场潜力巨大。体育旅游是体育产业最大的"蛋糕"。

2. 文化旅游产品

文化是一个国家、一个民族最吸引人的东西，寻求文化享受已成为当前旅游者的一种风尚。值得注意的是，在推广文化旅游方面应该关注如何提升产品，从而能够更好地满足创新需求；而且，最好有故事蕴含在其中。例如，对于故宫旅游，不要总说故宫有多少年的历史，多么宏伟，而是要把每座宫殿建造过程中的历史以及历代帝王、后妃等与之相关的故事融入其中，这些故事是独一无二的，才会使人印象深刻。只有这样，文化旅游才能够真正吸引游客，消费者才能够获得独特的文化享受。

3. 研学旅游产品

旅游也是一种直接学习的方式，都市研学旅游的根本是城市教育体验。在中国，北京、上海、武汉、南京等高校密集的大都市是重要的教育体验地。每年暑假到访北京、上海、武汉、南京等都市的名校参观、考察和交流的中学生规模庞大，研学旅游产品也成为这些城市重要的卖点。与此同时，一些国家历史文化名城有着丰富的文化资源和历史遗迹，如西安、曲阜、洛阳、泉州等，这些历史文化名城的文教资源融合在旅游体验中，对人文旅游者形成强大的吸引力。近年来，都市旅游的教育体验有了新的形式和内涵，许多都市成立教育社团，其中环境教育成为都市教育的重要内容，可以将教育体验融入都市环境，形成能够激发学习兴趣、丰富课外知识、提高学习能力的都市旅游产品。

三、都市旅游产品服务标准化

都市旅游产品的标准化与个性化是一对永恒的主题。无论是从旅游产品的历史进程还是逻辑进程来看，个性化服务都以标准化为前提，标准化服务又以个性化为归宿。

只有在对标准化有了科学的理解与把握的基础上，才有可能从产业供给的角度谈论个性化服务的生产与管理，也才有可能寻求标准化与个性化的均衡发展，从而推进都市旅游管理理论与实践的创新。

（一）标准化的含义

服务是指为满足顾客的需要，供应方和顾客之间接触的活动以及供应方内部活动所产生的结果。按照国际标准化组织（International Organization for Standardization，ISO）对标准化对象的划分，服务标准是相对于产品标准和过程标准而言的一大类标准，与服务有关的标准都可以划入这一类别。

标准化是推动旅游产业和旅游企业的制度创新的基本要素，也是增加旅游者对产品的预期效用的有力工具。

标准化是指在标准意识的指导下，管理者通过规范化的管理制度、统一的技术标准和工作项目、程序与预定目标的设计与培训，向消费者提供统一的、可追溯和检验的重复服务。

（二）标准化的功能

标准化的主要功能如下：一是减少质量信息在供求双方的不对称；二是激励生产商之间的市场竞争从最初层次的价格竞争转向更高层次的非价格竞争，促进产业结构的优化变迁。

（三）旅游产品服务标准化

在大众旅游时代，众多旅游者需求的相对稳定性以及制造业领域标准化、程序化生产方式的技术与管理创新，使得服务标准化具备了必要性和可行性。都市旅游产品服务标准化建设的原因主要包括三个方面。

1. 旅游者的需求导向是服务标准化的第一拉动力量

服务质量无法通过常规的理化手段进行事先的检验。所以在没有实现标准化的服务市场上，旅游者总是面临着服务质量的非确定性，以及酒店企业针对不同旅游者实行价格歧视的可能性，其结果就是旅游效用的不可预期。

2. 服务市场上企业规范生产的推动

旅游产品的核心是以员工活劳动形式存在的，即人的行为构成了服务产品的重要组成部分。在一个分工与专业化主导的市场上，机器的采用和产品的物化是企业经营管理效率极其重要的推动力量。于是，旅游企业努力通过服务项目和服务流程的规范化与标准化来替代服务产品生产中的"机器"。

3. 都市政府是服务标准化进程的推动主体之一

随着科学技术日新月异的发展，服务标准与技术标准一样成为企业核心竞争力的重要评价因素之一，越来越受到国家、都市政府的重视和扶持。都市政府的作用主要表现在三个方面。

第一，规范市场秩序。市场秩序包括市场进入秩序、市场行为秩序、市场结构秩序、市场退出秩序等。

第二，促进旅游产业化发展。按照都市旅游产业化、市场化、现代化和国际化发展的要求，加快旅游产业化发展。一是加快旅游集聚区建设。二是提升旅游产业品质，加快旅游软硬环境建设，树立新的旅游吸引物理念，做大做强旅游基础产业，又要整体联动，大力发展旅游相关产业。三是创新营销模式。四是加快旅游信息化建设，积极推进"三网一库"（旅游政务网、旅游资讯网、办公自动化网和旅游综合数据库）建设。

第三，提高民族旅游业的整体竞争力。服务标准化战略是在国际服务贸易规则下市场竞争的重要手段和工具，要提高民族旅游业的整体竞争力，必须推进服务标准化。

现代服务业是指以现代科学技术特别是信息网络技术为主要支撑，建立在新的商业模式、服务方式和管理方法基础上的服务产业。它既包括随着技术发展而产生的新兴服务业态，也包括运用现代技术对传统服务业的提升。旅游业属于个人消费服务业，旅游市场的规范化程度较低，竞争秩序较混乱，旅游企业信用度有待提高，这些都离不开政府的管理和引导。

拓展材料 6-5

"中国优秀旅游城市"成都旅游资源开发分析

一、成都市旅游业概况

成都位于中国四川省中部，是四川省省会，中国副省级城市之一，四川省政治、经济、文教中心，国家经济与社会发展计划单列市，国家历史文化名城，首批入选的三个"中国最佳旅游城市"之一。成都历史悠久，气候宜人，有"天府之国""蜀中江南""世界慢城"等美称。成都是中国西南部重要的交通枢纽。成都古为蜀国地，秦并巴、蜀为蜀郡并建城，汉因织锦业发达专设锦官管理，故有"锦官城"之称，五代后蜀时遍种芙蓉，故别称"芙蓉城"，简称"蓉"，1921年设市。

成都的区位资源禀赋较好，成都地处九寨沟、黄龙、卧龙、四姑娘山、贡嘎山、海螺沟、稻城-亚丁、峨眉山、乐山大佛、三星堆、剑门蜀道等景区的中心位置，也是内地前往西藏的主要中转站。

成都的城市定位是打造中国"成功之都"。

二、成都市特色旅游资源

成都市旅游资源丰富，名胜古迹众多。成都拥有世界遗产2项，即都江堰和青城山世界文化遗产、四川大熊猫栖息地自然遗产；有全国重点文物保护单位17处，有国家、省、市级风景名胜区、自然保护区、森林公园和地质公园25个。

成都的人文景观包括都江堰、青城山、武侯祠、杜甫草堂、二王庙、文君井、文殊院、青羊宫、宝光寺、永陵、金沙遗址、明蜀王陵、升庵桂湖、邛窑遗址、辛亥秋保路死事纪念碑等。

成都的自然景观包括山景、洞景、水景、生景、气景俱全的九峰山、石象湖、西岭雪山等。

三、成都市发展旅游的主要措施

1. 大力加强旅游基础设施建设

成都市以创建中国最佳旅游城市为契机，从硬件和软件两个方面大力加强城市旅游基础设施建设。在硬件方面，进一步提高公交车运营和服务质量，规范和加强出租车的管理，严厉打击黑车黑司机，改善饮食口味，健全和完善城市硬件环境。在软件方面，在服务行业、媒体等对外窗口行业大力推广使用普通话，同时有计划地开展市民简单英语口语的学习，努力营造更具亲和力、便于交流的语言环境。同时，全面提高旅游业从业人员的综合素质，用真诚的微笑和善意的理解去提升旅游产品的内涵和档次。此外，还大力倡导文明礼仪，打造一张广受好评的属于成都的旅游名片。

2. 注重非物质文化遗产的开发与保护

第一，建立了国内第一个国家级非物质文化遗产保护机构——中国非物质文化遗产保护中心，并建立了非物质文化遗产普查数据库，为四川以及西南地区非物质文化遗产保护与开发提供了一个知识和技术的平台。第二，健全非物质文化遗产的保护和传承体系。成都建立了非物质文化遗产国家、省、市、县四级保护、管理、申报体系，成果卓著。在文化部确定的第一批国家级非物质文化遗产名录中，成都的蜀绣、蜀锦、成都漆器、都江堰放水节等4项榜上有名，并有5人成为国家级非物质文化遗产项目的代表性传承人。同时，作为世界级的非物质文化遗产，中国古琴艺术的主要流派蜀派古琴艺术的发源和发祥地也在成都。第三，建立了非物质文化遗产保护的地方性法规。第四，建立了国内首个非物质文化公园——成都市非物质文化遗产公园，开展了非物质文化遗产的宣传活动，让老百姓了解、认识、热爱成都的非物质文化遗产。第五，发挥学校教育在保护传统文化上的优势，从基础教育开始，逐步在各个阶段教育中纳入介绍非物质文化遗产的内容。第六，对非物质文化遗产实行"活态"保护，将民族民间文化遗产原状保存在其所属区域及环境中，使之成为"活文化"。第七，把非物质文化遗产的保护与旅游开发结合起来，进一步推广和宣传非物质文化遗产。

据统计，成都在2008年接待国内游客3 800万人次，接待入境游48万人次，实现旅游总收入360亿元，旅游重点项目建设完成投资58亿元。

分析讨论：

1. 根据GaWC城市评级指标，成都要成为世界一线大都市，应进行怎样的都市旅游产品开发？
2. 如何评价成都目前的城市营销定位和策略？

课程实训与实践

任务：都市旅游产品品牌营销方式调研。

1. 实训目的

通过实训，使学生加深对都市旅游产品品牌营销概念及方法的理解，巩固课堂教学内容，加深对都市旅游产品品牌营销的理解，特别是通过综合实训调研，训练学生分析相关问题和解决问题的能力。

2. 实训内容

（1）目的

掌握都市旅游产品品牌营销的概念、方法，学会运用本章学习的理论知识对某个都市提出有效的都市旅游产品品牌营销方案。

（2）主题

上海（或某一熟悉的都市）旅游产品品牌营销的调查与分析。

（3）具体内容

① 分析上海（或某一熟悉的都市）旅游产品品牌营销有哪些，调查其发展现状。

② 分析现阶段上海（或某一熟悉的都市）旅游产品品牌营销的方式。

③ 对上海（或某一熟悉的都市）都市旅游产品品牌营销的发展前景进行展望。

3. 实训方法

文献检索法、历史分析法、访谈法、实地调查法、课堂讨论。

4. 实训要求与考核方式同第一章。

 本章小结

1. 都市旅游产品是指都市旅游市场上由旅游经营者向旅游者提供的、满足其一次旅游活动所需各种物质和服务的总和。

2. 都市旅游产品的开发策略：都市旅游产品开发遵循市场导向原则、综合效益原则、有序开发原则、高低档结合原则等。

3. 都市旅游产品品牌营销主要形式有博物馆、主题公园、工业旅游产品、会展旅游产品等。

4. 都市旅游产品品牌营销方式有创造旅游品牌信号价值、创造旅游品牌忠诚价值、创造旅游品牌实际享受价值等。

复习与思考

1. 简述都市政府在旅游经济中所扮演的角色及其发挥的作用。
2. 简述都市旅游规划的概念。
3. 简述都市旅游资源的特征和价值。
4. 旅游产业结构优化的途径有哪些？
5. 举例分析旅游资本与都市旅游开发的结合情况。

第七章
都市旅游产业融合

学习目标

通过本章的学习，了解旅游产业融合的基本概念和相关理论、类型、演进过程、效应等。掌握都市文化旅游业、旅游房地产业、都市圈区域旅游等相关概念，掌握都市产业融合的主要特征、机制和开发模式。理解和掌握都市旅游产业融合创新在都市旅游中的实践应用。

核心概念

产业融合　都市文化旅游产业　都市旅游房地产业　都市圈区域旅游

导读

当代信息技术的广泛渗透和应用，使产业融合成为一种普遍性的产业发展范式。产业融合现象在都市旅游产业中比较普遍，随着全球都市旅游产业的快速发展，都市旅游产业内部各行业、旅游产业与其他产业之间已经产生了许多"跨界"发展的新行动、新业态，旅游产业融合已然出现。随着都市旅游需求日益扩大，得到快速综合提升的主要有两个产业。

一是都市文化旅游产业。我国自改革开放以来，文化的经济属性、产业属性逐渐为国人所了解。2000年10月，党的十五届五中全会通过的《中共中央关于制定国民经济和社会发展第十个五年计划的建议》中，第一次在中央正式文件中提出了"文化产业"这一概念，标志着我国正式确立"文化产业"的地位和作用。2002年，党的十六大提出积极发展文化产业的战略任务，强调要"完善文化产业政策，支持文化产业发展，增强我国文化产业的整体实力和竞争力"。中国加快了文化体制改革的步伐，国家所有制的文化事业机构单位陆续开始了较大规模的转企改制行动。

2008年，北京、湖南、云南、上海、广东成为全国文化产业增加值占GDP比重率先突破5%的5个省级单位。这些省（市）根据自身的发展优势，在政府的推动下，文化产业在特色发展路径上形成了一定的模式。

2009年，国务院正式发布《文化产业振兴规划》，标志着文化产业已上升到国家战略层面。2010年，党的十七届五中全会提出要把文化产业作为国民经济的支柱产业。2011年10月18日，党的十七届六中全会通过《中共中央关于深化文化体制改革推动社会主义文化大发展大繁荣若干重大问题的决定》，再次明确要加快发展文化产业，推动文化产业成为国民经济支柱性产业，并首次提出要构建现代文化产业体系。一系列文化产业国家战略及政策的出台，反映了我国在社会主义市场经济条件下对文化发展规律的认识的不断深化，也标志着我国的改革开放步入了崭新的发展阶段，即走中国特色社会主义文化发展道路，努力建设社会主义文化强国。

二是都市旅游房地产企业。以旅游度假休闲为目的，打造个体消费者第二居所、第三居所的都市旅游度假酒店、旅游公寓、别墅等，将旅游与房地产紧密结合起来。这方面结合较好的是万达集团的城市综合体项目万达广场。万达集团在全国首创了"订单式商业地产"的全新商业模式，经过多年发展，万达商业地产已从第一代的单店、第二代的组合店，发展到最新的第三代的城市综合体，成为中国商业地产行业绝对领先的龙头企业。截至2018年，全国开业285座万达广场，持有物业面积规模全球第一，所建之处往往都成为当地的地标性地产。万达商业管理集团收入376.5亿元，完成计划的101%，同比增长25.9%；租金收入328.8亿元，完成计划的100.7%，同比增长28.8%；租金收缴率100%，连续13年创造行业同类企业世界纪录。例如，上海五角场万达广场人流量最大，2018年销售额达45.48亿元，同2017年相比增长101.49%，全年客流量超过5 542.5万人次，相比2017年提升64.51%。

限于篇幅，本章主要介绍都市旅游与文化产业、房地产业融合的情况。

第一节 都市旅游产业融合

一、都市旅游产业融合概念

（一）产业融合基本概念

1. 背景

都市化一直是中国经济社会发展的主要推动力：一方面，旅游产业发展的动力和机制随着都市化的不同阶段而发生着转变；另一方面，旅游产业的发展又是都市化发展的重要力量。中国的产业正向服务化迈进，而在都市化进程中，无论是卫星都市建设还是新城区建设，都要依靠服务业的不断发展来支撑，旅游产业不仅是服务业的重要组成部分，更是服务业发展的龙头，因此发展旅游又构成都市化的实质内容。

产业融合的思想最早起源于爱米斯（Ames）和罗森伯格（Rosenberg）对美国机械工业演化的研究。在19世纪早期高度一体化的生产体系中，一些机械工具被制造出来，专门用于生产满足用户需求的各类终端产品。到了19世纪中期，一个独立的、专业化的机械工具产业开始出现，罗森伯格把这种产品功能和性质完全无关的产业因采用通用的技术基础而引起机械工具产业独立化的过程称为技术融合。但是，直到1977年，日本电气股份有限公司（Nippon Electric Company，NEC）关于"计算机和通信"融合图景的描绘才使得产业融合的现象开始受到关注。1978年，美国麻省理工学院媒体实训室的创办者尼古路庞特（Negrouponte）对计算机业、印刷业和广播业三者间技术融合的模型化描述，开启了学术界对产业融合研究的大门。20世纪80年代，法国的诺拉（Nora）和孟克（Minc）创造了"Telematiqu"这一新词来反映数字融合的发展趋势，并把信息转换成数字后，图片、音乐、文件、视像和对话透过同一终端机和网络传送及显示，使得不同形式的媒体之间的互换性和关联性得到加强的这一现象称为"数字融合"。1994年，美国哈佛大学商学院举办了世界上第一次关于产业融合的"冲突的世界：计算机、电信以及消费电子学"学术论坛；1997年，加州大学伯克利分校召开了"在数字技术与管制范式之间搭桥"的会议，对产业融合与相关的管制政策进行了讨论。这两次会议的成功举办，标志着产业融合作为一种经济现象开始得到经济学界、商界和政府部门的关注。

在现代西方产业政策体系中，更多西方发达国家开始利用创新政策来引导本国制造业的发展，以追求在一些具有战略性意义的产品部门获得长期的战略优势，维持其在国际市场中的竞争优势，同时利用创新政策来促进服务业的发展，利用创新政策对本国一些战略性部门提供系统的政策支持，在与这些战略性部门相关的领域内产生正的外部效应，从而对本国的经济增长产生积极的刺激作用。产业政策的运行已经从早期的部门维度转移到更为广泛意义上的国家框架之中，企业及其他组织将在国家框架内运行，在这一过程中创新被引入，并在整个经济体内部扩散①。

2. 产业融合含义

产业融合是1970年以来在信息技术快速发展的推动下产生的经济现象。它促进了产业创新，提升了产业竞争力，推动了区域经济一体化发展，因此备受学界与业界的关注。但是，关于产业融合的定义至今尚未形成一个统一的表述，学者们从不同的角度对产业融合趋势进行研究，给出了不同的定义：欧洲委员会绿皮书（1997）将产业融合定义为产业联盟与合并、技术网络平台和市场三个角度的融合②。美国学者格林斯腾和汉纳（Greensten & Khanna）指出，产业融合作为一种经济现象，是为了适应产业增长而发生的产业边界的收缩或消失，可区分为"替代性融合"和"互补性融合"③。日本学者植草益（Masu Uekusa）认为，产业融合是通过技术革新和放宽限制来降低行业间的壁垒，加强企业间的竞争与合作关系④。国内学者马健认为，产业融合是由于技术进步和管制放松，发生在产业边界和交叉处的技术融合，改变了原有产业产品的特征和市场需求，导致企业之间竞争合作关系发生改变，从而导致产业界限的模糊化甚至产业界限的重新划分⑤。厉无畏指出，产业融合是指不同产业或同一产业内的不同产品相互渗透、相互交叉，最终融为一体，逐步形成新的产业的动态发展过程⑥。李美云提出，产业融合可以定义为以前各自独立、性质迥异的两个或多个产业出现产业边界的消弭或模糊化而使彼此的企业成为直接竞争者的过程⑦。我国旅游业在快速发展进程中，因其具有的高度关联性特征已产生了跨界融合发展实践，一些新型业态涌现。例

---

① ［美］约翰·福斯特，斯坦利·梅特卡夫. 演化经济学前沿——竞争、自组织与创新政策［M］. 贾根良，刘刚，译. 北京：高等教育出版社，2005：363—386.

② European Commission. Green paper on the convergence of the telecommunications, media and information technology sectors, and the implications for regulation-towards an information society approach [R]. COM (97) 623, Brussels, 1997-12-03.

③ Greenstein S, Khanna T. What Does Industry Convergence Mean? [C]//Yoffie D. Competing in the age of digital convergence. Boston, 1997: 201-226.

④ ［日］植草益. 产业组织论［M］. 北京：人民大学出版社，1988，25；［日］植草益. 信息通讯业的产业融合［J］. 中国工业经济，2001（2）：24—27.

⑤ 马健. 产业融合理论研究述评［J］. 经济学动态，2002（5）：78—81.

⑥ 厉无畏. 产业集群内涵与中国培育产业集群的战略思路［J］. 上海立信会计学院学报，2003（4）：2—5.

⑦ 李美云. 国外产业融合研究新进展［J］. 外国经济与管理，2005（12）：12—20，27；李美云. 论旅游景点业和动漫业的产业融合与互动发展［J］. 旅游学刊，2008（1）：56—62.

如，王业良探讨了产业融合理论在旅游房地产发展对策中的应用①，张建研究了都市创意产业与旅游产业的融合发展②。

产业融合是一种全新经济现象，它具有一些明显特征：①产业融合蕴含着新产业的诞生，是一个新产业形成与发展的过程，本质上是一种产业创新，技术创新是其核心动力；②产业融合不同于发生在产业边界内的产业重组或产业替代，往往发生在不同产业的边界处，使原来相互独立的产业相互渗透、交叉，从而导致原有产业边界的模糊化，最终融为一体；③产业融合是一个动态的过程，以市场融合为导向。克雷斯腾森（Christensen）和罗森布鲁姆（Rosenbloom）认为，许多公司融合战略的失败，不在于技术能力不足，而在于它们联结"新价值网络"的能力不够，具体体现在与特殊的供应商和消费者的联系不够，因而不能充分满足创造新产品和服务的市场需求。所以，市场融合应考虑的是：技术与业务融合的结果能否改变成本结构，形成产品差别，取得竞争优势并获得更多的市场需求；技术与业务融合形成的新产品和经营内容是否面临着新的市场需求；技术与业务融合能否通过改变人们当前的消费内容和工作方式来创造新的需求；等等。产业创新研究的英国权威弗里曼（Freeman）认为产业创新过程包括技术和技能创新、产品和流程创新、管理创新和市场营销创新等多个阶段③。斯特劳斯（Strauss）等人对产业创新发展的技术与流程进行了深入研究④。产业融合对企业战略管理框架的构建同样提出了较高要求，克努兹（Kaluza）等人采用一种三步推进的分析方法全面探讨了数字融合对战略管理的多种影响，他们认为，无论是成本领先战略、差异化战略还是聚焦战略，由于其静态性特点，在边界模糊化的动态化产业融合中，其有效性都大受影响。因此，他们提出了"克努兹动态差异化战略（Kaluza's dynamic differentiation strategy）"来替代波特的一般战略。这一战略强调通过同时关注成本、差异化、弹性和时间等来获取产业竞争优势的理念⑤。

3. 产业融合划分标准

产业融合类型的划分标准主要有三种。

（1）按产品或产业的性质分类

周振华认为从产品的角度切入容易把握，而且可以同时反映出其背后的技术、业务、市场等方面的融合，并将产业融合区分为三种小类型：一是替代型融合，即具有相

---

① 王业良. 产业融合理论在旅游房地产发展对策中的应用［J］. 湖南人文科技学院学报，2008（5）：51—54.
② 张建. 都市创意产业与旅游产业融合发展的态势及其整合对策研究［J］. 旅游论坛，2009（1）：76—81.
③ Freeman C. The economics of industrial innovation［M］. 3ed. London：Pinter，1997.
④ Strauss A，Corbin J. Basics of qualitative research：Techniques and procedures for developing grounded theory［M］. London：Sage，1998.
⑤ Kaluza B，Blecker T，Bischof C. Implications of digital convergence on strategic management［M］//Dahiya S B. The current state of economic science，Vol. 4. Rohtak：Spellbound Publications，1999：2223-2249.

似特征及功能的独立产品在共同的标准元件束或集合中得以替代性地整合；二是互补型融合，即具有互补性的若干独立产品在同一标准元件束或集合下得以高度兼容地整合；三是结合型融合，即原本各自独立的产品在同一标准元件束或集合下通过功能渗透完全结为一体的产品整合，亦即在相互功能渗透的基础上，将原先两种不同的产品A和B结合为一体，形成一种既非A也非B的新型产品C。在这三种融合中，替代型融合和互补型融合只是让各自独立的产品进入同一标准元件束或集合而形成某种替代或互补，并没有消除各自产品的独立性。结合型融合则是在同一标准元件束或集合条件下，完全消除各自产品原本的独立性而融为一体。因此，从某种意义上讲，这种类型的融合才是完全意义上的融合[①]。

（2）按产业融合的程度分类

产业融合的结果要么是改造了原来的产业，要么是创造出了全新的产业，最终产业融合所形成的新产业要么替代了原来产业的全部或部分需求，要么创造出了全新的市场需求。因此，依据产业融合的程度和市场效果，可以将产业融合分为两种小类型。

① 完全融合。完全融合是指两个或两个以上的产业全面融合成一个产业。完全融合的情况常发生在新兴产业与传统产业的融合中，它导致原来的两个或多个产业完全重叠，新产业逐渐替代原有产业的市场需求，使得原有产业的市场空间不断缩小，从而导致原有产业衰落，直至完全消失。

② 部分融合。部分融合是指两个或两个以上的产业由于技术创新或管制放松相互渗透，它们之间会因产品或服务的替代性而展开激烈竞争。原有产业之间出现了部分的重叠和交叉，融合的新产业部分替代了原有产业的市场需求，与原有产业之间形成了既替代又互补的关系。原有的产业边界出现模糊化但并没有完全消失，仍然在一定的市场范围内按自己的方式成长。部分融合是产业融合最为普遍的现象，如作为信息业与通信业融合产物的移动电话，只是部分地占据了原有的固定通信市场；E-mail只能部分替代传统的纸质信件，纸质信件仍然具有一定的市场；由于人们消费习惯和消费偏好的差异，电子报刊也不可能完全取代纸质报刊。在部分融合的情况下，产业融合的圆圈只是出现了部分的重叠和交叉，并没有完全重合。

（3）按产业融合的形式分类

① 高新技术的渗透融合。它是指高新技术及其相关产业向其他产业渗透、融合，并形成新的产业，如发生在20世纪90年代后期的信息和生物技术对传统工业的渗透融合，产生了机械电子、航空电子、生物电子等新型产业；又如电子网络技术向传统商业、运输业渗透而产生的电子商务、物流业等新型产业。这种渗透融合往往发生

---

① 周振华. 思维的认知哲学研究[M]. 北京：科学出版社，2019.

在高科技产业与传统产业的交界处，通常能促进传统产业的创新或延长产业的生命周期。

② 产业间的延伸融合。它是指通过产业间的功能互补和延伸实现产业间的融合，这类融合通过赋予原有产业新的附加功能和更强的竞争力，形成融合型的新产业体系。这种融合更多地表现为第三产业向第一产业和第二产业的延伸和渗透，如第三产业中相关的服务业向第二产业的生产前期研究、生产中期设计和生产后期的信息反馈过程展开全方位的渗透，金融、法律、管理、培训、研发、设计、储存、运输、批发、广告等服务在第二产业中的比重和作用日趋增强，已融合成不分彼此的新型产业体系。现代化农业生产服务体系的形成即这一新型产业体系的综合体现，是第一产业加快与第二、三产业融合的产物。除此之外，第一产业和第二产业、第二产业和第三产业之间也存在融合的过程。

③ 产业内部的重组融合。该类融合主要发生在各个产业内部的重组和整合过程中，工业、农业、服务相关联的产业通过融合提高竞争力，适应市场新需求。通过重组融合而产生的产品或服务往往是不同于原有产品或服务的新型产品或服务，如农业为适应新发展而重新整合，通过生物链把产业内部的种植业、养殖业与畜牧业融合起来，形成生态农业的新业态，既适应了市场需求，又提高了农业生产率。工业内部的产业调整也有类似的融合，通过供应链把上、中、下游相关联的产业联系在一起，与一般的产业纵向一体化不同的是，这种融合最终产生了新的产业形态，其过程既包括技术创新，又包括体制和制度创新，其结果是促进了产业的升级换代。

在不同的产业领域内，产业融合以不同的方式演进，最终将促成整个产业结构的高度化和合理化，并形成融合型的新产业体系。经过了技术融合、产品融合与业务融合，然后到市场融合阶段，最后完成产业融合。产业融合的这几个阶段既是前后衔接的，也是相互促进的。产业融合有两个方向：一是某些产业的创新会引导另一产业的创新，连锁式地对产业创新产生影响；二是一个产业的创新会成为另一个产业创新的供给因素，表现为供给、需求的螺旋式发展效应。技术、产业的关联性强弱是产业融合程度的决定性因素。如果某一产业的核心技术对其他产业有很强的关联性，则这一产业与其他产业融合的可能性也较高，产业创新的空间也较大；反之，产业就容易衰退或被新产业替代。总之，技术创新是动力，技术融合是基础，产品融合和业务融合是积淀，市场融合是"半成品"，产业融合就是整个融合过程的"成品"。

（二）旅游产业融合概念

旅游产业融合是指旅游产业与其他产业或者旅游产业内部不同行业之间相互渗透、相互关联，最后形成新的产业。

1. 旅游产业的强关联性

作为一种综合性产业,旅游产业是由多个产业或行业共同构成的,既包括核心旅游产业,也包括旅游相关配套产业,它们共同围绕旅游需求六要素形成一个完整的产业体系。旅游产品的提供需要第一、二、三产业中的众多相关行业和部门协力配合,这些行业与旅游活动发生直接或间接的联系,为旅游产业的发展提供物质基础,成为旅游产业运行的有力支撑,同时旅游产业的发展也会带动这些相关产业的发展。因此,旅游产业具有很强的关联带动作用,产业综合性及其广泛关联带动作用使得旅游产业总是与其他产业存在着千丝万缕的联系,容易与其他产业相互渗透。

2. 旅游需求的多样性和动态性

产业融合是打破产业分立的边界而呈现的一种产业界限的模糊化过程。传统的产业界定是从企业或生产者的角度考虑的,而旅游产业的界定则需要从需求角度考虑,正是因为消费者的旅游活动才发生了相关需求及供给。张凌云指出:"从需求串联的角度来考察,凡是生产或提供满足旅游消费者在旅游过程中所需要的产品和劳务的部门或企业的集合称之为旅游产业。"[①] 这种需求串联的特征使得旅游产业边界具有开放性,没有明确的规定与界限。

旅游需求具有多样性和动态性的特征。旅游需求的多样性使得各产业部门中一切可以吸引旅游者兴趣的有形或无形事物均可融入旅游产业,成为旅游吸引物的组成部分;旅游需求动态变化的特征驱使旅游供给必须持续创新,满足旅游者日益发展的需求。旅游者需求的多重性决定了旅游产品的组合性,而旅游产品的组合性又决定了旅游产业的外延性,导致旅游产业界限的模糊性。因此,旅游需求的多样性和动态性,决定了旅游产业的融合可能发生在任何产业之间。例如,在旅游需求市场的拉动下,文化产业、工业、农业、医疗业和房地产业等均从产业内部分化出适合旅游者游览、参与、体验、观赏的部分,进一步扩展了旅游产业的外延和内涵。

3. 技术创新的推动

技术创新通过融入旅游产业,改变原有旅游产品的形态,催生出新型旅游产品,迪士尼、欢乐谷、方特等主题公园均是高新技术产业与旅游产业融合发展的典范。技术创新改变了市场的需求特征,为原有产品带来新的市场需求,为产业融合提供了新的市场空间,如信息产业与旅游产业的融合发展推动了智慧旅游、虚拟旅游、网络旅游的发展,拓展了旅游产业的市场空间。技术创新改变了传统的旅游产品销售渠道和营销方式,推动了旅游新业态的出现,如计算机产业与旅游产业的融合发展滋生出在线旅游运营商这一新型业态,改变了传统旅行社的运营模式和口碑宣传的营销方式,

---

① 张凌云. 国际上流行的旅游定义和概念综述——兼对旅游本质的再认识[J]. 旅游学刊,2008(1):86—91.

推动了旅游产业的优化升级。这些都反映出科技的进步与创新能够推动旅游产业与相关产业的多维融合。

(三) 旅游产业融合发展趋势

旅游产业是新兴的朝阳产业，也是产业融合程度最深的产业之一。目前，世界上兴起的工业旅游、体育旅游、康复旅游、科技旅游等专项旅游代表着旅游产业发展的一种趋势，其实质也是旅游产业与其他产业广泛的融合发展。

1. 旅游产业与第一、二产业的延伸融合

旅游产业与第一产业、第二产业的融合，主要是指旅游产业与工业、农业、林业、牧业、渔业的边界逐渐模糊，通过旅游产业与非服务业的产品功能互补和延伸实现产业间融合，出现兼容农林牧渔业和旅游产业或工业和旅游产业的新型业态，融合后的新产业与原有产业之间或替代，或互补，或结合。这种模式通过赋予旅游产业新的附加功能，增强产业的竞争力，如工业旅游的产生使制造业企业进行各方面的改造，包括增加参观和学习的场所、改进企业的一些工艺流程等；观光农业旅游由于旅游产业的渗透改变了原有农业生产模式，其生产目的、产品价值、顾客定位都发生了根本性变化，使其具备知识性、观赏性和参与性，观光农业旅游中的服务增值功能渐渐占据了主要地位。

2. 旅游产业与其他服务业的融合

旅游产业与第三产业的内部重组融合，这一融合模式主要基于高新技术对旅游产业的渗透融合，创新出众多旅游产品和旅游新业态，是旅游产业融合的主要形式。

高新技术及其相关技术向旅游产业渗透、融合并形成新的产业，这种模式通常能促进旅游产业的创新或延长产业生命周期，是出现兼具多个行业特征的新型服务业态的过程。这种融合表现在相互渗透和交叉，从而使得融合后的产业兼具旅游产业的特征。其中最典型的是由信息服务商、旅行社、航空公司、金融业、保险业等融合而成的在线旅行社，它兼有各方的业务特征，又带来了新的价值，对传统业务进行了补充和升级。

3. 旅游产业与文化产业融合

都市文旅融合是都市发展和产业转型的内在要求，对于都市文化产业的界定，国内外有不同的表述，但大都强调它们以文化内容的创造为核心，注重保护和开发版权，是一个能够创造财富和就业机会的经济系统，并且具有人文的价值。

我国历史悠久，文物古迹、风俗民情等文化资源丰厚，文化既是旅游的最初吸引因素，又是旅游的最终目的。文化是旅游的本质属性，旅游因为文化的渗透而变得丰富多彩、富有品位。旅游为文化的交流和传播提供了平台，为文化资源的开发提供了载体，这为文化旅游产业的发展提供了广阔空间和潜力。随着文化的产业化发展，历

史遗迹、人文景观、民风民俗等文化资源都已发展成为重要的旅游资源，旅游促进了民族文化的保护、保存和传承，文化因为旅游的开发而变得生机勃勃[①]。实践证明，旅游产业和文化产业的互动与整合有利于区域文化、经济、社会的协调发展，并从根本上推动中国旅游产业与文化产业的大发展。

旅游产业与文化产业都有明确的技术边界、产品边界、业务和运作边界及相应的市场边界，但旅游行业中那些专门开发利用文化资源为旅游接待服务的经营企业，其本质属于文化产业；而文化产业中那些主要生产供旅游者参观、游览、鉴赏和购买产品的企业又发挥着旅游的作用。实际上，这是该类经济产业的两种不同特征——文化是其属性，旅游是其功能，只是由于历史遗留和传统划分方法等原因使它们隶属于不同的旅游部门、文化部门或其他部门，在行业渗透、学科交叉的当今更难分彼此。因此，旅游产业和文化产业的发展相互关联，与旅游有关的文化产业的发达与否是旅游业兴衰的重要因素，与文化相关的旅游产品的开发得当与否在很大程度上又影响着相关文化产业的发展，二者相辅相成。其互动机制如图7-1所示。

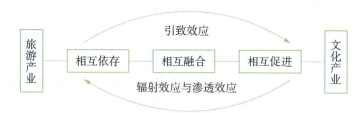

图7-1 旅游产业与文化产业的互动机制

资料来源：张海燕、王忠云. 旅游产业与文化产业融合发展研究［J］. 资源开发与市场，2010（4）：322—326.

(1) 旅游产业与文化产业相互依存

从文化与旅游资源的关系来看，文化孕育着各类旅游资源，人文旅游资源的开发与鉴赏需要进行文化的解读。人文旅游资源属于文化的范畴，许多文化产物都是人文旅游资源，不少文化资源只要略加开发就可成为富有吸引力的旅游产品，这是一种特殊的、可利用的资源，是发展旅游业的基础和依托。自然旅游资源虽然本身不具有文化属性和历史文化色彩，但自然美无疑需要从文化层面来鉴赏，需要用科学知识来解读，而且要将自然山水转化为旅游产品必须通过旅游开发这一文化手段来实现[②]。因此，文化性是旅游的本质属性。同时，旅游又为文化的交流和传播提供了平台，为文化资源的开发提供了载体，也为文化产业的发展注入了强大动力。旅游因为文化的渗透而变得丰富多彩、富有品位；文化因为旅游的开发而变得生机勃勃、富有活力。

---

① 李琼英，方志远. 旅游文化概论［M］. 广州：华南理工大学出版社，2008.
② 尹华光，彭小舟. 文化与旅游关系探微［J］. 中国集体经济，2007（10）：117—118.

(2) 旅游产业与文化产业共生互融

旅游产业和文化产业是密不可分的。在当代旅游业中，任何一项旅游经济活动都是以一定的文化方式进行的，旅游经济活动中的各个环节，如生产、流通、交换、决策、管理等，都或多或少地蕴涵着各种文化因素，尤其是旅游产品的生产与消费更是牢牢地建立在文化基础之上。文化是旅游的"灵魂"，旅游是文化的重要载体，没有文化的旅游就没有魅力，而没有旅游的文化就会缺少活力。旅游的优势体现在市场上，而文化的优势则体现在内涵上。从旅游的角度来看，抓住文化就抓住了核心价值；从文化的角度看，抓住旅游就抓住了一个巨大市场。由此可见，旅游产业和文化产业是相互融合、相得益彰、共同繁荣的。

(3) 旅游产业与文化产业互动共进

一方面，文化对旅游具有促进作用。文化通过辐射效应与渗透效应，可以提升旅游资源的品位，增强旅游的精神文化内涵，赋予旅游产品差异性，使旅游变得丰富多彩，给旅游者带来较高的审美体验，为旅游地注入新的活力。提高旅游从业人员素质，有助于形成先进的旅游企业文化和科学的旅游发展观，促进旅游业的可持续发展。对文化的有效利用还可推动旅游产业的优化升级，提升旅游产业的竞争力。另一方面，旅游也能推动文化产业的发展。旅游通过引致效应为文化的交流和传播提供了平台，为文化资源的开发提供了载体，有利于挖掘和优化文化资源，实现文化产业的市场化和规模化，促进文化"保护—开发—再保护"的良性循环，促进民族文化的保护与保存。此外，旅游与文化的有机结合还可以丰富文化的内涵，提升文化的价值，使文化焕发出独特的地域魅力[①]。旅游与文化是相互依存、相互促进的，在社会经济发展和产业整合中要把握旅游经济与地域文化的互融互动关系。在旅游产业与文化产业的互动中，有效地将文化与经济结合起来，有利于丰富文化的内涵，提高文化产业和旅游产业的附加值，实现经济利益的"双赢"。

二、都市旅游产业融合的主要路径

都市旅游产业融合是指在都市旅游活动中，不同产业部门通过相互组合、相互渗透或相互交叉形成新的旅游产品或新业态的动态过程。它是指都市旅游通过与都市其他产业之间的渗透、交叉，融入都市的社会经济大系统，而非游离于都市的社会、经济、文化等产业之外。产业融合源于信息技术，其结果是产业创新，将产业融合的原

---

① 曹诗图，沈中印，刘晗. 论旅游产业和文化产业的互动与整合——以湖北省宜昌市为例[J]. 特区经济，2005 (10)：13—20.

理和方式运用到都市旅游产业中，实际上是将产业融合视为都市旅游的一种创新手段和取得集成创新竞争优势的路径。

在都市旅游发展中，既要充分发挥旅游产业的综合性和带动性作用，又不能忽视其他产业本身的发展。因此，都市旅游发展以资源的多角度利用为主线，通过对各产业资源的改造、重置和转换，添加旅游功能，达到既不影响原有产业在原有领域的发展，又为都市旅游产业所用的目的，实现都市旅游与其他产业的融合发展。与技术融合和传统制造业的产业融合有所不同，旅游产业融合属于市场驱动型融合，是一种拓展性的产业融合，即融合不仅发生在不同产业之间和技术层面，而且发生于产业发展过程中的每个环节和各个旅游要素，又主要体现在旅游产品的融合与创新过程之中，都市旅游就是在融合创新中产生了集成竞争优势。

(一) 基于资源和产品优势的旅游产业融合路径

1. 资源和产品融合的定义

都市资源和产品融合拓展主要是指其他产业以旅游资源和产品的形式融入都市旅游产业，即其他产业的生产经营活动及其产品通过精心策划组织和创新性开发利用，形成新型的旅游产品，从而丰富旅游产品类型，满足市场多样化需求。这些产业的融入使旅游产品的外延得以不断拓展，旅游产品类型更加丰富。例如：以大型文体事件为依托而发展的事件旅游主要是通过产品形式组合发展起来的旅游产业融合类型；工业旅游也主要是通过对都市工业与旅游的创新融合形成新的旅游产品，满足旅游市场多元化的需求，同时使得传统工业的外延得以延伸，拓宽了效益创造渠道。

2. 基于资源和产品优势的旅游产业融合路径

基于资源和产品优势的融合路径主要是指在都市旅游的产业融合过程中，产业的资源要素、产品要素相较于其他要素更具有比较优势，在产业分工链上具有主动融合的趋势，通过旅游产业相关链条的创新性组合和开发利用，成功嵌入旅游产品的价值链环节，形成基于资源和产品优势的旅游产业融合路径，促使资源的内涵不断深化，产品的类型更加丰富。

(二) 基于技术优势的旅游产业融合路径

1. 技术融合的定义

技术融合是指在技术创新或管理创新的推动下，通过都市新兴技术的渗透融合，将原属于不同产业的价值链活动环节全部或部分地渗透到另一产业中，相互交融，形成新型的产业。旅游产业融合要以一定的技术手段为创新的依托，只有引进其他产业的相关技术，甚至部分产业以技术优势融入旅游产业，形成新型的旅游产业态，才能在日趋激烈的都市旅游竞争中不断构建竞争优势，满足市场的需求。例如，旅游产业在发展过程中积极与动漫产业、文化创意产业等产业相结合，形成新型的旅游产品，产生新型的旅游形式。如上海运用顶级多媒体设备打造的超级多媒体梦幻剧《ERA——时空之旅》，以及深圳"世界之窗"运用先进技术演绎的大型史诗音乐舞蹈节目《创世纪》，都成为都市旅游产品体系中的核心吸引物，在市场上获得巨大反响。

2. 基于技术优势的融合路径

基于技术优势的融合路径是指将其他产业之中处于相对优势地位的技术因素融入都市旅游产业的各项活动环节，通过运用技术手段建立其他产业和都市旅游产业之间的联系，扩展其他产业和都市旅游产业的发展空间，如主题酒店、影视旅游和旅游电子商务的发展，就是新技术在文化产业和都市旅游产业中的融合运用。技术创新有利于降低都市旅游产业融合过程中的资源消耗，提高资源向产品转化的效率，同时还能完善旅游产品的功能，在满足消费者需求的基础上创造更多价值。因此，技术创新为都市旅游产业融合的发展提供了良好的技术平台。

（三）基于市场优势的旅游产业融合路径

1. 市场融合的定义

市场融合是指都市旅游相关产业的企业为巩固和提升自身的核心竞争力，纷纷融入旅游市场寻找发展契机，将市场作为融入旅游产业的共享基础的拓展模式。其中，最为典型的就是都市房地产业与旅游产业的结合，如海南三亚的房地产业与滨海休闲度假要素紧密结合，随着旅游产业的发展而快速增长，二者以市场共生相结合，2006年，其财政收入占地方财政收入的30%以上，成为三亚旅游市场发展中独具特色的产业。除都市旅游房地产业之外，都市会展旅游、商务旅游等也都是与旅游产业相融合形成的新型都市旅游产业态。

2. 基于市场优势的融合路径

基于市场优势的融合路径是指在市场需求的强大驱动作用下，都市旅游产业内部各企业或与相关产业的企业存在共同的市场开拓领域，为实现共同利益而采取并购、合作等多种形式的融合发展路径。当其他产业和都市旅游产业尝试开拓新兴市场但却涉及对方产业领域时，在双向驱动力的作用下，企业之间就存在融合发展的价值契合点。

技术创新改变了旅游市场和文化市场的需求特征，为这两个产业的产品和服务带来了新的市场需求；市场需求的扩大又进一步促进了产品的创新，进而为都市的旅游产业融合提供了更广阔的市场空间，使产业融合在更大的范围内出现。

(四) 基于产业功能基础优势的融合路径

1. 功能融合的定义

功能融合是指每个产业都具有自身的主要社会功能，当这些独特明晰的功能成为都市旅游的功能之一时，便可成为二者相融合的切入点，以功能为共融路径的旅游产业融合。功能融合使旅游的某项功能得以凸显和深化，同时又使融入产业开创了新的功能发挥途径，获得更好的功能效益，两个产业的发展相得益彰。因此，旅游产业可以通过与都市不同产业的功能融合，丰富都市旅游产品，如将都市旅游产业与都市特有的聚集功能、展览功能、信息功能、文化休闲功能和教育功能等有机结合，互相渗透，形成教育旅游、研学旅游、奖励旅游等都市旅游的新型业态，从而构筑旅游与都市全方位联动的发展格局。

2. 基于产业功能基础优势的融合路径

基于产业基础优势的融合路径是指根据产业的基础条件和发展特性，通过其他产业与旅游产业的融合发展，突破传统的发展模式或发展轨迹，实现递进式或跨越式的发展。产业的升级演变按照一定的发展轨迹进行，不同发展时期体现出不同发展特征，然而都市旅游产业融合为产业实现递进式或跨越式发展提供了全新的思路与路径。

(五) 基于服务优势的旅游产业融合路径

1. 服务融合的定义

从20世纪70年代开始，随着西方发达国家逐渐完成工业化，一些城市开始进入转型发展期。第三产业（即现代服务业）的重要性日益明显，它包括生产性服务业（producer services）与生活性服务业（consumer services），二业并存，服务融合主要在这二业中体现。

生产性服务业是指为保持工业生产过程的连续性、促进工业技术进步、产业升级和提高生产效率提供保障服务的服务行业。它是与制造业直接相关的配套服务业，是从制造业内部生产服务部门独立发展起来的新兴产业，本身并不向消费者提供直接的、独立的服务效用。生产性服务业以人力资本和知识资本作为主要投入品，把日益专业化的人力资本和知识资本引进制造业，是第二、第三产业横向融合的关键环节。2019年11月15日，国家发改委等十五部委联合发布《关于推动先进制造业和现代服务业深度融合发展的实施意见》（以下简称《意见》）。《意见》提出，将鼓励符合条件的各类市场主体开展"两业融合"发展试点，先行先试，探索先进制造业和现代服务业融合的新模式。这也是都市服务融合的主要路径和趋势。

生活性服务业是当代服务经济的重要组成部分，是国民经济的基础性支柱产业，它直接向居民提供物质和精神生活消费产品及服务,其产品、服务用于解决消费者生活中的各种需求。我国自"十二五"规划开始大力发展生活性服务业,丰富服务供给,完善服务标准,提高服务质量,不断满足广大人民群众日益增长的物质文化生活需要。生活性服务业包含旅游业在内的商贸服务业、文化产业、健康服务业、体育产业、养老服务业、房地产业等,服务融合也在其中高度体现。

2. 基于服务优势的旅游产业融合路径

在服务融合阶段,文化复兴和休闲旅游逐步显现出其在城市复兴转型方面的重要作用。比较典型的是后工业消费城市的"毕尔巴鄂效应"、迪拜城市营销经验。

西班牙的毕尔巴鄂市是仅次于巴塞罗那和瓦伦西亚的西班牙第三大港,有着700多年的建城历史,曾一度以出口铁矿石和制造铁器闻名。莎士比亚剧中的"毕尔巴鄂利剑"即指该地钢铁制成的剑。随着20世纪80年代传统工业的崩溃,曾经是欧洲重要的钢铁及造船业中心的毕尔巴鄂日渐式微,出现经济增长乏力和城市人口减少的现象。同时,城市内部用地布局混乱、环境污染和交通问题等城市弊病日益严重,尤其是中心区废弃码头及大量的造船厂使滨水地区的城市功能衰退,严重影响了城市形象。针对这些城市问题,自1989年起毕尔巴鄂开始实施一个以艺术、文化、贸易及旅游设施建设为主导的综合性城市复兴计划。通过修建文化艺术场馆设施等标志性建筑(如古根海姆博物馆)、建设公共设施、改善交通等基础设施和积极注入新产业等具体措施,历经15年的复兴经营,毕尔巴鄂获得了巨大成功,创造了世界城市建设史上赫赫有名的"毕尔巴鄂效应"。毕尔巴鄂现已成为全欧洲生活、旅游、投资条件最好的城市之一。

在全球经济一体化的国际竞争中,迪拜在短短30多年里从阿拉伯半岛一个普通的贸易港成长为全球瞩目的世界级都市,并跻身当今世界发展速度最快的城市行列。迪拜是阿拉伯联合酋长国的重要城市,面积仅3 000多 km²,常住人口290万,但国际知名度和影响力却远超全球许多规模体量大于它的城市。20世纪60年代,迪拜还只是一个沙漠渔港,迪拜迅速从石油资源型城市向旅游商务型城市转变。1985年,成立了杰贝拉里自由贸易区(Jabel Ali Free Zone,JAFZ)与大型港湾,以及国家级航空公司阿联酋航空公司。迪拜已成为中东地区贸易、商业最大的中心地。通过自贸区,加大服务业开放和航空枢纽、自由贸易、地标建筑等的建设,先进的城市理念、对城市易达性的追求以及领导人的远见卓识为迪拜城市的成功转型提供了条件。迪拜倾力打造独具特色的城市核心竞争力是其成功的关键。

休闲产业、文化产业、现代服务业在后工业化时代的城市发展中起到重要的作用。后工业化时代城市的要义是消费城市,而不是生产城市。因此,未来城市发展将不再由工业化大生产来带动,而主要是由现代服务、娱乐业、旅游休闲、商业贸易等产业来推动。这种由工业之外的多种产业复合驱动的城市化过程,我们称之为多途径城市化。正如未来学家约翰·托夫勒（John Taufle）在《第四次浪潮》一书中指出：人类社会发展的第三次浪潮是服务业的革命，第四次浪潮是信息革命，第五次浪潮是娱乐和旅游业的发展。因此，不同地区应该选择不同的城市化路径，而同一个城市在不同发展阶段也会有不同的都市化提升路径。

三、都市旅游产业融合的作用

（一）观念转变

都市旅游产业融合将导致人们对都市旅游的资源、产品、功能、服务、管理等观念的转变。

1. 都市旅游资源观念的转变

从资源上看，随着"无景点旅游"等新型旅游供给方式的出现，人们已经开始转变原有的都市旅游资源观念。本着"凡是都市特色资源，都是旅游产品"的全域旅游思想，不断将都市旅游的资源范围扩大到制造、建筑、文化、商业、教育、体育等众多领域。通过直接利用、改造、包装等多种方式，强化都市其他产业、资源的旅游附加功能，创造出更多旅游接待服务体验或服务功能，形成对旅游者产生吸引力的旅游资源，使都市旅游资源的外延不断拓展，类型更加丰富。

2. 都市旅游功能观念的转变

都市旅游发展已经由注重经济功能向发挥综合功能转变，更加强调其改善人民生活品质的民生作用。而且，随着生活水平的提高，旅游者能享受到的物质产品越来越丰富，其精神追求越来越高，反映在旅游产品开发上，将不再是简单地看景点、逛景区，而是向主题性、特色化、多元化和品质化发展，形成真正的食、住、行、游、购、娱的综合性高品质组合。

3. 都市旅游管理观念的转变

都市旅游依托于都市而发展，必然受制于都市的规划、建设与管理。从长远来看，随着都市旅游与都市及其产业的不断融合，都市旅游管理也必然实现从部门管理向目的地整体管理的转变，这就要求对旅游管理组织予以调整，打破现有部门分割的现状，建立职能更为强大的协调管理机构。例如，随着旅游与都市发展的一体化，单一的旅游部门管理越来越不适应北京都市旅游的发展需要，于是具有更强统筹功能的"旅游发展委员会"2011年在北京成立，实现了向多个相关部门统一协调的都市旅游管理模式的转变。

（二）优势效应

产业融合对于都市旅游产业的发展能够形成突出的优势效应。旅游产业融合能够促进产业结构优化。旅游产业融合能够将旅游产业与其他产业融合交叉，相互渗透，从而形成一个新的产业体系，有效推动传统产业的优化升级，大大提升整个行业的竞争力。例如，在都市旅游产业与城郊农业的有机融合过程中，经济效益比较低的农业就可以获得更大的收益，不仅增加了居民收入，提升了居民生活水平，而且提高了当地的经济效益，使得农业朝多元化方向发展。

旅游产业融合能够促进企业集团成长。旅游产业的融合为企业发展提供了良好的机遇。一方面，都市中的众多企业可以通过适当改造，融入旅游产业，增添旅游功能，创造附加价值；另一方面，有条件的企业还可以围绕都市旅游消费新趋势，利用原有生产能力，通过不断创新发展新的产品体系，从而可以获得更多、更广的发展市场，提升其核心竞争力，实现企业集团成长。

旅游产业融合能够促进区域经济协调发展。总体上，旅游产业融合有利于推动都市旅游资源重组和社会资源的充分利用。而且，旅游产业融合不仅在一定程度上实现了都市区域之间的资源互补，还能增强各区域中心的扩散作用，因为旅游产业一旦融合，就可以在一定程度上减少空间距离，形成以旅游中心地区为核心、带动周边地区发展的旅游产业圈，从而改变落后地区的基础设施状况，实现区域的协调发展。

拓展材料 7-1

日本东京的动漫旅游

日本素有"动漫王国"之称，动漫不仅是现代日本文化的重要组成部分，更是日本产业经济的重要支柱之一。动漫旅游是动漫产业与旅游产业相互融合的产物。随着旅游消费需求的升级，人们不断追求新的专项旅游产品，动漫产业链中的动漫衍生品作为符号形象产品已受到越来越多年轻游客的青睐，两大产业开始有共同的目标市场，动漫产业瞄准旅游市场寻找发展契机，同时旅游产业也希望将动漫产业作为旅游吸引物来带动当地旅游产业的发展，两大产业最终形成一定的市场融合。

作为"动漫之都"的东京是日本动画制作业最集中的地区，其动漫旅游产业发展最为成熟。东京动漫旅游的发展主要有三种融合模式。

（1）动漫主题公园式融合发展模式

这一融合发展模式是通过产业渗透的方式实现旅游产业和动漫产业的产业融合的。动漫产业的先行企业借助其动漫产品的文化内容优势以及广泛传播所获得的市场优势，突破其原有的产业活动边界，通过技术创新将其产业活动扩散到旅游产业，打破了原来两大产业的技术边界，进而开发出具有动漫主题的景点产品，推动两大产业的产品融合，最终形成新型的融合产业——动漫主题公园。

典型代表：三鹰之森吉卜力美术馆动漫旅游。

（2）动漫产业园区景点化发展模式

这一模式是通过产业延伸的方式实现两大产业融合的。动漫产业将其产业价值链延伸到旅游产业，赋予动漫产业园区旅游功能，通过两大产业功能的互补来实现二者的融合。动漫产业园区是动漫产业产、学、研一体化的产业集聚区。

典型代表：东京杉并动画产业中心。

（3）动漫节庆展会式发展模式

这一模式是通过产业活动重组的方式来实现二者的融合的，主要是借助以动漫为主题的各种节庆展会旅游平台，通过旅游产业和动漫产业相关活动的重组或集成来实现两大产业的融合。

典型代表：东京动漫展览会

东京动漫展览会（Anime Japan）是日本东京市政府和东京动漫协会及动画企业为了鼓励和发展动画产业而主办的国际性动漫展。自2002年开始举办，目前已发展成为世界上规模最大的动漫主题创意大型展会。展会规模已从首届的102家参展商、288个展位、50 163名观众，发展到2015年的344家参展商、615个展位、近132 492名观众。

资料来源：戚艳伟. 日本动漫旅游发展模式研究 [D]. 兰州：兰州大学，2011；Anime Japan [EB/OL]. Japan-Guide website, http://www.japan-guide.com/e/e3045.

第二节　都市旅游业与文化产业融合

一、都市文化产业

（一）都市文化产业的概念

1. 文化产业的含义

按照传统意义上的理解，文化不属于经济范畴，更谈不上是经济产业。中国古代四大发明是源远流长的中华民族文化的典范，其中的造纸术和印刷术既是人类文明的智慧象征，也是古代科技创造、文化繁荣的见证。在久远的人类历史长河中的文化制品、文化精品林林总总；区际之间、国家之间的有形与无形文化交流跨洋过海，但一直没有将其作为专门的产业来看待。

"文化产业"（cultural industry，亦称文化工业）概念内涵较早出现在1926年，德国法兰克福学派代表人物瓦尔特·本雅明（Walter Benjamin）在《机械复制时代的艺术作品》一书中提出了"文化产业"概念。"文化产业"与传统文化相区别的本质特征是"复制"，"复制"的结果是文化产品由追求艺术纯粹价值转而迎合世俗需求，以扩大文化产品的批量复制、生产和销售来追求最大利润[1]。这一概念无疑对西方文化产业发展过程中文化的经济性和商品化进行了很好的解释。1947年，有着强烈西方马克思主义色彩的德国法兰克福学派成员阿多诺（Adorno）和霍克海默（Horkheimer）在其合著的《启蒙辩证法》一书中，批判性地对文化产业进行了系统论述，认为文化产业以艺术为名，兜售的其实是可以获取商业利润的文化产品，并具有浓厚而隐蔽的资本主义意识形态控制力量，在人们忘乎所以地享受文化快感时，隐蔽地操纵了人们的身心乃至潜意识活动。阿多诺和霍克海默的论点暗示了文化产业具有大众文化的本质属性，并被作为产品生产和消费体系的产物，使得消费者自己的意志完全不被考虑，作为消费品的大众文化竟反客为主，成为驾驭人类理性的工具。阿多诺和霍克海默联合撰写的文章《文化工业再思考》也被视为当代文化产业研究的源头。

目前，世界各国对文化产业的定义尚未统一。美国使用版权产业（copyright industries）的概念[2]，英国、加拿大、澳大利亚、新加坡和巴西等国家的文化产业倾向于用"创意产业"（creative industries）来表述[3]；芬兰使用"内容产业"（content industries）的表述，既包括涉及文化意义的传统日用品制作，也包括具有象征和社会意义的制作[4]；韩国的文化产业主要是指与文化内容产品开发、制作、生产、交流、消费有关的服务业；日本把凡是与文化有关联的产业都视为文化产业，除了传统的演出、展览、新闻出版外，还包括休闲娱乐、广播影视、体育、旅游等；美国的版权产业一般指文化娱乐业和信息服务业[5]。联合国教科文组织对文化产业的定义是"按照工业标准生产、再生产、存储以及分配文化产品和服务的一系列活动"[6]，在我国2018年《文化及相关产业分类》标准中，文化及相关产业的定义为："为社会公众提供文化产品和文化相关产品的生产活动的集合。"文化及相关产业的活动主要包括以下六类：①文化产品制作和销售活动；②文化传播服务；③文化休闲娱乐服务；④文化用品生产和销

---

① [英] 迈克·费舍斯通. 消费文化与后现代主义 [M]. 南京：译林出版社，2000.
② 刘志华，孙丽君. 中美文化产业行业分类标准及发展优势比较 [J]. 经济社会体制比较，2010（1）：191—194.
③ 张毓强、杨晶. 世界文化评估标准略论——以联合国教科文组织文化统计指标体系为例 [J]. 传播文化，2010（9）：25—30.
④ Cultural Industry Committee Final Report [R]. Helsinki：Finland Ministry of Education，1999.
⑤ 李承芸. 文化创意产业发展策略之研究 [D]. 台北：铭传大学硕士学位论文，2005.
⑥ 向勇. 金融危机与文化产业机遇 [M]. 北京：金城出版社，2010.

售活动；⑤文化设备生产和销售活动；⑥相关文化产品制作和销售活动①。

随着我国改革开放的推进，文化的经济性逐渐被认识并接受。1985年4月5日，在国务院办公厅转发的国家统计局《关于建立第三产业统计的报告》中，"文化"被首次纳入了第三产业的范畴，在计算第三产业产值和国内生产总值的国民经济核算体系中获得了"产业"身份。2000年《中共中央关于制定国民经济和社会发展第十个五年计划的建议》中，第一次在中央正式文件中提出了"文化产业"这一概念。至此，中国文化产业的发展开始进入蓬勃发展阶段。2001年12月，中国加入WTO相关文件中，我国政府在涉及音像制品、电影、图书、报刊、旅游等领域的文化产品和服务市场准入等方面允许外资参与并对外开放相关文化市场。我国文化产业逐渐走向国际。2005年1月6日，国家统计局印发《文化及相关产业统计指标体系框架》，这是我国对文化产业进行定义、对文化及相关产业进行划分、对文化及相关产业活动范围进行权威界定的文件。2006年5月19日，首次发布了中国文化产业统计数据，对应清晰的部门以及相关的统计指标，标志着文化产业的产业实体性得到了确认，相关文化产业的理论研究也从单一的定性研究进入了定性研究与定量研究相结合的时代。2009年下半年，国务院正式颁布《文化产业振兴规划》，文化产业上升为国家的战略性产业，其地位得到进一步提升。2011年10月18日，党的十七届六中全会通过《中共中央关于深化文化体制改革推动社会主义文化大发展大繁荣若干重大问题的决定》，再次明确要加快发展文化产业，推动文化产业成为国民经济支柱性产业，并首次提出我国要构建现代文化产业体系。

党的十八届三中全会通过的《中共中央关于全面深化改革若干重大问题的决定》指出，要推进文化体制机制创新，增强国家文化软实力，提高文化产业规模化、集约化、专业化水平。这些都标志着文化创意产业的进一步发展，将是我国经济稳定增长、市场经济平稳转轨、保持竞争优势的战略高地。党的十九大明确指出，中国特色社会主义进入了新时代，并以"我国社会主要矛盾已经转化为人民日益增长的美好生活需要和不平衡不充分的发展之间的矛盾"这一崭新论断为新时代做了基本判断。

拓展材料7-2

文化产业的新形势新思路新战略

新形势：我国文化产业已进入新的发展阶段

习近平同志在党的十九大报告中指出：要深化文化体制改革，完善文化管理

---

① 国家统计局. 国家统计局关于印发《文化及相关产业分类》的通知［EB/OL］. （2004-5-18）. http://www.stats.gov.cn/tjbz/hyflbz/xgwj/t20040518_402154090.htm.

体制,加快构建把社会效益放在首位、社会效益和经济效益相统一的体制机制。十八大以来,我国文化产业发展进入"新阶段",主要表现在以下三大方面。

首先,文化产业出现了重大的结构变化,数字文化产业部门呈现爆发式增长,并升格为国家战略性新兴产业。"十二五"以来,与文化产业整体增速持续下降相反,数字技术和互联网相关的文化部门出现爆发式增长。如果没有数字文化产业相关部门的超常增长,就不可能有中国文化产业整体保持两位数的增长率。此外,数字文化产业部门已经开始推动文化产业与国民经济各个产业的"跨界融合",并间接推动整个国民经济实现转型升级,在推动中国社会发展走出"工业化"阶段、走向"后工业化"阶段的过程中起着越来越大的作用,国家发展和改革委员会也将"数字创意产业"纳入五大战略性新兴产业之中。

其次,文化体制改革全面深化,文化发展的基础和动力机制发生转变。党的十八届三中全会报告提出了"建立健全现代文化市场体系"这一总方针,以"文化市场"取代"文化产业"成为党和国家最高政策文件中有关文化政策部分的第一主题词,标志着我国文化发展的基础和动力机制的转换——从以产业政策推动为主、市场内生动力为辅的阶段,走向以开放市场、调动市场内生动力为主,以产业政策干预推动为辅的新阶段。有关部门为此出台和修订了一大批文化行政法规和部门规章,持续改善了文化企事业单位的发展环境。根据权威数据,近年来我国新注册企业呈暴涨趋势,截至2017年6月底,我国文化及相关产业企业数量超过322万户,同比增长22.4%,比全国企业数量平均增速高出3.1个百分点。在市场环境大为改观的情况下,中国出现了"大众创业、万众创新"的局面,文化产业在创新领域走在了世界的前列。

最后,文化政策体系创新发展,"文化—科技—金融"三元动力结构基本成型。近年来,在建立健全现代文化市场这个总体目标下,在逐步完善的文化市场环境中,我国已经形成全新的文化政策系统。除了工商、税收等完善市场体系、改善"营商环境"的政策之外,我们还形成了适应"供给改革"新形势和文化科技融合新发展要求的新型文化政策系统,即"文化—科技—金融"三元动力结构。这一政策系统极大地推动了产业发展,并且有效地拓展了市场空间。文化科技融合是新时期国家推动数字文化产业发展的主要政策抓手,全面对接国家"互联网+"战略,全面创新网络文学、网络音乐、网络电影等新型业态,对国家文化产业发展形成"双轮驱动"之势;文化金融合作是十八大以来国家完善文化要素市场建设的核心政策,也为文化科技融合而生的文化产业重大创新领域的超常发展提供了强劲动力;金融科技则在很大程度上为"文化科技融合"与"文化金融合作"两大政策提供了稳定的"底边",使相关政策能够落地并充分发挥作用。

新思路：重新认识文化生态、文化生产、文化传承形势

近年来，由于数字文化产业部门的超常发展，以及数字创意产业的浮出水面，我国文化产业已经跃入一个以数字化和网络化为先导的全新发展阶段，这是一个需要以新技术为基础、以新业态为引领、以新理念和新思路加以应对的新形势。十九大报告提出，要健全现代文化产业体系和市场体系，创新生产经营机制，完善文化经济政策，培育新型文化业态。面向未来，我们要有新思路。

第一，重新认识文化生态环境。由于数字技术和移动互联网的普及，网络内容已经构成了文化产品和服务的主要内容，互联网服务公司已经成为最大的文化内容提供商和渠道运营商。这就形成了一个由两大体系构成的全新的文化生态环境：一个是由政府主导的、以广电等传统媒体为主要载体、以在地硬件设施为主要形式的传统文化服务体系；另一个是以民间力量为主导的、以新兴媒体为主要载体、以在线内容为主要形式的现代文化服务体系。这两大体系相互配套、相互支撑、日益融合，形成了全新的文化生态环境。

第二，重新认识文化生产体系。从某种意义上讲，只是在最近10年中，我们才掀开了"新兴文化产业"发展的崭新一页，开始打造一个基于数字和网络技术的、以前不曾想象的系统：这个系统颠覆了传统文化产业"线性的"再生产体系，代之以网络化和智能化的系统。在这个全新的系统中，生产者和消费者相互融合，专业化生产者（professional generated content，PGC）和非专业化生产者（user generated content，UGC）相互合作，文化产业和实体经济相互渗透，形成"大众创业、万众创新"之势。此外，由于数字技术的进步，人类历史上第一次出现了文化内容的创造者从小规模专业作者向大规模业余作者迁移的局面。任何人在任何时间、任何地点，都能接触到任何人类文化成果，消费或是参与生产任何文化产品。

第三，重新认识文化传承形势。"大众创业、万众创新"引发传统文化创造性转化和创新性发展的浪潮，将打造新一代文化资源数字化基础设施的必要性和紧迫性问题推向前台。就技术能力而言，目前可以服务于骤然出现的大规模文化内容创造人群的公共基础设施还没有形成。当非专业人群成为内容生产主角，海量内容以令人惊叹的速度生产出来之时，那些延续数千年的中华优秀传统文化基因是否能够得到很好的传承？

对此，我们需要重新认识这一文化传承新形势，尽快建立起有效服务于个体创意活动的、新一代数字化、智能化的文化基础设施，为个体提供丰富多样的民族民间文化资源的智能化服务，与创意设计等专业化生产服务力量相结合，使几千年的优秀文化从田野、课堂、图书馆、博物馆中走出来、活起来，进入生活、走向世界。

新战略：国家文化基因工程

十九大报告指出，十八大以来，我国的公共文化服务水平不断提高，文艺创作持续繁荣，文化事业和文化产业蓬勃发展。此前，习近平同志围绕如何对待中国传统文化的问题，从各个侧面展开了一系列精辟论述，其中最为核心的思想就是要处理好继承和创造性发展的关系，重点做好创造性转化和创新性发展。习近平同志还多次在讲话中使用"文化基因""精神基因"等词语来描述中华优秀传统文化，以"文化基因"概念作为实现中华优秀传统文化"创造性转化和创新性发展"的理论基础，也为我们建设新一代数字化、智能化文化基础设施指明了方向。

我们可以将新一代文化基础设施称为"国家文化基因工程"。"文化基因"既是承载中华民族优秀思想理念、道德规范、人文精神的"基本粒子"，也是对新一轮文化资源数字化技术系统的科学概括。前者是文化概念，后者是技术概念；前者是传承目的，后者是实现手段。文化资源数字化是20世纪末以来欧美国家提出的、应对全球性数字技术和传媒汇流发展挑战的国家战略性基础设施工程。目前，这一文化基础设施建设在技术上已经进入到"素材化""大数据化"以及"智能应用"的阶段，形成了以"文化基因"为核心理念的技术系统。

文化基因承载着灿烂文明，延续着历史文脉，维系着民族精神。通过采集并搭建文化素材库，以文化基因提取、挖掘与智能分析来绘制文化基因图谱，打造更多富含中国优秀传统文化基因的数字内容产品，为中华优秀传统文化的创造性转化和创新性发展提供系统、全面的技术支撑，使千千万万的普通大众参与到中华文化伟大复兴的事业中来。

资料来源：张晓明.【理上网来·辉煌十九大】文化产业的新形势新思路新战略［EB/OL］.（2017-11-16）. http://news.cyol.com/content/2017-11/16/content_16695734.htm.

2. 文化创意产业含义

当欧美发达国家完成了工业化，产业主体开始向服务业、高附加值的制造业转变的时候，经济转型的实际需要以及来自大规模的社会运动和各种文化思潮的冲击，使得人们更重视差异，张扬个性的解放，反对大众文化，对非主流的多元文化逐渐开始接受，倡导社会文化更加多样和多元，营造出一个有利于发挥个体创造力的氛围。政府出台的经济政策更加鼓励私有化和自由竞争以及在此基础上的创新和差异化，文化产业也开始迎来新的阶段——文化创意产业的发展。

文化创意产业的早期思想目前公认来源于熊彼特（Schumpeter）的《经济发展理论》（1912），他认为现代经济发展的根本动力不是资本和劳动力，而是知识和信息的生产、传播和使用等形成的创新。他提出"创新"是资本主义经济增长和发展的动力，没有"创新"就没有资本主义的发展。熊彼特认为，创新是创意的根源，创意是创新的表现形式。从创意和创新的关系来看，文化创意产业的发展经历了从熊彼特的供给推动说到施穆克勒（Schmookler）的需求拉动说以及莫厄里（Mowery）和罗森伯格（Rosenberg）的双因素说，最新的发展是澳大利亚经济学家思罗斯比（Throsby）提出的创意经济学。

英国是世界上最早提出并启动"创意产业"政策的国家。为了解决英国传统行业萎缩而形成的"产业空心化"等问题，英国一些城市有意识地将文化因素融入产品生产，以提高产品的附加值，从而促进城市发展与城市的就业率提升。布莱尔当选为英国首相后，为振兴英国经济，成立了一个特别工作小组。该小组于1998年发布了《英国创意产业路径文件》，对"创意产业"做了如下界定："所谓'创意产业'，是指那些从个体的创造力、技能和天分中获取发展动力的企业，以及那些通过对知识产权的开发创造潜在财富和就业机会的活动。"2001年，英国出台"创意产业图录报告"，将创意产业正式定义为"源于个体创意、技巧及才干，通过知识产权的生成与利用，而有潜力创造财富和就业机会的产业"[1]。报告提出，英国政府将"为支持创意产业而在从业人员的技能培训、企业财政扶持、知识产权保护、文化产品出口等方面"做出积极努力，采取的主要措施包括在组织管理、人才培养、资金支持、生产经营等有关方面逐步加强机制建设，对文化产品的研发、制作、经销、出口实施系统性扶持。之后，在面临国内创业环境中关键的金融及投资问题时，英国文化、媒体和体育部出版了"Banking on a Hit"手册，指导相关企业或个体从金融机构或政府部门获得投资援助，并逐步推动包括奖励投资、成立风险基金、提供贷款及区域财务论坛等在内的创意工业财务支持系统，形成目前国际上产业架构最完整的文化产业政策。

根据英国政府的官方统计报告，2001年，13项创意产业产值达1 120亿英镑，占英国GDP的8.2%，雇用4.3%的就业人口。英国成为仅次于美国的世界第二大创意产品生产国。1997年至2001年，英国创意产业产值年均增长率都在6%以上，平均年增长率为8%，而整体经济增长率则为2.8%；创意产业的就业增长率平均为5%，而整体经济就业增长率则为1.5%。1997年至2005年，英国已培育了12万家创意企业。创意产业相关从业人员占全英就业人口的一半。文化创意产业已成为英国政府推动经济增长与降低失业率的有效发展策略[2]。

---

[1] Department for Culture, Media and Sports. The Creative Industry Mapping Document. [EB/OL]. (2010-11-10). http://www.culture.gov.uk.
[2] 佚名. 英国文化创意产业发展概况 [EB/OL]. http://www.bjwh.gov.cn/52/2006_4_13/3_52_18569_0_0_1144896327218.html.

当今世界的创意产业不再仅仅停留于一个理念，而是着眼于其巨大经济效益的直接现实。约翰·霍金斯（John Hawkins）在《创意经济》一书中指出，全世界创意经济每天创造 220 亿美元，并以 5% 的速度递增。一些国家增长的速度更快，美国达 14%，英国为 12%[1]。创意城市成为创意产业的主要阵地[2]。从国际上创意产业的发展来看，英国、美国、澳大利亚、韩国、丹麦、荷兰、新加坡等国都是创意产业的典范，各国都有自己的发展特色，并由此带来了巨大的经济效益。例如，根据 2019 年美国国家艺术基金会的数据，文化和艺术产业占美国 GDP 的 4.5%。当年美国 GDP 总量为 4.02 万亿美元，则文化和艺术产业创造了约 0.95 万亿美元的价值。中国的创意产业研究有后来居上之势，成果较多；厉无畏、张艳辉、张迺英、甘巧林等为代表[3]。

综上所述，文化创意产业的概念目前虽然没有得到统一，但国内外学者对文化创意产业的理解是比较接近的，都强调"创造力对经济的贡献能力"，定义都着眼于整个产业链。文化创意产业（cultural and creative industry）就是以创新思想、技巧和先进技术为手段，以文化内容和创意成果为核心价值，以知识产权实现为特征，引起生产和消费环节的价值增殖，为社会创造财富和广泛就业机会的产业。

3. 文化产业和文化创意产业体系

世界各国对文化创意产业的定义不尽相同，文化创意产业的框架体系各有差异。从文化创意产业体系发展来看，从 20 世纪七八十年代联合国教科文组织的初步探索，到其后世界各国的发展构建，文化创意产业体系的发展日益多样化，体系分类日益细化和明晰化。下面介绍几种国内外文化产业或文化创意产业的框架体系，并在此基础上提出本教材的分类架构。

（1）联合国的文化统计框架

为了方便收集联合国各成员国的文化统计数据，联合国教科文组织于 1986 年召集了 20 多个欧洲和北美发达国家，第一次制定了一个国际性质的文化统计框架（Framework for Cultural Statistics，FCS），作为规范各国文化统计工作的指导性文件。统计框架把文化部门定义为以艺术创造表达形式、遗产古迹为基础的各种活动和产出，具体包括文化遗产、出版印刷业和著作文献、音乐、表演艺术、视觉艺术、音频媒体、视听媒体、社会文化活动、体育和游戏、环境和自然十大类。十大类各自包括数量不等的小类，各小类则按照"创造/生产、传播、接收/消耗、保存/记录、参与"五部分

---

[1] Howkins J. The Creative Economy: How People Make Money from Ideas [M]. London: Penguin, 2002.
[2] [英] 查尔斯·兰德利. 创意城市：如何打造城市创意生活圈 [M]. 北京：清华大学出版社，2009.
[3] 厉无畏，王慧敏. 创意产业新论 [M]. 上海：东方出版中心，2009；张艳辉. 价值链视角下创意产业功能演化研究 [M]. 上海：华东理工大学出版社，2011；张迺英. 创意企业的文化与绩效 [M]. 上海：学林出版社，2011；甘巧林，陈汉欣. 广东文化创意产业发展与布局 [M]. 北京：中国大百科全书出版社，2012.

功能列出了具体需要统计的对象，从而形成了文化统计框架矩阵。

进入21世纪，世界文化经历着深刻的变化。全球政治经济文化交流的不断深入，特别是新媒体技术的迅速发展，带来了全球生活方式的根本性变革。1986年的框架显然已经不能反映这些新变化，必须吸收新的内容才能更好地反映发展中国家的文化，而需要吸纳的关键内容包括工艺、有形和无形遗产、传统知识等。为此，联合国教科文组织起草完成了"2009文化统计框架"（FCS2009），力图建立一个范围更广、更完整的文化统计框架。

新框架立足于相关国际统计分类标准，把整个文化领域划分为关键领域和扩展领域。关键领域包括文化与自然遗产、艺术表演与节日、可视艺术和工艺品、设计和创造性、书籍出版、视听与互动媒体；扩展领域包括体育与休闲、旅游。

2009年新修订的文化统计框架中，增加了互动媒体这个条目，这是顺应了世界新媒体迅速发展并深入影响世界经济文化格局的新趋势；同时，新框架明确了旅游业和体育休闲业在文化发展中的重要地位。这一新框架既为国际社会研究世界各国文化的差异性和相关性提供了依据，也为某个具体国家找出本国文化的特殊之处，并制定相应的政策提供了依据[①]。

（2）部分国家文化产业和文化创意产业体系

世界各国经济发展各具特色，文化创意产业发展也带着深深的本国烙印。从发展模式来说，既有以英美为代表的市场主导模式，也有以日韩为代表的政府主导模式，还有以德法等为代表的政府、市场并重型（混合型）的发展模式。随着文化创意产业在国家和城市经济发展中的作用日益显著，寻求合适的文化产业体系，对文化产业的就业、经济量做出准确的测度，成为政府和学术界共同关注的议题。这里试列举世界主要国家文化创意产业的分类构成标准（见表7-1）。

表7-1 世界主要国家文化和文化创意产业体系

英国（创意产业）（13类）	广告、建筑、美术和古董市场、手工艺、设计、时尚、电影、互动休闲软件、音乐、表演艺术、出版、软件与电脑服务、电视和广播
美国（版权产业）（4类）	一是核心版权产业，包括电影、录音、音乐、图书报纸、软件、戏剧、广告及广播电视；二是部分版权产业，较为典型的是建筑业、玩具制造业、纺织品制造业等；三是发行类，主要指相关的运输服务业、批发和零售业等；四是版权关联产业，如计算机、电视机等
澳大利亚（创意产业）（6类）	一是制造业，包括出版、印刷与出版、其他制造业；二是财务资产与商业，包括音乐商店、其他批发零售与交易；三是公共管理与服务，包括建筑服务、

---

① 张毓强、杨晶. 世界文化评估标准略论——以联合国教科文组织文化统计指标体系为例[J]. 传播文化，2010（9）：25—30.

续表

	广告服务、其他财务资产与商业服务；四是社区服务；五是休闲、个体及其他服务，包括图书馆、博物馆与画廊、其他社区服务；六是其他产业，包括电影制作、电影出版、电影院、电视台、电台、现场表演、交响乐团及乐队、创意艺术、其他娱乐公园及动物园、摄影服务、其他休闲、个体及其他服务
丹麦（创意产业）（9类）	音乐、剧院、书籍出版、视觉艺术、电影/影带、平面媒体、广播/电视、建筑/设计、玩具/主题乐园
日本（内容产业）（3类）	一是内容制造业，包括个人电脑及网络、电视、多媒体系统建构、数位影像处理、数位影像讯号发送、录影软件、音乐录制、书籍杂志、新闻、汽车导航共10类；二是休闲产业，包括学习休闲、鉴赏休闲、运动设施、学校及补习班、比赛演出售票、国内旅游、电子游戏、音乐伴唱共7类；三是时尚产业，包括时尚设计、化妆品共2类
韩国（文化产业）（17类）	出版、新闻、杂志、漫画、广播电视、广告、电影、影像出版、动画、唱片、游戏、多媒体影像软件、卡通形象、工艺与文化观光产品、美术、艺术表演、设计

资料来源：

1. 李承芸. 文化创意产业发展策略之研究 [D]. 铭传大学硕士学位论文，2005.
2. Department for Culture Media and Sports. The Creative Industry Mapping Document [EB/OL]. (2010-11-10). http://www.culture.gov.uk.
3. 国际知识产权联盟（International Intellectual Property Alliance，IIPA）. 美国经济中的版权产业 [EB/OL]. (2012-01-28). http://www.iipa.com/copyright_us_economy.html.
4. Innovation and Business Skills Australia（IBSA）. IBSA Environment Scan 2011 — Culture Creative Industries in Australia [EB/OL]. (2012-02-22). www.ibsa.org.au.
5. 丹麦文化部、产业贸易部. 丹麦的创意潜力 [M]. 璞良，林怡君，译. 台北：典藏艺术家庭，2003.
6. 台湾文建会. 亚洲设计新风貌：文化创意产业国际设计研讨会论文集 [M]. 台湾高雄师范大学视觉设计系，2011.

如表7-1所示，世界各国有关文化创意产业体系的构建呈现出多样化的局面，并且这种多样性的局面在一定时间内将持续存在。发达国家的文化产业尤其是创意产业是经历过工业化和城市化进程后才逐步发展起来的，当经济发展到一定阶段，创意及文化设计的重要性方显现，因此市场起着很明显的导向作用，而且在市场的主导下，精神领域的文化创意产品开发与建设越来越占据重要地位。中国以及东亚文化圈范围内的日本、韩国等地，长期在东方文化传统的熏陶之下，尽管文化产业体系力图向西方学习和靠近，但文化的内容没有文化的形式地位突出，且内容并没有西方的广泛，文化的表现形式也还比较传统，并具备自身文化特色。

各国文化产业和文化创意产业体系中的功能划分由于对提示文化创意产业结构的变化可以起积极作用，成为文化创意产业体系构建的一大创意。另外，产业体系的发展也推动了产业分类标准的改良与国家间的联合制定，这对明确各国文化创意产业的发展以及相关产业统计有重要作用。

(3) 中国国家统计局文化产业体系

自 1998 年我国文化部成立文化产业司之后，文化产业不断发展壮大，越来越多的地方政府意识到，没有准确的对文化产业统计的把握，势必会影响对其发展的宏观引导。2003 年以来，我国主要省市的统计部门联合一些研究机构，在《国民经济行业分类》（GB/T 4754—2002）标准的基础上开始制定各自的产业体系。

国家统计局 2004 年 4 月 1 日印发的《文化及相关产业分类》对文化产业结构进行了界定，把文化产业的结构分为以下五个层次：一是行业结构，即文化产业中各行各业间的比例关系；二是区域结构，即文化产业的各行业、各环节等部门和企业在不同地区的分布状况；三是所有制结构，即文化产业中不同所有制的比例关系；四是产品结构，即文化产业中不同文化产品的比例关系；五是组织结构，即文化产业中不同规模组织的比例关系。在此基础上，文化及相关产业的范围包括三个层次。

第一层是文化产业核心层，是指提供文化产品（如图书、音像制品等）、文化传播服务（如广播电视、文艺表演、博物馆等）和文化休闲娱乐的活动（如游览景区服务、室内娱乐活动、休闲健身娱乐活动等）。它构成文化产业的主体。

第二层是文化产业外围层，是指与文化产品、文化传播服务、文化休闲娱乐活动有直接关联的用品、设备的生产和销售活动。它为文化产业主体提供物质保障，是文化产业的支持。

第三层是相关文化产业层，是指相关文化产品（如工艺品等）的生产和销售活动。它是文化产业的补充，从产业链的角度反映文化对社会经济的推动作用。

各层次包括的具体行业如图 7-2 所示。

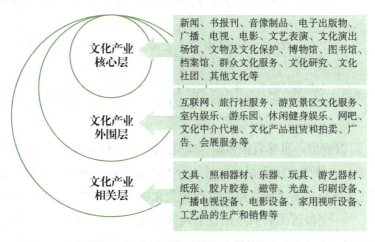

图 7-2 中国国家统计局文化产业体系

资料来源：国家统计局. 国家统计局关于印发《文化及相关产业分类》的通知 [EB/OL]. (2018-04-23). http://www.stats.gov.cn/tjgz/tzgb/201804/t20180423_1595390.html/.

将表7-1中部分国家文化和文化创意产业体系与图7-2所示的中国的文化产业分类框架进行对比分析,可以发现我国文化产业的分类与发达国家存在很大差异,这与我国文化产业政策的变迁有很大关系。长期以来,中国传统计划经济体制内对文化的理解基本上停留在文学、历史古迹、表演等最基本的要素上,文化作为事业而非产业,并由隶属于政府的文化事业部门来主导。随着信息化、全球化的到来以及世界竞争格局的新变化,文件产业的属性和地位在我国得到确认的同时,其形式和内涵有了更为宽泛的发展,进入另一个转变的阶段。我国适应这一转变必然有个过程,相关政策也有一个相对滞后的阶段,这也导致了我国在文化产业的分类方面与西方发达国家的差异。

（4）中国都市文化创意产业体系

我国文化创意产业发展还处于起步阶段,各个地方的文化创意产业特色正在形成中,我国部分具有地方特色的文化创意产业体系如表7-2所示。

表7-2 中国部分都市或地区文化创意产业体系

地区	内容
北京（9类）	主要包括文化艺术、新闻出版、广播电视电影、软件网络及计算机服务、广告会展、艺术品交易、设计服务、旅游、休闲娱乐、其他辅助服务9类,涉及我国《国民经济行业分类》中6个行业中类和82个行业小类
上海（5类）	包括研发设计创意、建筑设计创意、文化传媒创意、资讯策划创意、时尚消费创意5类,涉及38个中类和55个国民经济行业小类
深圳（14类）	包括新闻出版、广播影视、创意设计、文化软件、动漫游戏、新媒体、文化信息服务、文化会展、演艺娱乐、文化旅游、非物质文化遗产开发、广告业、印刷复制、工艺美术
杭州（7类）	包括文化艺术类、影视传媒类、信息软件类、产品设计类、建筑景观设计类、时尚消费类、咨询策划类7大类,涉及22个中类,76个国民经济行业小类
香港（11类）	广告、建筑、艺术/古董/手工艺品、设计、数码娱乐、电影与视像、音乐、表演艺术、出版、软件及电子计算机、电视/电台
台湾地区（13类）	包括视觉艺术、音乐与表演艺术、文化展演设施、工艺、电影、广播电视、出版、广告、设计、设计品牌时尚、建筑设计、创意生活、数位休闲娱乐

从表7-2可以看出,虽然我国各地区文化创意产业体系存在明显差异,但也有很显著的共同特征——依照我国国民经济行业分类体系进行。可见,文化产业分类体系的最终目的是通过经济统计的手段,用数据说明文化的经济属性,并以此带动国民经济发展和社会进步。另一个显著的共同点是各个地区在具有自身文化创意产业区域特色的基础上,还呈现出"百花齐放,共同繁荣"的大文化、大产业局面,即通过文化创意产业分类体系来体现文化在内容和形式上的与世界接轨,这种接轨是经济转型新阶段对世界文化发展新格局的较好解读,即寻求与国际、国内在文化创意产业上最大程度的一致。

（二）都市文化产业模式

1. 双轮驱动，齐头并进

目前，国外文化产业发展模式主要有三种：以美国为代表的北美模式，属于市场驱动型；以英国、法国、德国等国为代表的欧洲模式，属于资源驱动型；以日本、韩国及新加坡为代表的亚洲（东亚）模式，属于政策驱动型。北美和欧洲均以文化消费为主体，较多地涵盖精神产品层面，亚太地区则以产业服务和文化消费为主体，兼顾了精神产品和物质产品两个层面。但是，在实际发展过程中，欧美特别是美国的文化传播使得产业化带来的精神产品需求市场遍布世界各地，可见文化产业发展对社会文明以及个体意识形态具有重要的推动作用。

在借鉴国际经验的基础上，我国认识到产业化的文化发展可以促进文化繁荣，但公益性的文化事业对社会主义精神文明建设的导向也很重要。2002年，党的十六大首次将文化分成文化事业和文化产业，2005年，《中共中央、国务院关于深化文化体制改革的若干意见》强调，"坚持文化事业和文化产业协调发展"。2007年，党的十七大进一步提出："坚持把发展公益性文化事业作为保障人民基本文化权益的主要途径"，同时要"大力发展文化产业"。至此，我国文化事业和文化产业双轮驱动、比翼齐飞的发展思路和格局日益清晰。

2. 文化创意产业集群

迈克尔·波特（Michael Porter）将集群定义为同类和相关公司与机构集聚在一个特定地理空间。判断集群有两个标准，除了地理邻近性外，还特别强调集群或园区内部的机构、公司和个体之间的相互关联性。发达国家的成功案例如美国硅谷、"第三意大利"等为集群的发展提供了很好的实践证明，反映在区域上，则是创新网络的形成。同样，文化创意产业在空间上的集群可以为创新提供良好的基础。从发展实践看，创意产业集群化的发展趋势日益明显。伦敦、纽约等国际上有影响力的都市区无一例外都是创意产业的高度集聚地，如伦敦的创意产业已成为伦敦最大的产业部门之一，总产出和就业仅次于金融/商业服务业，拥有西区、苏豪（SOHO）区、东区的国王十字街区（King's Cross）和斯毕塔菲尔德（Spital fields）以及泰晤士河南岸艺术区等多个闻名遐迩的创意产业集群。其中，泰晤士河南岸艺术区从贫困的旧工业区成功转变为世界闻名的文化繁荣区，堪称伦敦乃至英国创意产业集群发展的典范。纽约曼哈顿的百老汇戏剧产业园区是纽约乃至全美最大的创意产业集群之一，不仅包含近40家剧院组成的百老汇剧院群，而且还形成了与剧院群演出相关的创意、制作、表演、售票、投融资、法律服务、人才培训、行业管理产业链的完整体系。另外，美国的好莱坞、英国谢菲尔德的创意产业集聚区、日本东京的动漫集群、澳大利亚昆士兰的创意产业园、加拿大不列颠哥伦比亚省的动画产业园区等也都是创意集群的典范。

经济空间是以地理共同性、资源或经济结构的相似性为基础而组成的经济关系，文化创意产业集群也是与文化相关的经济关系在空间结构中的反映，主要基于文化资源禀赋的差异性分布，经过区域内部及区域之间的资金流、人才流、技术流、信息流、物流等各种经济要素间的关联互动，通过基础设施的共享互通，实现互利共赢。另外，区域创新网络的形成有赖于产业的空间集聚，文化创意产业的集聚更易于提升区域的创新能力，成为区域经济和社会发展的增长点和源源不断的动力。文化创意产业还因为根植于区域文化，其创新可能难以被其他区域完全复制和模仿，而保持长期的活力。

对于文化创意产业集聚于大都市的机制问题，斯科特（Scott）提出创意场所（creative field）概念，以解释地方环境与文化创意产业活动的关系。斯科特提出，城市环境既是创意场所，也是文化创意产业创新来源。创新空间包括三个层次：①文化创意产业的空间集聚降低企业间经济互动产生的交易成本；②文化企业及其网络协作产生的非交易性的依赖关系会促进咨询流通和知识外溢；③城市内部包括正式和非正式的制度环境，如公共基础设施、知识产权、创作投资、企业协调等，能够解决中小企业面临的难题。因此，文化创意产业落实在区域上，是基于大都市的创新空间。

3. 文化创意产业园区

产业园区作为政府在基础设施方面的投资区域，是一种吸引外资和创造就业的重要政策手段，是外力驱动。产业集群是促进企业发展和企业间互动和创新的发动机，使产业根植于区域并促使区域持续发展，是靠内力发展。因此，有产业集群的地方不一定需要产业园区，建设了产业园区的地方也不一定会发展产业集群。

另外，有些产业集群可以从产业园区中成长起来，而有些产业园区又是在原有产业集群的地方建立起来的，因此产业园区和产业集群不能混为一谈。

国内外的成功例子，如美国斯坦福研究园和中国台湾地区新竹科技工业园实现了从产业园区到产业集群的演进，法国的索菲亚-安蒂波利斯科技城从地理邻近转化为组织邻近，实现了从卫星平台到技术城的转变，上海的M50创意园集艺术、文化、生活为一体，八号桥创意产业园区集建筑设计、影业制作为一体，西岸创意园区综合了时尚传媒为一体等。创意产业园区已成为都市开放式景区的新形态，迎合了旅游者潜在的寻求文化创意刺激的心理需求，也为那些在市区内的传统建筑（如工业老厂房）找到了新的再生方向。

在政府的强力推动下，我国文化创意产业园区的建设相当迅速：从2004年到2012年，文化部公布了5批共计269个国家级文化产业示范基地和4家国家级文化产业示范园区，但获得国家认证和授牌命名的仅有10个，体现了国家管理上的高标准。上海市政府认定了75家创意产业集聚区和首批15家文化产业园区；深圳市政府命名了23家文化产业园区和基地；另外还有各种省级和市级文化产业园区和基地。同时，产业园园区经济模式发展到今天，从加工贸易、高科技一直蔓延到文化创意产业，算是中国特色。作为以内在创造性为基础的文化创意产业园，如何根植于大城市，以政府外力驱动为前提，逐步发展为内力驱动的文化创意产业集群，并成为区域社会经济可持续发展的源源动力，才是未来区域文化创意产业的正确方向。

地域上以产业群落形式，以专业化分工为基础，形成地区产业高度集中的资源配置格局和生产网络，通过全球价值链网络和社会网络的动力作用，带动创意产业区内文化创意产业、创意人才和区外相关产业联动发展，形成区域产业价值链，即以"分工协作"为导向，要求每一家参与协作的企业具有更高的专业性，更突出核心专长和核心技能，形成产业区内外竞争和合作联动发展。

综上所述，文化创意产业集聚区的发展凸显了其内在的规律。

第一，竞争推动创新。在一个相对狭小的区域，汇聚了一批文化创意类的企业，必然带来激烈的竞争。但是，从总体上看，这种激烈的竞争压力是良性的，因为任何一个企业都无法长期保持技术的优势，必须加大科技研发（research and development，R&D）的投入，来获得竞争力的优势。所以，许多中外文化创意产业集聚区的R&D投入普遍在3%以上，有的甚至为5%～8%，超过中等发达国家的平均投入率，入驻企业的创新活力和科技成果的产出率也明显超过了其他地区。

第二，利用共生优势。文化创意产业是一个集群，与数码、网络、电信、制造、中介、营销等相互渗透，产业关联度比较大。某一个产业功能的实现，必须有一个集群辅助产业的有力支持，加上客户和消费者的需求又是扩散型和多元化的，文化创意产业的发展依赖于园区内不同功能的组合和服务，所以，集聚区恰好提供了这样的一个环境和氛围，以便降低成本，共享土地、水、电、通信、空调等各种公用设施，有助于获得政府和其他公共机构的投资及服务。

第三，传递文化传统。文化创意产业的核心目标是创造文化价值，而文化价值是由人创造的。人的创造活力和创新作风，以继承传统作为必要的文化心理准备。无论是原始型的创新、集成式的创新，还是吸收消化和再创造，都需要继承有益的文化传统。要改造和利用好城市的闲置空间，建立新型的文化功能区和创意产业集聚区，传承本地文脉和人脉，用创意精神启动工业空间，用内容植入产业园区。

第四，建立都市产业。随着城市的扩建和改造，以及对城市生态环境的要求，越来越多的城市要求建立"都市产业"，它的基本要求是能耗低、资源消耗少、占地面积小、污染少或者无污染，同时经济附加值高，有良好的观赏效果。文化创意产业中的许多门类，如建筑、设计、软件、会展、媒体等，恰恰适应了这样的要求，既可以逐步淘汰掉过时的产业，又可以避免企业外迁之后的城市"空心化"倾向，而赋予城市以新的创造活力和经济主体。

二、都市文化旅游产业

(一) 都市文化旅游产业的概念

1. 文化旅游的内涵

世界旅游组织在1985年对文化旅游的定义是"出于文化动机而进行的移动，诸如研究性旅行、表演艺术、文化旅行、参观历史遗迹、研究自然、民俗和艺术、宗教朝圣的旅行、节日和其他文化事件旅行"，欧洲旅游与休闲教育协会（Association for Tourism and Leisure Education，ATLAS）1991年的技术性定义为"人们离开他们的常住地，到文化吸引物所在地的一切移动，如遗产遗迹、艺术与文化表演、艺术与歌剧等"。随着2003年联合国教科文组织世界遗产委员会将遗产的概念从物质遗产扩展到非物质遗产，文化旅游的内涵再次发生变化。

文化旅游是通过文化资源的表达、展现和传播形成吸引力以满足旅游者文化交往与体验需求的社会过程。它是一种以旅游消费为目的的文化展示与再创造。就价值功能而言，文化旅游是最能体现城市内涵底蕴、最具区域个性特色、最有浸染滋润作用的文化生产与消费活动。它融合了文化处理方式和经济发展动机，体现了旅游功能生产与文化功能生产二者的统一，在生产经济资本的同时还生产社会资本和象征资本。就产业属性而言，文化旅游业是一种创意密集、设计密集、创新密集的现代服务业。文化旅游的本质属性及其特征使它在国际旅游市场上备受重视。在众多旅游市场中，文化旅游对许多国家至关重要，因为它不仅是经济发展的动力，同时也是构建特定地区新身份的重要因子。从文化基础看，城市是文化发展的前沿和高地，文化是城市吸引旅游客源的主要因素。独特的、唯一性的文化元素与文化氛围，是世界旅游城市成为全球重要旅游目的地的根本原因。

文化旅游目前较为通行的定义如下：那些以人文资源为主要内容的旅游活动，包括历史遗迹、建筑、民族艺术和民俗、宗教等方面。也有人认为文化旅游属于专项旅游的一种，是集政治、经济、教育、科技等于一体的大旅游活动。

文化旅游的核心是"创意"，创意的本质在于寻求特色和差异，与旅游的本质一致。不过旅游主要是从资源的角度寻找差异和特色，无论其挖掘过程是否考虑了市场需求和竞争关系，着眼点仍不能脱离资源。文化旅游则在一定程度上摆脱了资源的束缚，它能够综合各种因素，包括资源、环境、市场、社会背景等诸多方面进行创造，亦即创意。离开了创意，文化旅游亦将失去生命力。文化旅游的发展须坚持产业融合，文化创意的重要功能就是跨越边界，在融合中走向持续创新。都市文化旅游产业跟商业服务业、文化娱乐业、体育产业等有很多耦合环节，文化旅游功能区也往往需要复合多种功能才能满足游客的多重消费需求。商、旅、文、体、康养等产业的融合给文化旅游带来活力与效益。此外，文化对都市发展产生影响的主要方式之一，是创造对当地居民、造访者和旅游者具有吸引力的环境。都市文化旅游的可持续发展需要在游客与居民的和谐互动中体现。

2. 文化旅游产业的含义

文化旅游产业是指由人文旅游资源所开发出来的旅游产业，是为满足人们的文化旅游消费需求而产生的旅游产业。它的目的就是提高人们的旅游活动质量。促进旅游业与休闲娱乐业的融合，促进旅游业与演艺业的融合，促进旅游业与商饮业的融合，也就是促进旅游产业与文化产业的融合，是旅游业深度开发的一个基本趋向。

都市文化旅游产业开发的意义在于两个方面。第一，文化旅游产业在空间上的集中可以带来级差地租。级差地租在农业生产中也是存在的，但是在农业生产活动中，级差地租所起的作用主要在于影响不同地块的生产率。在创意经济的活动中，级差地租不仅仅会影响厂商生产率，而且由于大批创意型人才的集聚，形成了创意信息的密集化，造成了一个又一个具有创意活力的产业集聚区，会直接导致产业活动在空间的集聚，也使得这一地区的级差地租明显上升。第二，文化旅游产业在空间上的集中，可以带来规模经济。在一个相对集中的园区内，一个行业的产出可以作为另一个行业的投入品。

3. 文化旅游产业概念发展

20世纪80年代，西方国家便认识到文化和旅游是具有不证自明的互补性、相互受益的产业，如美国艺术和文化部门在1982年就认识到二者关系的互利性，英国艺术部门在1985年就发现艺术作为旅游吸引物的重要性。旅游被认为是文化创意领域主要的经济增长载体，而文化吸引物是旅游文化的主要制造者[1]。文化艺术为旅游创造吸引物，而旅游为艺术带来额外的观众。文化旅游比别的旅游形式更受欢迎，文化产业和旅游业的组织也对推进二者的关系越来越积极。1993年，英国旅游协会和英国旅游局通过举办研讨会促进与文化艺术管理者之间的交流。与此类似，柬埔寨尝试沟通旅游、活态文化和创意产业3个部门在暹粒打造文化旅游路线，构建文化和旅游新型合作模式[2]。世界旅游组织在《旅游与文化协同作用》中强调了旅游和文化产业及机构之间协同作用的重要性，并推崇各国文化和旅游部合并或以某种模式合作的案例，如加纳政

---

[1] Richards G. The Development of Cultural Tourism in Europe [M]. Spain: Estudios Turísticos, 2001: 4-92.
[2] UNWTO, UNESCO. Siem Reap Declaration on Tourism and Culture: Building a New Partnership Model [M]. Cambodia: UNESCO, 2015: 1-5.

府 2013 年将文化和创意艺术并入旅游部的制度融合成功案例（强调各利益相关者的合作，成功地促进了文化旅游的发展），泰国清迈政府联合文化艺术部和旅游部共同整顿清迈的文创产业、规范旅游纪念品生产的有效实践①，以及墨西哥的旅游部和文化艺术国家局两机构的合作模式等。整体上，西方实践强调文化和旅游二者在原来产业基础上保持协同、合作、整合关系。

2017 年 9 月，世界旅游组织将文化旅游的定义调整为"文化旅游是一种游客出于学习、寻求、体验和消费物质或非物质文化吸引物/文化产品的本质动机的旅游活动"②，这些产品包括反映一个特定社会鲜明的物质、精神、智慧和情感特征的建筑、艺术与历史文化遗产、美食遗产、文学、音乐创意产业以及生活方式的活态遗产、价值、信仰与传统③。可见，随着文化的概念与日常生活越来越贴近，文化旅游的内涵也不断延伸，但总体来讲，早期研究主要强调文化的旅游吸引力，并将文化的内涵不断扩大，从物质文化遗产走向非物质文化遗产，从传统的遗产走向现代的社会文化，这些都具有旅游吸引力。

2018 年 3 月，国务院办公厅印发《关于促进全域旅游发展的指导意见》，指出文旅融合的具体措施是"科学利用传统村落、文物遗迹及博物馆、纪念馆、美术馆、艺术馆、世界文化遗产、非物质文化遗产展示馆等文化场所开展文化、文物旅游，推动剧场、演艺、游乐、动漫等产业与旅游业融合开展文化体验旅游"，其中所隐含的文化和旅游融合是指加强文化面向旅游者的展示。

2018 年 4 月，国务院明确地将新组建的文化和旅游部职能定位为"增强和彰显文化自信""提高国家文化软实力和中华文化影响力"，同时，文化和旅游部部长雒树刚在关于文化和旅游融合的系列讲话中也明确指出"文化和旅游融合发展背景下，要用文化提升旅游的品质内涵，用旅游彰显文化自信"，更具体地来说，需要"旅游集团落实好供给侧结构性改革战略部署，用好文化创意、科技创新和社会投资等新动能……讲好中国故事，提升中国服务。"可见，政府文件表述的文旅融合是将物质与非物质文化变成一种旅游资源，通过不同的技术手段和商业模式把文化展示出来，从而实现增强文化自信和传播中华文化的目标。

文化旅游产业本质上是面向游客消费的文化展示产业，如市场化运营的博物馆或展览行业、面向游客的演艺行业、文化街区与主题城镇、主题公园、文化创意产业等。

---

① World Tourism Organization. Tourism and Culture Synergies [M]. Madrid: UNWTO, 2018: 1-160.
② UNWTO. UNWTO Tourism Definitions [M]. Chengdu: UNWTO, 2019: 1-55.
③ Richards G. Cultural tourism: A review of recent research and trend [J]. Journal of Hospitality and Tourism Management, 2018 (36): 12-21.

（二）都市文化旅游产业融合方式

从国家战略的角度看，文旅产业融合成为当前都市旅游市场发展的大趋势。要实现把旅游产业培育成国民经济战略性支柱产业和让人民满意的现代服务业的发展目标，都市旅游的转型升级是重中之重。在这一过程中，只有大力推进都市旅游与其他产业的融合发展，既使都市中的各种资源在融合、嵌入过程中实现价值最大化，又使都市中的各种产业为都市旅游提供更好的支撑和保障，才能促进都市旅游的转型升级，并真正发挥都市旅游的综合功能。

1. 基于技术优势的融合

基于技术优势的融合路径是指将其他产业中处于相对优势地位的技术因素融入都市旅游产业的各项活动环节，通过运用技术手段建立其他产业和都市旅游产业之间的联系，扩展其他产业和都市旅游产业的发展空间。都市旅游产业中的旅游产品开发技术与其他产业的产品创作技术的结合即为两个产业融合发展的技术基础，技术创新在两个产业之间扩散和应用，不断开发新的旅游产品，并不断创新开发技术，即形成技术融合。在产品的设计、制作、生产、使用阶段，科技的力量逐步显现，特别是现代通信技术、网络新技术、仿真技术等的运用，有利于表现形式与体验形式的创新，同时也为新型旅游产品的开发提供了技术支撑，如 VR 技术让游客可以通过互联网身临其境地参观博物馆、艺术场馆，文化艺术 IP 可形成跨媒介营销等。网络新媒体营销，还可令艺术与大众之间的距离有所缩小。事实上，节事旅游相较于传统景点来说，节事景点仍然存在受众比较狭窄的问题，因此急需文化和旅游局、旅行社等相关部门加大宣传力度，也可以采取时下较为流行的与网络意见领袖合作的方式，力争将节事景点转型成为能够吸引全年龄游客的网红景区。

2. 基于资源优势的融合

在基于资源优势的融合路径中，资源的通用性成为都市旅游产业融合的良好基础，同时还需要以"创意"为手段，创新产品开发模式，拓展产品类型，满足旅游者的多样化需求。以创意为基础的产品融合，可以改进旅游产业融合的开发技术和流程，在为消费者提供新产品、新服务的同时，降低企业的生产成本，提高产品质量和服务质量，从而有利于消除旅游产业与其他产业之间的技术性进入壁垒，开发艺术品加工、演艺旅游等融合性产品。在丰富旅游产品的内容和形式的同时，还能更好地满足消费者多元化、个性化的消费需求，拓展都市旅游产业的发展空间。

3. 基于都市空间的融合

文旅节事规划项目因具有文化性、知识性、趣味性，具备现场感、动态感、体验感等独特魅力而深受游客青睐。国外很多文旅节事规划的景点，都因为其独特的个性和具有文化、艺术气息的设计风格而成为人们津津乐道的经典。例如，威尼斯双年展时间长，展览一般分为国家馆和主题馆两部分，在全球重要城市开设分展馆，进行类似于巡回展的展出等都值得我们借鉴。

据不完全统计，2019年上海全年特展约300个，可以分为三大类：文化艺术类、IP衍生类、原创类。其中，文化艺术类占63%，IP衍生类占10%，原创类占23%。

4. 面向游客的都市文化旅游互动展示

从产业融合的视角来看，都市文化和旅游产业的融合形成了新的都市文化旅游产业，使得原来的商业模式发生了根本性的变化。因此，相应的价值主张、业务系统以及营利模式都必须进行相应的创新，以适应产业发展态势。文化和旅游的融合要求从过去各自提供文化艺术产品、观光游览产品转变为将文化内核以体验的形式展示给旅游者，更大程度地实现顾客价值，进行价值主张创新；需要重新识别自身的资源禀赋和再生能力，以及确定不同利益相关者之间的关系，进行业务系统的创新；传统旅游产品主要依赖门票或演出销售获取收入，营利渠道单一，产业融合后需要凸显综合文化价值，拓展多元化的价值增长点。

经过多年的实践，我国目前形成以下三种都市文化旅游产业模式。

① 以文艺演出和旅游资源为依托发展文化旅游演艺产业。如《宋城千古情》《印象·刘三姐》《西湖烟雨》系列等经典演艺产品形成品牌后，在全国重要旅游地进行扩张，形成以文化演艺为主体的新型文化旅游业。

② 以旅游纪念品为依托发展文化创意产业。在旅游纪念品开发过程中融入当地文化的创意设计，或采取当地手工艺技艺，融入当地人民的生活智慧，形成具有地方特色的文化载体，如西安的兵马俑纪念品、洛阳的牡丹刺绣、杭州的天堂伞等。

③ 以传统都市文化空间为依托发展综合文化体验空间。如成都安仁博物馆小镇是以博物馆业为主导，文化产业综合发展，集博物展览、休闲度假、购物观光、培训教育、主题居住功能为一体的综合性文化旅游小镇，形成"文化＋旅游＋商业地产"新型博物馆产业。都市文化旅游展示可延长文化旅游体验的产业价值链。

拓展材料 7-3

产业版图全景亮相 深圳华侨城意欲打造文化旅游产业王国

10月27日，2011年第十三届中国国际旅游交易会在昆明国际会展中心举行。作为我国文化旅游的领军企业，华侨城此次携旗下主题公园、生态旅游度假、文化主题酒店、儿童职业体验、数字娱乐平台、文化演艺、旅行社等板块悉数参展，这是近年来其文化旅游产业最全面也是最集中的一次亮相。

2010年，华侨城接待游客量超过2 000万人次，再次成为进入世界旅游集团八强唯一的亚洲企业。2011年，受益于产品系列的逐步丰富、产业链条的上下延伸，以及"旅游收入倍增计划"的实施推进，华侨城的旅游业绩继续实现高速增长。

1. 因应需求推陈出新，产品形态日益丰富

近年来，以文化创意来提升旅游价值越来越成为旅游行业的共识，文化旅游一时风生水起。作为中国文化旅游业的领跑者，华侨城先后推出以"锦绣中华"为代表的第一代静态微缩景观型主题公园、以欢乐谷为代表的第二代互动游乐型主题公园，以及以东部华侨城为代表的生态旅游度假景区。

2011年，继开创中国主题公园和生态度假先河之后，华侨城在主题商业、时尚娱乐、创意文化领域的又一次宏大实践——深圳欢乐海岸盛大试业，再次让人们看到了华侨城在文化旅游行业遥遥领先的市场洞察力与创新精神。在欢乐海岸推出的大型多媒体激光主题水秀《深蓝秘境》，也代表着当今世界最先进的视听技术和最新的演艺表现形式，成为华侨城文化演艺体系的又一重磅代表作。

此外，华侨城哈克文化公司的儿童职业体验乐园落户深圳欢乐海岸，并将分别在成都华侨城和武汉华侨城各开一家儿童职业体验馆。未来三年，哈克还将把这种模式在全国迅速复制，形成10家左右乐园的连锁规模。

无论是互动游乐型连锁品牌欢乐谷、生态度假品牌深圳东部华侨城，还是都市娱乐品牌欢乐海岸和儿童职业体验连锁品牌哈克文化，都代表着华侨城文化旅游产品形态的不断完善和创新。这些不同的产品系列分别针对不同的游客群体，注入不同的文化内涵与品牌个性，并为之设计相配套的旅游演艺或节庆活动，完全满足不同旅游群体的消费需求。

2. 产业链条上下贯通，竞争优势显著增强

文化是旅游的灵魂，旅游是文化的载体。"若要文化与旅游结合发展和双赢，就必须实现从文化旅游资源到文化旅游产业的嬗变。"北京交通大学旅游发展与规划研究中心主任王衍表示，"必须拓展产业链，从吃、住、行、游、购、娱等方面，全方位地开发旅游资源。"

在国内的文化旅游行业中，华侨城是少有的已经形成了涵盖景区、酒店、旅行社、景区演艺、旅游购物、数字娱乐等各个环节的文化旅游产业链条的企业，它不仅能够一站式满足人们吃、住、行、游、购、娱的种种旅游需求，还能让人们在这个过程中体验到不一样的文化与精彩。

华侨城人从未停止前进的脚步。除了加速对旅游景区与酒店的全国战略布局，

近年来华侨城还加快实施纵向一体化战略,积极延伸旅游产业链条。今年第二季度,华侨城以对深圳远望落星山科技公司增资的方式,组建了华侨城文化旅游科技公司。该公司的成立,不仅能够为主题游乐项目提供丰富的主题文化内容和创意支持,而且以这个公司为运作平台,还将建立项目后续衍生产业链平台,包括动漫、游戏、与主题游乐项目结合的特种电影及其他衍生产品等,有助于实现华侨城文化旅游产业链的完善和延伸。此外,据业内人士分析,由于华侨城的欢乐谷系列产品、生态度假系列产品、都市娱乐项目都存在对室内虚拟游乐设备的订单需求,此次收购还将有助于降低该类产品的采购成本,进一步增强在同行业的竞争优势。

3. 苦练内功提升经营,树立"中国服务"标杆

随着行业的发展,迪士尼、环球影城等巨头已经进入中国旅游市场,一方面表明它们对这个市场的认可,另一方面也标志着中国旅游业进入国际化竞争的时代。

面对挑战,华侨城没有沉醉于"国内文化旅游产业龙头"的成就,而是积极缩短与国际巨头的差距,主动提升景区的经营能力。2011年年初,华侨城提出全力实施旅游收入倍增计划,从营业时间、产品丰富程度、客户满意度、重游率、园区餐饮服务等多方面挖掘空间和潜力,提升消费水平,实现旅游业务收入在3~5年内翻番。

与此同时,在当前中国面临产业结构调整、经济增长方式转型的大背景下,为顺应由"中国制造"向"中国服务"转变的趋势,华侨城在国内率先提出了打造"中国服务"品牌的口号,并采取众多举措,积极致力于旗下景区、酒店服务品质的提升。2011年8月,第26届大学生夏季运动会在深圳召开,作为直接参与大运会接待与闭幕式演出的华侨城来说,这正是一次难得的检验机会。显然,华侨城体现出的"中国服务"水平经受住了考验,得到了各级领导和各国贵宾的一致好评。

为全面提升景区运营管理能力,2011年9月,华侨城与世界排名第三的主题娱乐行业巨头美国环球影城集团签署了谅解备忘录,双方将寻求在商业开发领域进行合作的可能,联手增强竞争实力。业内人士分析,继2011年年初提出收入倍增计划后,7月收购远望落星山公司,9月又牵手美国环球影城,华侨城拓展文化旅游动作频频,公司做强做大文化旅游产业的决心非常明确。

资料来源:华侨城集团公司. 产业版图全景亮相 华侨城意欲打造文化旅游产业王国[EB/OL].(2011-10-28). 国务院国有资产监督管理委员会官网, http://www.sasac.gov.cn/n2588025/n2588124/c3985761/content.html.

三、都市文化服务业

文化服务业是以人类知识付出为基础的知识密集型服务业，是一个集中体现现代政治、经济、文化和科技发展趋势的新兴产业。文化服务业的兴起，既是经济发展的结果，又是体制变革的结果；它既受到科学技术的内在推动，又是文化自身发展的历史要求。在当今强调经济转型、产业升级的大环境下，文化服务业的发展体现了巨大的优越性，在政治、经济、社会、文化等多方面都取得了良好的效益，文化服务业逐渐成长为我国新经济环境下的亮点与增长点。

（一）文化服务业的内涵

文化服务业是社会经济发展过程中由文化产业与服务业相融合而产生的新兴业态。文化服务是文化产业的核心部分，又是现代服务业的重要组成部分。从目前国内的情况来看，无论是国民经济统计、行业分类还是学术研究，都较少提及文化服务业，更多是在"文化产业"层面上研究分析，无论是在实践还是在理论上都对文化服务业缺乏较为深入的研究。

一般来说，文化服务业是指文化产业中区别于制造、零售的以知识为基础的那部分内容，具体包括出版业、广播电视业、娱乐服务业、广告业、文化展览业、艺术经纪与经营业、图书馆业等，而印刷、艺术产品、图书与文化用品零售等归于文化产品制造与零售业的范围。文化服务业是指通过制作、传播、加工、使用信息并转化为可用知识，为用户提供知识产品和知识服务的行业，主要包括文化教育、医疗卫生、科学研究、传播媒介、信息咨询和各种中介服务。文化服务业是以人类知识的付出为基础的现代服务业，是一个集中体现现代政治、经济、文化和科技发展趋势的新兴产业；文化服务业相对于文化制造业和文化流通业而言，指生产、提供文化服务的经济部门与企业的集合，是以信息服务和专业知识支持为特征的新型业态。

概括起来，文化服务业的内涵可以从以下三个方面来理解。

第一，文化服务业属于第三产业的范畴，是现代服务业的重要组成部分。文化服务业是区别于文化制造业的，文化服务业并不存在实实在在的物质产出，它只提供一种无形的服务产品。从产业的划分上看，文化服务业属于第三产业的范畴；从本质上看，文化服务产品和一般服务产品一样，是一种物质化的活劳动。

第二，文化服务业区别于一般的服务产业，其核心在于文化服务的"高知识性"。文化服务业不同于餐饮、邮电等传统的服务业，文化服务业提供的不是简单的体力劳动，其核心价值在于"文化"的提供，是人类知识的付出。

第三，文化服务业既是经济产业又是公共事业，具有二重性。文化服务业具有产业经济的一般属性，也是一种利用资源要素投入，产出具有一定效用的产品（包括私人产品和公共产品），能够创造市场价值和货币收入的生产行业。文化服务业在实现经济创收的同时，也为社会提供公共服务，取得良好的社会效益。

（二）文化服务业的特征

文化服务业作为文化产业与服务业相融合的新兴业态，兼具文化产业、服务业的产业属性与特征。

1. 高融合性与高知识性

文化服务业就其发展背景而言，是经济、文化、技术相互融合的产物，是一种新兴的服务行业，它区别于一般的服务业，因为文化服务不是简单的劳务服务，它必须依托于人类知识付出，处于第三产业的高端位置，要求从业人员必须具有较高的文化素质。文化服务业具有"高知识性"与"高融合性"。

2. 高增值性和高附加价值性

文化服务业是创造价值且附加值较高的产业。文化服务业作为独立的产业部门在GDP中所占的份额日益增大，其市场化和产业化程度不断提高，在满足和丰富人们精神需求方面发挥着不可替代的作用。

3. 强大的集聚和辐射效应

文化服务业具备强大的集聚—辐射效应，文化服务业就其所包含的各产业特征来看，是最适合在中心城市"集聚—扩散"的产业形态。出版、广告、影视、会展、艺术以及部分大型娱乐产业都具有全国性乃至全球性市场，其辐射面很广，适合在中心城市集聚发展，向外围辐射扩散。

4. 公益性与经济性并存

长期以来，人们对文化服务业的关注主要集中在其公益属性上，强调其准公共服务的性质，重视其意识形态方面的功能，而忽略了其经济属性，因此其产业地位并未受到应有的重视。随着社会主义市场经济的发展，文化服务业作为产业的经济含义也逐渐显现出来，文化服务业在经济发展当中的地位也越来越受到重视。在全球市场化的今天，具有双重属性的文化服务业的优越性越来越明显。文化服务兼具公益属性和经济属性，既具有产品的属性，又具有意识形态的属性。文化产品和物质产品虽然都可以创造价值，但文化服务在满足人们精神文化需求的同时，或多或少会对消费者产生文化价值观方面的影响，会对他们的文化理念和生活方式带来影响，进而对一个国家的文化和意识形态都会带来影响。这也使其与服务业中的其他产业门类之间存在很大的差别。

(三) 文化服务业的分类

文化服务业融合了多种现代服务行业,又是文化产业的核心部分,这使得文化服务业具有多种产业属性和特征。因此,无论在实践还是在理论研究上,对于文化服务业的统计分类都有相当的困难。

根据国家统计局 2004 年印发的《文化及相关产业分类》,我国文化产业共分为两个部分、九大类。第一部分是"文化服务",是文化产业的主体部分,其中包括新闻服务、出版发行和版权服务、广播电视电影服务、文化艺术服务、网络文化服务、文化休闲娱乐服务和其他文化服务七类;第二部分是"相关文化服务",是文化产业的补充部分,包括文化用品、设备及相关文化产品的生产和文化用品、设备及相关文化产品的销售两类。从当前的情况来看,这是目前应用最为广泛的关于文化产业的分类标准,如表 7 – 3 所示。

表 7 – 3 文化产业分类

文化服务	核心层	新闻服务、出版发行和版权服务、广播电视电影服务、文化艺术服务
	外围层	网络文化服务、文化休闲娱乐服务和其他文化服务
相关服务	生产类	文化用品、设备及相关文化产品的生产
	销售类	相关文化产品的生产和文化用品、设备及相关文化产品的销售

鉴于文化服务业的复杂性,根据不同的划分标准,可以将其划分为不同的类型。

第一,按文化服务业的行业和一般功能来分,文化服务业一般可划分为出版类文化服务、广播影视服务、旅游类文化服务、会展和广告类文化服务、网络文化服务、文化艺术演出服务、文化休闲娱乐服务、文化艺术商业代理服务等。

第二,按产业的发展时间划分,文化服务业可划分为传统文化服务和新兴文化服务。传统文化服务主要是传统意义上的传媒产业和公共文化事业,包括新闻出版与版权服务、广播电影电视服务、图书馆与博物馆服务、群众文化服务等。新兴文化服务是现代服务业的重要组成部分,是文化产业与其他产业相结合而产生的新型服务产业,主要包括工艺设计服务、广告与会展文化服务、文化休闲娱乐服务、咨询策划服务、网络信息服务、文化艺术商务代理服务、艺术经纪与经营业等。

第三,按产业性质划分,文化服务业可划分为生产性文化服务和消费(生活)性文化服务。生产性文化服务是指可用于产品和服务的进一步生产的非最终消费服务,或者说是生产者在生产者服务市场上购买的服务,是为生产、商务活动而非直接向个体消费者提供服务,包括工艺设计服务、广告服务、软件服务、策划咨询服务等。与生产性服务相对，消费（生活）性服务是消费者从消费市场上获得的最终消费服务，主要是直接为社会公众提供文化娱乐产品服务的活动，包括网络信息服务、艺术表演（戏剧、歌剧、舞蹈）、视觉艺术（绘画、雕刻、摄影）、音乐服务、出版与版权服务、时尚休闲娱乐、广播影视服务等。

第四，按文化服务业产品的正外部性划分，文化服务业可划分为大众娱乐文化服务、民族传统文化艺术产品、高雅或严肃文化产品、公共文化服务产品。

第五，按文化服务业的实体结构划分，文化服务业可划分为经营性文化服务业和公益性文化服务业。经营性文化服务业是指可以通过市场经济的方式，主要以营利为目的的文化服务业，如出版传媒、动漫、网络信息服务等；公益性文化服务是指通过政府或赞助商推动、投资或建设等方式开展的文化服务，主要以社会效益为目的，如公益广告、社区文化服务等。

（四）都市文化服务业的重要地位

都市文化服务业作为生产文化产品、提供文化服务的各种生产活动及部门的集合，涵盖了文化、生产、流通、消费等各个领域。作为一门新兴产业，文化服务业以其低耗能性、高融合性、高渗透性和高附加价值性等众多优越特性，在国民经济发展当中受到越来越高的重视，文化服务业的发展对都市产业升级起着至关重要的作用。

1. 文化服务业是现代服务业的重要分支

现代服务业是现代经济的新的增长点，是衡量都市现代化程度和综合实力的重要指标。当前，世界国际化大都市几乎无一例外地都将现代文化服务业作为最重要的支柱产业之一，纽约、伦敦、巴黎、东京已经建成完整的现代文化服务体系。进入21世纪以来，世界信息化进程进入一个新的自觉发展阶段，世界开始进入新一轮由信息业全面带动产业发展、全面促进产业间相互整合、全面加速世界各地各类资源的全面融合、全面提升社会信息化水准的崭新时期。文化服务业是现代服务业的重要分支，对拉动国民经济增长有着重要作用。

2. 文化服务业是创造价值且附加值较高的产业

文化服务业是一门产值和附加值较高的新兴行业，它作为独立的产业部门在GDP中所占据的份额日益增大，其市场化和产业化程度不断提高，在满足人们日益增长的精神文化需求方面有着极其重要的作用。从美国、日本高端产品中创意设计的运用可见，在创意产品的价值构成中，科技和文化的附加值比例明显高于普通产品和服务业。文化服务业投入少、产出多、经济效益好，处于技术创新和研发等产业价值链的高端环节，是一种高附加值的产业。

3. 都市产业结构的升级需要发展文化服务业

自 20 世纪 80 年代以来，文化产业已经成为发达国家举足轻重的产业部门，它在带动经济结构升级、促进经济持续发展方面正发挥着日益显著的作用，并被认为是 21 世纪的朝阳产业、时尚产业和主导产业。

我国大多数都市的产业结构不尽合理，作为一个制造业大国，我国资源能源消耗已经很大，有的地方甚至面临资源枯竭；因此，资源能源消耗低、附加值高的现代服务业是我国经济可持续发展的重要动力，加快发展现代服务业是我国转变经济增长方式的有效途径。

第三节　都市旅游业与房地产业融合

建筑业、房地产业是国民经济支柱产业。所谓支柱产业，是指在一个历史时期，能够对一个国家或地区的经济和社会向前发展起到基础作用、带来巨大效益、产生深远影响的产业。支柱产业不是静态的、一成不变的，世界资本主义发展初期，纺织业是支柱产业，到中期其支柱产业变为钢铁、汽车、石油等，到了现代，电子、信息、高新技术产业等则成为支柱产业。

中国改革开放的总设计师邓小平同志说过："从多数资本主义国家看，建筑业是国民经济的三大支柱之一，这不是没有道理的。建筑业发展起来，就可以解决大量人口就业问题，就可以多盖房，更好地满足城乡人民的需要。"我国在国民经济社会发展"八五"和"九五"计划期间，把建筑业当成支柱产业。2003 年，中国房地产业和建筑业的增加值占国内生产总值的比重分别为 2% 和 6.9%，尤其是建筑业占国内生产总值的比重创新中国成立以来最高，仅次于工业、农业、商业，居第四位，逐渐成为国民经济的支柱产业之一。

随着我国城市化水平的不断提高，科学技术的进步和社会的发展，都市旅游业与房地产业两大支柱产业的结合是时代发展的需要。城市房地产业主要具有四个特征。

（1）大规模产出。支柱产业着重强调产业的净产出占国民经济或地区经济的比重。

（2）强调发展，能扩大就业。支柱产业要求市场扩张能力强、需求弹性高，发展快于其他行业，要求生产率持续、迅速增长，生产成本不断下降。

（3）强调带动作用，扩散效应大，强大的劳动力吸纳能力。建筑业产业投资少而就业量大，促进农村剩余劳动力的转移。

（4）强调节约能源和资源。

一、都市旅游地产的相关概念

(一) 旅游地产的含义

旅游地产的概念在学术界并未统一,还存在较大的争议,国内相关文献中关于旅游地产的概念,主要有以下几种表述。

陈卫东认为:"由于旅游业发展的广泛的带动作用,房地产业的发展强烈地受旅游业发展的牵动,大批的房地产项目本身就是为旅游观光与度假用的,如宾馆、酒店、度假村、别墅、招待所、娱乐设施等。一些房地产项目本身就是直接或间接为旅游接待服务的,如超级市场、会议中心、体育训练中心等。"① 虽然他未对这一概念详细定义,但却较早地看到了旅游业和房地产的结合,以及旅游地产的部分特征。

余艳琴和赵峰认为,旅游地产是指以旅游度假为目的的房地产开发、营销模式,开发项目全部或部分实现了旅游功能,旅游地产的开发对象为旅游物业②。一般而言,旅游物业除按传统方式开发经营的酒店和度假村外,按其所有权和使用权的不同可分为分时权酒店,产权酒店,养老休闲酒店,高尔夫、登山、滑雪运动度假村和时值度假型酒店等形态。

邹益民和孔庆庆认为,旅游地产是指以旅游区域的景观、生态、文脉及人气资源为开发契机,以休闲度假村、旅游景区主题休闲公园、旅游(休闲)运动村、产权酒店、分时度假酒店、高尔夫度假村、景区住宅(风格别墅)、民俗度假村、国际休闲度假中心等方式开发的旅游置业项目③。

胡浩和温长生认为,旅游地产是以旅游为目的,以旅游资源(包括自然景区和人造景区)为卖点,以房地产开发为营销方式,房地产开发全部或部分实现了旅游功能的房地产④。吴必虎于2010年提出了旅游导向型土地综合开发(tourism-oriented land development,TOLD)模式。旅游导向型土地综合开发是观光旅游向休闲度假旅游转变的产物,是进行主题旅游区(themed attractions)开发,在产业上将房地产与旅游业结合,在资本上将地方政府与投资商结合,在产品设计上将半公共产品与私人商品结合,通过多方联合,实现资源的高度整合,形成的造景售屋产业模式⑤。它是通过对

---

① 陈卫东. 区域旅游房地产开发初探 [J]. 中山大学研究生学刊(自然科学版),1996 (4):76—81.
② 余艳琴,赵峰. 我国旅游房地产发展的可行性和制约因素分析 [J]. 旅游学刊,2003 (5):74—77.
③ 邹益民,孔庆庆. 我国旅游房地产开发前景的探讨 [J]. 商业经济与管理,2004 (7):60—62.
④ 胡浩,温长生. 城市空间扩展与房地产业开发关系研究——以南宁市为例 [J]. 西北大学学报(自然科学版),2004 (6):731—734.
⑤ 吴必虎. TOLD模式与创意旅游. 中国房地产报,2014-08-18 (B03).

旅游资源的创意创新开发、重新开发、补充开发等方式，形成的具有一种或多种主题，兼容多种旅游或非旅游活动，集中多种休闲、娱乐、商业、运动、度假等功能的复合型土地开发方式。这一开发方式的最终结果是塑造出一个TOLD地区，这种开发方式既包括赋予已开发旅游用地新的旅游功能，也包括非旅游用地的多重旅游功能开发。

周建成认为，旅游地产是依托旅游资源，以房地产开发为手段，整合各类资源，具有旅游、休闲、度假、居住等多项功能，集投资与消费于一体的置业项目[①]。

龚苏宁对我国旅游地产开发模式创新进行了系统研究[②]。

归纳以上学界观点，旅游地产是指以旅游度假为目的的房地产开发，具体产品形态包括休闲、度假、养老等相关的房地产开发形式，以及产权酒店，养老别墅、公寓、养老度假村，高尔夫度假村，休闲生态度假村，登山、滑雪运动度假村等。但是，仅把旅游地产理解为以休闲度假为目的是片面的，随着旅游房产开发实践的不断延伸，出现了非度假类的旅游地产开发，如深圳的"锦绣中华"是旅游地产，而它的主要功能是观光旅游而不仅仅是度假。

旅游地产属于旅游业和房地产业的交叉产业，产业归属不明确，两个产业的专家分别从不同角度对其下定义，加上旅游地产实践及现实产品极为丰富，这些原因使得其概念难以达到统一。本教材将旅游地产定义为：依托旅游资源，以房地产开发为手段，整合各类旅游资源，具有旅游、休闲、度假、居住、商业等某一种或几种功能，集投资与消费于一体的置业项目[③]。这里提到的旅游资源包括自然旅游资源、人文旅游资源和人造旅游资源、体育休闲运动等。

（二）旅游地产与传统房地产的比较分析

与传统房地产开发相比，旅游地产从前期策划规划到后期物业运营管理的全过程，都具有突出的特征。传统的房地产概念相对狭隘，其产品主要是依托大众市场交易的建筑物。旅游地产并不是一般居住空间意义上的居所，也不是一栋栋孤立存在的房子的概念，它要求营造的不仅是一个自然景观的空间，而是一个更好的综合服务空间，主要表现在七个方面。

1. 环境特色

旅游地产开发多选择在风景名胜区，风光秀丽、气候宜人，同时也应注重当地历

---

① 周建成. 旅游地产运营模式和发展趋势［J］. 上海房地，2012（1）：26—28.
② 龚苏宁. 中国旅游地产开发模式创新研究［M］. 南京：东南大学出版社，2018.
③ 例如，西安曲江模式实际上是文化旅游地产业，曲江样板的文化扩张本质上是商业风暴，在拉动城市GDP、繁荣旅游文化市场之余，曲江模式对历史文化的负面影响逐渐受到关注。在业内人士看来，开发者先利用都市公共资源，对珍贵历史古迹及周边进行现代包装，把地价炒上去，然后开发房地产。

史文脉的开发。旅游地产倡导自然属性的回归与心情的释放，而人本主义思想也成为旅游地产的核心价值观。传统房地产出于价位的考虑，对自然环境的要求往往不是很高，局限于小区无独特性的绿化环境。虽然传统房地产在打造环境上已经有了较大突破，但旅游地产的消费环境要求相较而言还是很高的。

2. 功能特征

广义房地产的基本功能是指能满足消费者日常起居、生活、工作等需要。旅游地产既要有住宅的基本功能，又要满足休闲度假旅游的特色服务需求，即其必须具备娱乐性、商业性、休闲性。

3. 设计要求

旅游地产的开发注重营造和谐、舒心、安静、轻松的气氛，营造一种旅游文化。设计要求具有概念主题，强调外部环境的设计，侧重于配套设施的建设，如餐饮、清洁等。旅游地产具有先进的规划思想和多功能属性。与常规房地产的较大区别在于，旅游地产突破了住宅的单一居住功能，而使住宅成为多功能的生活载体，如部分地产项目营造出的园林文化、水文化、山林生活以及各种会所配套设施等，这种多元化、多功能的社区物业，为住宅产业的旅游化、休闲化创造了前提条件，也使业主的生活更加丰富多彩。

4. 投资特征

旅游地产的开发者以自己优越的房产资源、标准化的服务模式吸引投资者，然后在经营中获利。旅游地产交易方式灵活，市场广大，而且同一房产可以分时、分权出售给不同的消费者，提高了房产的资金回收效率。对于消费者来说，可以将旅游地产作为一种投资选择，可以获取相对稳定的投资回报和较高的附加值。一般来讲，旅游地产往往具有三大特征：一是政府的形象工程和主要窗口工程；二是具有一座城市的鲜明属性和文化特色；三是发展前景和市场预期非常看好，往往既具有居住功能又具有较好的商业投资品质。

5. 管理特色

旅游地产一般拥有专业优质的物业管理与酒店管理。与普通住宅相比，配套设施和服务是旅游地产关注的重点，而它对面积并无特别的要求。旅游地产项目除为客户提供完善的日用设施外，同时还解决水、电、道路、通信等一系列配套公用设施及购物、运动、休闲娱乐活动场地等，也就是为顾客创造一个环境优雅、设备齐全的社区。

6. 消费特征

旅游地产首先是一种投资品，更注重回报与社会价值的平衡。从开发环节来看，旅游地产投资是一种固定资产投资，而固定资产投资通常被认为是拉动地方经济增长的三驾马车之一。从消费的环节上来看，消费者购买旅游地产，一方面是为自己旅游消费的方便，另一方面可作为一种投资生财的方式。在欧美许多国家，旅游地产的投资和消费双重性尤为突出，投资旅游地产已经发展为一种时尚的理财方式；而传统的房地产注重的首先是居住功能，其次才是投资价值。

7. 经营特征

旅游地产在消费时间上可以是多次的，即一次性购买多个时间段或生前永久性（如养老型酒店）的消费权。时权酒店出售的便是每一个单位每一个时间份的一定年限内的使用权。购买分时度假酒店的消费者还可将自己的度假权益交换至分布于世界各地的度假村。例如，北京世豪集团的密云县"金海豚"分时度假产权酒店的购买者不仅拥有其所有权或使用权，还同时享有"亚洲酒店资源交换联盟"所辖东南亚、中国港澳地区和中国内地多处旅游胜地500多家四星级以上酒店的交换和使用权。在旅游业的其他领域，一般是在当时当地购买，或提前异地预订产品而在当时当地消费，不存在储存消费和期权消费。

（三）旅游地产开发

旅游地产开发的概念有广义和狭义两种。狭义的旅游地产开发是指为旅游接待服务的房地产开发项目；广义的旅游地产开发包括所有以旅游、休闲度假为主题的地产开发、经营、服务等活动，本教材主要介绍广义的旅游地产开发。

旅游地产开发是依托自然旅游资源、人文旅游资源、人造旅游资源、体育休闲运动等资源，以地产开发为手段，融合旅游、休闲、度假、居住等功能，而从事的土地开发、房屋建设、消费、投资、服务、运营等过程。旅游地产开发是房地产开发和旅游业开发、运营、服务相结合的结果。一方面，它具有房地产的一般特征，但又不同于一般的房地产开发；另一方面，它具有旅游投资的某些特征，但又和旅游业的一般投资项目开发有所不同。旅游地产开发的主要特征可概括为四个方面。

1. 项目要素的综合性

旅游地产开发融合了房地产业与旅游业的相关要素，如景观要素、环境要素、文化要素、投资要素、运营要素、服务要素等，出于休闲度假的需求，旅游地产的开发商和投资者对旅游地产的各个要素都提出了要求，而各要素应以不同的游客市场需求为出发点来设计产品和开发模式，才能体现出旅游地产与普通房地产开发的不同。

2. 旅游资源的依托性

无论是何种类型的旅游地产，都会依托当地的资源而建设，有的依托底蕴深厚的人文资源，有的依托优美的自然资源，还有的依托便利的城市公共交通和基础设施以及都市治理成果等；不依托优越的资源条件而"闭门造车"对于旅游地产来说是不实际的，是不会吸引投资者的眼球的。

3. 开发和经营一体化

以房地产开发为手段，通过开发、营销、管理旅游地产产品，满足人们对度假居住物业投入资金少、使用时间短、使用次数多、增值的要求，尽量创造休闲的、健康的、人文的旅游、度假、居住的环境。

4. 功能上的娱乐休闲性

旅游地产开发在功能上是为旅游接待服务的，这一点决定了它除了具有一般房地产所具有的居住功能以外，还应具有较强的休闲娱乐功能，因此，旅游地产的开发要更加体现旅游功能。由于旅游地产主要用来旅游度假，在设计时应与传统住宅房地产有所区别，即设计的出发点是休闲度假而非居住；在户型设计、内外环境的打造上要充分考虑休闲度假者放松身心、休闲度假的需要。

（四）旅游地产开发的主要类型

旅游地产包括很多种形式，如休闲度假村、旅游景区主题休闲公园、旅游运动村、产权酒店、分时度假酒店、高尔夫度假村、景区住宅（风格别墅）、民俗度假村、国际休闲度假中心等。从旅游供给的角度来说，旅游地产主要解决旅游六要素中"住"的问题。因此，在本教材中按照产权归属的不同，将旅游地产整合归纳为五种形式。

1. 产权酒店

以酒店的房间为单位，开发商将每间客房分割成独立产权（拥有产权证）分别出售给投资者，投资者一般将客房委托给酒店管理公司统一出租、经营，获取年度客房经营利润，同时投资者享有酒店管理公司赠送的一定时限的免费入住权。产权酒店购买者拥有房屋产权，他们的购买目的主要是长线投资、财产保值增值以及今后可以长期拥有与使用。

2. 分时度假酒店

分时度假（time share）就是把酒店（或度假村）的一间客房或一套旅游公寓的使用权分成若干时段（一般每年按周划成52份），以会员制的方式用锁定并且优惠的价格按份一次性销售给客户，消费者在约定的年限内（一般为20~40年），获得每年到酒店住宿一周或几天的一种休闲度假的权利，同时还享有转让、馈赠、继承等系列权利，以及对酒店其他服务设施的优惠使用权。此种模式开始时是几户人家同时拥有一处房产，后来逐渐演变成每户人家每年只拥有某一时间段的度假房产使用权。通过交换服务系统，会员可以把自己的客房使用权与其他会员异地客房使用权进行交换，以此实现以低成本到各地旅游度假的目的。

分时度假酒店购买者的购买目的主要是为了每年短期居住使用，并有交换使用的灵活性，比每次租房要方便和便宜，也有财产保值、增值的可能。可以看出，"分时度假"和"产权酒店"这两种方式的共同点是适应购买者不需要长期居住、只需要每年短期居住的使用要求，把房屋使用时间分割使用。除美国的国际分时度假交换公司（Resort Condominiums International，RCI）外，迪士尼、希尔顿、万豪、凯悦、阳光地带等公司都是"分时度假"的旅游酒店综合运营商。

3. 分权度假产品

分权度假是建立在国外流行的分时度假模式之上的一种新型度假模式，在这种模式下，开发商将每套度假房屋分成多份产权对外销售，每份产权的持有人每年拥有一定天数的居住时间。购房者按需购买共有产权份额，在大幅降低购买成本与度假居住成本的同时，也可以通过相关的第三方平台进行度假房屋的预订、交换、出租等相关服务。

4. 主题社区或景区住宅

主题社区或景区住宅主要是指在旅游景区、休闲度假区等优越的自然资源、人文条件的基础上开发的具有住宿、休闲娱乐等多种功能的地产项目。主题社区位于城市或城郊，实质上是旅游休闲设施和住宅两大块的结合。主题社区不出卖产权及使用权，只有租赁权；而景区住宅实际上是地产产品住宅，投资者可以购买其产权，并享用景区的部分资源和设施，景区成为旅游地产的卖点。

5. 房地产大盘或新城项目

这类型的项目是在开发面积很大、周围有需要保护或可以借力的生态环境的前提下，建造的不同于小区配套景观的有大规模自然借景或人造景观的新城开发项目，新城基本上是一定区域范围内的中心城市，为其本身周围的地区服务，并且与中心城市发生相互作用，成为城镇体系中的一个组成部分，对涌入大城市的人口会起到一定的截流作用。

二、旅游地产开发的理论

（一）基础理论

都市旅游业和房地产业逐步发展成为支持中国经济发展的两个重要产业，很多城市正在加快旅游地产的开发。旅游地产开发的基础理论主要包括：体验经济理论、产业分蘖理论、居住郊区化理论等。

体验经济理论是旅游地产开发的核心思想，休闲时代的到来使得消费者越来越注重体验。体验经济理论指出，旅游地产要根据消费者的体验需求来开发；产业分蘖理论是旅游地产形成的原因,并解释了旅游地产是通过房地产业和旅游业的分蘖而形成的;居住郊区化理论是旅游地产发展的动力,城市居民居住郊区化、城界的消失,为旅游地产的发展提供了良好的动力机制,为旅游地产的消费市场提供了市场基础。三大基础理论相互渗透、相互作用,对都市旅游地产的开发起到很强的指导作用。

旅游地产开发的核心理论主要包括"泛地产"理论、"超旅游"规划理论、产业创新理论等。

"泛地产"规划为房地产的发展构筑了更为宽广的平台,最后使房地产业与其他行业间的融合产生"1+1>2"的效应。该规划突破单一的旅游产业发展规划,而从经营城市的角度提出在发展区域旅游过程中的战略和计划等。"超旅游"规划主要从城市规划、城市形象设计、城市文化建设、城市景观设计、城市环境管理等方面进行规划,是一种产业横向发展的规划。产业创新是把产业自身及关联产业的生产要素重新组合并引入生产体系的创造性发展,其核心是观念和思想的创新。产业创新可分为循序渐进的四个层次:技术创新层次、产品创新层次、市场创新层次、产业融合层次。

1. 体验经济理论

人类文明和社会的经济形态演进经历了自然经济(农业经济)、商品经济(工业经济)、服务经济和体验经济四个阶段,不同阶段的经济价值表现不同,相互关系不同,如图7-3所示。

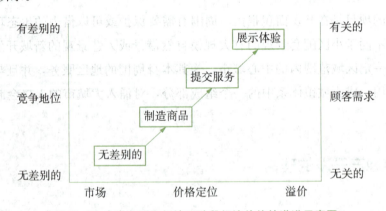

图7-3 人类文明和经济四阶段经济价值的递进示意图

在农业经济时代,土地是最重要的资本;在商品经济时代,产品是企业获得利润的主要来源,服务会使产品卖得更好;在服务经济时代,产品是企业提供服务的平台媒介,服务才是企业获得利润的主要来源;体验经济是企业由原来为消费者提供货品、制造产品的商业模式发展成为消费者提供服务,并最终与消费者进行共同体验的商业模式。

体验经济是服务经济的更高层次，通过创造个性化生活及商业体验来获得利润。体验是企业以服务为舞台，以消费者为中心，以产品为道具，创造让消费者参与其中的服务。

服务是指由市场需求决定的一般性大批量生产。服务在为顾客定制化之后就变成了一种值得回忆的体验。体验经济的出现是经济价值自然的发展过程，消费是一个过程，消费者是这一过程的"产品"，当这个过程结束时，记忆将长久保存这种"体验"。旅游地产产品应在细节上和整体上都赋予产品和服务个性化设计，给旅游者带来更多不同的体验，从而大幅度提高自身利润水平。在体验经济中，消费者消费的也不再是实实在在的产品，而是一种感觉，一种情绪上、体力上、智力上甚至精神上的体验；企业提供的不仅是产品或服务，还有充满感情的体验，给顾客留下难以忘却的愉悦记忆。

体验经济具有六项基本特征。

① 非生产性：体验是一个人达到情绪、体力、精神的某一特定水平时，意识中产生的一种感觉，它本身并非一种经济产出，不能完全量化，因而也不能像其他工作那样创造出可以触摸的物品。

② 互动性：体验是某个人身心、体智的状态与那些筹划事件之间互动作用的结果，消费者全程参与其中。

③ 短周期性：一般规律下，农业经济的生产周期最长，一般以年为单位，工业经济的周期以月为单位，服务经济的周期以天为单位，而体验经济以小时、分钟为单位。

④ 烙印性：任何一次体验都会给体验者打上深刻的烙印，很多天、很多年，甚至终生都难忘。一次航海远行、一次峡谷漂流、一次极地探险、一次高空蹦极、一次乘筏冲浪，这些都会让体验者对体验的回忆超越体验本身。

⑤ 不可替代性：体验经济为体验的需求者带来突出的感受，这种感受是个性化的，在体验与体验之间、人与人之间有着本质的区别，没有任何两个人能够得到完全一样的体验经历。

⑥ 经济价值的高增性：一杯咖啡自己在家里冲，成本不过几元钱，但在伴随着古典轻柔音乐和有名画装饰的鲜花咖啡店，一杯咖啡的价格可能就要几十元，顾客也认为物有所值。

2. 产业分蘖理论

产业分蘖理论在中国最早由曹振良、周京奎等人于 2003 年提出，产业分蘖是指在产品种类多样性的前提下，个别产业自身形成若干产业的过程，它是一种新的产业演化理论。产业分蘖的过程实际上是产业树成长的过程，即一个母体产业分蘖出若干分支,每个分支可能还会分蘖出更小的分支,从而构成网状的产业树①。例如,旅游地产经济活动成长为相对独立的旅游地产产业就属于这种机制,它在成长为独立的产业之前依附于房地产业和旅游业,如图7-4所示。随着经济的发展、人均国民收入水平的提高、经济全球化的趋势,休闲度假旅游将成为大众消费的必需品,从而使具有旅游度假功能的旅游地产具备了从房地产业和旅游业中分蘖出来的基本条件。

图7-4 旅游地产业的分蘖演化过程图

(1) 经济增长从内部推动旅游地产业的形成

经济增长为旅游地产的有效需求奠定了经济基础。经济增长和人均收入水平的提高引发了需求结构的变化,从而直接导致了旅游度假消费的增加,使得旅游地产的有效需求有了一定经济基础。改革开放以来,中国的经济以较高的速度持续增长,人均收入水平不断提高,恩格尔系数不断下降,用于衣、食和基本生活用品的支出比重大幅下降,而用于住房、医疗保健、交通通信、文教娱乐等需求的支出比重逐渐上升。中国已有一定规模的高收入群体,他们经济富有,具有较前卫的消费理念,对休闲旅游度假认可度较高,是旅游地产的主要消费对象。

经济增长为旅游地产的发展提供了强大的市场支持。经济增长和人均收入水平的提高推动了中国休闲制度的产生,引发了假日经济,从而为旅游地产的发展提供了强有力的市场支持。20世纪90年代中期,中国开始实行周末双休制度;20世纪90年代末,国务院又发布实施了新的《全国年节及纪念日放假办法》,形成了周末双休日和每年3个旅游黄金周的114天的休假体制。每年近1/3时间的休闲制度不仅为休闲度假旅游提供了充分的时间,而且由此引发的"拉动内需"和"假日经济"正在逐步造就强

---

① 曹振良,周京奎. 产业分蘖理论与住宅产业化[J]. 河南师范大学学报(哲学社会科学版),2003 (3): 18—20.

大的消费群体和旅游消费市场。2007年12月7日，国务院第198次常务会议通过了《职工带薪年休假条例》，直接刺激了中国旅游市场的发展。近十余年施行的《职工带薪年休假条例》在2007年颁布的条例基础上做了微调。这使以往过于集中的旅游模式均衡化，有助于中国旅游产业的整体升级，国内旅游市场有望增容。

经济增长加剧了房地产内部的竞争，推动了旅游地产的发展。经济增长和人均收入水平的提高促进了房地产业的迅猛发展，加剧了产业内部的竞争，促使产业市场的细分化和内部产品的多样化，推动了旅游地产的发展。改革开放四十多年来，房地产业取得了飞速发展，房地产业作为国民经济的一个重要支柱产业已日趋成熟。大量传统的房地产资本开始投向新的领域，推动了房地产边缘市场的发展，尤其是旅游地产发展迅速。北京、上海、深圳、四川、湖南、海南、广东等地已开工的旅游地产项目便达到几百个，休闲度假住宅、别墅已近百家①。

（2）经济全球化从外部促进旅游地产业的发展

经济全球化促进各国间产业发展的学习和交流。20世纪90年代初，早已在欧美发达国家流行的分时度假观念引入中国，旅游地产的概念也随之在中国诞生。此后至今，这种分时度假观念影响着中国消费者的消费行为，由此推动着旅游地产的发展。

经济全球化促进了国际间的相互投资。20世纪90年代后期，国外资本开始进入国内潜力巨大且尚未开发的"分时度假"市场，国外资本和成熟管理的进入是旅游地产业发展的一种助推力。

（3）经济全球化加速了国际旅游的发展

一方面，中国旅游者出境旅游在20世纪90年代后期有了长足的发展。2000年我国出境旅游总人数突破1 000万人次，2002年突破1 600万人次，2004年突破2 800万人次。随着出境旅游的发展，旅游地产也必须与国际接轨，使中国国民也能享受到"分时度假交换网络"的好处，逐步建设并完善国内的旅游地产交换网络。另一方面，入境旅游的外国旅游者也是旅游地产的消费群体，对旅游地产的发展也将起到一定的推动作用。

3. 居住郊区化理论

居住郊区化是人类进入后工业社会后城市化发展进程中出现的重要现象，郊区化实质上是城市化的一种外延扩张，而这种扩张并非盲目的、自发的，而是有步骤、有规划的发展潮流。居住郊区化，即城市居民从城区迁往郊区，形成"城区工作，郊区居住"的新模式，使得城界逐步模糊并走向消亡。所谓城界消失，是指区域市场配置

---

① 潘彧. 多家房企转型旅游地产［EB/OL］.（2014 - 07 - 01）. 腾讯房产综合新闻，http//shiyan. house. qq. com/20140701/014633. htm.

的界线消失，就是市场、资源的高效配置，人们的居住、工作、生活不再以城市的行政边界为界线，而是以更大范围的"区域"为考虑问题的基础，地区的土地价格走向均衡，城际交通公交化，社会成本降低，价值再次发现。城界消失是伴随城市化运动的一种过程，城市化主导了城界的消亡，这为旅游地产的发展提供了市场基础和发展空间。

城市居民从中心市区迁到郊区，不仅是为了追求宽敞空间，更主要是为了追求高质量的居住环境（自然环境、人文环境与心理环境）。城市郊区具有得天独厚的发展旅游度假的潜在条件。郊区旅游度假村、高尔夫运动村、度假酒店、分时酒店、养老酒店、产权酒店等郊区旅游度假物业伴随郊区化发展逐渐成为时尚，旅游地产业也逐步发展起来。选择郊区或更远的旅游度假活动，成为现代人的消费新观念。旅游度假等现象下透视出的是人类生活方式的改变，即追求安全的、富裕的、具有良好环境品质和良好生活品质的新生活方式，这为以满足旅游度假、休闲活动、旅游商务会议等需求为目标的旅游地产提供了极为广阔的发展空间。

从房地产业的角度而言，都市旅游地产也是房地产开发到一定时期的产物，是在都市中心及周边用地条件较好的土地已基本开发完毕后，地产开发向远郊区发展大趋势的一种表现。城界消失后，旅游地产拥有更大的市场机会与用地空间，区域资源开发将被置于更大的范围内进行优化配置，发挥更大的集聚和规模效益。城界消失只是旅游地产发展的外在思路，而对于产品本身还存在着旅游与地产的内在关联和博弈。

（二）旅游地产开发的核心理论

1. "泛地产"理论

"泛地产"是指将狭义的房地产与工业、商业、农业、旅游业、教育业、体育产业等产业融合起来，形成各种"产业房地产"。实际上，人类进行工作、运动、学习等活动的场所都和房地产息息相关，都是房地产整合的要素。所以，泛地产的实质就是房地产与上述各种行业的产业嫁接，这是资源实现优化配置的过程，为房地产的发展构筑了更为宽广的平台，最后使房地产业与其他行业间的融合产生"1+1>2"的效应。

泛地产概念将狭义的房地产开发置于更大的空间尺度上进行更为宏观的定位、规划、设计、开发，以营造新的文化与生活方式。泛地产战略要做的就是概念地产和复合地产。

泛地产的实质是"跳出地产做地产"，在开发时，往往从更为宏观的视野如旧城改造、区域开发的角度切入房地产开发，从而提炼出全新的有内涵的概念，通常具有规模较大、功能复合、形态多样、具有极强外部性和开发形式高级化的特征。泛地产是一种思维方式，泛地产的核心是创新和整合。对房地产商来说，思路决定出路——

"跳出地产做地产"的思维模式，就是一种具有创造性的思维方式，它也直接影响着跨行业的资源整合行为。这事实上揭示了泛地产理论的基本思维特色，即提倡一种动态的、辩证的、发散的思维，大胆设想，谨慎求证，为我所用，将线性思维变为复合性思维。

2. "超旅游"规划理论

(1) "超旅游"规划的含义

"超旅游"规划是指在城市旅游规划过程中，不仅超越旅游产业发展要素本身，而且以更为宽泛的涉及城市与区域旅游发展的要素（如城市规划、区域传统文化的保护、区域经济产业结构配置等）为出发点，制定战略和计划。超旅游规划主要从城市规划、城市形象设计、城市文化建设、城市景观设计、城市环境管理等方面进行规划，是一种产业横向发展的规划。

超旅游发展的类型与特征是多种多样的，与常规传统旅游发展类型既有共通之处，也有很大的差异。超旅游一般利用无形的、动态的旅游资源来进行开发，这些资源经过培育可以成为区域性乃至国际性的，如果开发成功，能够在短期内迅速带来巨大的效益，快速实现区域产业化。通过某种具有区域性或国际性的赛事、节事、博览会、商贸交易会、论坛等所形成的区域产业群，带动或促进旅游发展，而不是旅游带动它们发展；反过来，旅游又扩大该产业群的发展与影响，形成非常规的区域旅游经济形态。

(2) 超旅游规划的特征

超旅游是旅游业发展到一定阶段的产物，超旅游具备五个主要特征。

① 选择区域影响力强、主题鲜明、能形成产业集群的项目。

刘元晨和杨秀丽指出，前文提到的经济学家佩鲁的增长极理论主要是指区域经济发展必须形成增长极，通过增长极效应的拉动，实现整体推进。由于超旅游具有超前拉动的产业与市场特征，多在都市圈区域中心城市进行。因此，超旅游能够有效发挥中心城市和旅游业的复合增长极，形成强力支配、创新及连带效应[1]。例如，北京举办奥运会不仅能够拉动京津冀地区经济的发展，而且能够对环渤海和长三角地区都产生极大的辐射作用。其他如杭州世界休闲博览会、昆明世界园艺博览会、博鳌亚洲论坛、广州交易会等都具有很强的区域性或国际性，具有区域发展潜力，并能够形成区域产业。而且，这些超旅游活动经过多年的实践，已经证明它们能够使地域产业产生很大的变革甚至是根本性变革，能够产生新的区域产业或者对区域的产业结构调整、重组

---

[1] 刘元晨，杨秀丽. 论城市群与大旅游圈的耦合——构造辽宁中部城市大旅游圈的理性思考[J]. 理论界，2005 (4)：56—57.

起到积极作用。例如,三亚博鳌亚洲论坛不仅大大地提高了博鳌的知名度,优化了博鳌的投资环境,促进了博鳌房地产、商贸、休闲、旅游等产业的壮大发展,而且,借助它的产业集聚效应,博鳌成为海南产业结构调整、区域旅游一体化的辐射源和核心动力源,使博鳌在短短的几年时间里成为国际性的会议旅游集散中心和新的旅游目的地。

② 重视无形资产,建立多元筹资机制。

鲜明的主题、特色内容、特定时段、商业项目、集聚的人流气氛等都是超旅游载体可以利用的重要无形资产。同时,发展超旅游需要投入高额的资金,因此需要建立多元筹资机制,完善投资回报机制,如众多财团赞助北京奥运会等;通过指定产品专营权的转让和广告场地租赁,可以获得较为丰厚的收益,可为发展超旅游筹集较多的资金;可以改进票务分档预售、折扣优惠的方式,使票务经营多样化,同时开发票务的衍生产品,如按票号抽奖赢奖、旅游或购物等;应大力开发超旅游载体的标志物、吉祥物、会标以及景点的微缩模型等形式多样的旅游纪念物;围绕超旅游载体的主题,吸引投入建设各种产业园、经济开发区、产业项目,以此来强化超旅游载体的市场开发功能。

③ 政府主导,市场运作,企业经营,社会参与。

超旅游在区域间才能实现,发展超旅游必须要有强大的协调能力、资金支付能力和信用的组织才能完成,这个组织不是一般的企事业单位能够完成的,必须由政府层面来解决,因此,政府在发展超旅游行为中居于主导角色。争取举办权、建设权,落实建设的各种任务,协调各部门之间关系,建设各种基础设施和配套服务,营造良好的投资环境、公共关系,宣传促销等方面都离不开政府的主导。企业经营就是指具体的项目运作由企业按照市场规律和现代企业要求进行独立经营运作,自负盈亏,独立核算。社会参与就是在政府倡导下,社会共同参与,营造一个平安、文明、向上、守法的旅游投资环境。例如,海南博鳌亚洲论坛中博鳌的基础设施、项目由企业按照市场来运作,这样不仅减轻了政府的财政负担,而且真正实现了发展超旅游促进区域各企业的经济发展。云南昆明世界园艺博览会结束后,所有的项目全部转为企业化经营管理,将园艺博览园成功地经营成为一个主题公园。

④ 高投入,高产出。

超旅游能够在短期内带来巨大的效益,迅速提高区域知名度,并容易以此形成产业集群,成为带动区域经济发展的新增长极,因此,常常引起各级政府的高度重视。然而,它也是个高风险、高投入的产业,要举办或建设好超旅游,需要配套许多回报周期长、投入高的基础设施和服务设施。如北京奥运会、上海世博会、博鳌亚洲论坛等,政府在基础设施和服务设施建设上都是倾全市乃至全省财力进行投资的,但是政府却以此契机改善了投资环境、争取到了众多投资项目、建设了众多产业园,形成了区域经济新增长极和提升了区域经济。例如,1996年云南为了迎接世界园艺博览会就投入了200多亿元。

⑤ 区域性与差异互补性明显。

超旅游选择的载体必须具有明显的差异性和区域性,并且能够在区域内形成互补性。也就是说,无论是超旅游所落户的区域还是超旅游选择的主题都应具有区域性和差异互补性。正是这种区域性与差异互补性造就了超旅游所能够形成的产业集聚效益。如南宁中国—东盟博览会、广州交易会、博鳌亚洲论坛等,都具有很强的区域性。又如,浙江义乌小商品集散地之所以能够成为全国最大的小商品集散地,是因为它处于长三角地区,那里生产的各种小商品没有一个集中的地方进行交易,义乌正好利用这个区域差异和互补的特征,成功地建立了全国最大的小商品集散基地。

总之,超旅游是一种突破常规旅游的区域旅游产业形态,是超越旅游来带动旅游发展是"跳出旅游发展旅游"的新区域旅游发展思路,它既受到区域经济产业的带动反过来又能联动其他产业,促进区域经济产业的发展。超旅游的理论诠释,超旅游与常规旅游、超旅游与其他产业的关系,建立无障碍区域旅游机制等,这些问题都有待进一步深入探讨。应加大力度研究超旅游,突破常规旅游思维,跳出旅游论旅游,冲破旅游发展旅游,扩大旅游的外延,突破性地促进区域旅游发展。

3. 产业创新理论

(1) 产业创新的含义

关于产业创新 (industrial innovation),迄今尚无明确的定义,很多学者从不同角度进行了探讨,仍处于概念厘清和研究范式的探索阶段。通常,产业创新就是把产业自身及关联产业的生产要素重新组合并引入生产体系,是对旧产业结构的创造性破坏。前述现代创新理论的奠基人之一,美籍奥地利政治经济学家熊彼特把创新比作生物遗传上的突变,任何一个时代的产业结构都是一定需求结构、技术水平和资源结构的综合反映,并在这些因素变动的影响下不断演变。产业突变的动力主要来源于产业演进的动力系统,是这些力的相互作用诱发并推动了产业创新。产业创新就是通过科学整合适应市场体系的生产要素,使之在有效管理机制中形成产业竞争力并最终赢得市场效益的过程,是以技术突破为基础的新产业的产生、发展并形成产业竞争力的过程。产业创新是针对传统产业发展提出全新的发展思路,其核心是观念和思想的创新。

(2) 产业创新的四个层次

产业创新包括多方面的内容,如产业发展的制度创新、技术创新等。从其内在的逻辑性分析,产业创新分为循序渐进的四个层次。

① 技术创新层次。从历史来看,新产业的形成都是由技术创新引起的,如蒸汽机

的产生、电的发明、计算机的诞生都带动了一大批新兴产业的发展。技术创新是产业创新的逻辑起点。当代的技术创新不仅使个别技术领域得到发展,当某一专业技术取得重大进步,常常由此开始扩散、渗透,从而使原有技术系统得到改造,导致新兴产业的出现,并带来一系列影响深远的技术变革。

② 产品创新层次。产品创新是企业成功的基础,也是产业创新的关键。只有连续不断地进行技术创新和产品创新,开发出具有广阔市场前景的新产品,才能使企业在激烈的市场竞争中始终处于主动的地位,获得较高的经济效益;才能使众多的企业进入该领域,实现产业创新。具有巨大价格性能比以及全新的使用价值的产品创新才会吸引大批企业进入,使企业层面的产品创新转化为产业层次的产业创新,也标志着新兴产业的形成。

③ 市场创新层次。企业的市场开拓能力是产业创新成功的关键环节。市场创新是指采用极富创造性的方法来使人们认识和接受新产品,刺激市场需求。市场创新是一个连续不断的过程,它与技术创新、产品创新是一个互动的过程。市场创新是产业创新的关键环节。市场创新的主要内容包括两个方面:一是塑造产业的竞争规则,如建立产品质量标准、建立分销渠道、确立产品的市场形象等,使企业可以遵循并在这些原则指导下发展壮大;二是开拓新的客户资源,市场容量是一个产业成长的基本环境。

④ 产业融合层次。旅游地产涉及旅游、艺术、建筑、园林、金融、管理、地理、交通、体育等多个学科,要从总体上把握这些相关学科的理论知识,进行系统的研究。在研究中必须有全面的专业视角和比较科学的思想方法,才能从不同的角度合理地安排旅游地产项目。从旅游学的角度看,旅游地产项目的开发者必须充分把握旅游产品营销、旅游规划方面的理论知识;从房地产学的角度看,旅游地产项目的开发者必须掌握房地产的营销与物业管理方面的知识;从地理学的角度看,旅游地产项目的开发者又必须了解项目的开发活动是否合理地处理了人地关系,是否有助于区域整体的发展等。

三、都市旅游地产开发模式

国外学者曾经认为每个模式都描述了一个在我们的环境中不断出现的问题,然后描述了该问题解决方案的核心。模式其实就是解决某一类问题的理性思考和方法论。把解决某类问题的方法总结归纳到理论高度,就是模式。模式是一种指导,良好的指导有助于人们完成任务、做出一个优良的设计方案,达到事半功倍的效果,而且往往会得到解决问题的最佳办法。问卷调查中,只有12%的人比较了解旅游地产的开发模式,因此有必要清晰地阐述旅游地产开发模式的概念。旅游地产的开发模式就是适用于旅游地产不同开发阶段的模式，主要是为了提供解决某一阶段旅游地产开发中所存在的各类问题的核心途径、方式或方法。旅游地产开发模式与开发类型相比，多了指导的意义，在研究中不能将二者混淆。

（一）旅游地产初期的开发模式

在开发初期依据其组织方式的不同，将旅游地产开发模式分为随意型、规划型和混合型三种模式。这是国内对旅游开发模式进行的初步划分，虽然分类比较粗糙，但是突出了旅游规划在旅游地产开发中的重要性，如图7-5所示。

图7-5 旅游地产传统开发模式示意图

1. 随意型

随意型旅游地产开发通常是发生在比其他地区资源更为优越、环境更好的旅游区中的开发活动，利用良好的自然条件对于旅游者有很大的吸引力，房地产开发商和旅游经营商因利益的驱动，占领有利条件，大肆兴建旅馆、别墅等设施，并进行供水、供电和通信设施的投资建设。旅游区的开发缺乏规范，开发商及经营者的开发活动呈随机无序状态；旅游区的开发过程与部分旅游者的爱好、兴趣和搬迁等现象有密切关系，具有不确定性和随意性。

随意开发是随着旅游需求的变化而进行的，旅游设施建成后利用率较高，房地产投资在短期内回报率较高，开发容易导致旅游设施、旅游景点及道路布局的混乱，旅游环境破坏严重，短暂的繁荣之后是迅速的衰落，这将缩短旅游地的生存周期，影响其可持续发展。例如，苏州周庄古镇的早期开发带有很大的随意性，许多外来商户为了扩大经营面积而随意改建，到处是商店和小贩，仅在外观上保持了一个古镇水乡空壳，由于游人过度集中，古镇面临着十分严峻的环境问题，这些都使得水乡魅力被大大地削弱。

2. 规划型

规划型旅游地产开发是指在对拟开发旅游区的客源市场、资源、环境、经济发展等开发条件进行充分调查研究的基础上，结合国家、地区的旅游业相关发展规划，在充分考虑到景区的布局与结构、旅游活动的组织、旅游线路的设计、景区环境的协调和保护的基础上，系统科学地进行房地产开发。此开发方式使得旅游区开发比较严谨、科学，充分保护了旅游区的旅游环境和资源，可使旅游区的经济、文化、社会效益协调增长，是一种比较理想的开发方式。此种方式以东南亚马来西亚的旅游地产开发为代表。1972年，马来西亚实施旅游业重点发展战略，将全国划分为七个旅游区，并且各个区分别制定了适宜的旅游发展计划，如在吉隆坡—马六甲旅游区扩建剧院、公园等娱乐设施并修缮、保护古代文化及历史建筑，在关丹旅游区和哥打基纳巴卢—瓜拉丁加奴旅游区增加宾馆，改善长期客房不足的状况等，几十年后马来西亚的旅游地产获得了巨大成功。

3. 混合型

旅游区的房地产开发是十分复杂的系统，上述两种开发方式存在着互相影响与渗透的部分，就有了旅游区房地产的混合型开发方式，即随意—规划型和规划—随意型。

（1）随意—规划型

以这种方式开发的旅游地产，首先要经历随意型的无序发展阶段。然而，随着政府旅游战略的提出或在开发过程中自身认识到开发规划的重要性，于是规划被提上日程，通过按照规划对旅游区环境及设施进行修复与开发，旅游吸引力提升，旅游功能变得完善，旅游地产开发也逐渐开始有序地发展。全国闻名的旅游胜地九寨沟就是一个典型的例子。九寨沟原本属于甘肃省甘南藏族自治州，贫穷落后，当年交通闭塞，旅游意识薄弱，伐木毁林现象严重，九寨沟的美景遭受着摧残。但是，随着旅游业在国家产业中地位的提升，九寨沟经过科学的规划，建立了自然保护区，如今九寨成了童话一般的旅游胜地，在九寨沟建立的一些度假酒店、度假村等旅游地产也得到了持续的发展。当然，开发过程中依然存在着需要解决的问题。

（2）规划—随意型

这种旅游地产前期按照规划进行旅游地产开发，然而后来，由于环境、管理等条件发生变化，为了追逐利益最大化或因为其他相关原因，规划的实施受到影响，开发商逐渐抛弃了规划对旅游地产的指导，随意变更规划进行建设。虽然这表面上使得旅游市场变得繁荣，但这只是暂时性的，伴随而来将是旅游设施的紊乱、资源的破坏、环境的污染、功能重复、产业衰败等一系列不可预计的损失和破坏，导致景区的吸引力下降。例如，20世纪60年代末，印度尼西亚巴厘岛的旅游中心区域得到世界银行的贷款，经过数十年苦心的规划经营，巴厘岛已成为景色优美、设施完善、客流旺盛的国际旅游区；但由于当地商业氛围日渐浓厚、地价愈炒愈高，旅游区被迫向南、北、东空间方向延伸，而这些区域的相关辅助设施欠缺，造成自然环境被破坏、垃圾成堆、道路狭窄拥挤，使得巴厘岛的地域文化和旅游吸引力受到了极大的影响。

（二）旅游地产现代的开发模式

1. 开发时序式开发模式

（1）卖地滚动发展

在开发初期，为了缓解资金压力，只能出卖相当一部分土地，以卖地收入来启动开发，度过最困难的启动期。外来资本购买这些土地以后，独立开发度假酒店、度假别墅和公寓。如佛山市南海区南国桃园旅游度假区开发初期，缺乏必要的基础设施建设资金，如同要过河却没有桥。采用这种模式后，等过了"启动期"，完成必要的度假基础设施配套以后，南国桃园从当初买地者手中回购部分土地，满足后续升级发展的需要。这种模式在资金困难的情况下，有利于度假地的快速启动发展，使旅游地产与度假地同步增长，但是回购有难度并且土地是有限的，难以持续。

（2）旅游先行带动房地产发展

旅游先行带动房地产模式不依附原有的旅游资源、旅游景区，往往先投入巨资，专注于搞大型旅游项目开发，营造具有影响力、冲击力的旅游景观景区，改善区域基础设施条件和环境质量，提升知名度，靠旅游业的关联带动作用引来人流物流，将生地变成旅游熟地和旺地，引起景区附近地产升值，再趁势搞房地产开发。这种模式的典型代表是华侨城旅游度假区。

深圳华侨城先后建成世界之窗、欢乐谷、中华民俗村、锦绣中华四个颇具特色和影响力的主题公园，创造出区域性旅游资源，将过去的荒滩野岭变成具有极高知名度和美誉度的旅游城，再以此为依托，开发高质量的旅游主题房地产。从旅游起步、优化环境、带旺地产到全面发展，这是旅游与房地产良性互动的典范。从结果来看，华侨城旅游地产采取的是将旅游功能和居住功能融为一体的混合功能的概念，把住宅、旅游及相关的设施与服务整合在同一空间内，实现旅游景观开发与房地产开发高度融合，建成集度假、旅游、文化教育相关的特色商业与高档居住为一体的花园城市综合社区。

（3）房地产先行带动度假

这类开发模式的项目一般拥有优美的环境资源，企业拥有较强实力，拥有一定的知名度，企业以度假村、产权酒店以及用于分时度假的时权酒店等房地产先行带动度假地发展，如万达西双版纳国际度假区、福州贵安新天地、闽侯双龙国际温泉度假等项目。

万达西双版纳国际度假区包括主题公园、雨林体育公园、傣秀剧院、高端酒店群、商业中心、三甲医院、旅游新城等七个功能区。最先开工建设的是旅游新城的住宅区，住宅区已经销售完或入住了，才开始建设周边的商业、酒店、公园。这样对于快速回笼资金、减轻企业的现金压力非常有效。此类开发模式涉及企业的诚信问题，否则就构成商业欺诈行为，政府相关部门应及时进行监督。我们也看到很多地产企业圈出大片有特色、有分量的旅游用地，未形成良好的配套环境就仓促进行大规模住宅开发，结果只能是损失惨重、本末倒置，更无力进行旅游景区的建设，自然生态资源也被破坏了。

(4) 地产大开发商整体操盘

这类开发模式的项目由于企业实力较强，规划设计较规范，项目产品的质量较高。南昌融创文化旅游城（万达文化旅游城）位于南昌市九龙湖新区，生态良好，环境优美，地段独特性强，随着南昌老城区发展的不断饱和，城市不断扩张，江西省委、南昌市委提出了"东扩、西进、南延、北拓"战略意图，九龙湖片区承担了为南昌打造带动全省发展的核心增长极的职责，着力打造集文化、旅游、行政、金融、科技为一体的城市新中心，建立"生态、智慧、低碳、文化"新城。政府通过出让这块特定土地的开发经营权，引入经验丰富、实力强大、管理成熟的万达集团来整体开发运作该项目。项目采取完全的市场化方式，其投资、规划、设计、经营、建设、管理一条龙，由开发商自行统筹承担。当地政府只控制宏观层面的政策方向，具体的市场运营由万达集团负责。该项目创造了都市旅游地产大规模、高水准开发的实例，也是江西省目前最大的文化产业项目。

2. 产业功能式开发模式

(1) 提供第一居所的景区住宅开发

此种开发模式多适用于旅游资源比较丰富的城市。旅游资源可以是优美的自然风光、主题突出的人文内涵，也可以是多种多样的娱乐休闲设施，其目的是依靠这些旅游资源直接提升住宅的品质，增加休闲功能，提高居民生活质量。

(2) 旅游景区内或靠近现有旅游区开发

这类景区住宅开发依托周围风景区的环境，为住宅营造良好的氛围。很多城市旅游景区附近的住宅多属于此类。建筑外观的颜色、建筑材料都有严格的规定，目前，很多旅游城市中景区周围的住宅都属于此类旅游地产。这类在景区开发的旅游地产项目对住宅部分的开发要求极高，建筑内外形式、色彩、高低、空间组合、面积等都要有严格的控制，必须做到住宅与景区的融合，稍有不慎就会对旅游和环境资源造成不可修复的破坏。

(3) 在自建旅游景区附近开发

这类房地产先投入巨资搞大型旅游项目，营造具有影响力、冲击力的旅游区，并改善区域基础设施条件和环境，靠旅游业带动人气，将生地变成旺地，带动景区附近地产升值，趁势搞房地产开发。深圳东部的华侨城是此类旅游地产的典型，开发了大峡谷生态公园、茶溪谷休闲公园、云海谷体育公园、大华兴寺、主题酒店群，创造区域性旅游资源，再开发高质量的天麓大宅，从而促进华侨城全面发展，这是旅游与房地产相互结合的典型。

（4）房地产本身作为旅游景观资源

此类开发与旅游景观开发高度融合，房地产开发即旅游景观开发，房产本身即是旅游景观表现形式，房即是景，景即是房，房中有景，景中有房。景观房产本身就是景观的有机组成部分，无论别墅还是公寓均按它所在的环境氛围营造，在造型、用料、选材、装饰上都极富个性，将旅游地产开发提升到一个新境界，如宋城集团在杭州乐园开发的地中海公寓、荷兰水街私人酒店、地中海别墅、高尔夫酒店等。对此类住宅小区本身的区位、交通，社区的安全性，医疗、购物等配套的便利度等的要求相对较高。不仅要从旅游者角度考虑，而且要从购买者需求出发进行规划，才能实现多方共赢的局面。

（5）以旅游度假为目的的度假地产

此类房地产一般建在大中城市远郊或远离大中城市的风景区附近，或建在旅游资源突出的旅游目的地城市，其最大的特征就是适合休闲度假。它依托现有的优秀旅游资源，投入休闲度假设施设备的建设来营造旅游度假氛围，为异地置业者提供度假休闲的第二居所。位于千岛湖的开元度假村是这类开发模式的典型代表，它是开元旅业集团开发管理的五星级豪华度假村，内有一家五星级度假酒店和88幢独立别墅。此类开发模式产品又可以分为产权酒店、时权酒店、养老型酒店和时值度假型酒店几种。此模式要有良好的经济背景为依托，使得人们有良好的经济收入、有休闲度假的时间，这是客户来源的保障。此外，还需要有相关配套的商业区、医疗点、商务中心、通信设施等。

（6）以旅游接待为目的的商务旅游地产

商务旅游地产是指在旅游区或其附近开发的提供旅游接待服务的建筑物及商业性设施，包括住宿、餐饮、交通、购物、会展旅游、娱乐等设施以及城市游憩商业区中的接待设施等。其发展必须有一定的游客基础，经济发达的大中旅游城市是首选。这类房地产的发展要做到相对集中、统一管理，需要景区统筹规划开发建设，确保完整性和连续性。其中，自营式酒店、旅游会展设施和商业游憩区内的房地产项目往往在旅游商务地产中扮演重要的角色。此类模式对经济环境的要求相对较低，而对配套设施的要求较高，如海南省三亚亚龙湾国家旅游度假区，拥有专业化的管理服务团队、装备完善的视听设备、设置完备的服务项目，同时配备有丰富的游憩休闲设施，如高尔夫球场、网球场、游艇俱乐部、海上运动中心等，另外还设置有完善的住宿宾馆、会议室、餐厅，能满足不同规模的会议要求。

（7）以大盘形式出现的综合型旅游地产

前面介绍的四种开发模式都属于单一模式，而以大盘形式出现的综合型旅游地产属于复合型开发模式。这类房地产项目多在旅游目的地城市，兼有第一居所和第二居所两种功能。它涉及的旅游地产开发项目包括大型游乐园、高尔夫球场、园林酒店、马术俱乐部、旅游风情小镇、产权式度假公寓、连排别墅、独立别墅等。社区配套包括中小学、幼儿园、医院、商务中心、购物中心。例如，万达长白山、万达西双版纳国际度假区。这种模式下的项目一般位于经济相对发达、对外联系密切的地区，也就是说对经济、社会文化环境要求相对较高；同时，在这种模式下，开发商要建造具有主题的产品，而用地、规划、配套等各方面又要与政府有紧密的联系，对政策也有很强的依赖性。

无论采用上述何种模式，旅游地产开发都应保证项目的经济效益、社会效益、环境效益并重，在维护好旅游资源和生态环境的基础上对资源加以利用，寻求旅游与房地产的良性互动，走健康、理性的旅游地产开发之路。

3. 资源利用式开发模式

（1）自然资源依托模式

自然资源依托模式是指旅游地产地处旅游资源的覆盖范围之内或紧邻旅游资源的旅游地产开发模式。在景区发展的初期，这种模式可以增加旅游者的逗留时间，为旅游者提供基本的住宿条件，聚集人气，带来更高层次的旅游收入，可以说是旅游业发展的基础。

（2）新城旧城模式

新城旧城模式主要针对古城镇旅游资源，是指建立旅游地产项目以保护古城镇旅游资源为前提，开发行为不能对古镇现有的景观、文化造成破坏。目前，我国主要采用三种形式：①另建新城，新城和旧城完全分开，如凤凰古城、平遥古城；②在老城内划出某些区域实行片区保护，其他片区则随着经济的发展而更新，如苏州、扬州、长春等；③保护古城中部分有历史文化价值的单体文物，而城市整体的风貌已经完全改观，如重庆、南京、昆明、泉州等。

（3）克隆模仿模式

该模式是指将本地没有的并与本地有强烈文化差异的建筑、景观等按照克隆模仿的方式在本地再现。实际开发理念是通过异质文化的碰撞来吸引旅游者的眼球，这是目前很多旅游地产开发商采用的模式。具体可以分为主题公园和以异域风格的城市或建筑为原型的旅游地产开发。前者如迪士尼乐园、华侨城项目，后者如上海新天地、南京1912民国历史街区等。

(4) 行业嫁接模式

行业嫁接模式是指以工业、商业、农业、会展业、娱乐业作为驱动引擎，推动旅游业的发展，从而进一步带动旅游地产业的发展。运用这种模式可以提高旅游城市的国际地位和扩大国际知名度，从而更有力地促进该地区旅游的发展，而该地区旅游业的繁荣也会反哺其他各行业的发展。以博彩业为代表的赌城澳门、以会展业为代表的博鳌和以农业为代表的"五朵金花"，这些旅游区中开发的旅游地产都是此类模式的代表。

(5) 文化主题模式

目前的文化主题类旅游地产开发追求时尚，各地区间的信息、人员、技术、物资的流动带动了文化流动，在一定程度上弱化了文化的独特性。因此，要在全球化的经济背景下提炼升华本地区的特色文化是项长期的系统的工程。在旅游建设中，文化是魂，特色文化的提炼及形成需要充足的时间，文化主题模式通过进一步提升当地文化或再创造个性化文化来带动地产的发展。开发文化主题类旅游地产项目要注意使建筑的风格符合整个地区的整体文化风格，如云南景洪旅游地产的开发应与傣文化、佛文化保持一致性。

4. 土地布局结构式开发模式

旅游地产开发布局要追求成本最小化，并遵循集中与分散相结合的原则。在开发选址方面一般要满足良好的地形和环境、良好的旅游资源、完善的基础设施保障、旅游客流相对集中、最低的区位成本这几个条件。在这些要素的综合影响下，形成了叠加模式、景区伴生模式、增长极模式、点轴模式四大类，具体型态如图7-6所示。

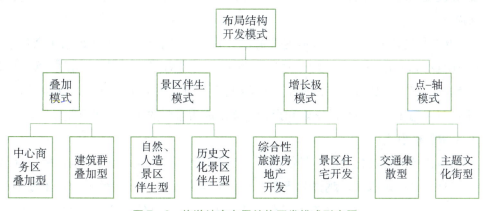

图7-6 旅游地产布局结构开发模式形态图

(1) 叠加模式

① 中央商务区叠加型。中央商务区（CBD）是指一个国家或大城市里主要商业活

动进行的地区，这些区域同时也是市中心。1923年，美国的CBD是指"商业汇聚之处"，后来CBD的内容不断丰富，是指一个城市、一个区域乃至一个国家的经济发展功能核心，是一个城市现代化的象征与标志，是城市经济、科技、文化的密集区。CBD集中了大量金融、文化、商贸、服务、商务办公、酒店、公寓等设施；具有最完善的交通、通信等现代化的基础设施和良好的环境；拥有大量的公司、金融机构、企业财团。随着城市旅游的不断发展与城市功能配套的提升，诸多城市的CBD已成为全球闻名的都市休憩观光区，并在其周边出现了很多酒店、休闲中心、展览中心等，如纽约曼哈顿、东京银座、香港中环、上海陆家嘴等。

② 建筑群叠加型。旅游者感受一个城市最直接的方式就是感受城市的建筑，可以说，建筑是构筑城市形象的一个重要的要素。建筑群叠加型主要是指：城市的标志性建筑吸引了大批旅游者，使该区域的餐饮、娱乐产业得以发展，从而吸引更多的人向该区域集聚，随着旅游的继续发展，地价上涨，餐饮、娱乐、休闲业开始向周围扩散，形成颇具规模的游憩大区。例如，广州的沙面公园就因为其特色风情的建筑群而闻名，成为重要的旅游景区，并依托旺盛的旅游人气，在周边开发了一些旅游度假村、假日酒店等，带动了当地娱乐、休闲、康体类等旅游地产的发展。

(2) 景区伴生模式

景区是旅游业的核心吸引物，是旅游得以发展的基础，也是旅游地产的一种，可分为自然、人造景区伴生型和历史文化景区伴生型。

① 自然、人造景区伴生型。围绕主题公园、城市公园、滨水景区、高尔夫球场、登山场地、滑雪场开发的景观型社区。这类社区一般面向城市的高收入人群，有各项日常服务设施和游憩休闲设施，因主要是面向度假者，会在游览地及周边建设度假酒店、别墅。

② 历史文化景区伴生型。文化是旅游的灵魂，有些景区存在厚重的历史文化遗存，这些往往具有强烈的吸引力，随着景区的发展，在其周围产生了一些以餐饮、娱乐、住宿、购物为目的的旅游地产。如上海的城隍庙、南京的夫子庙都是以这种模式在发展，都通过对历史文化遗存的整修和提升，逐渐成为有名的历史文化商业景区。

(3) 增长极模式

增长极主要通过极化效应和扩散效应来影响区域经济。极化效应是指一个地区只要经济发展达到一定水平，越过起飞阶段后，就会具有自我发展的能力，不断地积累有利因素，为进一步发展创造有利条件。在市场机制的自发作用下，发达地区越富，而落后地区越穷，造成两极分化。迅速增长的推动性产业吸引或拉动其他经济活动及相应产业，并不断趋向增长极。扩散效应是指增长极将人、物、财、信息等自然、社会、精神的因素高度凝聚激发出更高的能量后，强扩散出去，发生能量辐射效应，并使自己在空间上得以不断扩大成为大都市、特大都市、都市群。在增长极模式下，又有综合型旅游地产开发和景区住宅开发两种形式。

① 综合型旅游地产开发。这种开发模式主要是指依托大型景点，在旅游区内部及其周围建造集旅游、娱乐、餐饮、购物、会展于一体的大型综合房地产。这种开发模式侧重于强调人和自然的交流以及人文关怀，在设计时强化了游客的参与性与互动性。通过极化效应吸引周边的物资、信息、能量、科技等要素向该区域集聚，但随着辐射带动作用的增加，区域周边的土地升值、人气提升，最终会带动周边地区旅游地产的发展。成都的国色天香游乐园就属于这种开发模式，该项目依托乐园的建设带动了周围的餐饮、娱乐、游憩发展，凝聚了人气，并在附近兴建了景观房产，获得了巨大成功。

② 景区住宅开发。这种开发模式主要是指开发商利用旅游度假区优越的自然条件及区位、优美的自然景观、主题突出的人文景观或完备的休闲娱乐，开发具有投资回报和多种功能的住宅项目（如别墅、海景住宅、民俗度假村等），强调休闲游憩功能。深圳的大梅沙环梅路的云顶天海、海语东园、优品艺墅等是采用这种开发模式的典型例子。开发商一直坚持造房先造景，最好的房子应该有最好的环境，所以在建设之初就投入了巨资来营造大梅沙海滨公园，继而靠旅游业带动人流物流，提升旅游区附近地产的价值，再趁势进行房地产开发。这种开发模式得到了诸多学者的好评。由于能迅速收回成本，投资回报率比较高，这也属于增长极模式的一种。

（4）点轴模式

点轴模式是在增长极数量增多的情况下，增长极之间出现了相互连接的交通线，两个增长极及其中间的交通线都具有了高于增长极的功能，称为发展轴。发展轴实质上是增长极模式的扩展，具有增长极的所有特征，而且比增长极的作用范围更大。点轴开发是在经济发展过程中进行空间线性推进，是增长极理论聚点突破与梯度转移理论线性推进的结合。点轴模式可分为主题文化街型和交通集散型两种形态。

① 主题文化街型。随着消费结构的变化，人们也开始注重体验性消费。由此，具有独特文化韵味的特色街道按照综合功能集聚。当商业发展到一定程度时，主干街道的商业"外溢"，支路也得到发展，"一藤多瓜"的点轴模式旅游地产便形成了。此种开发模式比较典型的是武汉万达汉街，开发商利用汉街的文化品牌效应，发挥其辐射带动功能，整合步行街周边的电影乐园、东湖码头、儿童乐园、万达广场、汉秀剧场、瑞华酒店等旅游资源，使步行街与附近景区连成一体，打造成代表武汉的城市名片，该区域目前已经发展成典型的集娱乐、购物、餐饮、休闲等多重功能于一体的线状旅游地产街区。

② 交通集散型。旅游交通是游客到旅游目的地完成旅游的必备条件，在旅游业中

具有极其重要的地位。与住宿、饮食、景点及其他服务消费相比，人们往往将交通是否便利列为选择旅游目的地的首要考虑因素。旅游交通的质量与水平直接影响人们出行的频率以及目的地距离的选择。高铁大大地改善了旅游区的可达性和机动性，从而增加了旅游区的旅游发展机会。

四、旅游地产开发模式创新

随着旅游地产的发展和相对成熟，开发机构逐渐意识到旅游地产是一项系统工程，包括环境整治、资源整合、产业重组和住宅建设，最终的目的是实现区域价值的提升和社会效益的最大化。旅游地产的核心在于旅游项目的前期导入、旅游价值的挖掘和资源的合理配置。因此，在现有产业模式的基础上，结合企业自身情况，选择合适的、最优的开发模式就成为开发商关注的焦点。

（一）基于 SWOT 分析法的四种战略模式及选择矩阵

1. 基于 SWOT 分析法的四种战略模式

依据企业战略制定时常用到的 SWOT 分析方法，旅游地产开发模式选择过程就是综合评价影响开发模式选择的内部因素和外部因素，分析出项目开发的优势（strength）、劣势（weakness）、机会（opportunity）和威胁（threats），最后选出最合适的开发模式。在对内部环境因素和外部环境因素进行综合分析的基础上，有四种可供选择的战略模式：

SO 模式——项目的内部环境和外部环境都优越的条件下适合选择的模式；

WO 模式——项目的外部环境优于内部环境下适合选择的模式；

ST 模式——项目的内部环境优于外部环境下适合选择的模式；

WT 模式——项目内部环境和外部环境均处于弱势时选择的模式。

2. 选择矩阵

结合上一章中对几种开发模式对内外部环境要求的比较，得出旅游地产开发模式选择矩阵，如图 7-7 所示。

（二）旅游地产开发模式选择模型

1. 各因素权重的确定

由于不同的开发项目各因素的重要性程度不同，所以必须先确定指定项目中各因素的权重。确定各要素的权重需要进行实地的考察，开发商根据企业的情况组织相关方面的专家学者进行实地的考察，然后集中各方面专家的意见，采用专家打分法，确

外部环境因素

	ST 模式：项目内部环境优越，外部环境不理想 新服务、新融资模式	SO 模式：项目的内、外部环境都优越 新需求模式	优势
内部环境因素			
	WT 模式：项目内、外部环境均处于弱势 新运营模式	WO 模式：项目外部环境优越，内部环境不理想 新业态模式	劣势
	劣势	优势	

图 7-7　旅游地产开发模糊选择矩阵

定各影响因素的权重。

专家打分法确定内、外部各因素的重要性程度，影响因素表示为 $a_1,a_2\cdots a_i,a_j\cdots a_n$，定义 a_{ij} 为因素 a_i 对 a_j 的相对重要性，a_{ij} 具有三个特征：① $a_{ij}>0$；② $a_{ij}=\dfrac{1}{a_{ji}}$；③ $i=j$ 时，$a_i=a_j$。打分标准采用标度法，如表 7-4 所示：将各指标得分求和得到其分值 $S_i=\sum\limits_{j=1}^{n}a_{ij}$，所有指标的分值求和得到总分值 $S=\sum\limits_{i=1}^{n}S_i$。各因素权重的计算公式为：$R_i=S_i/S$，$0\leqslant R_i\leqslant 1$，$\sum\limits_{i=1}^{n}R_i=1$，$R_i$ 越大，表明其影响程度越大。汇总结果如表 7-5 所示。

表 7-4　各权重标度值及其含义

标度值	含义
1	a_i 与 a_j 具有同等重要性
3	a_i 比 a_j 稍微重要
5	a_i 比 a_j 明显重要
7	a_i 比 a_j 强烈重要
9	a_i 比 a_j 极端重要
2、4、6、8	介于两个相邻判断尺度的中间
倒数：$\dfrac{1}{2}$、$\dfrac{1}{3}$、$\dfrac{1}{4}$、$\dfrac{1}{5}$、$\dfrac{1}{6}$、$\dfrac{1}{7}$、$\dfrac{1}{8}$、$\dfrac{1}{9}$	a_i 与 a_j 比较的标度值等于 a_j 与 a_i 比较的标度值的倒数

表7-5　各影响因素权重确定表

影响因素	a_1	a_2	……	a_n	分值	权重
a_1	1	a_{12}	……	a_{1n}	S_1	$R_1 = S_1/S$
a_2	a_{21}	1	……	a_{2n}	S_2	$R_2 = S_2/S$
……	……	……	……	……	……	……
a_n	a_{n1}	a_{n2}	……	1	S_n	$R_n = S_n/S$
合计					S	1

2. 项目内、外部环境因素评价

开发模式选择的过程主要是通过项目内、外部影响因素的分析评价来进行内、外部环境的评价。请若干专家对各要素打分 $M_1 = \{1, 2, 3, 4, 5, 6\}$，其中：1表示该因素对项目开发是重大威胁/劣势，2表示中等威胁/劣势，3表示一般威胁/劣势，4表示一般机会/优势，5表示中等机会/优势，6表示重大机会/优势，取平均值为该因素的评分值。

将每一因素的权重 R_i 与相应的评分值 M_i 相乘，计算出加权得分 $U_i = R_i X M_i$，将外部环境各因素的加权得分求和得出 U_x，将内部环境各因素的加权得分求和得出 U_y，U_x、U_y 得分最高为6，最低为1。

先以外部环境因素评价为例，如表7-6所示。同样可以得出项目内部环境因素的加权得分 U_y。

表7-6　项目外部环境因素评价表

关键因素	权重	分值	加权得分
旅游政策环境	R_1	M_1	$U_1 = R_1 X M_1$
旅游模式变化	R_2	M_2	$U_2 = R_2 X M_2$
消费理念	R_3	M_3	$U_3 = R_3 X M_3$
互联网	R_4	M_4	$U_4 = R_4 X M_4$
合计			$U_x = U_1 + U_2 + U_3 + U_4$

3. 结果分析

取距离中值3.5作为临界值，当 $U_x \in (3.5, 6)$，则表明项目外部环境的影响机会大于威胁，数值越大，机会越多，威胁越小；若 $U_x = 3.5$，则表明项目外部环境的影响机会与威胁相当；当 $U_x \in (1, 3.5)$，则表明项目外部环境的影响威胁大于机会，数值越小，威胁越大，机会越少。

同理，当 $U_y \in (3.5, 6)$，则表明项目内部环境的影响优势大于劣势，数值越大，优势越大，劣势越小；若 $U_y = 3.5$，则表明项目内部环境的影响优势与劣势相当；若 $U_y \in (1, 3.5)$，则表明项目内部环境的影响劣势大于优势，数值越小，劣势越大，优势越小。

以 U_x（外部环境）为 X 轴，U_y（内部环境）为 Y 轴，建立坐标系，如图 7 - 8 所示。

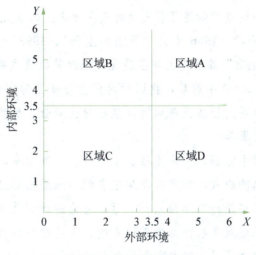

图 7 - 8　结果分析坐标图

以中值 3.5 分割坐标图，得出四个区域。不同的区域代表了项目外部环境和内部环境的不同组合，结合开发模式选择矩阵，决定选择何种开发模式对旅游地产项目进行开发。

区域 A 表示项目外部环境的机会大于威胁，内部环境的优势大于劣势，SO 模式，项目应该结合自身情况选择新需求模式。

区域 B 表示项目外部环境的威胁大于机会，内部环境的优势大于劣势，ST 模式，此时企业可选择新服务、新融资模式。

区域 C 表明项目外部环境的威胁大于机会，内部环境的劣势大于优势，WT 模式，建议企业采用新运营模式。

区域 D 表明外部环境的机会大于威胁，内部条件的劣势大于优势，WO 模式，企业可选择新业态模式。

拓展材料 7-4

上海艺术双年展与文旅融合

我国引入艺术双年展制度较晚，上海艺术双年展自1996年诞生，历经23年的磨砺，成为中国历史最悠久、最具影响力的国际当代艺术展览。上海双年展始终以上海这座都市为主体，依托着它独特的历史文化，以艺术的形式，将上海都市文化的形象印入消费者的脑海，使他们对当地文化产生共鸣。经历了过去20年的快速发展，上海双年展如今已是上海这座都市独特的文化名片。

上海双年展主题的选取始终强调表达时代主旋律。20世纪到21世纪之间，我国进入改革的关键阶段。1996年的"开放的空间"、1998年的"融合与拓展"、2000年的"海上·上海"等展览主题在展现我国改革建设成果的同时，也展现出了我国的大国气质。2010年前后，我国的时代主旋律是都市化发展与中国创造。总体来看，上海双年展的历届主题始终围绕着时代背景，反映社会问题，提出当代文化热点关注和反思等。

其特征体现在三个方面。一是作品征集过程。一直以来，上海双年展的参展作品倾向于逐级遴选的模式，参展作品从报名到进入展出要经一层层的选拔，并且参与遴选的大部分都是行政单位人员。逐级遴选的计划性和针对性极强，尽管在一定程度上能够保证双年展作品的导向正确、主题符合并且作品的质量达到一定的要求，但是这种模式对于艺术家们的自由创作有一定的阻碍和限制。2010年以后，上海双年展尝试以市场为导向，弱化作品征集与行政系统的关联，探索着去面向整个社会大众征集艺术作品，逐渐获得了较好的群众基础和市场成效。二是资金来源。双年展的资金主要由行政拨款和商业赞助组成，这种政府和市场相结合的制度为上海双年展提供了扎实的经济来源基础。三是双年展的市场营销，尤其是网络营销方式。双年展网络营销主要运用艺术展览行业的相关网站或论坛、上海展会网、各种专业的展会信息网站，如好展会、E展等，以及展会相关行业群体的QQ群、贴吧、微信公众号等。双年展的营销主要是运用文化市场政策、市场营销策略、建立展览合作联盟等来确保双年展营销的成功。从双年展的营销特征看，它是都市文化产品融合拓展旅游市场，即文化产业以旅游产品的形式融入都市旅游产业，文化产业的生产经营活动及其产品通过精心策划组织和创新性开发利用形成新型的旅游产品，满足旅游者多样化的需求。文化产业的融入使旅游产品的外延得以不断拓展，旅游产品类型更加丰富。

课程实训与实践

任务：都市文化旅游产业合作调研。

1. 实训目的

通过实训，使学生加深对文化旅游产业合作概念、机制及内容的理解、验证，巩固课堂教学内容，加深对实现文旅合作中相关内容的理解，特别是通过综合实训，训练学生分析相关问题和解决问题的能力。

2. 实训内容

（1）目的

掌握文旅产业合作的概念、合作机制及合作内容，学会运用本章学习的理论知识对某个地区提出有效的区域旅游合作方案。

（2）主题

上海（或某一熟悉的都市）文旅产业合作的调查与分析。

（3）具体内容

① 分析可以与上海（或某一熟悉的都市）文旅产业合作的地区有哪些，调查其区域旅游合作的发展现状。

② 分析现阶段上海（或某一熟悉的都市）和相关文旅产业合作的特征、形式（如有哪些旅游合作主体的参与，在哪些方面进行了文旅合作等）。

③ 用区域旅游合作的相关理论对上海（或某一熟悉的都市）文旅产业合作现状进行剖析，揭示其文旅合作存在的问题。

④ 对上海（或某一熟悉的都市）文旅产业合作的发展前景进行展望。

3. 实训方法

文献检索法、历史分析法、访谈法、实地调查法、课堂讨论。

4. 实训要求与考核方式同第一章。

本章小结

1. 都市旅游产业结构合理化，是指在现有技术基础上旅游产业内各个行业之间保持符合产业发展要求的比例关系，即旅游产业行业之间有较强的协调性、互补性及和谐的配合。

2. 都市旅游产业结构高度化是指在旅游产业结构合理化的基础上，充分利用科技进步和社会分工的优势，使旅游产业结构不断向资源深度开发、向产出高附加值的方向发展，从而不断提高旅游产业的技术构成，不断提高旅游生产要素的综合利用率，不断提高旅游产业的经济效益，以技术进步为主要标志。

3. 都市旅游产业集聚是指旅游行业及相关行业的聚集过程与优化联系，反映了以满足旅游者的旅游消费需求为目标，以具有竞争力的旅游企业为核心，以旅游产品、技术、资本为纽带，以旅游要素的有机组合和优化组合为内容，所形成的包括旅行社业、旅游酒店业、旅游交通业、旅游景观业、旅游餐饮行业等及相关配套行业之间的产业链关系。

 复习与思考

1. 举例说明都市产业融合的不同类型在都市旅游产业融合中的具体表现。
2. 分析都市旅游产业融合发生的主要领域。
3. 简述文化和旅游业融合在都市旅游中的主要拓展路径。
4. 结合某个都市的文化旅游产业发展现状，分析其发展前景。
5. 实现都市圈区域旅游合作的有效途径有哪些？

参考文献（根据作者姓氏拼音或首字母排序）

一、中文文献

［1］ 陈仲庚，张雨新．人格心理学［M］．沈阳：辽宁人民出版社，1986．

［2］ 甘巧林，陈汉欣．广东文化创意产业发展与布局［M］．北京：中国大百科全书出版社，2012．

［3］ 高峻．都市旅游国际经验与中国实践［M］．北京：中国旅游出版社，2008．

［4］ 龚苏宁．中国旅游地产开发模式创新研究［M］．南京：东南大学出版社，2018．

［5］ 金守郡．都市旅游文化——上海篇［M］．上海：上海交通大学出版社，2009．

［6］ 李蕾蕾．旅游目的地形象策划：理论与实务［M］．广州：广东旅游出版社，1999．

［7］ 李琼英，方志远．旅游文化概论［M］．广州：华南理工大学出版社，2008．

［8］ 厉无畏，王慧敏．创意产业新论［M］．上海：东方出版中心，2009．

［9］ 刘少湃．负重的空间：城市旅游景区空间优化研究．上海：立信会计出版社，2012．

［10］ 楼嘉军，党宁，李丽梅．聚焦城市旅游：管理·遗产·教育［M］．上海：华东师范大学出版社，2011．

［11］ 陆大道，等．中国区域发展的理论与实践［M］北京：科学出版社，2003．

［12］ 孙振华，吴国清．上海都市旅游［M］．上海：上海人民出版社，2002．

［13］ 田纪鹏．国际大都市旅游产业结构优化研究——基于优化上海旅游产业结构的视角［M］．上海：华东师范大学出版社，2015．

［14］ 王宁，刘丹萍，马凌．旅游社会学［M］．天津：南开大学出版社，2008．

［15］ 王宁．消费社会学的探索：中、法、美学者的实证研究［M］．北京：人民出版社，2010．

［16］ 王怡然，姚昆遗，陈建勤．上海都市旅游规划精选［M］．上海：上海社会科学院出版社，2008

［17］ 魏小安．旅游纵横——产业发展新论［M］．北京：中国旅游出版社，2002．

[18] 文彤. 城市旅游管理［M］. 北京：北京大学出版社，2018.

[19] 姚昆遗，王怡然. 解读上海都市型旅游［M］. 上海：文汇出版社，2003.

[20] 姚昆遗，王怡然. 上海都市旅游的理论与实践［M］. 上海：上海辞书出版社，2007.

[21] 游旭群，杨杏. 旅游心理学［M］. 上海：华东师范大学出版社，2003.

[22] 俞晟. 城市旅游与城市游憩学［M］. 上海：华东师范大学出版社，2003.

[23] 张逎英. 创意企业的文化与绩效［M］. 上海：学林出版社，2011.

[24] 张艳辉. 价值链视角下创意产业功能演化研究［M］. 上海：华东理工大学出版社，2011.

[25] 邹统钎. 旅游开发与规划［M］. 广州：广东旅游出版社，1999.

二、外文文献

[1] Ashworth G J, Voogd H. Selling the city：Marketing approaches in public sector urban planning［M］. London, UK：Belhaven Press, 1990.

[2] Boorstin D J. The image：A guide to pseudo-events in America［M］. New York：Athenaeum, 1964.

[3] European Commission. Green paper on the convergence of the telecommunications, media and information technology sectors, and the implications for regulation-towards an information society approach［R］. COM (97) 623, Brussels, 1997-12-03.

[4] Gunn C A. Tourism Planning［M］. New York：Crane Russack, 1979.

[5] Kaluza B, Blecker T, Bischof C. Implications of digital convergence on strategic management［M］//Dahiya S B. The current state of economic science, Vol. 4. Rohtak：Spellbound Publications, 1999：2223-2249.

[6] Lefebvre H. The Production of Space［M］. Oxford：Black-well, 1991.

[7] Mccracken G. Culture and Consumption［M］. Bloomington：Indiana University Press, 1988.

[8] Mischel M. Personality and assessment［M］. New York：Wiley, 1968.

[9] Page S J. Tourism management：Managing for change［M］. Oxford：Butterworth Heinneman, 2003.

[10] Page S J. Urban tourism［M］. London：Routledge, 1995.

[11] Richards G. The Development of Cultural Tourism in Europe［M］. Spain：Estudios Turísticos, 2001.

[12] United Nations World Tourism Organization (UNWTO), United Nations Department of Economic and Social Affairs. International Recommendations for

Tourism Statistics 2008 [R]. Series M No. 83/Rev. 1. Madrid, New York,2008.

[13] Wilks J,Page S J. Managing tourist health and safety in the new millennium [M]. Amsterdam:Pergamon Press,2003.

[14] Woodruff R B,Gardial S F. Know your customer:New approaches to customer value and satisfaction [M]. Cambridge:Blackwell,1996.

[15] World Tourism Organization. Tourism and Culture Synergies [M]. Madrid:UNWTO,2018.

三、中文翻译文献

[1] [美] Dean MacCannell. 旅游者:休闲阶层新论 [M]. 张晓萍,等译. 南宁:广西师范大学出版社,2008.

[2] [美] Robert D. Nye. 三种心理学——弗洛伊德、斯金纳和罗杰斯的心理学理论 [M]. 石林,袁神,译. 北京:中国轻工业出版社,2000.

[3] [加] Smith S L J. 旅游决策分析方法 [M]. 李天元,徐虹,黄晶,译. 天津:南开大学出版社,2006.

[4] [英] Tyler D,Guerrier Y,Robertson M. 城市旅游管理 [M]. 陶犁,梁坚,杨宏浩,译. 天津:南开大学出版社,2004.

[5] [美] 阿尔文·托夫勒. 未来的冲击 [M]. 蔡伸章,译. 北京:中信出版社,2006.

[6] [英] 阿兰·德波顿. 旅行的艺术 [M]. 南治国,彭俊豪,何世原,译. 上海:上海译文出版社,2004.

[7] [美] 艾·里斯,杰克·特劳特. 定位 [M]. 北京:机械工业出版社,2002.

[8] [美] 彼得·德鲁克. 管理的实践 [M]. 齐若兰,译. 北京:机械工业出版社,2009.

[9] [英] 查尔斯·兰德利. 创意城市:如何打造城市创意生活圈 [M]. 北京:清华大学出版社,2009.

[10] [美] 菲利普·科特勒,凯文·莱恩. 营销管理 [M]. 上海:上海人民出版社,2012.

[11] [美] 菲利普·科特勒,米尔顿·科特勒. 营销的未来:如何在以大城市为中心的市场中制胜 [M]. 毕崇毅,译. 北京:机械工业出版社,2015.

[12] [美] 卡尔·罗杰斯. 个人形成论:我的心理治疗观 [M]. 杨广学,尤娜,潘福勤,译. 北京:中国人民大学出版社,2004.

[13] [美]克莱尔·A. 冈恩,[土]特格特·瓦尔等. 旅游规划理论与案例 [M]. 4版. 吴必虎, 吴冬青, 党宁, 译. 大连: 东北财经大学出版社, 2005.

[14] [美]克里斯·库珀, 大卫·吉尔伯特, 丽贝卡·谢波德, 等. 旅游学: 原理与实践 [M]. 张俐俐, 蔡利平, 译. 北京: 高等教育出版社, 2004.

[15] [美]罗洛·梅. 存在之发现 [M]. 北京: 中国人民大学出版社, 2008.

[16] [美]迈克尔·波特. 竞争论(第一版) [M]. 高登第, 等译. 北京: 中信出版社, 2003.

[17] [美]尼尔·科特勒, 菲利普·科特勒. 博物馆战略与市场营销 [M]. 潘守勇, 雷虹雾, 王剑利, 等译. 北京: 北京燕山出版社, 2006.

[18] [瑞士]荣格. 心理类型学 [M]. 吴康, 丁传林, 赵善华, 等译. 西安: 华岳文艺出版社, 1989.

[19] [瑞士]若泽·塞依杜. 旅游接待的今天与明天 [M]. 北京: 旅游教育出版社, 1990.

[20] [美]威廉·瑟厄波德. 全球旅游新论. 张广瑞, 等译 [M]. 北京: 中国旅游出版社, 2001.

[21] [美]沃伦·J. 基根. 全球营销管理 [M]. 7版. 段志蓉, 译. 北京: 清华大学出版, 2004.

[22] [美]亚伯拉罕·马斯洛. 人的潜能与价值 [M]. 林方, 编译. 北京: 华夏出版社, 1987.

[23] [美]亚历山大·加文, 盖尔·贝伦斯. 城市公园与开放空间规划设计 [M]. 李明, 胡迅, 译. 北京: 中国建筑工业出版社, 2007.

[24] [美]约翰·布鲁德斯·华生. 行为主义 [M]. 杭州: 浙江教育出版社, 1998.

[25] [美]约翰·福斯特, 斯坦利·梅特卡夫. 演化经济学前沿——竞争、自组织与创新政策 [M]. 贾根良, 刘刚, 译. 北京: 高等教育出版社, 2005.

[26] [美]约瑟夫·派恩, 詹姆斯·H. 吉尔摩. 体验经济 [M]. 毕崇毅, 译. 北京: 机械工业出版社, 2012.

[27] [英]约翰·厄里. 游客凝视 [M]. 杨慧, 赵玉中, 王庆玲, 等译. 南宁: 广西师范大学出版社, 2009.

[28] [美]瓦伦·L. 史密斯. 东道主与游客——旅游人类学研究 [M]. 张晓萍, 何昌邑, 等译. 昆明: 云南大学出版社, 2002.

[29] [日]植草益. 产业组织论 [M]. 北京: 人民大学出版社, 1988.

[30] [美]詹姆斯·A. 菲茨西蒙斯, 莫娜·J. 菲茨西蒙斯. 服务管理: 运作、战略与信息技术 [M]. 张金成, 范秀成, 杨坤, 译. 机械工业出版社, 2007.

后记

对于本教材的编写任务，编者深感压力重大。目前，上海已经完成都市旅游发展的起步阶段，在建设21世纪国际大都市的进程中，尤其是在成功举办2010年世界博览会、2018年的首届进口博览会和2019年的第二届进博会的各项建设及谋求长江三角洲地区一体化发展中，上海都市旅游正在向更深、更高、更广的领域拓展。高校教学工作如何服务学生、服务社会一直是个难题。

本教材得到了上海对外经贸大学校本精品教材的资助，并被作为"上海都市旅游"校本精品课程建设的使用教材。在此，诚挚地感谢学校教务处、学院领导的大力支持和关心。

本教材在编写过程中得到了校内外学界同仁的大力帮助和支持。

本系的姚昆遗、王怡然老师作为上海都市旅游开拓者和专家学者长期从事上海都市旅游科研和教学工作，具有丰富的都市旅游研究理论和实践经验。两位前辈先后出版了《解读上海都市型旅游》《上海都市旅游的理论与实践》《上海都市旅游规划精选》等书。本系的青年学者刘少湃博士的《负重的空间：城市旅游景区空间优化研究》、田纪鹏博士的《国际大都市旅游产业结构优化研究》等书也相继问世。本教材编写工作得到了上述同仁的学术关怀和慷慨指导，他们的学术思想为本教材的编撰提供了宝贵的参考和借鉴。

本教材的编写工作还得到了校外学者学友的参与、支持和帮助：华东理工大学张杰博士（第三章部分内容），上海现代集团高级工程师龚苏宁博士（第六章部分内容），华南师范大学旅游管理系的甘巧林、李琼英博士（第七章部分内容）等为本教材的编写奉献了工作。

诚挚地感谢上海携程旅行社、春秋国际旅行社、华住酒店集团、万达酒店集团（上海）有限公司、上海育光教育国际旅行社等旅游业界精英、专家们提供课程考察实践支持。

在教材出版过程中，我们得到了复旦大学出版社的大力支持，感谢复旦大学出版社李华总经理，谢同君、李荃编辑的全力支持，对书稿进行了辛勤的校对，提出了宝贵的建议；李经理、谢编辑、李编辑的耐心等待，使我有充分的时间完成教材的修改，在此表示诚挚的谢意！

  由于个人能力和学术水平有限，书中存在的错误、不足，诚恳希望广大读者给予批评和指教。

图书在版编目(CIP)数据

新编都市旅游学/庞骏主编. —上海:复旦大学出版社,2020.7
(复旦卓越.21世纪旅游管理系列)
ISBN 978-7-309-15168-8

Ⅰ.①新… Ⅱ.①庞… Ⅲ.①城市旅游-高等学校-教材 Ⅳ.①F590.75

中国版本图书馆 CIP 数据核字(2020)第 122992 号

新编都市旅游学
庞 骏 主编
责任编辑/谢同君

复旦大学出版社有限公司出版发行
上海市国权路 579 号 邮编:200433
网址:fupnet@fudanpress.com http://www.fudanpress.com
门市零售:86-21-65102580 团体订购:86-21-65104505
外埠邮购:86-21-65642846 出版部电话:86-21-65642845
上海四维数字图文有限公司

开本 787×1092 1/16 印张 23.5 字数 459 千
2020 年 7 月第 1 版第 1 次印刷

ISBN 978-7-309-15168-8/F·2713
定价:59.00 元

如有印装质量问题,请向复旦大学出版社有限公司出版部调换。
版权所有 侵权必究